高等职业教育规划教材·物流系列

物流管理

丛书主编 张 铎
丛书副主编 苑晓峰 杜学森
本册主编 杜学森

中国铁道出版社
CHINA RAILWAY PUBLISHING HOUSE

内 容 简 介

本书以培养学生的应用能力为主旨，在基本理论适度的基础上，着重提高学生运用理论知识和基本方法解决实际问题的能力和水平，更加符合物流管理的实践要求和高等职业教育的人才培养目标的要求。全书主要介绍物流与物流管理的基本内涵、物流系统优化、运输管理、配送管理、仓储管理、库存管理、流通加工及包装与装卸搬运管理、企业生产物流管理、购销物流管理、物流业务外包管理、供应链管理、物流信息管理、国际物流管理、物流设施与技术装备管理、物流质量与成本管理、物流服务管理、物流综合实训等内容。本书从职业岗位及岗位群对知识和技能要求的实际出发，通过问题启发、理论传授、实训演练、案例分析、自我测试等环节，培养学生物流运作的认知能力、物流管理业务的操作能力以及物流经济的管理能力。

本书适合作为高等职业技术院校物流管理及相关专业的教材，也可作为成人高校物流管理专业的教材和物流师培训教材。

图书在版编目(CIP)数据

物流管理/杜学森主编．—北京：中国铁道出版社，2008.9

高等职业教育规划教材．物流系列

ISBN 978-7-113-08813-2

Ⅰ.物… Ⅱ.杜… Ⅲ.物流—物资管理—高等学校：技术学校—教材 Ⅳ.F252

中国版本图书馆 CIP 数据核字(2008)第 133423 号

书　　名：物流管理
作　　者：杜学森　主编

策划编辑：李小军
责任编辑：李小军　　**编辑部电话：**(010)63583215
封面设计：付　巍　　**封面制作：**白　雪
责任校对：王　宏　　**责任印制：**李　佳

出版发行：中国铁道出版社(北京市宣武区右安门西街 8 号　　邮政编码：100054)
印　　刷：北京鑫正大印刷有限公司
版　　次：2008 年 9 月第 1 版　　2008 年 9 月第 1 次印刷
开　　本：787mm×960mm　1/16　**印张：**27　**字数：**543 千
印　　数：4 000 册
书　　号：ISBN 978-7-113-08813-2/F·541
定　　价：38.00 元

丛书序

物流是一个跨行业、跨部门的复合产业，同时它又是劳动密集型和技术密集型相结合的产业。在运输、储存、包装、流通加工、装卸搬运、配送、信息处理等物流所包含的每一个功能环节中，都需要大量的人员去操作。

据统计，全国各类企业中物流从业人员总数在1 000万人以上；并且，随着经济的增长和社会物流总额的增长，物流从业人员的数量还将不断上升。

虽然我国物流从业人员群体数量具有较大规模，但是物流从业人员素质普遍较低，其中具有物流专业教育背景的人员更是微乎其微。在物流从业人员中，75%～85%的人员是在从事操作岗位的工作。而由于交通限制、客户需求、服务质量要求等原因，物流操作往往需要全天候24小时作业，这种作业特点使得物流操作人员的需求成倍增加；并且随着信息技术、自动仓储技术、包装技术、装卸搬运技术及相应设备在物流活动中的广泛应用以及市场对物流服务质量的要求，对物流操作人员的素质要求也在迅速提高。所以，物流业的发展需要大批具有一定文化水平并具备一定技能的物流操作人才。

但是，目前国内物流操作人才严重短缺。一方面，我国物流市场庞大，物流用固定资产投资加速，对物流操作人才产生巨大需求；另一方面，国内物流操作人才现状不容乐观。目前，国内各类企业中物流操作岗位的从业人员中受过系统职业教育的不足0.8%。

为加速物流人力资源的开发，缓解物流人才紧缺的状况，促进我国物流业的协调健康发展，教育部联合劳动和社会保障部、中国物流与采购联合会共同组织制订了职业院校物流专业紧缺人才培养培训指导方案。

根据《高等职业教育物流管理专业紧缺人才培养指导方案》的要求，按照国内优秀职业教育教材标准，我们组织开发和编写了“高等职业教育规划教材·物流系列”教材。本系列教材具有如下特色：

◇ 以教育部新颁布的“培养方案”为依据，以现代职业教育理论为指导；

◇ 注重“以能力为本位，以就业为导向”的原则；突出“理论够用，重在实操”的特色；

◇ 打破传统的按照学科进行教材编写的模式，开发和推广与生产实际、技术应用密切联系的实操实验性课程和教材；

◇ 可读性强：每章以引例导入，案例结束；选编案例注意针对性，分析条例富有启发性；

◇ 形式新颖：编写体例活泼，栏目丰富，文图表有机结合，读者好学易记。

本系列教材共 12 分册，分别是《物流基础》、《物流管理》、《物流信息管理》、《物流成本管理》、《物流市场营销》、《物流企业会计基础与实务》、《现代物流与自动识别技术》、《仓储管理实务》、《运输管理实务》、《物流配送实务》、《电子商务》、《物流实验教程》等。各编者均来自于教学第一线，具有丰富的教学经验。编委会对各分册教材大纲、定位、编写特色等进行了多次论证，丛书主编张铎，丛书副主编苑晓峰、杜学森对各分册内容逐一检查、统稿和定稿，基本实现了本系列教材专家委员会对教材定位及其编写的要求。特别是《物流市场营销》、《现代物流与自动识别技术》以及《物流实验教程》等教材，来源于物流实践，应用于物流教学，与同类教材相比具有鲜明的特色。

本系列教材适合作为高职院校物流管理专业教材，也可作为物流师培训教材、物流从业人员的参考书。

感谢所有参加本系列教材编撰的各位作者和支持者。

丛书主编：张　铎

2008 年 6 月

前　言

本书为高职高专院校物流管理专业的教学用书。

本书内容的设置以就业为导向，紧扣专业课程教学大纲要求，从职业岗位及岗位群对技能要求的实际出发，以“适用、实用”为度，通过教学与实践培养学生物流运作的认知能力、物流管理业务的操作能力、物流经营管理能力，提高学生独立分析和解决问题的水平。

本书的教学要求以物的流转过程及其功能要素为主线，以物流业务的计划、组织、协调、控制与具体运作为主要内容，通过问题引导、工作内容、技能演练、案例分析等多种形式的组合，在教师的指导下，充分发挥学生的主体作用，由知识本位转变为能力本位，使学生掌握物流业务操作技能的同时，掌握现代物流经营管理的理念、方法，成为既会动手、又会动脑，既懂技术操作、又有经济头脑、又懂管理的高技能专门人才。

本书主要内容包括物流与物流管理概述，物流系统优化，运输管理，配送管理，仓储管理，库存管理，流通加工、包装与装卸搬运管理，生产物流管理，购销物流管理，物流业务外包管理，供应链管理，物流信息管理，国际物流管理，物流设施与技术装备管理，物流质量与成本管理，物流服务管理，物流综合实训等。授课课时可根据使用单位的实际情况安排在64学时左右。

本书由天津滨海职业学院杜学森担任主编，王爽任副主编，邢弢、马文祥、鲁艳萍、陈彧、吴亚萍、李彬、翟玲、马君以及天津城市职业学院李怀湘等参与了本书的编写工作。

各章分工如下：第一章、第二章由杜学森编写，第三章由陈彧编写，第四章、第十三章由邢弢编写，第五章、第六章由翟玲编写，第七章由李彬编写，第八章、第十一章、第十五章由王爽编写，第九章由李怀湘编写，第十章由吴亚萍编写、第十二章、第十七章由鲁艳萍编写，第十四章由马文祥编写、第十六章由马君编写，杜学森负责本书总体框架设计、编写大纲、初稿的增删修改、统稿和定稿。

在编写过程中我们也参考、吸收、采用了国内外众多学者的研究成果，在此表示衷心的感谢。

由于编者水平有限，书中难免有疏漏和不当之处，恳请广大读者批评指正。

编　者

2008 年 5 月

目　录

第一章 物流与物流管理概述

知识目标

1. 理解物流概念、现代物流及其特征、现代物流与传统物流的区别
2. 掌握物流管理的概念、目标、内容
3. 了解现代物流管理观念

技能目标

1. 能开展物流企业调研,写出并交流调研报告
2. 能对物流案例进行分析
3. 能与小组成员合作对给出的技能演练题目进行分析,给出解决方案

引导案例

案例1:从超市的货架上随手取下一瓶洗发水,你能想到这瓶洗发水从原材料的购置到在流水线上生产,一直到拿到手中为止,中间究竟经过了多少物流环节吗?假如一瓶洗发水价格100元,有可能它的生产成本却只有几元钱,为什么会出现这种情况?

案例2:某企业开展的工作现状——

在一家街头的零售店里,某饮料企业的一位理货员来给店里送货,以下是他和零售店老板之间的对话:

企业理货员:"张老板,我来给您送货。"

零售店店主:"你们公司送货怎么这么慢呢?我订的货应该在昨天就送到了!可现在你才来,你看,我的客户都跑掉了!"

企业理货员:"对不起,我们公司那边有点问题。"

(零售店店主清点货物)

零售店店主:"怎么你们送来的货与我的订单内容不一样啊?"

企业理货员："是吗?"

零售店店主："这个产品不对,我要的是150 mL的饮料,你送的500 mL的;这个产品也不对,我要30瓶,你们只拿了20瓶!真是乱七八糟的!像你们这样送货,客户全都得跑光了。产品不对!时间不对!我要退货,真是受不了你们,我不会再和你们打交道了!"

思考:

你认为这位理货员是在从事物流活动吗?零售店店主为什么会有这么多的抱怨?你认为应该如何让零售店店主满意?

第一节 物流概述

一、物流的基本概念

(一)物流现象

在人们的日常工作和生活中普遍存在着物的流动现象。在港口,工人们正在利用装载机械把出口物品装上船只;在工厂,刚被运来的原材料正从汽车上卸下来被堆放到仓库里;流水线上的产品正顺序地通过各个工作地按工艺顺序进行加工;在商店,售货员正在包装顾客购买的商品;在居民区,搬家公司正在搬运着家具、送水公司把罐装水送到住户……这些都是物流现象。在物流的海洋里,没有物流,工厂就不能生产,商店就不能营业,人们就不能生活。

(二)流通、商流与物流

现代社会经济活动是一个庞大、复杂的系统,由生产、流通、消费三大活动所组成。流通具有极其重要的地位。首先,流通是连接生产和消费的纽带。人类为了满足生活和生产的需要,不断地消费着各式各样的物质资料,同时生产制造系统不断地生产制造人类所需要的物质。消费者如果不能得到所需要的物资,社会经济将会发生紊乱。生产者只有将产品转移给消费者才能实现产品的使用价值,同时可以获得效益,使劳动者的各种劳动消耗得到补偿,并且才能有条件组织再生产。在生产和流通之间必须建立通畅的渠道,这就是流通的任务。第二,流通对生产具有反作用。生产决定流通,生产的发展水平决定流通的规模与方式,生产是流通的物质基础,没有生产就没有供应给市场的商品,当然也就没有流通。反之,流通对生产有反作用,流通的状况制约着生产的规模、范围和发展速度。一方面,生产者的产品只有通过流通领域到达消费者手中,产品才能实现其使用价值。另一方面,生产的原材料要通过流通领域从市场获得,流通渠道不畅,原材料不能及时送达,生产就会陷入困境。如果流通费用过大,使原材料价格上涨,产品成本随之升高,生产者就会发生经营上的困难。第三,流通是国民经济现代化的支柱。国民经济现代化的标志就是发展生产力,使产品极大丰富,充分满足人民日益增长的、多样化的需求。随着社会产品数量和品种的增多,如何将众多的产品及时送到用户手中,对流通领域的要求越来越高,没有现代化的流通,国民经济的现代化就是一句空话。

流通过程要解决两方面问题:一是产成品从生产者所有转变为用户所有,解决所有权的转移问题;二是要解决对象物从生产地转移到使用地以实现其使用价值,也就是实现物的流转过程。前者称为商流,后者称为物流。

商流是对象物所有权转移的活动。商品通过交易活动由供应方按价值规律转让给需求方,因此商流活动一般称为贸易或交易。商流的研究内容是商品交换的全过程,具体包括市场需求预测、计划分配与供应、货源组织、订货、采购调拨、销售等。

物流是指实物从供应方向需求方的转移,这种转移既要通过运输来解决空间位置的变化,又要通过储存来调节双方在时间节奏方面的差别。

商流和物流都是流通的组成部分,只有二者结合起来才能有效地实现商品由供方向需方的转移过程。商流和物流关系密切,相辅相成。

当然,实现流通过程离不开信息的流动和资金的流动。因此,现代流通过程应是商流、物流、信息流和资金流的统一。

(三)物流的概念

国内外对物流概念的表述是多种多样的,并随着对物流认识的不同而有所区别。美国物流协会(Council of Logistics Management)的最新定义是:物流是供应链活动的一部分,是为满足顾客需要对商品、服务及相关信息从产地到消费地高效、低成本流动和储存而进行的规划、实施和控制过程。我国学者把物流表述为:物流是指物资的物质实体由供应者向需求者的流动,包括物资空间位置的变动、时间位置的变动和形状性质的变动。具体地说,物流包括运输、保管、装卸搬运、配送、包装、流通加工和信息处理等功能活动。

物流最基本的构成要素是流体、载体、流向、流量、流程和流速。

流体,即物流中的"物",也就是物质实体。流体具有自然属性和社会属性。自然属性是指其物理、化学、生物属性。物流管理的任务之一就是要保护好流体,使其自然属性不受损坏,因而需要对流体进行检验、养护,在物流过程中需要根据物质实体的自然属性合理安排运输、保管、装卸等物流作业。社会属性是指流体所体现的价值属性以及生产者、采购者、物流作业者与销售者之间的各种关系。

载体,是流体借以流动的设施和设备,分为两类:第一类载体指基础设施,如公路、铁路、水路、港口、车站、机场等基础设施,它们大多是固定的。第二类载体指设备,即以第一类载体为基础,直接承载并运送流体的设备,如车辆、船舶、飞机、装卸搬运设备等。它们大多是可以移动的。物流学科研究物流载体的结构、规模,尤其要研究物流载体的网络结构、技术进步等。比如要研究物流中心或者配送中心的选址、载体的定位和跟踪、载体运行速度的提高、载体的配套等问题。

流向，是指流体从起点到终点的流动方向。物流的流向有四种：一是自然流向，指根据产销关系所确定的商品的流向，这表明一种客观需要，即商品要从产地流向销地。二是计划流向，指根据流体经营者的商品经营计划而形成的商品流向，即商品从供应地流向需要地。三是市场流向，指根据市场供求规律由市场决定的商品流向；四是实际流向，指物流过程中实际发生的流向。对某种商品而言，可能会同时存在以上几种流向。物流科学通过流向研究准确掌握流向的变化规律，达到合理配置物流资源、合理规划物流流向，从而降低物流成本、提高物流速度的目的。

流量，即通过载体的流体在一定流向上的数量表现。根据流量本身的特点，可以将流量具体分为实际流量和理论流量。实际流量即实际发生的物流流量，又可分为五种：一是按照流体统计的流量；二是按照载体统计的流量；三是按照流向统计的流量；四是按照发运人统计的流量；五是按照承运人统计的流量。理论流量是从物流系统合理化角度来看应该发生的物流流量。从物流管理的角度，理想状况的物流应该是在所有流向上的流量都均匀分布。这样，物流资源利用率最高，组织管理最容易。

流程，即通过载体的流体在一定流向上行驶路径的数量表现。流程可以分为理论流程与实际流程。理论流程往往是可行路径中的最短路径，路径越长，物流运输成本越高。要降低运输成本，一般应设法缩短运输里程。

流速，通过载体的流体在一定流程上的速度表现。流速与流向、流量、流程一起构成了物流向量的四个数字特征，是衡量物流效率和效益的重要指标。一般来说，流速快，物流时间短，意味着物流成本的减少，物流价值的提高。

以上物流的各要素间有极强的内在联系。进行物流活动要注意处理好六要素之间的关系，否则就会使物流成本升高、服务恶化、效率下降、效益减少。物流学科以此为研究对象和研究内容。

二、物流概念的产生及其发展过程

物流概念最早起源于20世纪初的美国，直至今天，物流概念的产生和发展经历了三个阶段：

（一）第一阶段：物流概念的孕育阶段

从20世纪初到20世纪50年代，这个阶段是物流概念的孕育和提出阶段。这一阶段的特点是：第一是局部范围的，主要是在美国；第二是少数人，是几个人提出来的；第三是意见不统一，主要有两种意见，两个提法：

（1）营销学派的 Physical Distribution 概念。美国市场学者阿奇·萧于1915年提出的物流概念，叫做 Physical Distribution。他是从市场分销的角度提出的。他指出，在市场分销中存在两类活动，一类叫做创造需求，一类叫做物资实体分配（Physical Distribution of Goods），两者互相平衡，互相依赖。

(2)军事后勤学派的 Logistics 概念。它是美国少校琼西·贝克于 1905 年在其所著的《军队和军需品运输》一书中提出的物流概念,叫做 Logistics,关心的是军备物资的运输、储存和供应问题。

(二)第二阶段:分销物流学(Physical Distribution,PD)阶段

这一阶段是从 20 世纪 50 年代中期至 20 世纪 80 年代中期。这一阶段的特点是分销物流概念得到发展而占据了统治地位,从美国走向了全世界,形成了一个比较统一的物流概念,形成和发展了物流管理学,并且形成了物流学派、物流产业和物流领域。主要表现在:

(1)PD 概念继续在美国得到发展和完善,基本形成了比较完善的物流管理学。

(2)PD 概念从美国走向世界,成为世界公认的物流概念,在世界范围内形成了物流管理学理论体系。分销物流主要把物流看成是运输、储存、包装、加工、物流信息等各种物流活动的总和。在分销物流学中,主要研究这些物流活动在分销领域的优化问题,产生了系统理论、运输理论、配送理论、仓储理论、库存理论、包装理论、网点布局理论、信息化理论以及它们的应用技术。

(3)在分销领域物流理论竞相发展的同时,企业内部物流理论也异军突起。物料需求计划 MRP、分销需求计划 DRP、企业资源计划 ERP、准时制生产 JIT 等理论相继而生。

企业内部另一个重要的物流领域是设施规划与工厂设计,包括工厂选址、厂区布局、生产线布置、物流搬运系统设计等。企业内部物流理论和技术的强劲发展,使原有的分销物流的概念已不适应。特别是到了 20 世纪 80 年代中期,随着物流活动进一步集成化、一体化、信息化的发展,改换物流概念的想法更加强烈。

(三) 第三阶段:现代物流学(Logistics)阶段

这一阶段是从 20 世纪 80 年代中期开始一直到现在,叫做现代物流学(Logistics)阶段。此阶段的特点是随着物流业的发展,物流已经不仅仅限于分销领域,而已经涉及包括企业物资供应、企业生产、企业分销以及企业废弃物再生等全范围和全领域。人们意识到分销物流概念已经不适应这种形势,决定用 Logistics 作为新时期的物流概念比较合适。Logistics原意是后勤学的意思,包括企业供、产、销全范围的物资管理和物流问题。当然,这一阶段的 Logistics 不能译为后勤学或军事后勤学,而应当译为现代物流学。它是一种适应新时期所有企业、包括军队、学校、事业单位的集成化、信息化、一体化的物流学。这一阶段的主要事实是:

(1)20 世纪 80 年代中期以来,企业内部的集成化物流:MRP Ⅱ 把生产管理与生产能力管理、仓储管理、车间管理、采购管理、成本管理等集成起来;DRP 把分销计划、客户管理、运输管理、配送管理、车辆管理、仓储管理、成本管理等集成起来;ERP 是把 MRP Ⅱ 与人事管理、设备管理、行政办公等系统集成起来等。

(2)物流外包和第三方物流的产生,进一步导致物流专业化、技术化和集成化,实现了生产和物流的分工合作,提高了各自的核心竞争力。

(3)20 世纪 90 年代供应链理论的诞生,供应链管理系统的形成进一步导致物流管理的联合化、共同化、集约化和协调化。

PD 与 Logistics 的比较,如表 1-1 所示。

表 1-1　PD 与 Logistics 的比较

项　　目	Physical Distribution	Logistics
概念最先出现的时间	1915 年阿奇·萧出版的著作《市场流通中的若干问题》	1905 年美国少校琼西·贝克出版的著作《军队和军需品运输》
最先使用的领域	流通领域	军事领域
目前使用的领域	流通领域	整个供应链(包含生产、流通、消费、军事等各个领域)
概念的外延关系	包含在 Logistics 中	包含 Physical Distribution
概念的内涵	物流管理是为了计划、执行和控制原材料、在制品及制成品从供应地到消费地的有效率的流动而进行的两种或多种活动的集成。这些活动可能包括:客户服务、需求预测、交通、库存控制、物料搬运、订货处理、服务支持、工厂及仓库选址、采购、包装、退货处理、废弃物回收、运输、仓储管理	物流是对货物、服务及相关信息从供应地到消费地的有效率、有效益的流动和储存进行计划、执行和控制,以满足客户需求的过程。该过程包括内向、外向、内部移动以及以环境保护为目的的物品回收
美国物流管理协会使用的名词	从 1963 年成立到 1985 年下半年使用 Physical Distribution	1985 年下半年以后用 Logistics 取代 Physical Distribution

三、物流的分类

(一)按作用分

(1)供应物流。生产企业、流通企业或消费者购入原材料、零部件或商品的物流过程成为供应物流。对于生产企业而言,是指生产活动所需要的原材料、备品备件等物资的采购、供应活动所产生的物流;对于流通领域而言,是指交易活动中从买方角度出发的交易行为所产生的物流。供应物流的严格管理对企业的成本有重要影响。

(2)销售物流。生产企业、流通企业出售商品时,物品在供方与需方之间的实体流动。通过销售物流,企业得以回收资金,进行再生产活动。销售物流的效果关系到企业的存在价值是否被社会承认,销售物流的成本在商品的最终价值中占有一定的比例,因此为增强企业的竞争力,必须重视销售物流的合理化。

(3)生产物流。生产过程中,原材料、在制品、半制品、产成品等在企业内部的实体流动。生产物流和生产流程同步,是从原材料购进开始直到产成品发送为止的全过程的物流活动。原材料、半成品等按照工艺流程在各个加工点之间不停的移动,形成了生产物流。生产物流的合理化对工厂的生产秩序和生产成本有很大影响。

(4)回收物流。不合格物品的返修、退货以及周转使用的包装容器从需方返回到供方所形成的物品实体流动。回收某些资材可以再用或加工后再使用,有利于物资的节约和充分利用。

(5)废弃物流。将经济活动中失去原有使用价值的物品,根据实际需要进行收集、分类、加工、处理,并分送到专门处理场所时所形成的物品实体流动。

废弃物流没有经济效益,但具有不可忽视的社会效益。为了减少资金消耗,更好地保护生态环境,废弃物流的研究很有必要。

(二)按照物流活动的空间范围分

(1)地区物流。地区物流有不同的划分原则,可按行政区域划分,可按经济圈划分,还可按地理位置划分。研究地区物流要根据地区特点,从本地区的利益出发组织好物流活动。如某城市建设一个大型物流中心,既要考虑经济效益、也要考虑社会效益,还要从城市建设规划、地区开发计划出发统筹安排。

(2)国内物流。国内物流是一个国家范围内的物流活动。物流作为国民经济的一个重要方面,应该纳入国家总体规划的内容。全国物流系统的发展必须从全局着眼,对于部门分割、地区分割所造成的物流障碍应该清除。国家整体系统物流化的推进,必须发挥政府的行政作用,具体有以下几个方面:

① 物流基础设施的建设,如公路、高速公路、港口、机场、铁道的建设以及大型物流基地的配置等;

② 制定各种交通政策法规,例如铁道运输、卡车运输、海运、空运的价格规定,税收标准等;

③ 与物流活动有关的各种设施、装置、机械的标准化;

④ 物流新技术的开发、引进和物流技术专门人才的培养。

(3)国际物流。国际物流是跨越国界的物流活动,是国际间贸易的支持系统,各国之间的相互贸易最终通过国际物流来实现。随着国际贸易、全球化作业的发展,因更长的供应链、较少的确定性和更多的物流单证而使物流需求不断增长;物流经营者面临着“4D”壁垒,即距离(Distance)、需求(Demand)、多样性(Diversity)和单证(Document)等四个方面的壁垒。国际物流的目的就在于让企业在获取全球营销和全球化作业的同时,保证服务与成本的有效性。

(三)按照物流系统性质分

(1)社会物流。社会物流一般指流通领域所发生的物流,是全社会物流的整体,也称之为大物流或宏观物流。企业内部物流属于微观物流,一般不伴随商流发生;而社会物流属于宏观物流,一般都伴随有商流发生。社会物资流通网络是国民经济的命脉,流通网络的合理性对国民经济发展至关重要。

(2)行业物流。同一行业间的物流活动。同一行业中的企业是市场上的竞争对手,但在物流领域中常常互相协作,共同促进行业物流系统的合理化。例如,日本的建设机械行业,行业物流系统化的具体内容有:各种运输手段的有效利用;建设共同的零部件仓库,实行共同集中配送;建立新旧设备及零部件的共同流通中心;建立技术中心,共同培养操作人员和维修人员;统一建设机械的规格等。行业物流系统化的结果使参与的各个企业都得到相应的利益。各个行业的协会或学会应该把行业物流作为重要的研究课题之一。

(3)企业物流。在企业经营范围内有生产或服务活动所形成的物流系统称为企业物流。企业物流可分为四个部分:供应物流、生产物流、销售物流和回收、废弃物流。

四、物流的行业构成

(一)按服务特点划分

按服务特点划分,物流业由四大行业构成,即:

(1)交通运输业。交通运输业不但包括各种不同运输形式的小行业,而且实际还包含为主体交通运输起支撑、保证、衔接作用的许多行业。这是物流业的主体行业。

(2)储运业。储运业以储存为主体兼有多种职能,包括若干小行业,也包括某些和储存联系密切的运输业,从规模上看,我国储运业远小于交通运输业。我国储运业有五大行业,即军队储运业、物资储运业、粮食储运业、商业储运业及乡镇储运业。

(3)通运业。这是国外物流业中的主要行业之一,我国这一行业刚刚诞生,尚未达到一定规模。通运业是货主和运输业之外的第三者从事托运业和货运委托人的行业。各种运输业除了直接办理承运手续以外,都有通运业从事委托、承办、代办等实现货主的运输要求。

(4)配送业。以配送为主体的各类行业,这个行业要从事大量商流活动,是商流、物流一体化的行业。

(二)按实现方式分

按实现方式划分,物流业的四大行业下还可划分为17个小行业,如表1-2所示。

表1-2　按实现方式划分的物流行业

行　业	功　能
① 铁道运输业	在物流领域具体讲是铁道货运业,这一行业包括与铁道运输有关的装卸、储运、小搬运等,在物流概念中仅属于运输范畴的活动。铁道运输业从事的业务有整车运输业务、集装箱运输业务、混载货物运输业务和行李货物运输业务四类。铁道领域的不少生产性行业,如机车车辆制造等不包含在物流领域的铁道运输业之中
② 汽车货运业	汽车货运业在我国有特殊汽车货运和一般汽车货运两个行业领域。特殊货运是专运长、大、重或危险品、特殊物品的货运业。一般汽车货运业从事长途或区域内货运。汽车货运业在许多领域是附属其他行业之下,不自成行业或不独自核算。例如,为配合仓储存发货的汽车运输,为实现配送的汽车运输,为增加铁道、航空、水运等服务功能的汽车运输等,都隶属于主体行业
③ 远洋货运业	海上长途运输的船运行业,是一般所称的海运业。这种行业的业务活动是以船舶运输为中心,包含港湾装卸和运输、保管等,这种运输往往是国际物流的一个领域。远洋运输业从事的业务内容有船舶运输、船舶租赁和租让、运输代办等

续表

行　业	功　能
④ 沿海船运业	主要从事近海、沿海的海运
⑤ 内河船运业	在内河水道从事船舶货运的行业。海运、沿海运及内河运三种运输形态使用的船舶吨位、技术性能、管理方式都有所区别，因而各自形成独立的行业
⑥ 航空货运业	又可分为航空货运业和航空货运代理业，前者直接受货运委托，后者是中间人行业，受货主委托，代办航空货运。航空货运业的主要业务有国际航空货运、国内航空货运、快运、包机运输等
⑦ 集装箱联运业	专门办理集装箱"一票到底"联运的集装箱运输办理业，可以代货主委托完成各种运输方式的联合运输，并组织集装箱"门到门"运输、集装箱回运等业务
⑧ 仓库业	以仓库存货为主体的行业，包括代存、代储、自存自储等
⑨ 中转储运业	以中转货物为主的仓储业
⑩ 托运业	以代办各种小量、零担运输、代办包装为主体的行业
⑪ 运输代办业	以代办大规模、大批量货物运输为主体的行业
⑫ 起重装卸业	以大件、笨重货物的装卸、安装及装运为主体的行业
⑬ 快递业	以承接并组织快运快送服务为主体的行业
⑭ 拆船业	以拆船加工为主体的再生物流行业
⑮ 拆车业	以拆解汽车为主体的行业
⑯ 集装箱租赁业	专门从事集装箱出租的行业
⑰ 托盘联营业	组织托盘出租、交换等业务的行业

五、现代物流及其特征

（一）现代物流的概念

一般来说，传统物流指的是物品的储存与运输及其附属业务而形成的物流活动模式。现代物流是应用高科技的计算机技术、信息技术整合运输、包装、装卸、搬运、分拨、发货、仓储、流通加工、配送、回收加工及物流信息处理等各种功能而形成的综合性物流活动模式。

（二）现代物流的特征

现代物流的基本特征表现为：

(1)信息化特征。物流信息化表现为物流信息的商品化、物流信息收集的数据库化和代码化、物流信息处理的电子化和计算机化、物流信息传递的标准化和实时化，因此条码技术、数据库技术、电子订货系统、电子数据交换、快速反应及有效客户反应、企业资源计划等技术会得到普遍应用。信息化特征使电子商务技术和现代化的信息处理技术得以发展，这使得传统的物流业发生了实质性的革命。

(2)自动化特征。就是利用先进的自动化设施实现无人操作,如自动识别、自动分拣、自动存取等。自动化特征为智能技术、计算机控制技术、传感技术等创造了良好的应用空间。

(3)网络化特征。网络化表现为两个方面,一是物流实体网络,通过内部的组织网络,实现物资的有效配送;二是物流系统的计算机通信网络,打造物流信息化平台,实现物流信息的采集、传递、分析、运用的快速反应,网络是物流的神经系统。实体网络与虚拟网络的"无缝链接"是物流行业的发展方向。

(4)智能化特征。物流运作过程中物流筹划、决策支持、预测控制等都需要大量的知识才能解决。这要求掌握现代科技知识和管理知识的专业化、复合型人才能够投身到这一领域中来。

(5)柔性化特征。这是一种"以顾客为中心"理念的体现,即根据消费者需求的变化来调节生产,安排物流活动。

现代物流与传统物流的比较,如表 1-3 所示。

表 1-3　现代物流与传统物流的比较

特　征	传　统　物　流	现　代　物　流
物流服务特点	各种物流功能相对孤立;无物流中心;不能控制整个物流链;限于地区物流服务;短期和约	广泛的物流服务项目;第三方物流被普遍接受和采用;采用物流中心;供应链的全面管理;提供国际物流服务;与全球性客户的长期合作
物流服务侧重	追求单一环节成本最低;价格竞争;提供标准服务	以降低总物流成本为目标;增值物流服务;满足顾客个性化需求
物流信息技术	无实时信息系统;有限或无 EDI 联系;无全球卫星定位系统	有实时信息系统;有 EDI 联系;全球卫星定位系统;存货管理系统
物流管理	有限或无现代管理	全面质量管理;战略管理;业务过程管理

第二节　物流管理概述

一、物流管理的概念

为了以最低的物流成本达到客户所满意的服务水平,对物流活动进行的计划、组织、协调与控制。换句话说,物流管理是对原材料、半成品、和成品等物料在企业内外流动的全过程所进行的计划、实施和控制活动。这个全过程是指物料经过的运输、包装、装卸搬运、储存、流通加工、配送、信息处理等物流运动的全过程。

二、物流管理的内容

物流管理的内容主要体现在三个方面,一是对物流活动诸要素的管理,包括运输、储存、装卸搬运、包装、配送、流通加工、信息处理等环节的管理；二是对物流系统诸要素的管理，即对其中人、财、物、设备、方法和信息等六大要素的管理；三是对物流活动中具体职能的管理，主要包括物流计划、质量、技术、经济等职能的管理。物流管理的内容，如表1-4所示。

表1-4　企业物流管理的内容

分　类	项　目	管　理　内　容
对物流活动要素的管理	运输管理	运输方式的选择；运输路线的选择；车辆调度与组织等
	储存管理	原料、半成品和成品的储存策略；储存统计、库存控制、养护等
	装卸搬运管理	装卸搬运系统的设计、设备规划与配置和作业组织等
	包装管理	包装容器和包装材料的选择与设计；包装技术和方法的改进；包装系列化、标准化、自动化等
	流通加工管理	加工场所的选定；加工机械的配置；加工技术与方法的研究和改进；加工作业流程的制定与优化
	配送管理	配送中心选址及优化布局；配送机械的合理配置与调度；配送作业流程的制定与优化
	物流信息管理	对物流信息所进行的搜集、加工、处理、存储和传输等
	客户服务管理	客户信息收集、客户满意度管理、客户开拓与巩固、客户项目管理等
对物流系统要素的管理	人的管理	物流从业人员的选拔和录用；物流专业人才的培训与提高；物流教育和物流人才培养规划与措施的制定等
	物的管理	物的运输、储存、包装、流通加工等
	财的管理	物流成本的计算与控制、物流经济效益指标体系的建立、资金的筹措与运用、提高经济效益的方法等
	设备管理	各种物流设备的选型与优化配置；各种设备的合理使用和更新改造；各种设备的研制、开发与引进等
	方法管理	各种物流技术的研究、推广普及；物流科学研究工作的组织与开展；新技术的推广普及；现代管理方法的应用等
	信息管理	物流信息的传输、处理等
具体职能的管理	物流计划管理	物流系统内各种计划的编制、执行、修正及监督
	物流质量管理	物流服务质量、物流工作质量、物流工程质量等的管理
	物流技术管理	对物流基础设施和物流设备的管理；物流各种专业技术的开发、推广和引进；物流作业流程的制定；技术情报和技术文件的管理；物流技术人员的培训等
	物流经济管理	物流费用的计算和控制；物流劳务价格的确定和管理；物流活动的经济核算、分析等

三、物流管理的目标

物流管理的目标可以概括为3S1L-7R，通常以速度（Speed）、安全（Safety）、可靠（Surely）、低费用（Low）的原则，实现“7R”的目标。即将合适的产品或服务（Right Product or Service），在合适的时间（Right Time）、合适的地点（Right Place），以合适的数量（Right Quantity）、合适的质量（Right Quality）、合适的成本（Right Cost）交付到合适的顾客（Right Customer）的手中。

四、物流管理的相关理论

自物流以及物流管理的概念产生以来，有许多管理专家对物流管理的理论进行了多方面的研究。

（一）“黑大陆”理论

1962年，美国管理学权威德鲁克在《财富》上发表《经济的黑暗大陆》一文，指出“流通是经济领域里的黑暗大陆”，流通领域中物流活动的模糊性尤为突出，它是流通领域中人们更加认识不清的领域，物流就像“黑大陆”，在这个领域中未知的东西还很多。

（二）“物流冰山”理论

冰山的特点是大部分沉在水面之下，而露出水面的仅是冰山的一角。日本早稻田大学西泽修教授在专门研究物流成本时发现，现行的财务会计制度和会计核算方法都不可能掌握物流费用的实际情况，因而人们对物流费用的了解是一片空白，甚至有很大的虚假性。他把这种情况比做“物流冰山”，即物流是一座冰山，其中沉在水面以下的是人们看不到的黑色区域，而人们看到的不过是物流的一小部分。

（三）“第三利润源”理论

第三利润源，是对物流潜力及效益的描述。第一源是降低资源消耗，起初是廉价原材料、燃料的掠夺或获得，其后则是依靠科技进步、节约消耗、节约代用、综合利用、回收利用乃至大量人工合成资源而获取高额利润。第二源是降低人力资源消耗，提高劳动生产率，最初依靠廉价劳动，其后则是依靠科技进步提高劳动生产率，降低人力消耗或采用机械化、自动化来降低劳动耗用从而降低成本，增加利润。在前两个利润源潜力越来越小、利润开拓越来越困难的情况下，物流领域的潜力开始为人们所重视，被称为“第三利润源”。物流作为第三利润源，就是合理组织产供销环节，将货物按必要的数量以必要的方式，在要求的时间内送到必要的地点，即让每一个要素、每一个环节都做到最好。

（四）“效益背反”理论

效益背反是指物流的若干功能要素之间存在着损益的矛盾，即某一个功能要素的优化和利益发生的同时，必然会存在另一个或另几个功能要素的利益损失，这是一种此涨彼消，此盈彼亏的现象，往往导致整个物流系统效率低下，最终会损害物流系统的功能要素的利益。如包装问题,在产品销售市场和销售价格皆不变的前提下,假定其他成本因素也不变,那么包装方面每少花一分钱,这一分钱就必然转到收益上来,包装越省;利润越高。但是,一旦商品进入流通之后,如果简省的包装降低了产品的防护效果,造成了大量损失,就会造成储存、装卸、运输功能要素的工作劣化和效益大减,显然包装活动的效益是以其他的损失为代价的,我国流通领域每年因包装不善出现的上百亿的商品损失,就是这种效益背反的实证。

(五)"成本中心"理论

成本中心是指物流在整个企业战略中,只对企业营销活动的成本发生影响,物流是企业成本的重要的产生点,因而解决物流的问题,主要是通过物流管理和物流的一系列活动降低成本。有资料表明,随着生产技术的发展,产品制造成本要低于总成本的10%,产品的加工时间只占储存、运输、销售、包装时间之和的1/20,全社会物流费用支出占国民生产总值的20%。可见,物流成本在产品生产和销售的过程中所占的比重是较大的。"物流是降低成本的宝库"、"向物流要效益"等说法是对这种认识的形象表述。

(六)"服务中心"理论

这种理论认为,物流活动最大的作用,并不在于为企业节约了消耗,降低了成本或增加了利润,而是在于提高了企业对用户的服务水平进而提高了企业的竞争能力。因此,在使用描述物流的词汇上选择了"Logistics"(原义后勤)一词,特别强调其服务保障的职能。通过物流的服务保障,企业以其整体能力来压缩成本增加利润。

(七)"战略"理论

学术界和产业界越来越多的人逐渐认识到,物流更具有战略性,是企业发展的战略而不是一项具体操作性任务。应该说这种看法把物流放在了很高的位置,企业战略是生存和发展。物流会影响企业总体的生存和发展,而不是在哪个环节搞得合理一些,省了几个钱。将物流和企业的生存和发展直接联系起来,这对促进物流理论的发展有重要意义,企业不是追求物流的一时一事的效益,而是着眼于总体,着眼于长远,如制定战略性的规划、进行战略性的投资和战略性的技术开发。

(八)"供应链管理"理论

进入20世纪90年代,物流环境发生了一系列变化,如顾客需求不断升级、订货周期逐渐缩短、快速反应系统的推广应用、市场竞争日趋加剧、营销方式不断更新以及经济全球化的到来等。为适应这些变化,供应链管理逐渐受到重视。一般认为,供应链管理是对供应链中的商流、物流、信息流、资金流以及对工作流进行计划、组织、协调与控制。它是一种从供应商开始,经由制造商、分销商、零售商直到最终客户的全要素、全过程的集成化管理模式。其目标是从整体的观点出发,寻求建立供、产、销企业以及客户间的战略合作伙伴关系,最大程度地减少内耗与浪费,实现供应链整体效率的最优化。

五、物流管理发展新趋势

(一)共同物流管理

出于对不断延伸的物流领域进行有效管理、减少由于交通过密、运输效率降低现象发生的考虑,将在同一地区或同一业种的企业加入到共同配送,通过统一资源的规划,建立“共同配送中心”,全面地行使装卸、保管、运输、信息等物流功能协作化这样一种新型物流管理模式。

(二)供应链物流管理

从供应链的一体化操作的考虑出发,进行对物流采购、生产、销售、回收一系列的相关运营,通过信息的共享实现在供应链节点企业的互动协作下,以供应链销售终端的信息为拉动,达到对整条供应链的物流管理。

(三)动态联盟物流管理

从动态联盟通过相互间的互补性合作实现对整体竞争力的提高和资源配置的最优考虑,企业在对合作对象基于各项业务/项目进行彻底的核心能力与优势调查后,选择对企业经营业务/项目最具有互补性质的物流合作伙伴结成不断调整的动态联盟,共同进行物流的一体化操作,通过对物流作业的及时反应与有效的顾客反应,赢得时间与空间价值,达到1+1>2的系统最优的效果。

第三节　物流企业认知实习

一、实习目的

了解物流企业所处的内外环境、企业类型、基本的物流运作过程。

二、实习内容及活动安排

1. 物流企业外部环境的参观见习

组织学生对物流企业所处的经济区域进行参观,主要内容为港口、码头、堆场、以及国际物流为主要业务内容的区域,如开发区、保税区、物流园区等,以加强对物流行业外环境的认知能力。

2. 物流企业内部环境的参观见习

选定典型的物流企业,参观了解物流企业的类型、特点、组织结构、业务流程、岗位设置。

3. 交流讨论

每个学员要完成一份约 2 000 字的见习报告。分组讨论以下问题,选出代表进行交流。

(1)通过实地考察、搜集资料,说出你所了解的物流企业的发展现状、服务宗旨、业务范围、组织结构、运营特点和经营特色。

(2)物流企业有哪些职业岗位设置?

(3)物流从业人员应具备哪些知识、能力、素质?绘出知识、能力、素质构成简图。

知识拓展

物流学及其内容体系

物流学,就是关于物流的科学,即研究物资实体流动的概念、理论、规律、技术和方法的科学。现在已经包括了很丰富的内容,从物流管理到物流技术、从物流理论到物流应用、从综合研究到类别研究,形成了一个庞大的体系。为了拓宽读者的视野,我们将物流学按不同的标志进行分类,以便读者学习和研究时参考,如表 1-5 所示。

表 1-5　物流学内容体系

按业务内容分类体系	物流管理学	企业物流管理、现代物流管理、第三方物流管理、供应链管理、仓储管理、运输管理、生产物流管理等
	物流技术学	物流规划与设计、库存控制技术、电子商务技术、现代物流技术、仓储技术、物流信息技术等
按学术性质分类体系	理论物流学	物流经济学、物流管理学、物流系统论、物流控制论、物流运筹学等
	应用物流学	物资编码技术、条形码技术、采购订货技术、物资保管技术、运输技术、仓储技术、物流信息技术、包装技术、装卸技术、配送技术等
按业务领域分类体系	分销物流学	运输物流学、仓储物流学、库存控制技术、流通加工、包装和装卸、社会流通理论
	现代物流学	物流规划与设计、企业物流学、电子商务物流学、第三方物流学、供应链管理、现代物流技术

技能演练

这里给出几个实战案例,要求以小组为单位进行讨论,提出解决问题方案,每个小组出一位代表,讲演你们的解决方案,并接受教师与其他同学的质疑。

实战案例 1

设想一个宴会举办者在一个大房间一端的长桌上布置自助餐,如图 1-1 所示。

思考:

应如何布置使客人流动尽可能顺畅?记下在布置中需要考虑的重要因素。

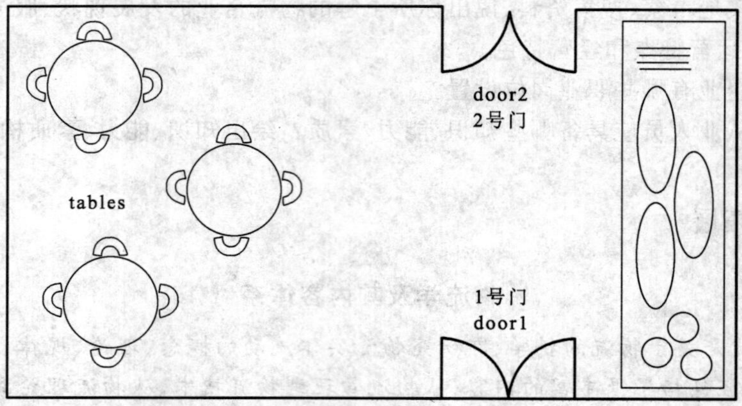

图 1-1　自助餐布置

实战案例 2

某学校的教师食堂，教师排成一队取饭就餐，基本顺序是教师把饭票和钢制的餐盘递给窗口里面的 1 号服务员，1 号服务员接过餐盘后盛上米饭，然后把餐盘递给 2 号服务员盛第一个菜，接下来 3 号服务员盛第 2 个菜，按照接力的形式直到第五个菜。教师从另一个窗口把饭取出。因为速度太慢，队伍排得很长。学校领导看到后，要求承包食堂的老板再开一个窗口。老板说，那需要增加一倍的人手，就会出现亏损。学校领导说，再开一个窗口，人员不但不增加，甚至可以减少一半，工作效率会大大提高，但需按照合理物流的原则重新进行流程设计。

思考：

你能帮助食堂老板解决这个问题吗？

实战案例 3

老王到医院看病，在一楼挂号室挂了内科，到三楼内科门诊处就诊，医生问了一些情况后，让老王到四楼化验室作有关血的化验，老王来到四楼化验室，化验员开具了应交费通知，让老王到一楼交费处交费，然后才能回来化验。做完化验，老王又重新返回三楼内科门诊处，医生开了药方。老王持药方到一楼划价处划价，然后到一楼交费处交费，持交费单和药方再到一楼药房取药。

思考：

试分析这样的流程是否合适。如何进行流程单元的重新组合设计，使病人老王的走动最少，时间最节省。试提出解决问题的方案。

实战案例 4

现有九个车站，如图 1-2 所示，只用四条相接的直线公路(每条直线公路必须相连，而且不能相互重叠)，有一辆汽车要经过这些公路，分别到达这九个车站，每个车站只能到达一次，试进行公路的连接设计。

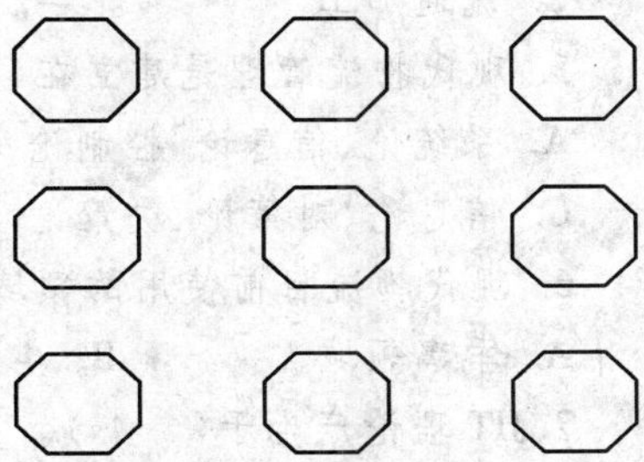

图 1-2　公路连接设计

思考：

分析哪些习惯性的观点影响了我们。

案例分析

某企业一次不成功的促销活动

某食品公司的营销人员策划了一次大规模的促销活动。规定客户如果一次购买新上市的果汁饮料 25 箱，将会得到企业给予的价格折扣。但是该公司物流工作中的运输环节是采用托盘作业的。一次作业只能装卸 24 箱，25 箱需要进行两次托盘作业，这次促销活动给企业带来的直接接影响首先是物流费用的大幅增加。活动结束后，经过整体效益测算，这次促销活动非但没有取得计划收益，反而造成了亏损。这次不成功促销活动的原因是什么？你认为什么是管理？管理应该有哪些职能？

本章小结

本章主要介绍了什么是物流，现代物流及其特征，物流管理的概念、内容和目标，物流管理的相关理论，安排学生到物流企业参观，并通过技能演练项目，培养学生发现问题、分析问题的能力。

自我测试

一、单项选择题

1. 商流能解决生产和消费之间出现的(　　)间隔。

A. 所有权　　B. 空间　　C. 场所　　D. 时间

2. 物流的概念源于(　　)。

A. 日本　　B. 德国　　C. 美国　　D. 中国

3. 物流发展的高级阶段是(　　)。

A. 传统物流管理阶段　　B. 产成品配送阶段

C. 综合物流管理阶段　　D. 物资储存阶段

4. 以下要素中,处于物流主要功能要素地位的是(　　)。

A. 装卸搬运　　B. 运输保管

C. 流通加工　　D. 包装配送　　E. 信息处理

5. 现代物流管理是建立在(　　)的科学基础之上的。

A. 系统论、信息论、控制论　　B. 系统论、控制论、决策论

C. 信息论、对策论、决策论　　D. 信息论、模糊论、对策论

6. 现代物流目前使用的领域为(　　)。

A. 军事领域　　B. 生产领域　　C. 流通领域　　D. 整个供应链

7. JIT 理论产生于(　　)。

A. 分销物流学阶段　　B. 现代物流学阶段

C. 物流概念的孕育阶段　　D. 物流配送阶段

8. 柔性化特征体现了(　　)的思想。

A. 以顾客为中心　　B. 商流与物流合一

C. 系统论　　D. 信息论

二、多项选择题

1. 物流最基本的构成因素是(　　)。

A. 流体、载体　　B. 流向、流量　　C. 流程、流速　　D. 信息流、资金流

2. 商品流通过程是四流合一,即(　　)。

A. 商流　　B. 物流　　C. 信息流　　D. 资金流

3. 在国际物流中,物流经营者面临着“4D”壁垒,即(　　)。

A. 距离　　B. 需求　　C. 多样性　　D. 单证

4. 现代物流的特征包括(　　)。

A. 信息化　　B. 自动化　　C. 网络化　　D. 智能化

E. 柔性化

5. 按作用分,物流可以分为(　　)。

A. 供应物流　　B. 销售物流　　C. 生产物流　　D. 回收物流

E. 废弃物流

6. 物流管理学的特点表现为(　　)。

A. 系统性　　B. 综合性　　C. 工程性　　D. 应用性

7. 关于“第三利润源”理论说法正确的是(　　)。

A. 第一源是降低物资消耗　　B. 第二源是降低人力资源消耗

C. 物流作为第三利润源　　D. 商流为第三利润源

8. 供应链管理理论体现了(　　)。

A. 集成化管理　　B. 整体性观点

C. 整体效率的最优化　　D. 生产制造的最优化

三、判断题

1. 物流活动只是在流通领域发生。（　　）
2. 商流与物流分离是一种必然趋势。（　　）
3. 商流是对象物所有权转移的活动，物流是对象物从供应方向需求方转移的活动。（　　）
4. 物流外包和第三方物流的产生，进一步导致物流专业化、技术化和集成化。（　　）
5. 物流管理的目标是以最低的成本把货物送到目的地。（　　）
6. 物流活动的两大重要支柱是运输和仓储。（　　）
7. 物料需求计划产生于分销物流学阶段。（　　）
8. 现代流通过程是商流、物流、信息流和资金流的统一。（　　）

复习思考

1. 物流的含义是什么？
2. 物流在社会经济中的有哪些作用？
3. 现代物流及其特征是什么？
4. 物流管理的含义是什么？
5. 用“用户第一”的观念理解现代物流的柔性特征。
6. 物流管理的目标与任务是什么？
7. 写一篇你对物流的认识的体会文章。
8. 搜集整理有关物流概念的定义，分析它们的区别与联系。

第二章 物流系统优化

知识目标

了解物流系统、物流系统模式及特点

技能目标

1. 学会物流系统优化原理与方法
2. 熟悉物流系统分析、规划、控制方法

引导案例

一个从头串到尾的物流系统

mySAP 钢铁行业解决方案的开发，以钢铁冶金行业（钢铁、有色金属以及铸造类产品）的业务流程模型为基础，并着重完善了计划、生产、库存管理、成本管理和销售管理等方面的功能。该钢铁行业解决方案贯穿了企业的整个物流过程，从产品设计、构造、订单处理，直至生产能力计划、生产的送货。其中还涵盖了成本管理、库存管理及质量管理等功能，实现了与财务会计、成本控制模块的链接。

1. 通过可变属性配置进行产品定义

钢铁冶金行业有别于其他行业的主要特征，在于其最终产品需要用大量特征属性值描述。mySAP 钢铁行业解决方案推出了综合的、可灵活配置的属性描述系统，以定义诸如钢号、规格、力学性能等属性。运用 mySAP 钢铁行业解决方案，可在生产的每个阶段创建一个独立的产品主记录，从而提高生产透明度，简化计划过程中相关订单的管理。

2. 订单执行

客户订单的处理在制定不同的原辅料供应计划、能力计划和生产计划中扮演了主要角色。客户信用和交货条件的审核是这一过程中的重要任务。当需要输入大量数据时，为便于进行输入操作，可分别将每个客户的档案和交货条件，储存在 mySAP 钢铁行业解决方案的变量表格里。如果后续客户需求发生变化，mySAP 钢铁行业解决方案提供了一种功能，能够将原始订单录入后或生产开始后发生的所有变化分别保存下来，而无需重新录入原始数据。

3. 物料计划和灵活可变的采购系统

在解决方案的物流周期中，顾客订单中的需求，被自动传送到需求计划系统当中，并对所有生产步骤进行计划，同时根据不同的情况自动判断是进行外部或内部采购还是自制。

4. 综合计划和生产需求系统

mySAP 钢铁行业解决方案，提供将不同物流的需求合并为一个生产订单的功能。其合并功能可以处理与几个销售订单相关的需求计划，并在整个生产过程中保留原始订单的信息。

5. 生产管理系统

物流周期的下一个环节就是生产管理。一旦产品属性、交货期限、数量、质量、工艺路径以及投入的物料得到确认，计划订单就转化成为生产订单，并开始生产。由于在钢铁冶金行业中多工序的生产过程屡见不鲜，mySAP 钢铁行业解决方案提供将不同生产工序组合的功能，以处理各个独立的生产订单。

6. 成本核算系统

成本核算系统保证对各项成本和收入进行持续的、最新的控制、更新和核算。该系统有效地整合了计划和控制的工具，以协调企业内部的工作内容和工作流程。

7. 库存管理系统

通过库存转移记录功能，跟踪某一具体客户订单的库存情况。通过 mySAP 钢铁行业解决方案，还可以在批次的层面用不同的单位输入数量值，比如指定某一批是以 t 为单位还是以 m 为单位。

8. 发运和记账系统

物流周期的最后一个环节是向顾客发运产品、开票并记账。该应用系统支持直接发运、通过中转仓库发运以及委托发运。最终，在记账过程中确认顾客接收的产品及运输成本，并作为应收账款传输到财务会计系统。该财务会计系统包括所有与会计相关的交易，并保证完整的单据文件，同时可作为企业进行整体计划的控制工作的基础。

思考：

结合此案例，请讨论什么是系统？什么是物流系统？物流系统在物流活动中起什么作用？

第一节　物流系统概述

一、物流系统的含义

物流系统是指在一定的时间和空间里，由所需运输的物料、包装设备、装卸搬运机械、输送工具、仓储设施、相关人员以及通信联系等若干相互制约的动态要素构成的具有特定功能的有机整体。物流系统的目的是实现物资的空间效益和时间效益，在保证社会再生产顺利进行的前提条件下，实现各种物流环节的合理衔接，并取得最佳的经济效益。

二、物流系统要素

(一)物流系统的一般要素

1. 人

人是物流系统的主体，是物流系统中最活跃、最具有能动性的因素，也是保证物流得以顺利进行和提高物流管理水平的最关键的因素。物流系统的计划、控制、实施都是由人做出的。提高人的素质，发挥人的主观能动性，是建立一个合理化的物流系统，并保证其高效运行的根本。

2. 资金

现代社会物流系统建设也是资本投入的一大领域，物流系统的实现离不开资金要素。物流过程是以货币为媒介实现物的交换的过程，也是资金运动的过程。这种资金运动同时贯穿于物流服务过程。

3. 物

物是物流系统中的基本要素，既包括各种物流实体，也包括物流系统中的各种设施、装备和工具。物流实体主要指物流劳动对象，如原材料、成品、半成品、能源等物质条件。物流设施、装备和工具包括物流站、货场、物流中心、物流线路、建筑、公路、铁路、港口、各种加工、运输、装卸机械设备以及维护保养工具等，这些都是物流系统中物的要素。

(二)物流系统的功能要素

物流系统的功能要素就是物流系统所具有的基本能力，这些基本能力有效地组合、联结在一起，便成了物流的总功能。物流系统的功能要素有：运输、储存保管、包装、装卸搬运、流通加工、配送、物流信息处理。上述功能要素实现物流的三大功能：

(1)空间效用功能。克服供需之间物资的空间距离，通过运输、配送等方式，将供应者手中的物资转移到需求者手中。创造物资的空间效用。

(2)时间效用功能。克服供需之间物资的时间距离，通过储存、保管等方式，将供应者手中的物资转移到需求者手中。创造物资的时间效用。

(3)形质效用功能。克服供需之间物资形状性质的距离,通过加工(包括生产加工和流通加工)的方式,将供应者手中所具有的形状性质的物资改造成具有需求者所需要的形状性质的物资,创造物资的形质效用。

(三)物流系统的物质基础要素

物流系统的建立和运行,需要有大量技术装备手段,这些手段的有机联系对物流系统的运行有决定意义。这些要素对实现物流和某一方面的功能也是必不可少的。主要有:

(1)物流设施。它是组织物流系统运行的基础物质条件,包括物流站、场,物流中心、仓库,物流线路,如公路、铁路,港口等。

(2)物流装备。它是保证物流系统开动的条件,包括仓库货架、进出库设备、加工设备、运输设备、装卸机械等。

(3)物流工具。它是物流系统运行的物质条件,包括包装工具、维护保养工具、办公设备等。

(4)信息技术及网络。它是掌握和传递物流信息的手段,根据所需信息水平不同,包括通讯设备及线路、传真设备、计算机及网络设备等。

(5)组织及管理。它是物流网络的"软件",起着连接、调运、运筹、协调、指挥其他各要素以保障物流系统目的地实现的作用。

(四)物流系统的支撑要素

物流系统的建立需要有许多支撑手段,尤其是处于复杂的社会经济系统中,要确定物流系统的地位,要协调与其他系统的关系,这些要素必不可少。主要包括:

(1)体制、制度。物流系统的体制、制度决定物流系统的结构、组织、领导、管理方式,国家对其控制、指挥和管理方式是物流系统的重要保障。有了这个支撑条件,物流系统才能确立在国民经济中的地位。

(2)法律、规章。物流系统的运行,都不可避免地涉及企业或人的权益问题,法律、规章一方面限制和规范物流系统的活动,使之与更大系统协调;另一方面是给予保障,合同的执行、权益的划分、责任的确定都靠法律、规章维系。

(3)行政、命令。物流系统和一般系统不同之处在于物流系统关系到国家军事、经济命脉,所以行政、命令等手段也常常是支持物流系统正常运转的重要支撑要素。

(4)标准化系统。是保证物流环节协调运行,保证物流系统与其他系统在技术上实现联结的重要支撑条件。

三、物流系统分类

物流系统主要分为社会物流系统和企业物流系统。

社会物流系统又称为大物流系统,包括石油、天然气、粮食的储运系统,以及港口的储运系统、军需物资的调运系统等等。它对整个国民经济的运转具有非常重要的影响。

企业物流系统相对于社会物流系统来说比较小，它包括生产企业物流系统、商业企业物流系统和物流企业物流系统这三种不同的企业物流系统。

生产企业物流系统一般由供应物流、销售物流、生产物流、回收物流、废弃物流几方面组成。

商业企业物流系统与生产企业物流系统相比，商业企业物流系统比较简单，因为没有涉及到生产环节。它最重要的部分就是配送中心或物流中心。

物流企业物流系统也就是第三方物流系统，基本上由运输系统、仓储系统、信息系统等组成。

四、物流系统模式

物流系统与一般系统一样，具有输入、输出、处理（转化）、限制（制约）、反馈等功能。物流系统的“输入”系统通过本身的功能，对输入的内容进行必要的转化活动，使系统产生满足外部环境要求的输出，由此构成了物流系统的基本模式。

1. 输入

输入是外部环境对物流系统的输入，主要是通过提供资源、能源、机具、劳动力、信息等手段对物流系统发生作用。物流系统的输入内容有：各种原材料或产品、商品；生产或销售计划；需求或订货计划；劳动力；资金；资源；信息；合同等。

2. 输出

物流系统的输出，是指物流系统对环境的输出，它是物流系统对环境的直接输出，也就是物流系统与其本身所具有的各种手段和功能对环境的输入进行各种处理后所提供的物流服务。物流系统的输出内容有：各种物品的场所转移；各种信息报表的传递；各种合同的履行；各种物流服务。

3. 处理（或转化）

处理（或转化）是指物流系统本身的转化过程，即从输入到输出之间所进行的生产、供应、销售、回收、服务等物流业务活动。物流系统的处理包括：各种生产设备、设施（车间、机器、车辆、库房、货物等）的建设；各物流企业进行的物流业务活动（运输、储存、包装、装卸、搬运等）；各种物流信息的数据处理；各项物流管理工作。

4. 限制、干扰

物流系统的限制是指外部环境对物流系统的输入，它是一种间接的输入，是物流系统处理的外部条件和约束条件。物流系统的干扰是一种偶然的约束，它是突然发生的意外约束，对物流系统的限制和干扰有：能源限制；资金力量；需求变化；生产能力；仓库容量；运输能力；价格影响；市场调节；政策性波动等。

5. 反馈

反馈是指物流系统在把输入转化为输出的过程中，把受系统各种因素的限制和影响，能够完成和不能完成的各种信息，输出结果返回给输入，进行调整、做出评价的过程。物流系统的反馈内容有：各种物流活动分析；各种统计报表、数据；典型调查；工作总结；市场行情信息；国内国际物流动态等，如图 2-1 所示。

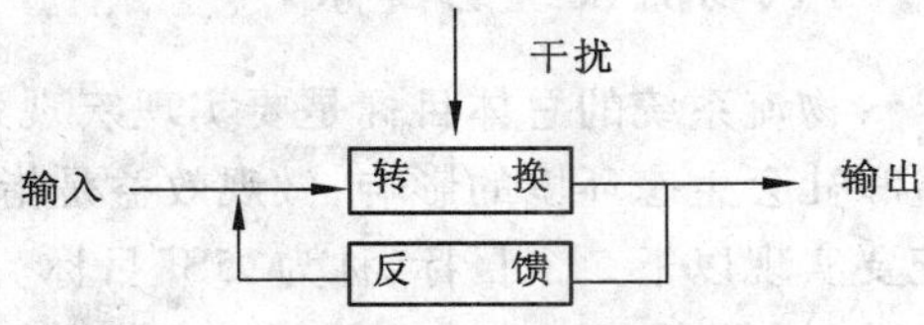

图 2-1 物流系统模式

五、物流系统的特点

物流系统具有一般系统所共有的特点，同时还具有规模庞大、结构复杂、目标众多等大系统所具有的特征。

(1)物流系统是一个人机系统。物流系统是由人和机器形成劳动手段的设备、工具所组成。它表现为物流劳动者运用运输设备、装卸搬运机械、仓库、港口、车站等设施，作用于物资的一系列活动。研究物流系统时，必须把人和物有机结合起来。作为不可分割的整体加以考虑，并且把发挥人的主观能动作用放在首位。

(2)物流系统是一个大跨度系统。一是地域跨度大，企业间的物流常常跨越不同的地域或国界。二是时间跨度大，依储存解决产需之间的关系，大跨度系统对管理的要求和信息的依赖程度加大。

(3)物流是一个可分系统。物流系统是由若干个相互联系的子系统组成的。系统与子系统之间，子系统与子系统之间，存在着时间和空间上及资源利用方面的联系，也存在总的目标、总的费用以及总的运行结果等方面的相互联系。

(4)物流系统是一个动态系统。一般的物流系统总是连接多个生产企业和用户，随需求、供应、渠道、价格的变化，系统内的要素及系统的运行经常发生变化。所以，物流系统是一个具有满足社会需要、适应环境能力的动态系统。为适应经常变化的社会环境，人们必须对物流系统的各组成部分经常不断地修改、完善，这就要求物流系统具有足够的灵活性和可改变性。

(5)物流系统是一个复杂的系统。物流系统的运行对象"物"，品种成千上万、数量极大；从事物流活动的人员，数以百万计，队伍庞大；资金占用上，占用着大量的流动资金；物资供应网点遍及全国城乡各地。人、财、物力资源的组织和利用是一个非常复杂的问题。物流信息的收集、处理也是复杂的事情。物流系统其范围横跨生产、流通、消费三大领域，这一庞大的范围，也给物流组织系统带来了困难。

(6)物流系统是一个多目标函数系统。物流系统的总目标是实现宏观和微观的经济效益。但是，系统要素间常存在着"效益背反"现象。效益背反，是指对于同一种资源的两个方面处于相互矛盾的关系之中，想要较多的达到其中一个方面的目的，必然使另一方面的目的受到部分损失。例如，在储存系统中，为保证生产需要，必须加大库存，但这增加了流动资金的占用。在运输系统中，选择了最快的运输方式，但使运输成本增加。为此，要建立物流多目标函数，统筹兼顾，在多目标的矛盾运行中，求得物流的最佳效果。

六、物流系统的目标

物流系统的总体目标是要实现宏观效益和微观效益。宏观效益表现为对国民经济效益和社会生态环境的影响，微观效益是指企业效益，主要表现在利润上。具体来讲，物流系统要实现以下 5 个目标，称为“5S”目标。

(1)服务(Service)。要树立“客户第一”的观念，保质、保量、及时准确地满足客户的物品或信息的需要。近年来出现的“准时供应方式”、“柔性供货方式”等，是其服务性的表现。

(2)快速、及时(Speed)。在组织物流活动中，要求“力求用时间去消灭空间”，“把商品从一个地方运到另一个地方所花费的时间缩短到最低限度”。快速、及时既是一个传统目标，更是一个现代目标。在物流领域采取的诸如直达物流、联合一贯运输、高速公路、时间表系统等管理和技术，就是这一目标的体现。

(3)节约(Saving)。物流过程作为“第三利润源”，这一利润的挖掘主要依靠节约。节约流通时间、节约流通费用是实现利润的主要方式。

(4)规模优化(Scale Optimization)。这是从物流系统的规模效益上来谈的。应该考虑物流设施集中与分散的最适均衡，机械化与自动化的的合理程度，信息系统的集中化所要求的计算机等设备的利用率等。

(5)库存控制(Stock Control)。物流系统通过库存起到满足生产企业和消费者需求的保证作用。但库存过多，需要更多的保管场地，而且会造成资金大量的积压，影响企业的灵活性和麻痹管理人员的思想，库存控制是现代物流的一个重要组成部分。在物流领域中正确确定库存方式、库存数量、库存结构、库存分布是实现库存控制这一目标的体现。

第二节　物流系统分析、规划与控制

一、物流系统分析

(一)物流系统分析的概念

系统分析是从系统最优出发，在选定系统目标和准则的基础上，分析构成系统的各级子系统的功能和相互关系，以及系统同环境的相互影响。物流系统分析就是运用科学的分析工具和方法，对系统的目的、功能、环境、费用和效益进行充分的调研、收集、比较、分析和数据处理，并建立若干替代方案和必要的模型，进行系统仿真实验；把试验、分析、计算的各种结果同早先制定的计划进行比较和评价，寻求使系统整体效益最佳和有限资源配备最佳的方案，为决策者的最后决策提供科学依据和信息。物流系统分析所涉及的问题范围很广，如系统布置、物流预测、生产-库存系统等。

(二)物流系统分析的特点

(1)追求整体目标最优。在一个系统中,处于各个层次的分系统,都具有特定的功能目标,只有彼此分工协作,才能实现系统整体目标最优。如物流系统设计时,既要考虑需求,又要考虑运输、储存、设备选型等。在物流中心选址时,既要考虑造价,又要考虑运输、能源污染、环境污染、资源供给等因素。

(2)以特定问题为对象。物流系统中许多问题含有不确定因素,而系统分析就是针对这种不确定的情况,研究解决问题的各种方案及其可能产生的结果。

(3)运用定量分析方法。解决问题,不应单凭想象、臆断、经验和直觉。在许多复杂的情况下,需要有精确可靠的数字、资料,以作为科学决策的依据。有时需要建立数字模型或计算机模型。

(4)凭借价值判断。从事系统分析时,必须对某些事物作某种程度预测,或者用过去发生的事实作样本,以推断未来可能出现的趋势或倾向。由于所提供的资料有许多是不确定的变量,而客观环境又会发生各种变化,因此在在进行系统分析时,还要凭借各种价值观念进行判断和优选。

(三)物流系统分析的过程

(1)界定问题。进行系统分析时,首先要明确问题的性质,划定问题的范围。通常,问题是在一定的外部环境作用和系统内部发展的需要中产生的,这不可避免地带有一定的本质属性并限定了其存在的范围。

(2)确定目标。为了解决问题,要确定出具体的目标。物流系统的目标包括物料费用、服务水平,即以低的物流费用获得好的物流水平,以确保物流系统整体效益最大。总目标是通过各子系统的功能活动来实现的。在多目标情况下,要考虑各项目标的协调,防止发生抵触或顾此失彼,同时,还要注意目标的整体性、可行性和经济性。

(3)收集资料,提出方案。在目标确定之后,就要拟订大纲和决定分析方法,然后依据已搜集的有关资料找出其中的相互关系,寻求解决问题的各种可行方案。

(4)建立模型。所谓建立模型就是找出说明系统功能的主要因素及其相互关系。通过模型的建立,可确认影响系统功能和目标的主要因素及其影响程度。确认这些因素的相关程度,总目标和分目标的达成途径及其约束条件。

(5)系统的优化。系统的最优化是运用最优化的理论和方法,对若干替代方案的模型进行仿真和优化计算,求出几个替代解。

(6)系统评价。根据最优化所得到的有关解答,在考虑前提条件、假定条件和约束条件后,在结合经验和知识的基础上决定最优解。从而为选择最优系统方案提供足够的信息。

(四)物流系统分析的技术方法

(1)模型化方法。物流系统活动范围广泛,涉及面宽,经营业务复杂,品种规格繁多,且各子系统功能部分相互交叉,互为因果。因此,物流系统设计是一项十分复杂的任务,一般很难进行试验。为了对其进行有效研究,在系统设计和控制过程中,得出有说服力的结论,最重要的是要抓住系统的数量特征,建立系统模型。

所谓系统模型就是由实体系统经过变换而得到的一个映象,是对系统的描述、模仿或抽象。模型化就是说明系统结构和行为的适当的数学方程、图象以至物理的形式来表达系统实体的一种科学方法。模型表现了实际系统的各组成因素及其相互间的因果关系,反映实际系统的特征,但它高于实际系统,而且具有同类系统的共性,有助于解决被抽象的实际系统。

模型按结构形式可以分为实物模型、图式模型、模拟模型、数学模型等。实物模型是现实系统的放大或缩小,它能表明系统的主要特征和各个组成部分之间的关系。如桥梁模型、仓库模型等。这种模型的优点是比较形象,便于共同研究问题,缺点是不易说明数量关系,特别是不能揭示要素的内在联系,也不能用于优化。图式模型,是用图形、图表、符号等把系统的实际状态加以抽象的表现形式,如网络图、物流图等,优点是直观、简单,缺点是不易优化,受变量因素的数量的限制。模拟模型,用一种原理上相似,而求解或控制处理容易的系统代替或近似描述另一种系统,前者称为后者的模拟系统。如对机械系统的电路模拟,计算机程序语言表达的物资集散中心站台数设置的模拟、组装流水线投料批量的模拟等。通常用计算机模型模拟内部结构不清或因素复杂的系统是行之有效的。数学模型,是指对系统行为的一种数量描述。当把系统及其要素的相互关系用数学表达式、图像、图表等形式抽象地表示出来时,就是数学模型。

(2)系统最优化技术。所谓最优化,就是在一定的约束条件下,如何求出使目标函数为最大(或最小)的解,求解最优化问题的方法称为最优化方法。系统最优化方法很多,它是系统工程学中最具实用的部分。到目前为止,它们大部分是以数学模型来处理一般问题的,如物资调运的最短路径问题、最大流量、最小输送费用以及物流网点合理选择、库存优化策略等模型。

(3)分解协调技术。在物流系统中,由于组成系统的项目繁多,相互之间关系复杂。涉及的面广,这给系统的分析和量化研究带来了一定的困难,可以采取分解协调方法对系统的各方面进行协调和平衡,处理系统内外的各种矛盾和关系,使系统在矛盾中不断调节,处于相对稳定的平衡状态,充分发挥系统的功能。

所谓分解,就是先将复杂的大系统分解为若干相对简单的子系统,以便运用通常的方法进行分析和综合。其基本思路是先实现各子系统的局部优化,再根据总系统的总任务、总目标、使各子系统相互协调配合,实现总系统的全局优化。物流总系统可分解为运输子系统、储存子系统、包装子系统、装卸子系统、流通加工子系统以及信息等若干子系统。

所谓协调,就是根据大系统的总任务、总目标的要求,使各系统相互配合协调,在各子系统局部优化的基础上,通过协调控制,实现大系统的全局优化。

二、物流系统规划

(一)物流系统规划的含义

企业物流系统包括运输、储存、保管、拣货、流通加工、搬运、包装、装卸、配送、信息处理等各个部分。作为系统的输入是输送、储存、搬运、装卸、包装、物流情报、流通加工等环节所消耗的劳务、设备、材料等资源,经过处理转化,变成全系统的输出,即物流服务。整体优化的目的就是要使输入最少,即物流成本最低,消耗的资源最少,而作为输出的物流服务效果最佳。物流系统规划就是把物流的各个环节联系起来看成一个物流大系统进行整体设计和管理,以最佳的结构、最好的配合,充分发挥其系统功能、效率、实现整体物流合理化。

(二)规划物流系统需要完成的工作

(1)建立物流组织,成立物流管理部门;

(2)购置物流设施;

(3)制定新的物流作业流程。

(三)在设计物流系统时需要考虑的数据

(1)商品的种类;

(2)商品的数量;

(3)商品的流向,配送中心、消费;

(4)服务水平,送达性、商品质量的保持;

(5)时间,不同的季度、月、周、日、时业务量的波动、特点;

(6)物流成本;

(7)对环境变化的适应性。

(四)评价物流系统的标准

物流系统规划本身就存在择优而用的问题,对物流系统的评价是不可缺少的一步。为了对各种可行的方案做出客观公正的评价,应该在提出任何方案之前就制订出评价的标准,通常评价标准包括:

(1)经济性。包括初始投资、每年的运营费用、直接或间接的经济效益、投资回收期、全员劳动生产率等。

(2)可靠性。包括单个环节的可靠性和整个系统的可靠性技术的成熟程度、设备故障率和排除故障所需的时间。

(3)可维护性。维护保养所要求的技术水平、备件的供应情况、所需储备的备件数量。

(4)灵活性或柔性。适应产品设计更改和产量变化的能力,物流系统各界与生产节奏相匹配的能力,调整物流路线的可能性。

(5)可扩展性。在物流系统的服务范围和吞吐能力方面进一步扩大的可能性。

(6)安全性。包括产品的安全和人员的安全以及正常运行和事故状态下的安全保障。

(7)劳动强度。需要劳动力的数量及作业姿态可能引起的劳动者的疲劳程度。

(8)易操作性。操作简单,不易出错,只需少量指令即可使设备和整个系统投入运行。

(9)服务水平。在服务性物流系统中对顾客的要求做出快速响应的能力。

(10)环境保护。符合环境保护条理的要求,对周围环境的污染程度低。

(11)敏感性。对外界条件变动的敏感程度。

具体评价一个方案时,可以根据所确定的每一项评价标准的重要程度分别赋予加权值,用加权平均的方法对各个方案进行综合评价。

三、企业物流系统控制

(一)物流系统控制的基本概念

控制的目的是,在外部条件变化的情况下,保证系统实现目标的行为。这要通过该系统的必要组织来实现,所讲必要组织指的是系统结构及其要素的运行方式。如果一个系统的组织在创立时即已单值确定,那么它的控制就不过是当系统的外部条件和参数出现偏差时,保证其变量(内部状态和输出)的原定值。

(二)物流系统控制的分类

(1)反馈控制。反馈控制是一种常见的管理控制,其特征是通过运行过程输出的检测,并将检测结果馈送回运行过程中去,将纠正措施输入该运行过程中,以获得预期的输出。因此,这种反馈控制表现为时间的滞后(事后控制)。如成本分析,质量检查控制,财务分析等。

(2)前馈控制。前馈控制是一种更为复杂的控制。其特点是通过对运行过程输入的监视,以确定它是否符合标准要求。不符合时,为实现输出预期目标就要改变运行过程。前馈控制是在输出结果受到影响之前就做出纠正,因此这种反馈更为有效。这种控制克服了反馈控制的迟滞性,便于物流决策人员及时采取相应措施,纠正偏差,达到预定目标。

超前控制在物流控制中应用较为广泛,生产经营活动要达到超前控制的目的,主要有以下几个表现方面:

① 用人的超前控制。按岗位已定的职务要求选拔合格人才。

② 存储超前控制。根据存储规律,按照建立的存储模型,实施超前仓库存储工作。

③ 投资超前控制。用投资回收期法或投资效率数学模型,对扩大企业再生产能力以及更新设备实行超前控制。

④ 财政预算超前控制。

(3)非预算性控制。非预算性控制是指在生产经营活动中,预算外的临时矫正行为。主要有以下几种方式:

① 物流批量控制法。物流批量控制法指的是利用库存费和订购费的边际点原理对仓

库管理进行优化控制。

② 盈亏平衡控制法。利用盈亏平衡点分析的方法对企业行为进行控制的方法。

③ 专家控制。靠有经验的专业人员、专家对企业行为提出建议进行控制。

(三)物流系统控制的基本内容

(1)库存控制。是在企业系统运行中对量大、面广的原材料、零部件、协作外购件等物料的控制。

(2)产品成本控制。包含原材料消耗、动力、厂房和设备的折旧和各种费用的有效控制。

(3)工序质量的控制。主要指产品在各关键工序的质量控制和成品的质量控制。

(4)人员素质控制以及产品进度的控制。

第三节 物流系统优化

一、企业物流系统优化的基础理论

物流系统决定了企业物流环节的畅通程度与执行物流任务的能力,所以对于物流系统,企业必须遵循相关的理论来考虑其的规划和优化问题,以成为一个具有敏捷的市场反应的物流系统,帮助企业理顺物流业务,提高物流操作能力。

(一)物流系统的"效益背反"理论

效益背反是指对于同一资源的两个方面处于相互矛盾的关系之中,想要较多的得到其中一个方面的目的,必然使另一方面的目的受到部分损失。

物流的各项活动(运输、保管、搬运、包装、流通加工)之间存在"效益背反"现象;当太侧重于其中一个方面的目的之时,必然会使另一方面遭受损失。由于各物流活动之间存在着"效益背反",因而就必须研究总体效益,使物流系统化。

(二)物流服务与物流成本之间的"收益递减法则"理论

收益递减法则在物流管理中是指随着物流服务水平的提高与内容的增加,物流所取得的收益因为随物流服务提供导致的物流成本增加而产生的递减效应。

在物流成本与物流服务之间存在"收益递减法则"的关系。也就是说,当企业处于高水平的物流服务时,成本增加而物流服务水平不能按比例地相应提高。与处于竞争状态的其它企业相比,在处于相当高的服务水平的情况下,想要超过竞争对手,提出并维持更高的服务标准就需要有更多的投入,所以一个企业在作出这种决定时必须慎重。

一般来说,物流服务与成本的关系有下述四个方面的表现:

(1)在物流服务不变的前提下考虑降低成本。不改变物流服务水平,通过改变物流服务系统来降低物流成本,这是一种尽量降低成本来维持一定服务水平的办法,既追求效益的办法。

(2)为提高物流服务,不惜增加物流成本。这是许多企业提高物流服务的做法,使企业在特定顾客或其特定商品面临竞争时,所采取的具有战略意义的做法。

(3)积极的物流成本对策,即在成本不变的前提下提高服务水平。在给定成本的条件下提高服务质量,这是一种追求效益的办法,也是一种有效地利用物流成本性能的办法。

(4)用较低的物流成本,实现较高的物流服务。这是增加销售、增加效益,具有战略意义的办法。

以上办法,企业究竟如何选择,应通盘考虑下述各方面的情况后再作决定:通盘考虑商品战略和地区销售战略;通盘考虑流通战略和竞争对手;通盘考虑物流成本、物流系统所处的环境,以及物流系统负责人所采用的方针等等。选择一个适合企业物流战略目标与顾客服务水平的物流成本结构,实现从顾客角度对企业物流服务水平的能力规划。

(三)"物流延迟"理论

随着顾客市场的变化,在最终市场上的消费者的需求多样化与个性化、动态化的趋势越来越明显。所以,为了适应这种市场变化的趋势,企业的物流系统必须具有一定的"物流延迟"的功能,在一个或多个战略地点对全部货品进行预估,而将进一步的库存步骤延迟到收到客户的订单,尽可能地将满足顾客需求变化的物流业务的流通加工等辅助环节延迟到物流配送的最后阶段来完成,然后尽快将产品直接向客户方向移动,以更好地满足顾客的需求,提供最佳的顾客服务,创造物流系统的最大化附加价值。

根据物流延迟理论,企业在物流系统设计中,要注意到这种物流服务提供的增值效用,尽可能地将相关的能够适应顾客需求或市场需求变化而做出相应功能改变的物流辅助功能环节组建到企业物流系统的未端,依靠物流服务的"延迟"提供,使得企业的产品更适销对路,创造更大的物流附加价值。

物流延迟的能力随着加工和传送能力的增长以及具有高度精确性和快速的订单发送而得到提高。订单通过电子通信传达到中央库存区域,使用快速、可靠的运输直接装运到服务设施。所以物流延迟以快速的订单和发送替代在当地市场仓库里的预估的库存部署,通过物流延迟,企业在保持完全的生产规模经济的同时,使用直接装运的能力来满足客户服务要求。

二、企业物流系统优化的基本方法

(一)企业物流系统优化应遵循的原则

(1)外部条件与内部条件相结合的原则。物流系统不是一个孤立的系统,而是一个与外部环境紧密相联的、开放性的动态系统,它受到外部经济的、科学技术等要素的制约。就物流系统内部而言,装卸、运输、储存等功能环节的不平衡以及各物流功能要素的制约与影响,均受到内外部环境的影响,在进行物流系统分析时,不仅要注意到物流系统内部各环节的调谐发展,也要对企业的外部环境进行分析,将系统内外的关联因素结合起来进行综合分析。

(2)局部利益与整体利益相结合的原则。建立和优化物流系统时,因为各功能环节的相互影响和制约,正如我们前面所分析的“效益背反”和“收益递减”理论所显示的,不可能使得在保证整体利益最大的同时,还保证各子系统的利益也最大化。因此,对于物流系统分析的准则是在保证一定局部利益的同时,确保整体利益最大。

(3)定量分析与定性分析相结合的原则。在物流活动中的许多问题,有的可以数量化,如:运输能力、储存量、物流成本、装卸包装费用等;但有的却不可能进行数量化分析,如:物流方针政策、物流制度、物流流程等,所以对于物流系统分析必须确立定量分析与定性分析相结合的方法,来实现对于物流系统的正确评估。

(二)企业物流系统优化的基本方法

(1)成本—效益分析法。对于企业的物流系统成本分析,关键是要清楚系统内各个部门及相关企业的各种物流费用的占用与支出情况,分析其成本—效益比,看是否能帮助企业增强对顾客的物流服务水平,寻求改进其物流费用支出情况的关键环节,采取恰当的措施来彻底地降低其成本。

对物流系统成本分析的要点是要对物流系统的各项对创造顾客价值有贡献的有用功以及对顾客价值无贡献的无用功区分清楚,通过物流系统的再造增加有用功的比重,同时降低无用功的比重。

(2)物流系统功能集成分析法。物流系统另一方面最主要的分析是对物流各功能环节、功能集成的分析,即在企业的物流系统中,物流的各项职能之间是否能相互配合、协调一致的联结起来,从而使得企业的物流作业在各部门的协作下产生“1+1>2”的协作效应。

物流系统功能集成的关键在于:通过物流信息系统对各业务功能部门的连接将企业物流业务的各项职能有机地整合起来,通过一定交易细细的共享,减少业务衔接的时间,缩短流程时间,从而获得整体效益最大化的协作效应。即对于企业的物流系统而言,无论是采购、仓储、保管还是流通加工、包装、装卸、运输等业务部门,在经过企业对内外部能力的整合后,都应达到这样一个标准:各个功能环节部门都是根据企业物流业务所要追求的战略目标重点而成立的,它们对于企业物流价值的实现都有着不容忽视的贡献。例如,对于商贸企业而言,其物流业务的重点在于采购、仓储、销售物流,那么其物流系统的构建就要以采购、库存、销售环节的物流能力为重点来设计,所有的组成单元都应以满足企业采购、库存、销售物流所需的性能、容量来进行有效的组织。系统建立后,应能根据供需的变动对商品进行实时的采购、补货,实现及时的销售与相对的零库存操作。

(3)价值分析法。当物流系统有多种性能或功效时,可用物流系统的价值来衡量物流系统的综合功能。具体做法是对每一个性能的价值予以量化,然后再对每一性能对物流系统综合功能的贡献大小予以量化,作为权乘上各个量化了的性能价值,最后把所有加了权的性能价值作和，就得到某一物流系统方案的综合评价值，通过该综合评价值的比较，来选择物流系统的较优的方案。

(4)专家分析法。有些系统，某些属性或评价因素不易量化，甚至评价因素本身就不易确定，这时可以请一名或多名对评价对象有专门知识或经验的人，请他们对系统或系统方案进行定性、定量或两者相结合的评价。专家评价也对系统方案评出分数，然后根据各方案得分的多少，排出优劣顺序。

(5)系统仿真分析法。系统仿真是利用系统模型在仿真的环境和条件下，对系统进行研究、分析和试验的方法。系统仿真的目的在于利用人为控制的环境条件，改变某些特定的参数，观察模型的反应，研究真实系统的现象或过程，系统仿真方法是一种间接的研究方法。

以上所述，只是基本的分析方法。当然，对不同的物流系统，其各自的优化方法也是不同的，如运输系统，方法有运输规划法，对配送系统，有配送中心选址优化法，另外还有不同的物流作业优化方法等等。这对物流系统的成本，提高其运营效率都有实际的应用价值。

技能演练

学生分成三组，分别以一个大学、一个生产企业、一个流通企业，从最高领导到基层员工之间进行讨论并画出组织系统结构图，并由各组代表阐述各级组织纵向与横向之间的工作关系，从而体会系统的概念与思想。

案例分析

中外运：从主要矛盾入手

业务分散、信息流通不畅、操作不规范……面对业务流通过程中存在的种种问题，有着50多年历史的中外运在建设物流系统时没有过分强调解决流程中的所有问题，而是……

1. 背景介绍

中国对外贸易运输(集团)总公司(以下简称中外运)是一个以运输为主业的大型企业集团。中外运共有从业员工4.7万人，集团总资产额达240亿元人民币。经过50多年的发展，中外运在国内外拥有完善的业务网络，业务范围涉及国际货运及国际货运代理、海洋运输、租船、船舶经营、班轮运输、船务代理、航运货运、航空快件、铁路运输、汽车运输、多式联运、仓储、进出口贸易等诸多领域。目前，中外运在国内有47家子公司，合资合营企业263家，海外代表处8个，独资、合资企业48家。

2. 需求

业务发展是驱动力。过去，中外运的运作模式为省市公司独立操作，集团做资产投资管理,中外运的每一个法人实体都独立在市场上运作,信息系统相对独立。和国内大多数物流企业一样,中外运的业务基本处于分散的状态,各个业务环节的问题很多,如信息流通不畅、操作不规范、标准化不到位等。

1998年,中外运集团提出了二次创业的发展战略,要将中外运由传统的物流企业改造成由多个物流主体组成的综合性物流企业集团。要实现这个目标,就需要做到人、财、物的统一,通过一个较完善的信息平台完成管理工作。

3. 策略

自主研发和"拿来主义"相结合。中外运认为,现代物流不能完全照搬国外的技术,而是应该根据企业的发展进行物流系统的设计和实施。目前,中外运更多的工作是围绕一些最基本的业务系统独立研发物流管理软件,把传统的运输软件和高端软件相结合,以满足不同客户的需求。同时,中外运相应地调整内部的管理机制和服务机制,引入国外的先进技术设备打造中外运的物流信息系统。

4. 实施

从主要矛盾入手。为使物流服务能力适应市场的要求,中外运在深层次改造自身架构的基础上成立了物流部、网络科技公司等二级机构。从中外运的角度看,物流部与网络科技公司的成立是为了加强信息系统的建设和提升内部管理能力。

在具体运作上,中外运坚持"局部着手,全面优化"的原则,即在信息系统建设上,由集团的信息中心控制,从集团的层面进行系统优化。2001年,中外运物流部从中软冠群引入ES/1物流信息系统开发平台。管理软件ES/1具有较先进的管理理念,也包含了很丰富的功能模块,可以为物流企业提供全套解决方案。在实践中,中外运和中软冠群没有过分强调全面解决流程中的所有问题,而是紧紧抓住应用中的两个主要矛盾,一个是仓储管理问题,即解决制造业内部ERP系统在库存管理方面比较薄弱的问题;另一个是企业管理的精细化问题,特别是各种计费、核算问题。

在实施中,中外运物流项目的第一期任务定位于生产企业库存管理。公司在引进ES/1之后结合原有的业务进行了深度开发,使之能与中外运的主要客户生产企业全面对接,平滑地与客户的ERP系统相结合。现在,中外运已经有6个作业点使用该系统,客户能在网上直接下订单,物流部也能够实时地将数据传输给客户。此外,物流部采用ES/1管理软件的集成扫描管理技术对进出货品数据进行收集。为了响应客户的需求,这项应用先从北京和沈阳两地开始。

在第三方物流管理子系统中,物流业者为委托人提供物流服务,并根据所提供的服务向委托人收取报酬。在智能仓库管理系统中,可通过委托人收费设定及收费矩阵来计算这些以货品数量或交易数计算的服务费用。

由于相关的硬件投入成本太高,同时考虑到集团的业务发展战略要求,中外运将信息化工作分阶段进行。目前,中外运先对现有的仓库层面进行改造,与此同时,中外运与中软冠群公司共同对市场环境进行分析，定出切实可行的发展思路，然后再做进一步的信息化改造工作。

5. 效果

四个提高和两个下降。中外运的物流系统建立后，收效明显，其效果表现为四个提高和两个下降。

(1) 四个提高：

① 运营效率提高：空车率降低，收货、取货、送货、发货效率提高 2 ~ 3 倍。

② 服务质量提高：大、中用户增加，用户范围扩大，区域面积也扩大。

③ 管理质量提高：引入高科技改进传统方式，促进管理人员及员工的观念更新，建立了完善的规章制度。

④ 员工素质提高：经过培训，一线员工学会了使用信息系统，掌握了系统规模的管理模式和调度方式。

(2) 两个下降：

① 日常费用下降：节省了人力、物力、财力。

② 业务出错率下降：由于加强了管理，规范了制度，日常错误率明显下降，减少了不必要的损失。

全线通物流移动信息管理系统是中国电信集团旗下的南方卫星公司开发的用于现代物流管理的解决方案。主要包括两项引进的先进技术，一是美国高通公司的“全线通”卫星移动通信系统；二是美国 TMW Systems 公司 Power Suite 物流运输管理软件。本案例的特点之一是利用国外先进的技术来规范、引导国内的流程、操作和管理，在二者的结合上取得了成功；二是将两项先进技术进行了整合，并在客户服务、培训、咨询服务等方面有相应的解决方案。相信本案例对于国内的高端用户会有很大的吸引力，对于中小企业来说，掌握信息技术的发展趋势也是十分必要的。

思考：

1. 对物流系统来说，自主研发和“拿来主义”各自的特点和适用条件是什么？
2. 中外运是如何从主要矛盾入手的？
3. 从此案例中，你得到的启发是什么？

知识拓展

系统工程及其基本观点

系统工程就是用科学的方法组织管理系统的规划、研究、设计、制造、试验和使用，规划和组织人力、物力、财力，通过最优途径的选择，使我们的工作在一定期限内收到最合理、最经济、最有效的成果。

美国阿波罗登月计划的实施和成功，对系统工程的发展起到了巨大的推动作用。该计划从1961年开始到1972年登月成功，历时11年，参加的工程技术人员约42万人，有2万多家公司和工厂，120所大学和研究机构参加，使用计算机600多台，耗资300多亿美元。为了完成这个计划，除了考虑每一部分之间的配合与协调外，还要在制定计划时估算各种未知因素，可能带来的种种影响。工作千头万绪、情况千变万化，单靠某个总工程师的智慧和经验是不行的。这就要求一个总体规划部门运用一种科学的组织管理方法，综合考虑统筹安排。阿波罗登月计划，在实施该项目的整体计划、设计和组织管理中采用了系统工程的思想和方法。取得了巨大的成功。系统工程是一项管理软技术、它运用系统的思想、现代化的科学管理方法和最新手段，将分散的、各自为政的局部利益，巧妙的连接成一个有机整体，使其发挥最大的效果，从而纠正了过去只注意局部的和部分的设计，而对总体设计草率从事的缺点。

从事系统工程的人员，必须树立系统工程必需的一些基本观点。

(1)系统的观点。(2)整体最优的观点。(3)发展变化的观点。(4)协调配合的观点。(5)适应环境的观点。(6)控制的观点。(7)人是系统主体的观点。

本章小结

本章主要介绍什么是物流系统，物流系统要素、目标以及物流系统模式，介绍了物流系统分析、规划和控制的方法，要求学生在开展物流活动时，要树立系统观点，全面科学地思考问题，在错综复杂的环境中，力求物流系统的动态优化。

自我测试

一、单项选择题

1. 能实现空间效用功能的物流要素为(　　)。

A. 运输　　B. 保管　　C. 包装　　D. 流通加工

2. 物流系统主要分为(　　)。

A. 社会物流系统、企业物流系统　　B. 动态系统

C. 运输系统　　D. 流通加工

3. 物流系统的特点(　　)。

A. 一个人机系统　　B. 第三方系统　　C. 运输系统　　D. 封闭系统

4. 同一资源的两个方面处于相互矛盾的关系之中的原理为(　　)。

A. 效益背反　　B. 收益递减法则　　C. 物流延迟理论　　D. 物流系统

二、多项选择题

1. 物流系统模式要素为(　　)。

A. 输入　　B. 输出　　C. 处理　　D. 限制
E. 反馈

2. 物流系统的目标为(　　)。

A. 服务　　B. 节约　　C. 规模化　　D. 限制
E. 反馈

3. 物流系统分析的特点(　　)。

A. 追求整体目标优化　　B. 以特定问题为对象
C. 凭借价值判断　　D. 开放性

4. 在设计物流系统时要考虑的因素为(　　)。

A. 商品的种类　　B. 物流成本
C. 对环境变化的适应性　　D. 库存水平

复习思考

1. 什么是系统？系统的基本模式是什么？
2. 什么是系统工程？系统工程的基本观点有哪些？
3. 企业物流系统有哪些部分所组成？其特点是什么？
4. 什么是企业物流系统规划？
5. 企业物流系统优化应考虑哪些基础理论？
6. 企业物流系统优化有哪些方法？

第三章 运输管理

知识目标

1. 掌握运输合理化以及运输合理化措施
2. 掌握影响运输价格的主要因素
3. 理解物流运输成本的概念
4. 了解运输优化的概念、内容、作用
5. 了解运输系统、运输系统现代化

技能目标

1. 能运用运输优化方法解决实际问题
2. 能对运输案例进行分析

引导案例

我国运输长期以来按照运输方式进行分部门管理,缺乏面向综合效率和效益的协调管理。水运和公路运输由交通部管理,民航由民航总局管理,铁路由铁道部管理。这种管理模式有其优点,但同时也产生了多头管理和缺乏统一管理的局面。导致各个运输部门都有本系统详细的近期和长远发展战略,但各种运输方式之间的衔接和协调却较差。与此同时,运输需求的明显增长、用户多品种小批量、多频度的运输要求以及门到门的运输要求使得联合运输的需求大增。

思考:

试讨论我国各种运输方式之间缺乏协调的现状会产生什么不利后果?如何解决?

第一节　运输系统与运输方式

一、运输系统

运输系统作为物流系统的最基本的系统，是指由与运输活动相关的各种要素组成的一个整体。运输系统的构成要素：

（一）运输节点

所谓运输节点，指以连接不同运输方式为主要职能、处于运输线路上的、承担货物的集散、运输业务的办理、运输工具的保养和维修的基地与场所。

（二）运输线路

运输线路是供运输工具定向移动的通道，也是赖以运行的基础设施，是构成运输系统最重要的要素。

（三）运输工具

运输工具是指在运输线路上用于载重货物并使其发生位移的各种设备装置，它们是运输能够进行的基础设备。

运输工具根据从事运送活动的独立程度可以分为三类：① 仅提供动力，不具有装载货物容器的运输工具，如：铁路机车、牵引车、拖船等；② 没有动力，但具有装载货物容器的从动运输工具，如：车皮、挂车、驳船等；③ 既提供动力，又具有装载货物容器的独立运输工具，如轮船、汽车、飞机等。

（四）货主与运输参与者

运输是物流活动，活动的主体就是参与者，活动作用的对象是货物客体。货物可能属于参与者，也可能不属于参与者。运输必须由货主和运输参与者共同参与才能进行。

(1)货主。货主是货物的所有者，包括托运人（或委托人）和收货人，有时托运人和收货人是同一主体，有时是非同一主体。

(2)承运人。承运人指进行运输活动的承担者。

(3)货运代理人。货运代理人指根据用户要求，并为获得代理费用而招揽货物、组织运输和配送的人。

(4)运输经纪人。运输经纪人指替托运人、收货人和承运人协调运输安排的中间商；协调的内容包括装运装载、费率谈判、结账和跟踪管理。经纪人也属于非作业中间商。

(5)政府。政府比一般企业要更多地干预承运人的活动，这种干预往往采取规章制度、政策促进、拥有承运人等形式。政府通过限制承运人所能服务的市场或确定他们所能收取的价格来规范他们的行为，通过支持研究开发或提供诸如公路或航空交通控制系统之类的通行权来促进承运人发展。

(6)公众。公众关注运输的可达性、费用和效果以及环境上和安全上的标准。

二、运输系统现代化

运输系统现代化就是采用当代先进适用的科学技术和运输设备设施，运用现代管理科学，组织、协调运输系统各组成要素之间的关系，达到充分发挥运输功能作用的目的。

运输系统的现代化，使运输系统结构发生了根本性的改变：

(1)由单一的运输系统结构转向多种方式联合运输的系统结构。如汽车→船舶→汽车、汽车→铁路→汽车、汽车→飞机→汽车、船舶（港口）→火车（站场）→汽车（集散场）等不同的联合运输系统；

(2)建立了适用于矿石、石油、肥料、水泥、煤炭等大宗货物的专用运输系统；

(3)集包装、装卸、运输一体化，使运输系统向托盘化与集装箱化方向发展；

(4)顺应全球经济的发展需要。

三、现代运输系统结构

现代运输系统结构主要有以下几种形式：

1. 并联结构（见图 3-1）

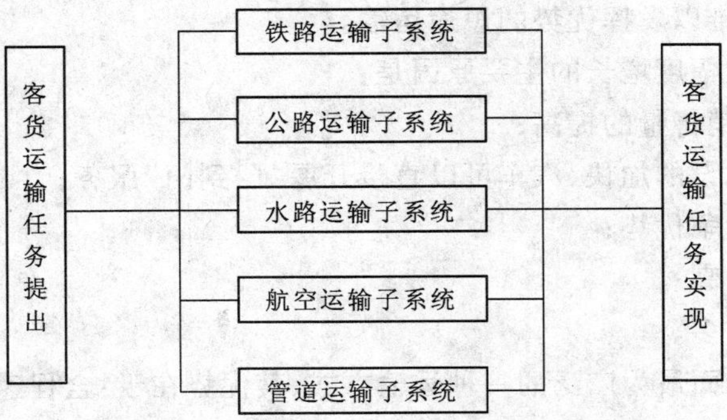

图 3-1　现代运输系统并联结构

2. 串联结构（见图 3-2）

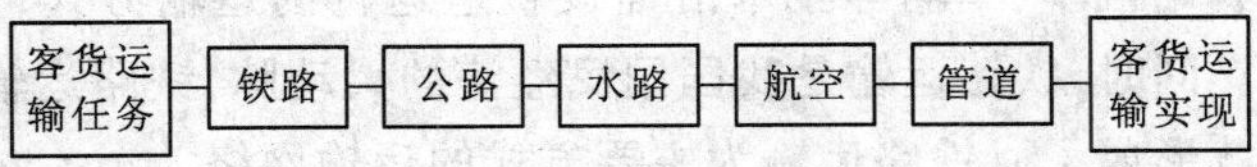

图 3-2　现代运输系统串联结构

3. 串并联结构（见图 3-3）

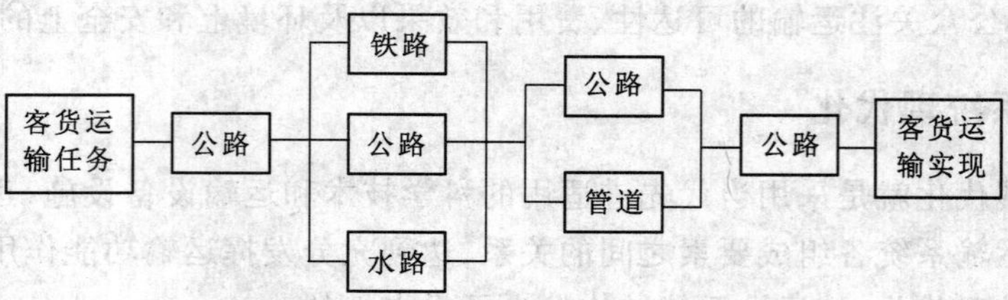

图 3-3　现代运输系统串并联结构

四、运输方式及其选择

按照不同的划分标准，可以将运输方式划分为不同的种类。

（一）按运输设备及运输工具不同分类

1. 公路运输

公路运输是主要使用汽车，也使用其他车辆（如人、畜力车）在公路上进行货物运输的一种方式。它是我国货物运输的主要形式，在我国货运中所占的比重最大。同时，公路运输与铁路、水路运输联运，可以形成以公路运输为主体的全国货物运输网络。

公路运输主要承担近距离、小批量的货运；水路、铁路运输难以到达地区的长途、大批量货运及铁路、水路难以发挥优势的短途运输。

公路运输得以大幅度增长的主要原因是：

（1）汽车生产、销售量的提高；

（2）高速公路建设的加快，汽车可以直接开展“门到门”服务；

（3）具有价格竞争优势；

（4）汽车性能提高；

（5）大型货车增多。

公路运输是影响面最为广泛的一种运输方式，其优势在于：全程速度快；营运灵活。

公路运输的不足主要表现在：载运量较小、效率低；长途运输成本较高（公路运输的经济半径一般在 200 km 以内），能耗大；环境污染比其他运输方式严重得多，易发生事故等。

2. 铁路运输

铁路运输是指利用机车、车辆等技术沿铺设轨道运行的运输方式，是目前我国货物运输的主要方式之一。同时，铁路运输是我国国民经济的大动脉，铁路运输与水路干线运输、各种短途运输衔接就形成了以铁路运输为主要方式的运输网络。

铁路运输最大的特点是适合长距离的大宗货物的集中运输，并且以集中整列为最佳，整车运输次之。其优点是运载量较大、速度快、连续性强、远距离运输费用低（经济里程在200 km以上），一般不受气候因素影响，准时性较强，安全系数较大，是营运最可靠的运输方式。

铁路运输缺点是资本密集、固定资产庞大、设备不易维修等。对于运输管理来说，其缺点主要表现在营运缺乏弹性、货损较高。

根据铁路运输的特点，铁路运输主要是用于以下作业：

(1) 大宗低值货物的中、长距离运输，也较适合散装货物（如煤炭、金属、矿石、谷物等）、罐装货物（如化工产品、石油产品等）；

(2) 适于大量货物一次高效率的运输；

(3) 对于运费负担能力小、货物批量大、运输距离长的货物运输来说，运费比较便宜。

3. 水路运输

水路运输又称为船舶运输，它是利用船舶运载工具在水路上的运输。

水路运输生产过程相当烦琐复杂，具有点多、线长、面广、分散流动、波动大等特征。它主要承担大数量、长距离的运输，是在干线运输中起主力作用的运输形式。

水路运输的特点是运输能力大，能源消耗低、航道投资省，不占用耕地面积、节约了国家的土地资源，并且能以最低的单位运输成本提供最大的运量，尤其是在运输大宗货物或散装货物时，采用专用的船舶运输，可以取得更好的技术经济效果。但是，水路运输也存在一些缺点：如船舶平均航速较低，所以货物运输速度较慢，港口的装卸搬运费用较高，故不适合短距离运输；航运和装卸作业受气候条件的影响较大，因而呈现较大的波动性及不平衡性，难以实现均衡生产。

在物流运输体系中，根据水路运输的特点，他在运输中主要承担以下作业：

(1) 承担大批量货物，特别是集装箱运输；

(2) 承担原料、半成品等散装货物运输，如建材、石油、煤炭、矿石、谷物等；

(3) 承担国际贸易运输，即远距离、运量大、不要求快速抵达的国际客货运输。

4. 航空运输

航空运输又称为飞机运输，他是在具有航空线路和航空港（飞机场）的条件下，利用飞机运载工具进行货物运输的一种运输方式。虽然空运在运输业中所占的比重较低，但其拥有很大的发展潜力，重要性越来越明显。

航空运输方式与其他运输方式相比较，有这几个方面的特征：

(1)高速直达性；

(2)安全性；

(3)经济特性良好；

(4)对运输货物包装要求较低；

(5)受气候条件限制；

(6)可达性差；

(7)载运量小。

由于航空运输的这些特点，他在运输中主要承担以下作业：

(1) 成为国际运输的重要工具；

(2) 适于高附加值、低质量、小体积的物品运输;

(3) 航空货运没有特定的商品,大多数航空货运是在紧急的情况下,而不是在日常的基础上处理的;

(4) 快捷运输途径;

(5) 是邮政运输的手段;

(6) 是实现多式联运的一种重要运输方式。

5. 管道运输

管道运输是主要利用管道,通过一定的压力差而完成商品运输的一种现代运输方式。所输送的货物主要有油品(原油或成品油)、天然气、煤浆以及其他矿浆。管道运输于其他运输方式的最主要区别在于管道设备是静止不动的。

管道运输的优点有:

(1)运量大;

(2)占地面少;

(3)管道运输建设周期短、费用低、运营费用也低;

(4)管道运输安全可靠、连续性强;

(5)管道运输耗能低、成本低、效益好。

管道运输缺点是:

(1)灵活性差;

(2)当运输量降低较多并超出其合力运行范围时,其优越性难以发挥。因此只适于定点、量大、单向的流体运输。

(二)按运营主体不同分类

1. 自营运输

自营(用)运输是指货主自已搞运输,即自备车辆运输,并且自行承担运输责任,从事货物的运输活动。

2. 经营性运输

经营性运输是以运输服务作为经营对象,为他人提供货物运输服务,并收取运输费用的一种运输运营方式,是与自营(用)运输体系相对应的。

3. 公共运输

公共运输是指由政府投资或主导经营的各种运输工具(如飞机、火车等)以及相关的基础设施(如公路、铁路、港口、机场以及相关信息系统等)组成的统一的体系,由于其涉及因素相当多,因此又称为综合运输体系。

(三)按运输的范围分类

1. 干线运输

这是利用铁路、公路的干线,大型船舶的固定航线进行的长距离、大数量的运输,是进行远距离空间位置转移的重要运输形式。干线运输的一般速度较同种工具的其他运输要快,成本也较低。干线运输是运输的主体。

2. 支线运输

这是与干线相接的分支线路上的运输。支线运输是干线运输与收、发货地点之间的补充性运输形式,路程较短,运输量相对较小。

3. 二次运输

这是一种补充性的运输形式,指的是干线、支线运输到站后,站与用户仓库或指定地点之间的运输。由于是某个单位的需要,所以运量也较小。

4. 厂内运输

是指在工业企业范围内,直接为生产过程服务的运输。一般在车间与车间之间、车间与仓库之间进行。但小企业内的这种运输以及大企业车间内部、仓库内部则不称“运输”,而称搬运。

(四)按运输的作用分类

1. 集货运输

将分散的货物汇集集中的运输形式。

2. 配送运输

将节点中已按用户要求配好的货物分送各个用户的运输。

(五)按运输的协作程度分类

1. 一般运输

孤立地采用不同的运输工具或同类运输工具而没有形成有机协作关系的称为一般运输。

2. 联合运输

联合运输简称联运,它是将两种或两种以上运输方式或运输工具连起来,实行多环节、多区段相互衔接的接力式运输。

3. 多式联运

在国内大范围物流和国际物流领域,往往需要反复地使用多种运输手段进行运输。在这种情况下,进行复杂的运输方式衔接,并且具有联合运输优势的运输称为多式联运。

(六)按运输中途是否换载分类

1. 直达运输

在组织货物运输时,利用一种运输工具从起运站、港一直到目的站、港,中途不经换载,中途不入库储存的运输形式。

2. 中转运输

在组织货物运输时,在货物运往目的地的过程中,在途中的车站、港口、仓库进行转运换载,称为中转运输。

（七）按货物是否集装分类

1. 散货运输

用专门机械、器具进行运输、装卸的散状物品在某个物流范围内，不用任何包装，长期固定采用吸扬、抓斗等机械、器具进行装卸和运输、储存的作业方式。

散货运输主要适用于像谷物、水泥、盐、细砂等散状物品，实施从产出到使用全过程不包装运输和储存的作业体系。

2. 托盘运输

托盘运输是货物按一定要求成组装在一个标准托盘上组合成为一个运输单位并便于利用铲车或托盘升降机进行装卸托运和堆存的一种运输方式。

3. 集装箱运输

货物装在集装箱内进行运送的运输方式。

第二节　运输合理化

一、不合理运输

（一）不合理运输定义及类型

不合理运输是指在组织货物运输过程中，违反货物流通规律，不按经济区域和货物自然流向组织货物调运，忽视运输工具的充分利用和合理分工，装载量低，流转环节多，从而浪费运力和加大运输费用的现象。

运输在整个物流中占有很重要的地位，总成本占物流总成本的35%～50%左右，占商品价格的4%～10%，有的商品更高。运输对物流总成本的节约具有举足轻重的作用。

货物运输不合理就会导致货物迂回、倒流、过远、重复等现象出现，势必造成货物在途时间长、环节多、流转慢、损耗大、费用高，浪费运力和社会劳动力，影响企业生产和市场供应。

（二）不合理运输主要有以下几种类型

1. 与运输方向有关的不合理运输

（1）对流运输。对流运输亦称“相向运输”、“交错运输”，指同一种货物，或彼此间可以互相代用而又不影响管理、技术及效益的货物，在同一线路上或不同运输方式的平行线路上作相对方向的运送，而与对方运程的全部或一部分发生重迭交错的运输称对流运输。已经制定了合理流向图的产品，一般必须按合理流向的方向运输，如果与合理流向图指定的方向相反，也属对流运输。如图3-4所示。

在判断对流运输时需注意，有的对流运输是不很明显的隐蔽对流，例如不同时间的相向运输，从发生运输的那个时间看，并无出现对流，可能做出错误的判断，所以要注意隐蔽的对流运输，如图 3-5 所示。

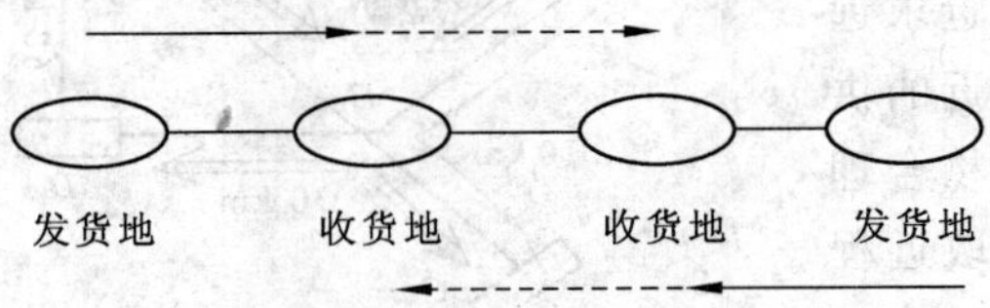

图 3-4　对流运输

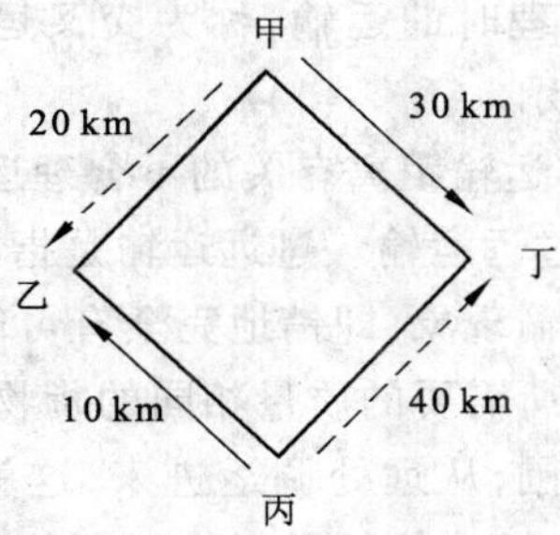

图 3-5　隐性对流运输

【例 3-1】图 3-6 给出了甲、乙两钢厂钢材调运示意图，A、F 为销售点。试分析哪一种调运方案为合理运输方案。

从调运图中可以看到，方案 1 在长江和陆上线路产生了对流，而方案 2 就消除了此种对流。因此，在产销适应的情况下，方案 2 是合理的。

(2) 倒流运输。倒流运输是指货物从销地或中转地向产地或起运地回流的一种运输现象。其不合理程度要甚于对流运输，其原因在于，往返两程的运输都是不必要的，形成了双程的浪费。如图 3-7 所示倒流运输也可以看成是隐蔽对流的一种特殊形式。

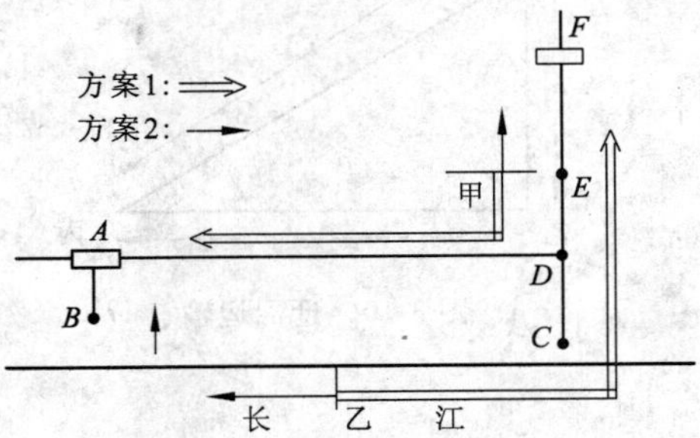

图 3-6　钢材调运示意图

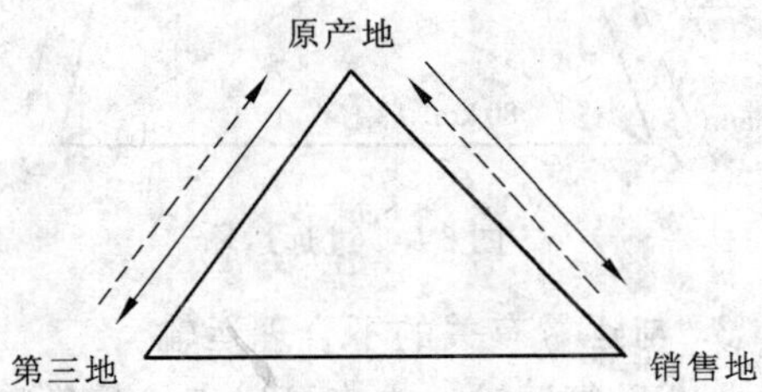

图 3-7　倒流运输

(3) 返程或起程空载运输。空车无货载行驶，可以说是不合理运输的最严重形式。在实际运输组织中，有时候必须调运空车，从管理上不能将其看成不合理运输。但是，因调运不当，货源计划不周，不采用运输社会化而形成的空驶，是不合理运输的表现。造成空载的不合理运输主要有以下几种原因：

① 能利用社会化的运输体系而不利用，却依靠自备车送货提货，这往往出现单程重车，单程空驶的不合理运输；

② 由于工作失误或计划不周，造成货源不实，车辆空去空回，形成双程空驶；

③ 由于车辆过分专用，无法搭运回程货，只能单程实车，单程回空周转。

(4)交叉运输。凡同种物资有两对以上的供销关系,在路网密集地区运送而又产生多余走行公理时的运输,称为交叉运输,如图 3-8 中的方案 1 所示。

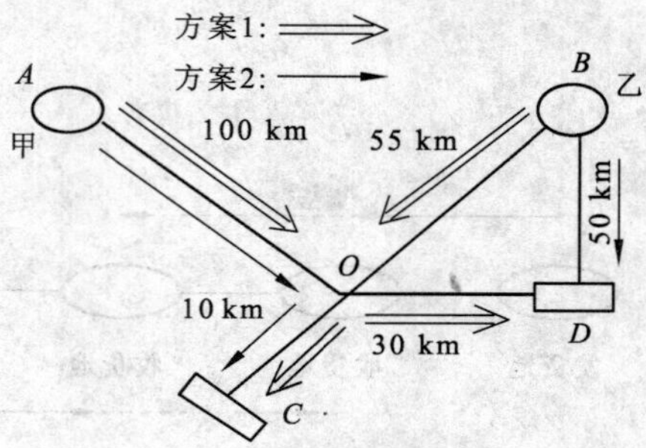

图 3-8 交叉运输示意图

2. 与运输距离有关的不合理运输

(1)过远运输。过远运输是指调运物资舍近求远的货物运输现象,即销地完全有可能由距离较近的供应地调进所需要的质量相同的货物,却超出货物合理流向的范围,从远处调运进来,这就造成可采取近程运输而未采取,拉长了货物运距的浪费现象。过远运输占用时间长、运输工具周转慢、物资占压资金时间长,又易出现货损,增加费用开支。如图 3-9 所示,B-C、A-D 的运输为过远运输。

(2)迂回运输。迂回运输是指物资不走最短路径的绕道运输。本可以选取短距离进行运输,却选择路程较长路线进行运输的一种不合理形式。迂回运输有一定复杂性,不能简单处之,只有当计划不周、地理不熟、组织不当而发生的迂回,才属于不合理运输,如果最短距离有交通阻塞、道路情况不好或有对噪音、排气等特殊限制而不能使用时发生的迂回,不能称为不合理运输。如图 3-10 中的甲-乙-丙的运输为迂回运输。

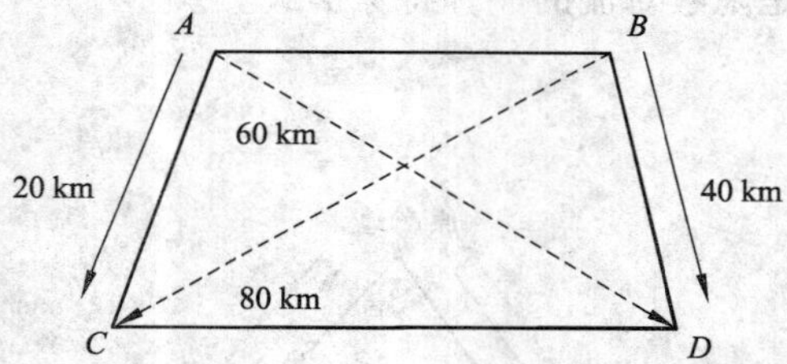

图 3-9 过远运输

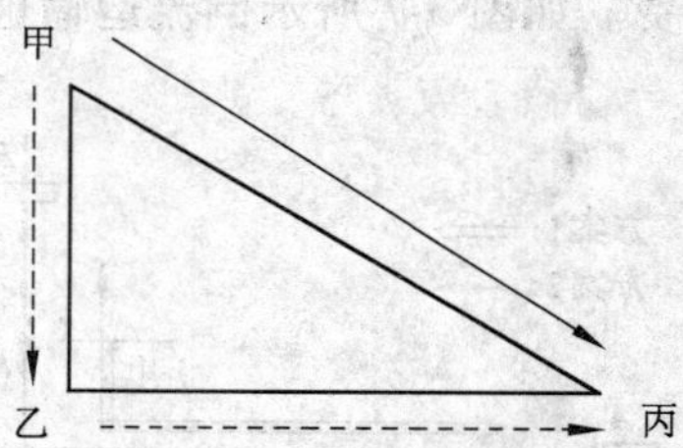

图 3-10 迂回运输

3. 与运量有关的不合理运输

(1)重复运输。本来可以直接将货物运到目的地,但是在未达目的地之处,或目的地之外的其它场所将货卸下,再重复装运送达目的地,这是重复运输的一种形式(如图 3-11 虚线所示)。另一种形式是,同品种货物在同一地点一面运进,同时又向外运出。重复运输的最大弊端是增加了中间装卸环节,延长了货物在途时间,增加了装卸搬运费用,而且降低车、船使用效率,影响其他货物运输。

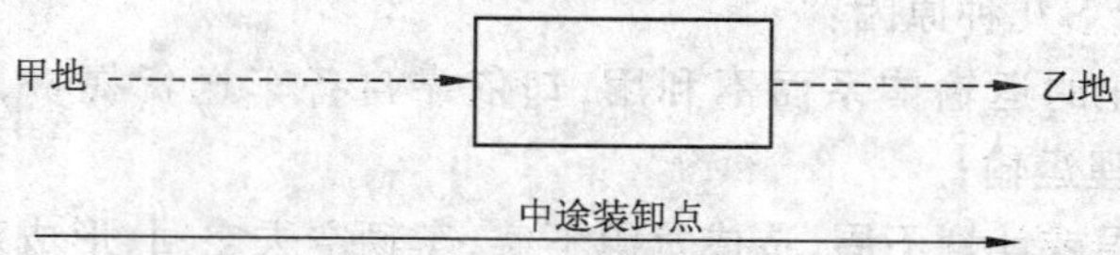

图 3-11 重复运输

(2)无效运输。凡装运的物资中有无使用价值的杂质(如煤炭中的矸石、原油中的水分、矿石中的泥土和沙石)含量过多或含量超过规定标准的运输。

4. 运力选择不当的运输。未选择各种运输工具的优势而不正确地利用运输工具造成的不合理现象,常见有以下几种形式:

(1)弃水走陆。在同时可以利用水运及陆运时,不利用成本较低的水运或水陆联运,而选择成本较高的铁路运输或汽车运输,使水运优势不能发挥。

(2)铁路、大型船舶的过近运输。不是铁路及大型船舶的经济运行里程却利用这些运力进行运输的不合理做法。主要不合理之处在于火车及大型船舶起运及到达目的地的准备、装卸时间长,且机动灵活性不足,在过近距离中利用,发挥不了运速快的优势。相反,由于装卸时间长,反而会延长运输时间。另外,和小型运输设备比较,火车及大型船舶装卸难度大、费用也较高。

(3)运输工具承载能力选择不当。不根据承运货物数量及重量选择,而盲目决定运输工具,造成过分超载、损坏车辆及货物不满载、浪费运力的现象。尤其是“大马拉小车”现象发生较多。由于装货量小,单位货物运输成本必然增加。

5. 托运方式选择不当的不合理运输

对于货主而言,在可以选择最好托运方式而未选择,造成运力浪费及费用支出加大的一种不合理运输。例如,本应选择整车运输而未选择,反而采取零担托运,应当直达而选择了中转运输,应当中转运输而选择了直达运输等都属于这一类型的不合理。

上述的各种不合理运输形式都是在特定条件下表现出来,在进行判断时必须注意其不合理的前提条件,否则就容易出现判断的失误。例如,如果同一种产品,商标不同,价格不同,所发生的对流,不能绝对看成不合理,因为其中存在着市场机制引导的竞争,优胜劣汰,如果强调因为表面的对流而不允许运输,就会起到保护落后、阻碍竞争甚至助长地区封锁的作用。类似的例子,在各种不合理运输形式中都可以举出一些。

另外,以上对不合理运输的描述,主要就形式本身而言,是主要从微观观察得出的结论。在实践中,必须将其放在物流系统中做综合判断,在不做系统分析和综合判断时,很可能出现“效益背反”现象。单从一种情况来看,避免了不合理,做到了合理,但它的合理却使其它部分出现不合理。只有从系统角度,综合进行判断才能有效避免“效益背反”现象,从而优化物流系统。

二、运输合理化

(一)运输合理化的意义

物流过程的合理运输就是从物流系统的总体目标出发,按照货物流通的规律,运用系统理论和系统工程原理和方法,合理利用各种运输方式,选择合理的运输路线和运输工具,以最短的路径、最少的环节、最快的速度和最少的劳动消耗组织好货物的调运。运输合理化的重要意义主要表现在以下几点：

(1)合理运输，有利于加速再生产进程，促进国民经济持续、稳定、协调地发展。按照社会主义市场经济的基本要求组织货物的合理运输，可以是物质产品迅速地从生产所在地向消费所在地转移，加速资金的周转，促进社会再生产过程的顺利进行，促进国民经济稳定、健康地向前发展。

(2)合理运输，能节约运输费用，降低物流成本。运输费用是构成物流费用的主要组成部分。物流过程的合理运输就是通过运输方式、运输工具和运输线路的合理选择，进行运输方案的优化，实现运输合理化。运输合理化必然会达到缩短运输里程、提高运输工具的运用效率从而达到节约运输费用、降低物流成本的目的。

(3)合理运输，缩短了运输时间，加快了物流速度。运输时间的长短决定着物流速度的快慢，所以货物运输时间是决定物流速度的重要因素。合理组织运输活动，可使被运输货物的在途时间尽可能地缩短，能达到到货及时的目的，因而可以降低库存商品的数量，实现加快物流速度的目的。

(4)运输合理化，可以节约运力，缓解运力紧张的状况，还能节约能源。运输合理化克服了许多不合理的运输现象，从而节约了运力，提高了货物的通过能力，起到合理利用运输能力的作用。

(二) 运输合理化的影响因素

运输合理化的影响因素很多，起决定性作用的有以下五个方面的因素，称为合理运输五要素：

(1)运输距离。在运输时，运输时间、运输货损、运费、车辆或船舶周转等运输的若干技术经济指标都与运输距离有一定的比例关系，运距长短是运输是否合理的一个最基本因素。

(2)运输环节。每增加一次运输，不但会增加起运的运费和总运费，而且必须要增加运输的附属活动，如装卸、包装等各项技术经济指标也会因此下降。

(3)运输工具。各种运输工具都有其适用的优秀领域，对运输工具进行优化选择，按运输工具特点进行装卸运输作业，最大限度地发挥所用运输工具的作用，使运输合理化的重要一环。

(4)运输时间。运输是物流过程中需要花费较多时间的环节，尤其是远程运输，在全部物流时间中，运输时间占绝大部分，所以，运输时间的缩短对整个流通时间的缩短有决定性的作用。

(5)运输费用。运费在全部物流费用中占很大比例，运费高低在很大程度上决定整个物流系统的竞争能力。实际上，运输费用的降低，无论对货主企业来讲还是对物流经营企业来讲，都是运输合理化的一个重要标志。

从上述五个方面考虑运输合理化就能取得预想效果。

三、运输合理化措施

(一)提高运输工具实载率

实载率有两个含义:一是单车实际载重与运距之乘积和标定载重与行驶里程之乘积的比率,这在安排单车、单船运输时,是做为判断装载合理与否的重要指标;二是车船的统计指标,即一定时期内车船实际完成的货物周转量(以吨千米计)占车船载重吨位与行驶千米之乘积的百分比。在计算时车船行驶的千米数,不但包括载货行驶,也包括空驶。

提高实载率的意义在于:充分利用运输工具的额定能力,减少车船空驶和不满载行驶的时间,减少浪费,从而求得运输的合理化。

我国曾在铁路运输上提倡"满载超轴",其中"满载"的含义就是充分利用货车的容积和载重量,多载货,不空驶,从而达到合理化之目的。这个做法对推动当时运输事业发展起到了积极作用。当前,国内外开展的"配送"形式,优势之一就是将多家需要的货和一家需要的多种货实行配装,以达到容积和载重的充分合理运用,比起以往自家提货或一家送货车辆大部空驶的状况,是运输合理化的一个进展。在铁路运输中,采用整车运输、合装整车、整车分卸及整车零卸等具体措施,都是提高实载率的有效措施。

(二)采取减少动力投入,增加运输能力的有效措施求得合理化

这种合理化的要点是,少投入、多产出,走高效益之路。运输的投入主要是能耗和基础设施的建设,在设施建设已定型和完成的情况下,尽量减少能源投入,是少投入的核心。做到了这一点就能大大节约运费,降低单位货物的运输成本,达到合理化的目的。

国内外在这方面的有效措施有:

(1)前文已提到的"满载超轴"。其中"超轴"的含义就是在机车能力允许情况下,多加挂车皮。我国在客运紧张时,也采取加长列车、多挂车皮办法,在不增加机车情况下增加运输量。

(2)水运拖排和拖带法。竹、木等物资的运输,利用竹、木本身浮力,不用运输工具载运,采取拖带法运输,可省去运输工具本身的动力消耗从而求得合理;将无动力驳船编成一定队形,一般是"纵列",用拖轮拖带行驶,可以有比船舶载乘运输运量大的优点,求得合理化。

(3)顶推法。是我国内河货运采取的一种有效方法。将内河驳船编成一定队形,由机动船顶推前进的航行方法。其优点是航行阻力小,顶推量大,速度较快,运输成本很低。

(4)汽车挂车。汽车挂车的原理和船舶拖带、火车加挂基本相同,都是在充分利用动力能力的基础上,增加运输能力。

(三)发展社会化的运输体系

运输社会化的含义是发展运输的大生产优势,实际专业分工,打破一家一户自成运输体系的状况。

一家一户的运输小生产，车辆自有，自我服务，不能形成规模，且一家一户运量需求有限，难于自我调剂，因而经常容易出现空驶、运力选择不当（因为运输工具有限，选择范围太窄）、不能满载等浪费现象，且配套的接、发货设施，装卸搬运设施也很难有效地运行，所以浪费颇大。实行运输社会化，可以统一安排运输工具，避免对流、倒流、空驶、运力不当等多种不合理形式，不但可以追求组织效益，而且可以追求规模效益，所以发展社会化的运输体系是运输合理化的非常重要措施。

当前火车运输的社会化运输体系已经较完善，而在公路运输中，小生产生产方式非常普遍，是建立社会化运输体系的重点。

社会化运输体系中，各种联运体系是其中水平较高的方式，联运方式充分利用面向社会的各种运输系统，通过协议进行一票到底的运输，有效打破了一家一户的小生产，受到了欢迎。

我国在利用联运这种社会化运输体系时，创造了“一条龙”货运方式。对产、销地及产、销量都较稳定的产品，事先通过与铁路、交通等社会运输部门签定协议，规定专门收、到站，专门航线及运输路线，专门船舶和泊位等，有效保证了许多工业产品的稳定运输，取得了很大成绩。

（四）开展中短距离铁路公路分流，“以公代铁”的运输

这一措施的要点，是在公路运输经济里程范围内，或者经过论证，超出通常平均经济里程范围，也尽量利用公路。这种运输合理化的表现主要有两点：一是对于比较紧张的铁路运输，用公路分流后，可以得到一定程度的缓解，从而加大这一区段的运输通过能力；二是充分利用公路从门到门和在中途运输中速度快且灵活机动的优势，实现铁路运输服务难以达到的水平。

我国“以公代铁”目前在杂货、日用百货运输及煤炭运输中较为普遍，一般在200 km以内，有时可达700～1 000 km。山西煤炭外运经认真的技术经济论证，用公路代替铁路运至河北、天津、北京等地是合理的。

（五）尽量发展直达运输

直达运输是追求运输合理化的重要形式，其对合理化的追求要点是通过减少中转过载换载，从而提高运输速度，省却装卸费用，降低中转货损。直达的优势，尤其是在一次运输批量和用户一次需求量达到了一整车时表现最为突出。此外，在生产资料、生活资料运输中，通过直达，建立稳定的产销关系和运输系统，也有利于提高运输的计划水平，考虑用最有效的技术来实现这种稳定运输，从而大大提高运输效率。

特别需要一提的是，如同其它合理化措施一样，直达运输的合理性也是在一定条件下才会有所表现，不能绝对认为直达一定优于中转。这要根据用户的要求，从物流总体出发做综合判断。如果从用户需要量看，批量大到一定程度，直达是合理的，批量较小时中转是合理的。

（六）配载运输

配载运输是充分利用运输工具的载重量和容积，合理安排装载的货物及载运方法以求

得合理化的一种运输方式。配载运输也是提高运输工具实载率的一种有效形式。

配载运输往往是轻重商品的混合配载,在以重质货物运输为主的情况下,同时搭载一些轻泡货物,如海运矿石、黄沙等重质货物,在仓面捎运木材、毛竹等,铁路运矿石、钢材等重物上面搭运轻泡农、副产品等,在基本不增加运力投入情况下,在基本不减少重质货物运输情况下,解决了轻泡货的搭运,因而效果显著。

(七)"四就"直拨运输

"四就"直拨是减少中转运输环节,力求以最少的中转次数完成运输任务的一种形式。一般批量到站或到港的货物,首先要进分配部门或批发部门的仓库,然后再按程序分拨或销售给用户。这样一来,往往出现不合理运输。

"四就"直拨,首先是由管理机构预先筹划,然后就厂或就站(码头)、就库、就车(船)将货物分送给用户,而勿需再入库。

(八)发展特殊运输技术和运输工具

依靠科技进步是运输合理化的重要途径。例如,专用散装及罐车,解决了粉状、液状物运输损耗大,安全性差等问题;袋鼠式车皮,大型半挂车解决了大型设备整体运输问题;"滚装船"解决了车载货的运输问题;集装箱船比一般船能容纳更多的箱体,集装箱高速直达车船加快了运输速度等,都是通过来用先进的科学技术实现合理化。

(九)通过流通加工,使运输合理化

有不少产品,由于产品本身形态及特性问题,很难实现运输的合理化,如果进行适当加工,就能够有效解决合理运输问题,例如将造纸材料在产地预先加工成干纸浆,然后压缩体积运输,就能解决造纸材料运输不满载的问题。轻泡产品预先捆紧包装成规定尺寸,装车就容易提高装载量;水产品及肉类预先冷冻,就可提高车辆装载率并降低运输损耗。

第三节 运输成本与价格管理

一、运输成本的概念与分类

货物运输生产的过程是实现货物位移的过程。在实现货物位移的过程中,产生了包括资料的耗费如车辆、装卸机械、燃料、配件、工具等的价值耗费和相当于职工工资部分的价值耗费,这些价值耗费构成了运输成本,即运输成本是以货币的形式反映的完成一定运输工作量的全部耗费。

二、运输成本的构成

(一) 固定成本和可变成本

运输服务涉及许多成本,这些成本可人为地分成随服务量或运量变化的可变成本和不随服务量变化的固定成本。当然,如果考察的时期足够长,运量足够大,所有的成本都是可变的。但是为了对运输方式进行定价,就有必要将在承运人"正常"范围内没有变化的成本视做固定成本,其他成本视作可变成本。具体而言,固定成本包括获取路权的成本和维护成本,端点设施成本、运输设备成本和承运人管理成本;可变成本通常包括线路运输成本,如燃油和人工成本、设备维护成本、装卸成本、取货和送货成本。以上并非对固定成本和可变成本的准确分类,就像不同运输方式之间的成本差异显著一样,随考察的范围不同,固定成本和可变成本的分类也有所不同。所有成本都有部分固定特征、部分可变特征,将成本划分到这一类或那一类只是角度不同的问题。

线路运费有两个重要决定因素:运距和运量。在每种情况下,固定成本和可变成本的划分略有不同。

(二) 联合成本

联合成本是指提供某种特定的运输服务而产生的不可避免的费用。通常,企业要确定某批货物的实际运输成本除了要区分固定成本和可变成本以外,还需要人为地对一些成本进行分摊。这样做是因为很多运输成本是不可分的。许许多多不同规格、不同重量的货物在同一条铁路线上进行运输,每件货物该分担多少成本呢?是按照货物重量占总运量的比例分摊,还是按货物体积占总货运体积的比例分担,还是按其他标准分摊?运输成本分摊并没有简单的公式可循,确定每批货物的运输成本仍然是一个主观判断的问题。

除管道运输外,所有承运人都要考虑的返程问题就是个明显的例子。承运人很难在往程运输和返程运输之间找到绝对的平衡。返程运输可以看成往返往程运输的副产品,因为返程运输是往程运输的结果,这样,就将所有的大部分成本摊到往程运输中,返程成本可以看成零,或只将那些与返程运输直接相关的成本摊到返程运输上 。

联合成本对运输费用有很大影响,因为承运人所要的运价中必须包括隐含的联合成本,它要考虑托运人有无适当的回程货,或者这种回程运输是否由原先的托运人来弥补。

(三)公共成本

这类成本是指承运人代表所有的托运人或某个分市场的托运人所支付的费用,诸如端点站或管理部门之类的费用,它具有企业一般管理费用的特征,通常是按照活动水平,如装运处理(如递送约定)的数量分摊给托运人承担。但是,用这种方式来分摊企业一般管理费有可能发生不正确的成本分配。例如,一个托运人也许在其并没有实际使用递送服务时(如该承运人递送的货物并没有卸下来,但按照"视为已利用")就需要为这种约定支付费用。

三、影响运输成本的因素

运输成本通常受 7 个因素的影响,尽管这些因素并不是运费表上的组成部分,但在承运人制定运输费率时, 都必须对每一个因素加以考虑。

(一) 输送距离

输送距离是影响运输成本的主要因素,因为它直接对劳动、燃料和维修保养等变动成本发生作用。图 3-12 显示了距离和运输成本的一般关系,并说明了以下两个要点:第一,成本曲线不是从原点开始的,因为它与距离无关,但与货物的提取和交付活动所产生的固定费用有关;第二,成本曲线是随距离减少而增长的一个函数,这种特征被称做递减原则,即输送距离越长,城市间的输送距离所占的比例越高,成本越低。因为承运人可以使用更高的速度,使城市间每 km 单位费用相对较低,而市内输送通常会频繁地停车,还要增加额外的装卸成本。

(二) 载货量

载货量之所以会影响运输成本,是因为与其他许多物流活动一样,大多数运输活动中存在着规模经济。这种关系如图 3-13 所示,它说明了每单位重量的运输成本随载货量的增加而减少。之所以会产生这种现象,是因为提取和交付活动的固定费用以及行政管理费用可以随载货量的增加而被分摊。但是,这种关系受到运输工具(如卡车)最大尺寸的限制。这种关系对管理部门的启示是,小批量的载货应整合成更大的载货量,以期利用规模经济。

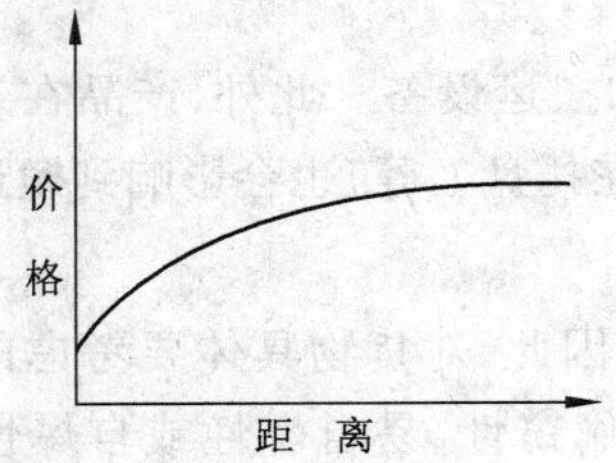

图 3-12 距离与运输成本之间的一般关系

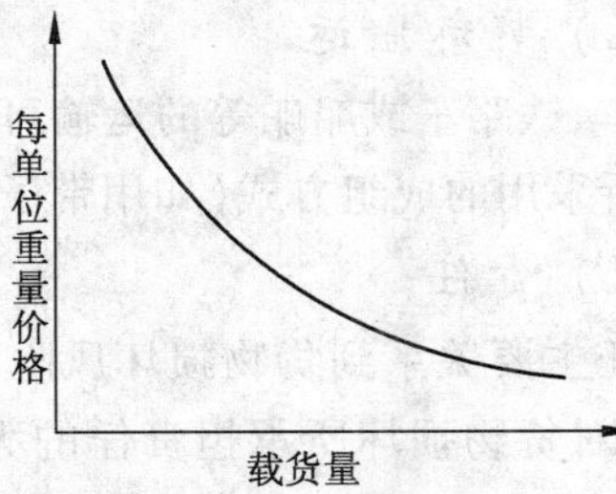

图 3-13 重量与运输成本之间的一般关系

(三)货物的疏密度

货物的疏密度把重量和空间方面的因素结合起来考虑。这类因素之所以重要,是因为运输成本通常表示为每单位重量所花费的数额,如每吨金额数等。在重量和空间方面 ,单独的一辆运输卡车更多的是受到空间限制,而不是重量限制。即使该产品的重量很轻,车辆一旦装满,就不可能再增加装运数量。既然运输车辆实际消耗的劳动成本和燃料成本主要不受重量的影响,那么,货物的疏密度越高,相对应地可以把固定运输成本分摊到增加的重量上去,使这些产品所承担的每单位重量的运输成本相对较低。图 3-14就是说明每单位重量的运输成本随货物的疏密度的增加而下降的关系。

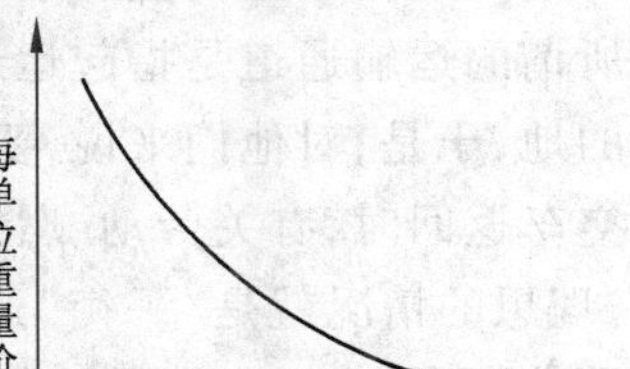

图 3-14 产品疏密度与运输成本之间的一般关系

一般来说,物流管理人员会设法增加货物的疏密度,以便能更好地利用车辆的容积,使其能装载更多数量的货物。增加货物包装密度,可以将更多单位的产品装载进具有固定体积的车辆中去。在某种程度上,由于车辆已经满载,即使再增加产品的密度,也无法再增加利益。显然,这类货物在还没有充分利用容量时,就有可能受到容量的限制。尽管如此,努力增加货物的疏密度通常会使运输成本降低。

(四)装载能力

装载能力是指产品的具体尺寸及其对运输工具(铁路车、拖车或集装箱)的空间利用程度的影响。由于有些产品具有古怪的尺寸形状,以及超重或超长等特征,通常不能很好地进行装载,并因此浪费运输工具的空间。尽管装载能力的性质与产品密度相类似,但很可能存在这样的情况,即具有相同密度的产品,其装载差异很大。一般来说,具有标准矩形的产品要比形状古怪的产品更容易装载。例如,钢块与钢条具有相同的密度,但由于钢条的长度和形状,使其装载起来就更困难一些。

装载能力还受到装运规模的影响。大批量的产品往往能够相互嵌套,便于装载,而小批量的产品则有可能难以装载。例如,整车的垃圾桶有可能实现相互嵌套,而单独的垃圾桶装载起来就显得较困难。

(五)装卸搬运

卡车、铁路车或船舶等的运输可能需要特别的装卸搬运设备。此外,产品在运输和储存时实际所采用的成组方式(如用带子捆起来、装箱或装在托盘上等)也会影响到搬运成本。

(六)责任

责任主要关系到货物损坏风险和导致索赔事故。因此,对货物具体要考虑的因素是易损坏性、对货物损坏所承担责任的大小、易腐性、易被偷窃性、易自燃性或自爆性以及单位价值。承运人必须通过向保险公司投保来预防可能发生的索赔,否则有可能要承担任何可能损坏的赔偿责任。托运人可以通过改善保护性包装,或通过减少货物灭失损坏的可能性,降低风险,最终降低运输成本。

(七)运输供需因素

诸如运输通道流量和通道流量均衡等运输供求的市场因素,也会影响到运输成本。这里所谓的运输通道是指起运地与目的地之间的移动。显然运输车辆和驾驶员都必须返回目的地,于是,对他们来说,要么找一票货带回来("回程运输"),要么只能空车返回。当发生空车返回时,有关劳动、燃料和维修保养费用仍然必须按照原先的"全程"运输支付。于是,理想的情况就是"平衡"运输,即运输通道两端流量相等。但由于制造地点与消费地点的需求不平衡,通道两端流量相等的情况很少见。例如,有许多货物是在美国东海岸加工制造的,然后装运到美国西部的消费市场,这样就会产生运往西部的流量大于流向东部的流量。这种不平衡会使东行运输的费率大大降低。此外,这种平衡性也会受到季节性的影响,类似于在销售旺季里运输水果和蔬菜的情况。于是,这种需求的方向性和季节性会导致运输费率随方向和季节的变化而变化。

四、运输价格概述

(一)运输价格的概念

所谓运输价格,是指运输企业对特定货物或旅客所提供的运输劳务的价格。运输价格能在一定程度内有效地调节各种运输方式的运输需求,即在总体运输能力基本不变的情况下,运输需求会因运输价格的变动而改变。但货物运输需求在性质上属于“派生需求”,运输总需求的大小主要还是取决于社会经济活动的总体水平,运输价格的高低对其产生影响极其有限。当然,有时运输价格的变动对某一运输方式的需求调节也会较明显。

运输价格是运输企业借以计算和取得运输收入的根本依据。因此,运输价格的高低,直接关系到运输企业的收入水平。另一方面,货物运输价格又是物流总成本中的有机组成部分,它的高低也会影响企业的生产经营决策。

(二)运输价格的特征

(1)运输价格是一种劳务价格。运输价格是运输劳务产品价格,只有销售价格这一种表现形式。同时,由于运输产品的不可储存性,因此当运输需求发生变化时,只能靠调整运输能力来达到运输供求的平衡。而在现实中运输能力的调整一般具有滞后性,故运输价格因供求关系而产生波动的程度往往较一般有形商品要来得大。

(2)货物运输价格是商品销售价格的组成部分。在外贸进、出口货物中,班轮货物的运价占商品价格的比率为1.1% ~28.4%,大宗而价廉货物其比率可达30% ~50%。由此可见,货物运价的高低,会直接影响商品的销售价乃至实际成交与否。

(3)运输价格具有按不同运输距离或不同航线而区别的特点。距离运价是我国沿海、内河、铁路、公路运输中普遍采用的一种运价形式。而航线运价则广泛地使用于远洋运输和航空运输中。

(4)运输价格具有比较复杂的比价关系。因不同运输方式或运输工具会使所运货物的时间、速度等因素上有差别,而这些差别均会影响到运输成本和供求关系,在价格上必然会有相应的反映,产生了比较复杂的比价关系。

(三)运价的形成因素

形成运输价格的因素主要有运输成本、运输供求关系、运输市场的结构模式、国家有关经济政策以及各种运输方式之间的竞争等。

1. 运输成本

运输成本是指运输企业在进行运输生产过程中发生的各种耗费的总和。在正常情况下,运输企业为能抵偿运输成本而不至于亏本并能扩大再生产,要求运输价格不低于运输成本。

2. 运输供求关系

运输供给和需求对运输市场价格的调节，通常是由于供求数量不同程度的增长或减少引起的。

五、运输成本优化措施

(一)开展合理化运输

物流过程的合理运输,是从物流系统的总体目标出发,运用系统理论和系统工程原理和方法,充分利用各种运输方式,选择合理的运输路线和运输工具,以最短的路径、最少的环节、最快的速度和最少的劳动消耗,组织好物质产品的运输活动。

(二)运输成本控制策略

1. 合理选择运输方式

运输的快速性、准确性、安全性和经济性之间是相互制约的,在选择运输方式时,应综合考虑运输的各种目标要求,采用综合评价法进行量化选择。

(1)确定运输方式的评价因素。运输方式的评价因素有快速性、经济性、安全性和准确性等。分别用 S_1、S_2、S_3、S_4 表示,如这些因素在选择时的重要性不同,可加上四个评价权数 a_1、a_2、a_3、a_4,则运输方式的综合评价价值 S 表示为:

$$S = a_1S_1 + a_2S_2 + a_3S_3 + a_4S_4$$

(2)建立运输方式的综合评价公式。如分别用 $S(R)$、$S(T)$、$S(F)$ 表示可供选择的运输方式公路、铁路和船舶。则有

$$S(R) = a_1S_1(R) + a_2S_2(R) + a_3S_3(R) + a_4S_4(R)$$

$$S(T) = a_1S_1(T) + a_2S_2(T) + a_3S_3(T) + a_4S_4(T)$$

$$S(F) = a_1S_1(F) + a_2S_2(F) + a_3S_3(F) + a_4S_4(F)$$

(3)评价各因素。

① 快速性。运输方式的快速性由运输时间决定。设三种运输方式的运输时间为 $H(R)$、$H(T)$、$H(F)$,求其平均值:

$$H = [H(R) + H(T) + H(F)]/3$$

然后分别求三种运输方式快速性的相对值:

$$S_1(R) = H(R)/H;\ S_1(T) = H(T)/H;\ S_1(F) = H(F)/H$$

② 用类似的方法求出其它因素的相对值。

经济性:$S_2(R) = C(R)/C;S_2(T) = C(T)/C;S_2(F) = C(F)/C$。

安全性:$S_3(R) = V(R)/V;S_3(T) = V(T)/V;S_3(F) = V(F)/V$。

便利性:$S_4(R) = D(R)/D;S_4(T) = D(T)/D;S_4(F) = D(F)/D$。

(4)综合评价和选择。综合评价时,先结合运送的货物特点,并听取实际工作者的意见,确定出各评价因素的权数大小。再将权数和上步中的各因素的评价值代入第二步建立

的各种运输方式综合评价价值公式求解，最后应选取结果最大的运输方式进行运输。

合理、恰当的运输方式不仅能降低物流成本，还能提高物流服务满意度。

2. 合理确定拥有车辆的数量

车辆的拥有数量要根据发货量的多少来安排，当拥有台数过少，发货量多时，难免出现车辆不足的现象，要从别处租车。相反，拥有台数过多，发货量少时就会出现车辆闲置现象，造成浪费。要综合考虑自备用车费用、自备用车闲置费用和租车费用等因素。

3. 优化仓库布局

从运输成本控制的角度看，成本的减低是由于使用了仓库以达到最大的集运而取得的。通过优化仓库布局即优化仓库网络达到运输成本最小化。

建立一个仓库合理化的基本经济原则是集运。一个制造商通常在广泛的地理市场区域中出卖产品，如果客户的订货是少量的，那么集运的潜力可以使建立一个仓库在经济上合理化。

4. 开展集运方式

运输成本控制的一个焦点是保留与大批量运输联系在一起的运输经济性。装运量越大，每千米吨的费率就越低。从运作的角度看，有三种可以取得有效货物集运的方法：一是自发集运。即将一个市场区域中达到不同客户的小批量运输结合起来，在运输时只是修正而不是间断自然的货物流动。当然，在整个市场上被装运到客户的数量是集运的基础。二是计划预定输送。计划预定输送是在每周有选择的日子里将有限的货运输送到特定市场。预定输送计划通常以强调集运互利的方式与客户沟通。航运公司向客户做出承诺，对所有在特定截止期前收到的订单都可保证在预定之日送货。三是共同输送。参加共同输送计划通常意味着一个货运代理、公共仓储或运输公司为在相同市场中的多个货主安排集运。提供共同输送的公司通常具备大批量送货目的地的长期送货约定。在这种安排下，集运公司通常为满足客户的需要而完成附加值的服务，如分类、排序、进口货物的单据处理等。

5. 推行直运策略

当货物在当地存货的费用高于直接运送的成本时，应考虑直接运送。当然，企业在决定是否采取直运策略时，必须考虑该产品的特性（如单价、易腐性、季节性）、所需运送的路程与成本、顾客订货多少与重量、地理位置与方向等因素。

6. 优化运输路线

在实际工作中，存在着不合理的运输现象，如对流运输、迂回运输、重复运输、过远运输、无效运输等，造成了运力的浪费，增加了不必要的运输成本。而优化运输路线可以减少不合理运输，降低运输成本。通常优化运输路线的方法有线性规划法、图表分析作业法、表上作业法、节约里程法等。线性规划法是在运价已知、路程已知的条件下，对 M 个商品生产地和 N 个商品销售地的商品运输建立数学模型，以使满足条件的总运费最小。图表分析作业法是先在图上标注出货物运出地、运入地、调运量及两地距离。然后根据就近供应原则,在图上制定商品调运方案,并不断判优、调整,使运输总路程最短,最后将结果填入商品调运平衡表。表上作业法是已知各地单位运价和各产销地供需量,在表上求解使总运费最低的调运方案。初始调运方案可根据最小费用(运价)法编制,然后进行判优、调整,直到找到总运费最低的方案。节约里程法根据巡回送货总路程小于为每个客户单独送货总路程的原理进行。首先计算各目的地相互间的最短距离,接着计算各目的地的节约里程,并按节约里程大小排序,进而组合成配送路线,然后再进行调整得出最优调运方案。

技能演练之一

甲公司要从位于 S 市的工厂直接装运 500 台电视机送往位于 T 市的一个批发中心。这批货物价值为 50 万元,T 市的批发中心确定这批货物的标准运输时间为 2.5 天,如果超出标准时间,每台电视机每天的机会成本是 30 元。甲公司的经理设计了下述两个运输方案,请从成本角度评价二者的优劣。

A:A 公司是一家长途货物运输企业,可以按照 0.05 元/(台 · km)来运送这批电视机,装卸费为每台 0.10 元。已知 S 市到 T 市的公路运输里程为 1 100 km,估计需要 3 天的时间才能运到。

B:B 运输公司提供全方位的运输服务,报价为 22 800 元,它承诺在标准时间内运到,但准点百分率为 80%。

方案 A:成本 $=[(0.05\times1\,100+0.1\times2)\times500+30\times500\times0.5]$ 元 $=35\,100$ 元

方案 B:成本 $=22\,800$ 元

可能追加的成本 $=[(2.5/0.8-2.5)\times30\times500]$ 元 $=9\,375$ 元

总成本 $=22\,800$ 元 $+9\,375$ 元 $=32\,175$ 元

所以 B 方案成本低于 A 方案。

技能演练之二

学生分成五组,分别开展讨论,假设各组要开办一个货运公司,需要在哪些方面做好准备?各组讨论完毕后,由各组代表进行阐述。

案例分析

上海通用:循环取货运输成本降三成

当生产需要某种零件供给时,最简便的方法是从单个供应商处将大量的零配件一次运输。然而,循环取货方式配送则是一次运输就从多个供应商处提取多品种、少批量的零配

件。而且,这种与工厂生产合拍的运输计划能保持工厂最小的库存。通过有效的路径设计,有效地控制大批量低频次配送的费用。

上海通用汽车是一个典型的制造企业,各种车型零部件总量有5 400多种。上海通用在国内外还拥有180家供应商,以及北美和巴西两大进口零部件基地。为了达到降低库存又能够节约运输成本的目的,上海通用汽车启动了LLM(Leading Logistics Management)项目。具体的规划分成两个部分。

1. 分析供应商地点及货物量优化运输路线

路线对于运输成本会产生重大影响。线路的分析与制定采用了软件建模的方式,把所有国产件供应商地点及货物量经过一定的优化后组合成若干运输路线。

目前上汽通用的80%供应商分布在上海市郊,少数供应商分布在江苏与浙江,这些数据都将进入系统。供应商的交货量对建立网络来说是一个非常重要的参数。有些供应商的交货量非常大,那么这些供应商就适合直接送工厂,而另一些供应商由于供货量比较小就需要在网络中整合。然而有时需要考虑装载量及卡车使用效率等问题,那些供货量较大的供应商的货物也需整合到网络中,分几次运输。

2. 通过系统优化获得卡车货物最佳装载量

三维卡车货物装载优化,这是在汽车运输中降低运输成本的技术性的层面。同样也是通过软件来辅助进行设计的。

该系统能以图像方式模拟各种货物在卡车中的装载方式,计算各种货物的最佳装载位置,计算整个车辆在多次装载前后的重量、重心位置等,并能通过系统优化获得非常高的装载量,达到增加单车运量,提高安全系数甚至节省燃油的目的。

此外,由于循环取货是24小时工作制,因此司机与卡车合理安排是非常重要的,这不仅需要考虑工厂生产对货物到达的需求,还需考虑司机工作的时间安排、人体工程等因素,这对于节约成本同样是至关重要的。

从2003年3月份起,上海通用汽车开始全面运行该循环取货方式。上汽通用的财务分析显示,通过循环取货,零部件运输成本每年可以节约300万元人民币,下降了30%以上。

可以看出,循环取货方式是一个优化的物流系统网络,其特色是多频次、小批量、定时性。通过有效的运输线路规划和物流体系设计,起到了降低运输成本的作用。

思考:

请结合此案例讨论运输成本节约的方式。

第四节 物流运输优化方法

一、运输优化的概念

物流运输优化是第三利润源的一个重点。所谓物流运输优化,是从物流的整体目标出发,运用系统理论和系统工程原理和方法,充分利用各种运输方式的优点,以运筹学等数学方法建立模型与图表,选择和规划合理的运输线路和运输工具,以最短的路径、最少的环节、最快的速度和最少的费用,组织好物质产品的运输活动,避免不合理运输和次优化情况的出现。

运输优化是指按商品自然流向,组织商品合理运输的活动,它直接决定着商品物流的效率与效果。合理优化的商品运输不仅节约物流成本,提高商品运动的速度,而且,还由于它能有效地连接生产与消费,从而既有利于物流服务和商品附加值的实现,又能有效地促进生产商高效地生产,真正使供应链物流的管理建立在适需经营的基础上。要实现现代化商品运输,就必须在满足经济发展和人民生活需要的前提下,保证商品的生产和流通的社会劳动耗费最小。

二、运输优化的内容

运输优化的内容是避免不合理运输的出现,因为不合理运输是对运力的浪费,会造成运输费用不必要的增加,从而使运输费用及服务失衡。以下是运输优化所需要解决的问题:

1. 减少对流运输

对流运输是不合理运输中最突出、最普遍的一种,对流运输不合理的实质在于多占用了运输工具,增加了不必要的运费。对流运输所产生的多余吨千米可表示为:

对流运输浪费的吨千米 = 最小对流吨数 × 对流区段里程 × 2

2. 消除迂回运输

迂回运输的原因很多,但多是选择运输路径不当引起的。如果因道路施工、事故等原因被迫绕道是允许的,但应当尽快恢复正常,因为它会引起运输能力的浪费和运输费用的超支。迂回运输造成的损失可表示为:

迂回运输浪费的费用 = 迂回运输浪费的吨千米 × 该种物质每吨千米的平均运费

3. 消除重复运输

把可以直接运输的物资进行不必要的中转,称为重复运输。这不仅浪费装卸劳力,增加作业和负担,而且增加物资损耗和出入库手续,造成物流时间长,费用消耗和占用多等不利情况。

4. 减少过远运输

过远运输在运输总量中占有相当大的比重,主要表现在木材和建筑材料上。在木材的不合理运输总量中,过远运输甚至达到 70% 以上。

过远运输浪费的吨千米 = 过远运输地货物吨数 ×(过远运输的全部里程 − 该物资的合理运输里程)

过远运输浪费的运输费用 = 过远运输浪费的吨千米 × 该物资的平均运费

5. 消除无效运输即不必要的运输,它不仅浪费了大量的运输能力,而且还往往人为地夸大了生产单位的成果,使消费者不能按质按量地得到价格适当的产品。消除无效运输具有十分惊人的经济效果。如大众石油由于增设了原油脱水设备,使原油含水量由7%下降到2%,1963年一年就消除了18万吨水的无效运输,由此,可减少罐装车4 500辆,节约运费500万元。

三、物流运输路线优化决策

1. 图表分析法

下面举一个例子来说明图表分析法如何优化运输路线。

【例3-2】有一种商品从A地运出400单位,从B地运出700单位,从C地运出300单位,从D地运出600单位,供给a、b、c三地分别为700单位,800单位,500单位,用图表分析法选择该商品合理的运输路线。

解:第一步:编制产销平衡表(见表3-1)。

表3-1　产销平衡表

运入 / 运出	A	B	C	D	调入量
a					700
b					800
c					500
调出量	400	700	300	600	2 000

第二步:绘制交通示意图(见图3-15)。

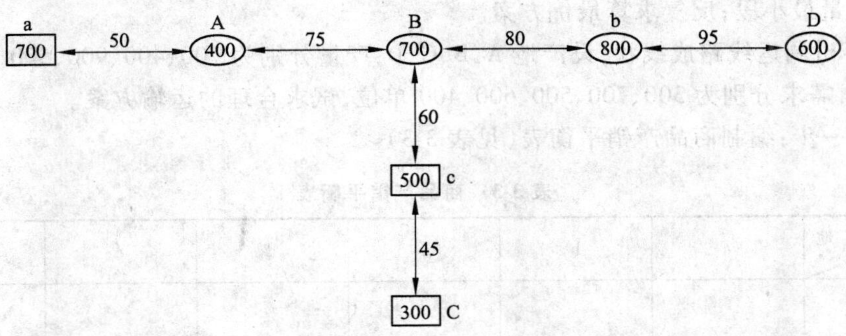

图3-15　交通示意图

□表示接收点,其中数字表示运量;○表示发运点,其中数字表示发出量;←→表示两地距离。

第三步:制定商品运输方案(见图3-16)。

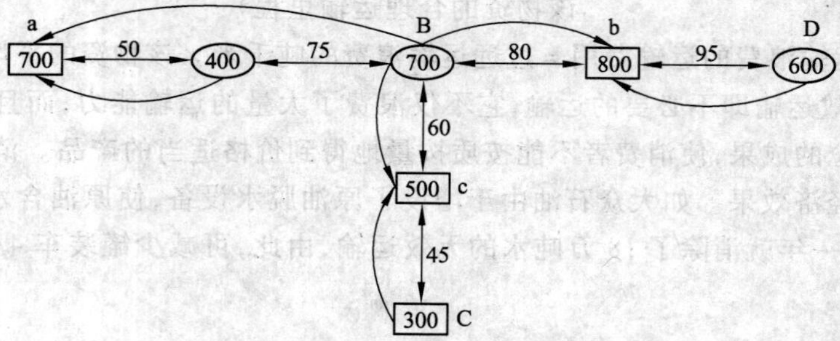

图3-16　商品运输方案

第四步:填入商品平衡表(见表3-2)。

表3-2　商品平衡表

运出＼运入	A	B	C	D	调入量
a	400	300			700
b		200		600	800
c		200	300		500
调出量	400	700	300	600	2 000

图表分析法简单易行,不必计算运输里程,适用于产销区域较小、产销点少、产销关系比较简单的情况。

2. 图上作业法

图上作业法就是利用商品产地和销地的地理分布和交通路线示意图,采用科学规划的方法,制定出商品合理的运输方案,以求得商品运输最小 t·km 的方法。图上作业法适用于交通线路为线状、圈状,而且对产销地点的数量没有严格限制的情况。图上作业法的原则归纳为:流向划右方,对流不应当;里圈、外圈分别算,要求不超过半圈长;如若超过半圈长,应用运量最小段;反复求算最优方案。

【例3-3】调运线路成线状,设产地A、B、C、D,产量分别为700、400、900、500单位;销地a、b、c、d、e,需求分别为300、700、500、600、400单位,试求合理的运输方案。

解:第一步:编制商品产销平衡表(见表3-3)。

表3-3　商品产销平衡表

产地＼销地	a	b	c	d	e	产量
A						700
B						400
C						900
D						500
销量	300	700	500	600	400	2 500

第二步：绘制交通路线示意图（见图 3-17）。

第三步：按交通线路示意图进行图上作业。

在不成圈的线路上，按就近供应的原则，首先从各端开始就近调运（见图 3-18）。

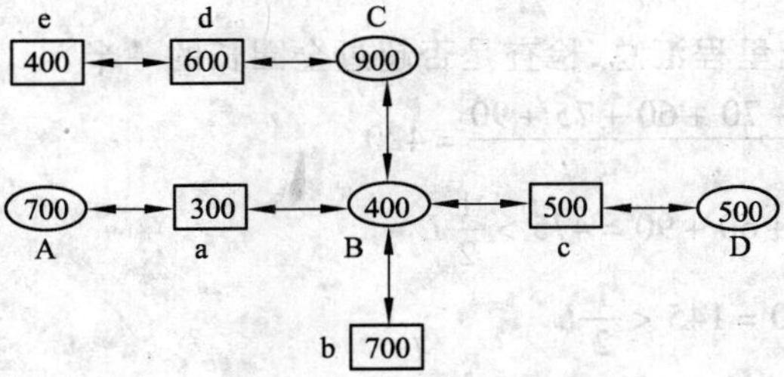

图 3-17 交通线路示意图

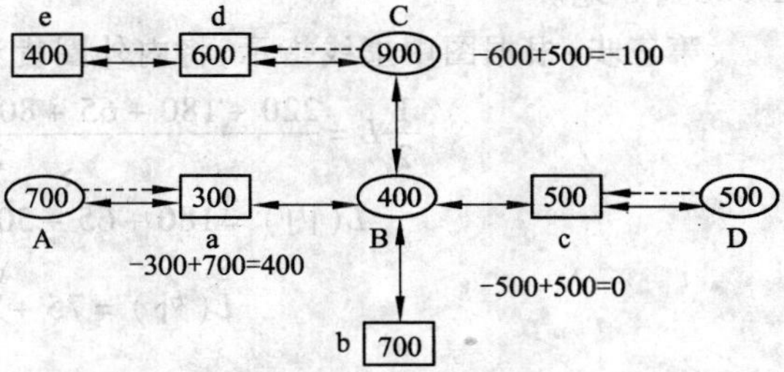

图 3-18 商品就近调运图

根据上述调动结果调整（见图 3-19）。

第四步：将结果填入平衡表（见表 3-4）。

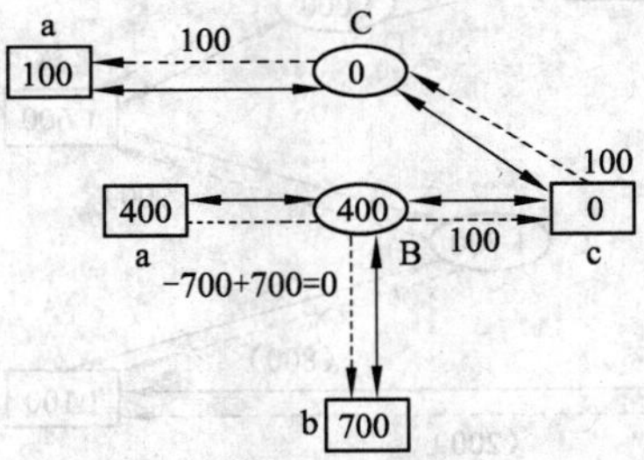

图 3-19 商品调运调整图

表 3-4 商品调运平衡表

销地 / 产地	a	b	c	d	e	产量
A	300	400				700
B		300	100			400
C				500	400	900
D			400	100		500
销 量	300	700	500	600	400	2500

【例 3-4】调运线路呈圈状。设有某商品发运点 A、B、C、D 等四处，接收点 a、b、c、d 位于圈状线路上，其距离及供需量（见表 3-5），试求最优的运输线路。

表 3-5 某商品供需数据表

接收点 / 发运点	a	b	c	d	供 应 量
A	650			800	800
B	1 800	2 200			1 500
C		900	750		1 700
D			600	700	1 000
需 求 量	1 300	1 000	1 600	1 100	5 000

解：具体作业步骤如下：

第一步：首先假定里程最长的一段没有货物流通过，使圈状线路变成非圈状线路，其中

B→b 应甩去（见图 3-20）。

第二步：进行合理的运输，即从 B 运输 1 500 到 a，再从 a 运输 200 到 A，A 运输 1 000 到 d。另一方面，从 D 运输 100 到 d，此外，从 D 运输 900 到 e，c 运输 700 到 e，同时运输 1 000到 b 地。

第三步：根据图中虚线指示，将内外圈货流里程汇总，检查是否超过全圈长的一半。

$$\frac{1}{2}L=\frac{220+180+65+80+70+60+75+90}{2}=420$$

$$L(内)=180+65+50+60+90=475>\frac{1}{2}L$$

$$L(外)=75+70=145<\frac{1}{2}L$$

L(内)大于全圈长的一半，不是最优方案，应重新甩断破圈，寻找最优方案。

第四步：内圈长超过半圈长，而内圈运量最小区段为 a→A，因此，重新甩断破圈时，应甩 a→A，补上原来无货流通过的 B→b 区段，重新做出流向圈（见图 3-21）。

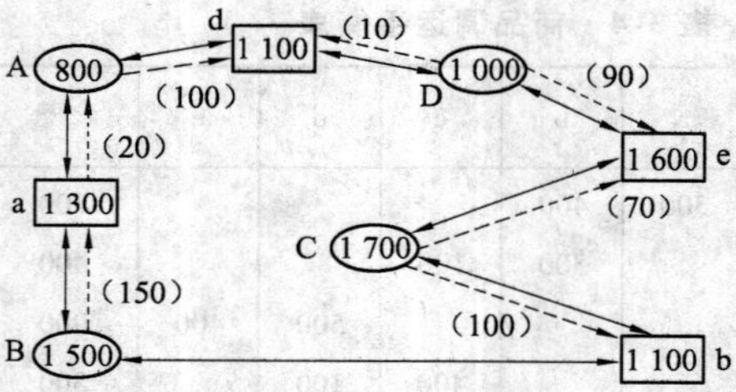

图 3-20　某商品运输路线图

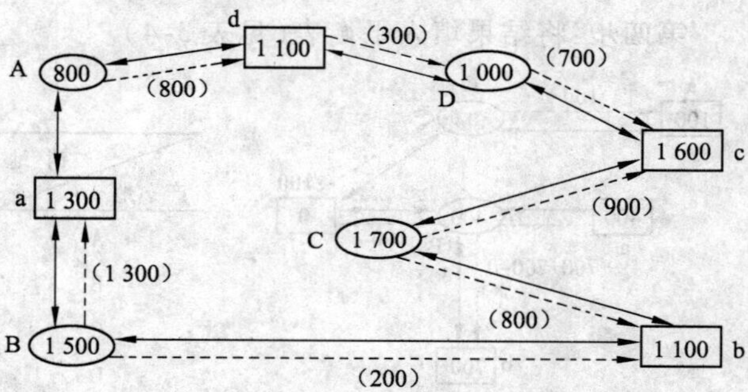

图 3-21　重做的流向圈图

第五步：计算内外圈。

$$L(内)=180+80+60+90=410<\frac{1}{2}L$$

$$L(外)=70+75+220=365<\frac{1}{2}L$$

第六步：将上述运输结果填入平衡表（见表 3-6）。

表 3-6　最优运输结果平衡表

接收点 发运点	a	b	c	d	供　应　量
A				800	800
B	1 300	200			1 500
C		800	900		1 700
D			700	300	1 000
需　求　量	1 300	1 000	1 600	1 100	5 000

一般来说，利用图上作业法寻求商品最优运输方案，可以按运输吨公里最小原则，也可以从运送时间最短或运费最省等角度来分别计算，只要商品在图上没有对流，内外圈长都不大于半圈长，该运输方案就是最优运输方案。

技能演练之一

有一条公路 AD，全长 400 km，其中 B、D 为煤炭供应点，以△表示，A、C 为煤炭的销售点，以□表示，各站点煤炭供求数量及站间距离如图 3-22 所示，试问如何组织运输最为合理？

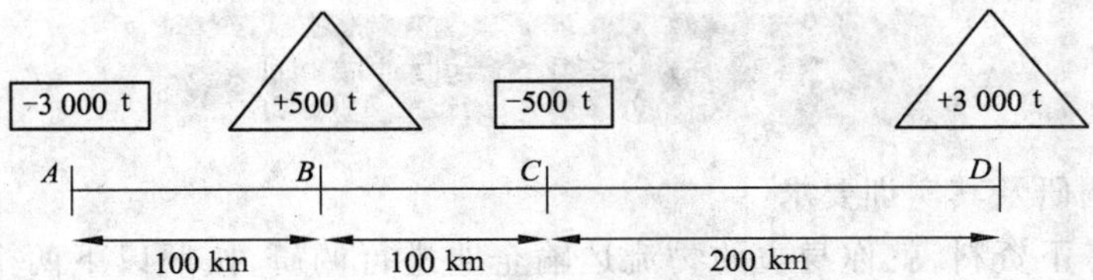

图 3-22 煤炭供求数量及站间距离

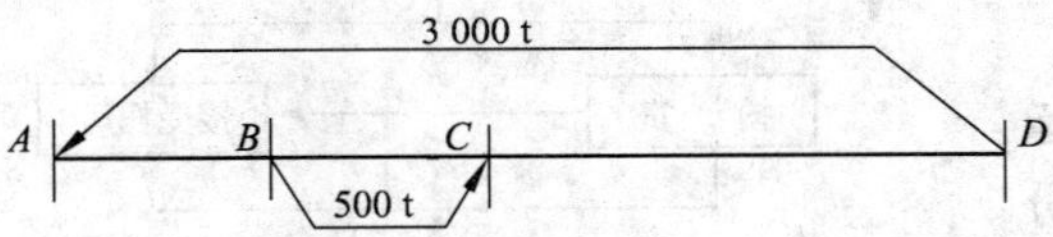

图 3-23 甲方案

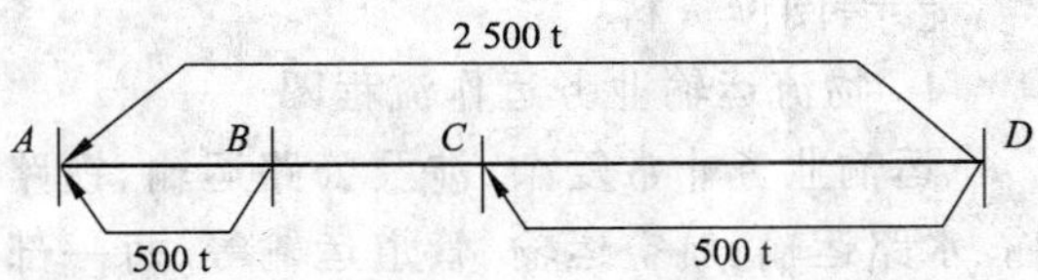

图 3-24 乙方案

技能演练之二

某机械制造企业有甲、乙、丙、丁、戊五个工厂，产品销往 A、B、C、D、E 五个地区。各工厂的位置、产量和各销售地区的位置、需求量如图 3-25 所示。由于工厂和销售地之间的交通线路图成线状，该企业利用图表分析法确定产品调运的最佳方案。

技能演练之三

某企业有 A、B、C、D 四个配送中心，要为所属的甲、乙、丙、丁四家连锁零售店补充库存。配送中心和连锁零售店的位置如图 3-26 所示，配送中心的供应量、连锁零售店的需求量及各地之间的距离也在图上标出。由于配送中心和连锁零售店之间的交通线路图成圈状，该企业利用图上作业法确定配送的最佳方案。

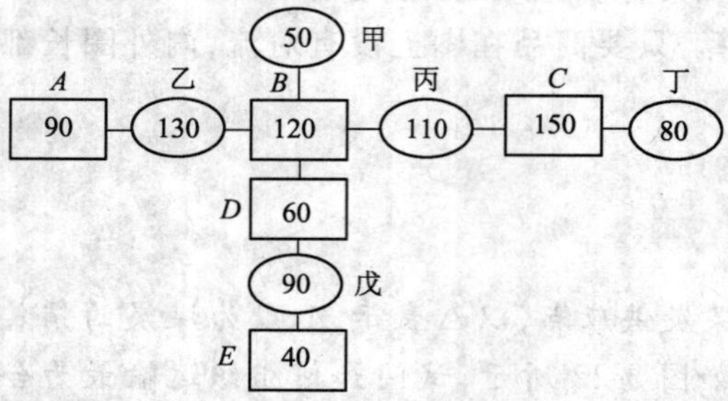

图 3-25　交通线路运输图

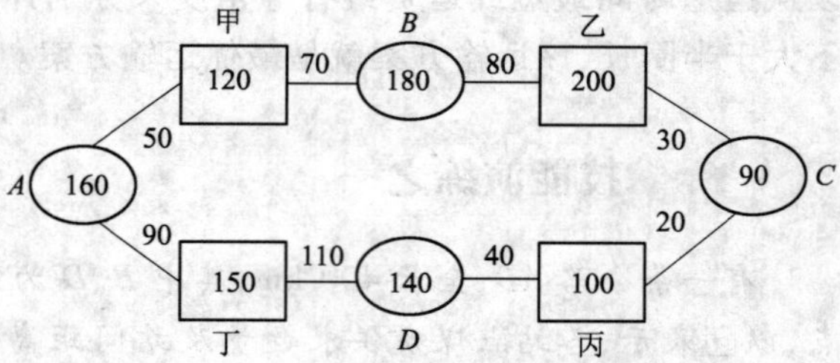

图 3-26　交通线路图

第五节　物流运输实训

运输企业调研及其实训要求

参考阅读一下资料，就你身边的物流运输企业进行调研，按照以下两个问题写出调研报告：(1)一个国内或国际货物运输项目的工作流程。(2)运输企业组织结构图以及运输业务人员的工作分工与工作职责。

参考阅读资料：

1. 物流运输业务运作流程图

运输业务非常复杂，涉及公路运输、铁路运输、水路运输、航空运输、管道运输等，每一部分的运输流程都大不相同。但对于一个物流公司的运输业务而言，通常情况下流程如下图 3-27 所示。

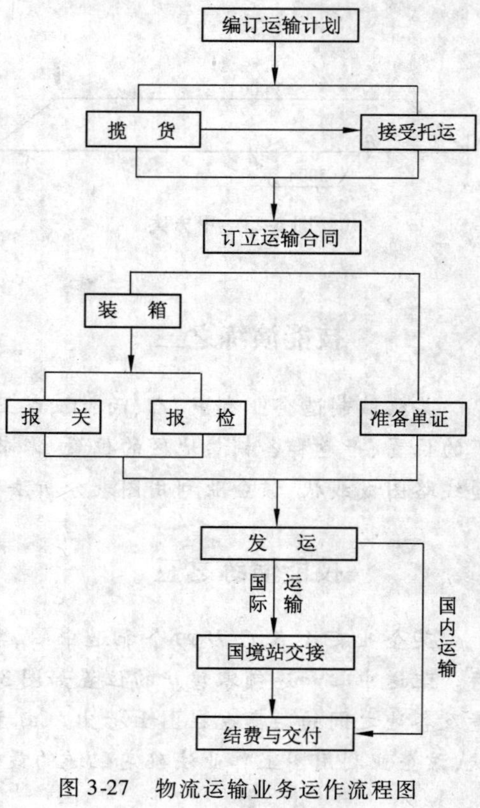

图 3-27　物流运输业务运作流程图

2. 物流运输业务人员工作关系图

如图 3-28 所示。

3. 运输规划岗位操作流程

如图 3-29 所示。

在以上岗位中，总经理主要以其知识，经营和能力，从规划部门提供的运输规划方案所提出一个或两个以上的经营目标中，确定一个最佳方案。

主管和副总经理一般应由具有丰富经验的总工程师或副总经理担任，一方面作为总经理的助手，提出自己的规划方案，一方面应监督、指导下级工作人员共同完成与规划运输工作。

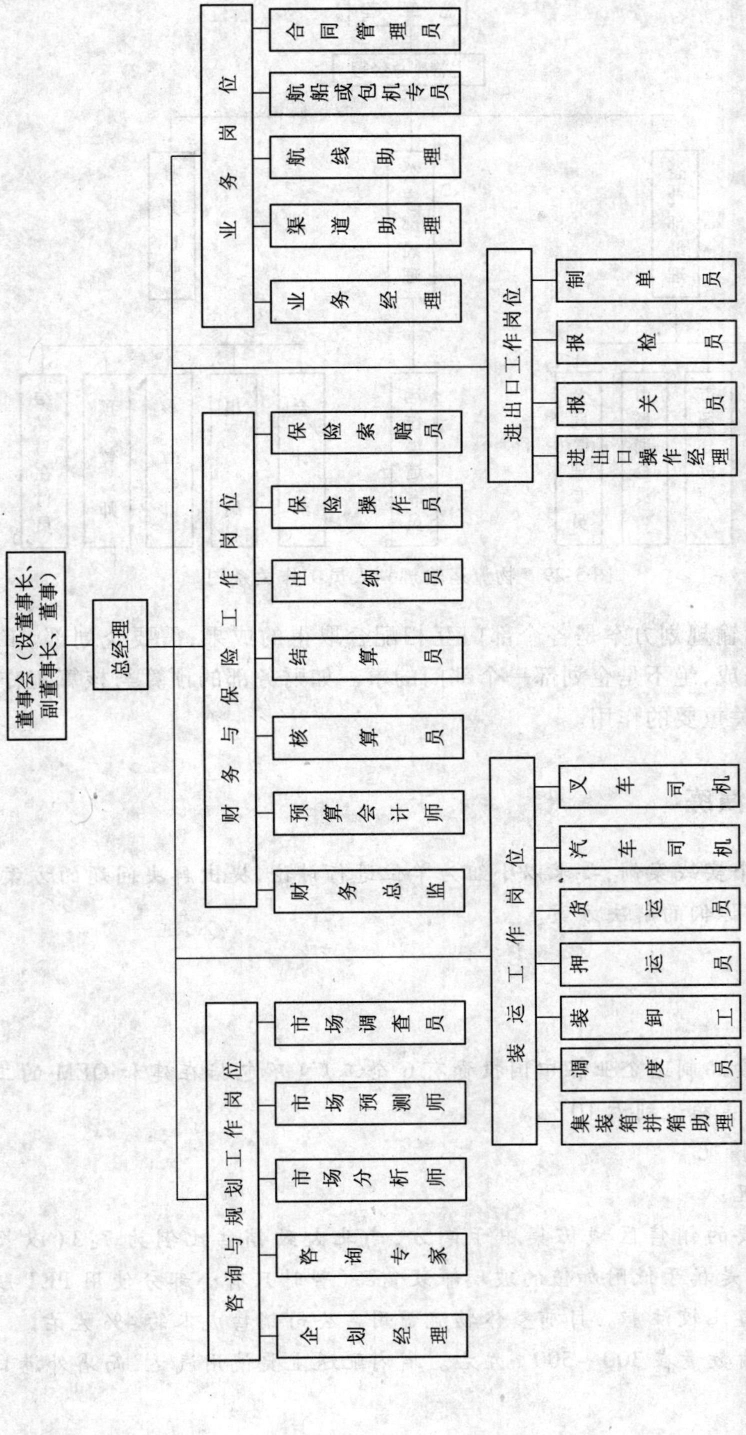

图3-28 物流运输业务人员工作关系图

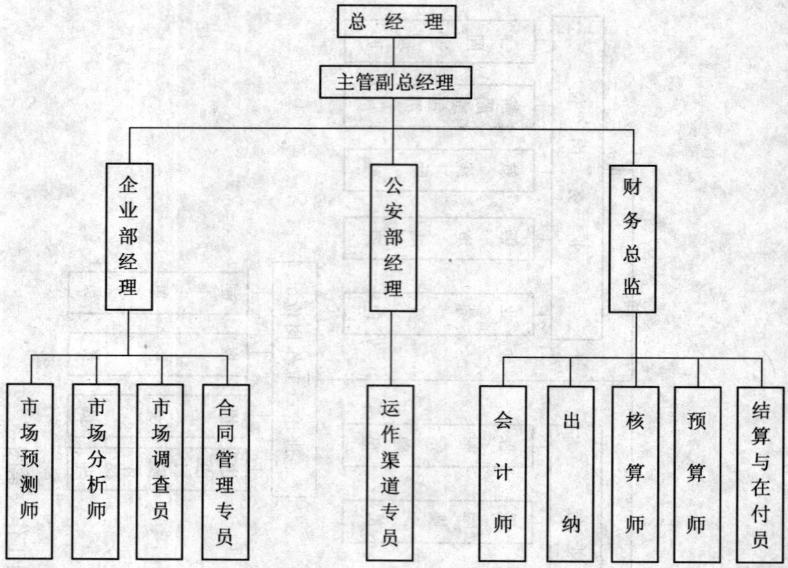

图 3-29　物流运输规划人员工作关系图

一般而言，运输规划方案是各个部门互相配合取得的成果，需要企划部、市场部、公关部、财务部共同完成，绝不是企划部一个部门的事。如财务部的预算与核算工作，对规划方案的形成具有至关重要的作用。

技能演练

这里给出几个实战案例，要求以小组为单位进行讨论，提出解决问题的方案，每个小组出一位代表，讲演你们的解决方案。

实战案例 1

1. 公司背景

某外商独资食品制造企业在中国投资有 6 个工厂（不包括在建和 OEM 的工厂），旗下有 4 大品牌，年销售额达到近 10 亿。

2. 公司物流情况

运输基本情况：

公司目前主要的销售区域仍集中于南方，南北大致销售比例为 7:3（以长江划分南北）。由于生产的是属于低附加值的玻璃罐装食品（暂时只有小部分使用 PET 瓶），所以公司对物流成本一直比较注重。目前整体物流费用占公司销售成本的 4% 左右。

A 厂每天运输数量在 300 ~ 500 t 左右。省内配送主要使用汽运，而省外港口城市多使用海运集装箱再短驳至客户。省内配送也使用过一段时间的自有车辆，但考虑到成本较高，最终也改用第三方物流车辆。

运输管理主要工作：监控运作质量；管理合同价格（价格谈判）；日常回顾；提供发货的信息给其他相关部门。

运费结算：汽车运输价格设定，按不同吨位不同标准收取（例如，同一目的地 1 ~ 3 t、3 ~ 8 t、8 ~ 10 t、10 t 以上，计价单位元/t）每天客服将订单通知车队（运输供应商），由供应商根据订单情况派出车辆到工厂装货，具体车辆调度由供应商完成（比如某车装哪几票货物，或者每票货装多少）。供应商根据每月发货情况跟客服部门对账确认运费。

思考：

公司如果想降低运输费用可以从哪些方面考虑或者关注？

案例解析：

在案例中，我们留意到该企业的物流调度管理职能很弱，派单实际是由供应商协助完成的，这样无疑丢失了价格管理的重要管理工具：订单管理和线路规划。订单由供应商分配，结算方式无疑是按票结算，无法实现线路规划，更无法实现规模管理，订单被迫都按最小基数结算，这样企业就可能会吃亏。放弃调度主动权的同时，其实还有两个坏处，对于订单管理而言，控制订单大小、客户下单时间的目的没有完全达到；而对于运输时间控制难度加大。作为物流供应商考虑得最多的还是如何成本最低，所以有时对线路安排合理性的考虑就少了。线路不合理，运输时间就可能因此而拉长。如果因物流企业线路规划不合理增加了运作成本且要企业承担，那这样的价格无疑更不合理。

实战案例 2

某公司首次承揽到三个集装箱运输业务，时间较紧，从上海到大连铁路 1 200 km，公路 1 500 km，水路 1 000 km。该公司自己有 10 辆 10 t 普通卡车和一个自动化立体仓库，联系附近一家联运公司，其虽无集装箱卡车，但却有专业人才和货代经验，只是要价比较高，至于零星集装箱安排落实车皮和船舱，实在心中无底，你认为采取什么措施比较妥当？

(1) 自己购买若干辆集装箱卡车，然后组织运输。

(2) 想办法请铁路部门安排运输，但心中无底。

(3) 水路最短路程，请航运公司来解决运输。

(4) 联运公司虽无集装箱卡车，但可租车完成此项运输。

(5) 没有合适运输工具，辞掉该项业务。

案例解析：

(1) 以请联运公司来承担此项任务比较稳妥，联运公司是第三方物流服务企业。

(2) 第三方物流服务供应商，根据是否拥有资产可分为资产基础供应商和非资产基础供应商，衡量的标准绝不是它有无实际的物流资产而是看专业人才和货代经验，有资产价格可低些，但灵活性差；而非资产基础供应商，则可根据不同需要“量体裁衣”非常灵活。

(3)邀请第三方物流服务供应商，应该做好如下工作：

① 对该联运公司做必要调查，看看信誉度如何。

② 进行必要的合同磋商，解决好合同的执行标准、衡量标准、违约责任以及价格等。

③ 努力避免双方合作失败，既交货，又派专人关心此事。

④ 讲明如果服务质量好，可考虑长期合作的可能性。其他方案欠稳妥，无把握，风险很大。

案例分析

背景资料：

罗非鱼是一种热带鱼类，具有生长快、肉质好、没有肌间刺的特点，所以深受广大消费者的欢迎。罗非鱼的另一个特点是致死温度为8℃～10℃，即使在10℃～15℃的温度也很容易冻伤，冻伤后的罗非鱼很容易得水霉病死亡。5月份南疆池塘水温已升到20℃以上，适宜罗非鱼的投入，新疆生产建设兵团农一师水产技术推广站于2006年5月上旬从新疆石河子运输3万尾罗非鱼苗到阿克苏市，运距1 200 km，横跨天山南北。本次运输有两个难点，一是罗非鱼是热带鱼，运输时温度不能低于15℃，但水温又不能太高，水温太高会导致罗非鱼活动加剧，新陈代谢加快，容易引起缺氧；二是运输路途长，气候多变，可能引起水温下降太多。经过精心准备，本次运输比较成功，成活率达到了99.8%，投入池塘后也很少看到鱼苗死亡。那么是如何制定和实施运输方案的呢？

案例解析：

一、运输方案的制定

(1)运输时间。下午6:00从石河子出发，第二天中午到达阿克苏市，运输时间20个小时左右。选择这个时间段运输，主要考虑到运达目的地是白天，便于卸鱼；另外则是可避开最高温段，避免水温上升太快。

(2)承运方。找有过长途运输鱼苗经验的司机，并且车况要良好，活鱼罐结构要合理。

(3)运输途中所需物品的准备。准备充足的氧气是关键，另外准备3～4袋增氧灵，以备急需。其他备用物品有温度计、手电筒等。

(4)关注两地及沿途的天气预报。由于新疆昼夜温差大，5月份天气变化较大，两地距离远等诸多影响天气的因素存在，因此要密切关注天气变化，选择最佳时间运输。

二、运输方案的实施

(1)鱼苗停食2天以上，鱼苗能排泄掉大部分有机物，保持运输途中的水质良好。

(2)据天气预报5月9日至10日两地沿途天气晴好，气温在15℃～27℃之间，适宜运输，因此选定在5月9日运输。

(3)运输车辆及所需物品齐备，符合运输要求。

(4)5月9日下午2:00装车，由于石河子前段时间气温较低，露天池水温度较低，只有11℃，所以运输用水取自温室大棚池内的水，水温23℃，但水质较差，颜色略为发暗。

(5)6:00从石河子出发，气温25℃，沿途每隔3~4小时，停车观察鱼的状况和测量水温。如果打开活鱼罐盖子，鱼苗迅速下深，游动活泼，说明鱼苗正常；如果浮在水面，行动迟缓，则说明鱼苗有缺氧现象，需加大氧气量。

(6)在运输途中约300 km的地方，气温急降到12℃，水温降到20℃；约500 km的途中，发现有轻微缺氧现象，采取增大氧气的措施后，鱼苗恢复正常。

7. 5月10日下午4:00到达阿克苏市，水温17℃，池塘水温19℃，鱼苗死亡数量不到50尾，成活率99.8%。

知识拓展

几个有关运输的概念

1. 复合一贯制运输(Combined Transportation)

吸取铁路、汽车、轮船、飞机等基本运输方式的长处，把它们有机的结合起来，实行多环节、多区段、多工具相互衔接进行商品运输的方式。

2. 一贯托盘化运输(All Palletization Transport)

物品从发货到收货，一直装载在托盘上进行的运输。

3. 直达运输(Through Transportation)

物品由发运地到接收地，中途不需要换装和在储存场所停滞的一种运输方式。

4. 中转运输(Transfer Transportation)

物品由生产地到最终使用地，中途经过一次以上落地并换装的一种运输方式。

5. 散装化(In Bulk)

用专门机械、器具进行运输、装卸的散状物品在某个物流范围内，不用任何包装，长期固定采用吸扬、抓斗等机械和器具进行装卸和运输储存的作业方式。

散装化主要适用于像谷物、水泥、盐、细砂等散状物品，实施从产出到使用全过程不包装运输和储存的作业体系。

6. 门到门运输(Door To Door Transportation)

物品从发货点到达收货点的全部运输过程均由运输部门直接承担的一种运输业务。即不论运程远近或全程须经过几个运输环节，承运人对所承运物品的责任期限，从承运人仓库收货开始，至物品交给收货人仓库时止。

7. 门到站运输(Door CFS Transportation)

承运人在托运人的工厂或仓库整箱接货，负责运抵目的地集装箱货运站，拆箱后，按件交付收货人。

8. 站到门运输(CFS To Door Transportation)

承运人在起运地集装箱货运站按件接货并装箱，负责运抵收货人的工厂或仓库整箱交货。

本章小结

本章主要介绍了什么是运输，现代运输系统及其特征，运输不合理表现形式和运输合理化措施，并通过技能演练项目，培养学生能够灵活运用物流运输，优化知识及分析实际问题的能力。

自我测试

一、单项选择题

1. 适合于短距离、小批量的运输方式为(　　)。

A. 公路运输　　B. 铁路运输　　C. 水路运输　　D. 管道运输

2. 以小型货车为工具，从事迅速、便利的高效运输服务是(　　)。

A. 专线运输　　B. 包车运输　　C. 宅急便运输　　D. 包装配送

3. 物品从发货到收货，一直装载在托盘上进行的运输，称为(　　)。

A. 复合一贯制运输　　B. 一贯托盘化运输　　C. 直达运输　　D. 中转运输

4. 在图表分析作业法中，以圈的内、外圈流向弧的总长分别等于或小于全圈弧长的(　　)为合理流向标准。

A. 1/2　　B. 1/3　　C. 1/4　　D. 1

5. 隐含对流运输违反了(　　)。

A. 近产近销原则　　B. 距离最小原则　　C.“四就”直拨原则　　D. 时间原则

二、多项选择题

1. 基本的运输方式有(　　)。

A. 公路运输　　B. 铁路运输　　C. 水路运输　　D. 航空运输

E. 管道运输

2. 影响运输方式选择的因素(　　)。

A. 价格　　B. 运输时间　　C. 安全性　　D. 库存

3. 决定运输合理化的主要因素为(　　)。

A. 运输距离　　B. 运输环节　　C. 运输工具　　D. 运输时间

E. 运输费用

4. 运输的主要功能为(　　)。

A. 产品转移　　B. 产品储存　　C. 流通加工　　D. 包装

5. 四就直拨的表现形式为(　　)。

A. 就厂直拨　　B. 就车站直拨　　C. 就仓库直拨　　D. 就车船过载

6. 运输不合理的表现形式为(　　)。

A. 倒流运输　　B. 联合运输　　C. 迂回运输　　D. 直达运输

三、判断题

1. 运输是物流的核心。(　　)

2. "超轴"的含义就是在机车能力允许的情况下多加挂车皮。(　　)

3. 托盘的优点之一是返空容易。(　　)

4. 航空运输沿途无噪声、漏失污染少。(　　)

5. 距离最长和最短的运输方式是航空运输与公路运输。(　　)

6. 铁路运输运营缺乏弹性。(　　)

复习思考

1. 五种运输方式的优缺点及使用条件是什么?

2. 运输不合理的表现形式有哪些? 合理化运输的措施有哪些?

3. 影响运输成本的因素有哪些?

4. 运输成本优化的措施有哪些?

5. 某制造企业有专门为产品生产工厂提供零部件和半成品的零部件制造厂,共有 S_1、S_2、S_3、S_4、S_5、S_6、S_7 七个零部件制造厂和 D_1、D_2、D_3、D_4、D_5、D_6、D_7 七个生产工厂。各零部件制造厂的产量、各生产工厂的零部件需求量以及它们的位置和相互间距离如图 3-30 所示。请用图上作业法确定最佳的零部件调运方案。

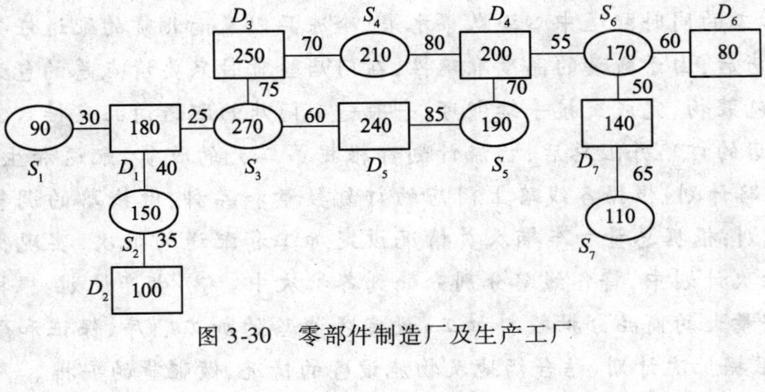

图 3-30　零部件制造厂及生产工厂

第四章 配送管理

知识目标

1. 理解配送及配送中心概念、功能及其特征
2. 掌握配送模式及其流程管理、配送合理化
3. 了解配送中心规划方法、作业管理的内容、步骤、方法

技能目标

1. 能开展配送中心调研，针对其配送管理提出方案
2. 能对配送案例进行分析，并进行初步的配送实施方案设计
3. 能与小组成员合作对给出的技能演练题目进行分析、给出解决方案

引导案例

联华生鲜食品加工配送中心是我国国内目前设备最先进、规模最大的生鲜食品加工配送中心，总投资6 000万元，建筑面积35 000 m^2，年生产能力20 000 t，其中肉制品15 000 t，生鲜盆菜、调理半成品3 000 t，西式熟食制品2 000 t，产品结构分为15大类约1 200种生鲜食品；在生产加工的同时配送中心还从事水果、冷冻品以及南北货的配送任务。

商品到门店后，由于数量的高度准确性，在门店验货时只要清点总的包装数量，退回上次配送带来的包装物，完成交接手续即可，一般一个门店的配送商品交接只需要5分钟。

在得到门店的订单并汇总后，物流计划部根据第二天的收货、配送和生产任务制订物流计划。① 线路计划：根据各线路上门店的订货数量和品种，做线路的调整，保证运输效率。② 批次计划：根据总量和车辆人员情况设定加工和配送的批次，实现循环使用资源，提高效率；在批次计划中，将各线路分别分配到各批次中。③ 生产计划：根据批次计划，制定生产计划，将量大的商品分批投料加工，设定各线路的加工顺序，保证和配送运输协调。④ 配货计划：根据批次计划，结合场地及物流设备的情况，做配货的安排。

配送运作过程是:商品分捡完成后,都堆放在待发库区,按正常的配送计划,这些商品在晚上送到各门店,门店第二天早上将新鲜的商品上架。在装车时按计划依路线门店顺序进行,同时抽样检查准确性。在货物装车的同时,系统能够自动算出包装物(笼车、周转箱)的各门店使用清单,装货人员也据此来核对差异。在发车之前,系统根据各车的配载情况出各运输的车辆随车商品清单,各门店的交接签收单和发货单。

思考:

根据上述介绍,你认为从联华公司的配送中能得到什么启发?

第一节 配送与配送中心

一、配送

(一)配送的含义

《中华人民共和国国家标准物流术语》给配送下达的定义是:“在经济合理区域范围内,根据客户要求,对物品进行拣选、加工、包装、分割、组配等作业,并按时送达指定地点的物流活动。”这个概念的内容概括了五点:

整个概念描述了接近用户资源配置的全过程。

(1)配送实质是送货。配送是一种送货,但和一般送货有区别:一般送货可以是一种偶然的行为,而配送却是一种固定的形态,甚至是一种有确定组织、确定渠道,有一套装备和管理力量、技术力量,有一套制度的体制形式。所以,配送是高水平送货形式。

(2)配送是一种“中转”形式。配送是从物流结点至用户的一种特殊送货形式。从送货功能看,其特殊性表现为:从事送货的是专职流通企业,而不是生产企业;配送是“中转”型送货,而一般送货尤其从工厂至用户的送货往往是直达型;一般送货是生产什么、有什么送什么、配送则是企业需要什么送什么。所以,要做到需要什么送什么,就必须在一定中转环节筹集这种需要,从而使配送必然以中转形式出现。

(3)配送是“配”和“送”有机结合的形式。配送与一般送货的重要区别在于,配送利用有效的分拣、配货等理货工作,使送货达到一定的规模,以利用规模优势取得较低的送货成本。如果不进行分拣、配货,有一件运一件,需要一点送一点,就会大大增加动力的消耗,使送货并不优于取货。所以,追求整个配送的优势,分拣、配货等项工作是必不可少的。

(4)配送以用户要求为出发点。在定义中强调“根据客户要求”明确了用户的主导地位。配送是从用户利益出发、按用户要求进行的一种活动,因此,在观念上必须明确“用户第一”、“质量第一”,配送企业的地位是服务地位而不是主导地位,因此不能从本企业利益出发而应从用户利益出发,在满足用户利益基础上取得本企业的利益。更重要的是,不能利用配送损伤或控制用户。

(5)概念中“在经济合理区域范围内”的提法是基于这样一种考虑:过分强调“根据客户要求”是不妥的,用户要求受用户本身的局限,有时实际会损失自我或双方的利益。对于配送者讲,必须以“要求”为据,但是不能盲目,应该追求合理性,进而指导用户,实现共同受益的商业原则。

(二)配送的功能要素

1. 集货

集货,即将分散的或小批量的物品集中起来,以便进行运输、配送的作业。

集货是配送的重要环节,为了满足特定客户的配送要求,有时需要把从几家甚至数十家供应商处预订的物品集中,并将要求的物品分配到指定容器和场所。

集货是配送的准备工作台或基础工作,配送的优势之一,就是可以集中客户的进行一定规模的集货。

2. 分拣

分拣是将物品按品种、出入库先后顺序进行分门别类堆放的作业。

分拣是配送不同于其他物流形式的功能要素,也是配送成败的一项重要支持性工作。它是完善送货、支持送货准备性工作,是不同配送企业在送货时进行竞争和提高自身经济效益的必然延伸。所以,也可以说分拣是送货向高级形式发展的必然要求。有了分拣,就会大大提高送货服务水平。

3. 配货

配货是使用各种拣选取设备和传输装置,将存放的物品,按客户要求分拣出来,配备齐全,送入指定发货地点。

4. 配装

在单个客户配送数量不能达到车辆的有效运载负荷时,就存在如何集中不同客户的配送货物,进行搭配装载以充分利用运能、运力的问题,这就需要配装。跟一般送货不同之处在于,通过配装送货可以大大提高送货水平及降低送货成本,所以配装也是配送系统中有现代特点的功能要素,也是现代配送不同于已往送货的重要区别之一。

5. 配送运输

配送运输是运输中的末端运输、支线运输,和一般运输形态的主要区别在于,配送运输是较短距离、较小规模、额度较高的运输形式,一般使用汽车做运输工具。与干线运输的另一个区别是,配送运输的路线选择问题是一般干线运输所没有的,干线运输的干线是唯一的运输线,而配送运输由于配送客户多,一般城市交通路线又较复杂,如何组合成最佳路线,如何使配装和路线有效搭配等,是配送运输的特点,也是难度较大的工作。

6. 送达服务

将配好的货运输到客户还不算配送工作的结束,这是因为送达货和客户接货往往还会出现不协调,使配送前功尽弃。因此,要圆满地实现运到之货的移交,并有效地、方便地处理相关手续并完成结算，还应讲究卸货地点、卸货方式等。送达服务也是配送独具的特殊性。

7. 配送加工

配送加工是按照配送客户的要求所进行的流通加工。在配送中，配送加工这一功能要素不具有普遍性，但往往是有重要作用的功能要素。这是因为通过配送加工，可以大大提高客户的满意程度。配送加工是流通加工的一种，但配送加工有它不同于流通加工的特点，即配送加工一般只取决于客户要求，其加工的目的较为单一。

（三）配送的分类

1. 按配送组织者分类

（1）配送中心配送：这种配送中心专业性强，和客户有固定的配送关系，一般实行计划配送。配送设施及工艺是按用户专门设计的。所以，配送能力强、配送距离较远、配送品种多、配送数量大，可以承担企业主要物资的配送及实行补充性配送等，是配送的主要形式。

配送中心配送覆盖面较宽，是一种大规模的配送形式，因此，必须有配套的大规模实施配送的设施，如配送中心建筑、车辆、路线等，一旦建成便很难改变，灵活机动性较差，投资较高，因此，这种配送形式有一定局限性。

（2）商店配送：是指配送组织者是商业零售网点的配送。这些网点主要承担商品的零售，规模一般不大，但经营品种较齐全。除日常零售业务外，还可根据客户的要求将商店经营的品种配齐，或代客户外订外购一部分本商店平时不经营的商品，和商店经营的品种一起配齐送给客户。这种配送组织者实力有限，往往只是小量、零星商品的配送。所配送的商品种类繁多，客户需用量不大，有些商品只是偶尔需要，很难与大配送中心建立计划配送关系，所以利用小零售网点从事此项工作。商业零售网点数量较多，配送距离较短，所以比较灵活机动，可承担生产企业非主要生产物资的配送、对客户个人的配送。

商店配送有两种形式：一是兼营配送形式。商店在进行一般的销售同时兼营配送的职能。二是专营配送形式。商店不进行销售而专门进行配送。一般情况是商店位置条件不好，不适于零售销售，而又有某方面经营优势及渠道优势时，可采取这种方式。

（3）仓库配送：仓库配送是以一般仓库为结点进行配送的形式。可以是仓库完全改造成配送中心，也可以是以仓库原功能为主，在保持原功能前提下增加一部分配送职能。由于不是专门按配送中心要求设计和建立，所以，仓库配送规模较小、配送的专业化较差，但可以充分利用原仓库的储存设施及能力、收发货场地、交通运输线路等，所以是开展中等规模的配送可选择的配送形式。

（4）生产企业配送：这种配送的组织者是生产企业，尤其是进行多品种生产的生产企业。在运作时直接由本企业开始进行配送而无需将产品发运到配送中心再进行配送。由于避免了一次物流中转，所以有其一定优势，在地方性较强的产品生产企业中应用较多，如就地生产、就地消费的食品、饮料、百货等；在生产资料方面，某些不适于中转的化工产品及地方建材也采取这种方式。

2. 按配送商品种类和数量的多少分类

(1)少品种或单品种、大批量配送:当客户所需的商品品种较少,或对某个品种的商品需要量较大,较稳定时,可实行此种配送形式。这种配送形式由于数量大,不必与其他商品配装,可使用整车运输。这种形式多由生产企业或专业性很强的配送中心直送客户。

(2)多品种、少批量、多批次配送:在现代化生产发展过程中,客户的需求不断在变化,市场的供求状况也随之变化,这就促使生产企业的生产向多样化方面发展。生产的变化,引起了企业对原材料需求方面的变化。在配送上也应按照客户的要求,随时改变配送品种和数量或增加配送次数。

多品种、少批量、多批次配送是按客户要求,将所需的各种商品配备齐全,凑整装车后由配送结点送达客户。这种配送作业水平要求高,使用设备较复杂、计划难度大,需要有高水平的组织工作作保证和配合。这种配送方式是一种高水平、高技术的方式,符合现代"消费多样化"、"需求多样化"的新观念。

3. 按配送时间和数量分类

(1)定量配送:这种配送方式是指每次按固定的数量(包括商品的品种)在指定的时间范围内进行配送。它的计划性强,每次配送的品种、数量固定,备货工作简单。可以按托盘、集装箱及车辆的装载能力规定配送的定量,能有效利用托盘、集装箱等集装方式,配送效率较高,成本较低。由于时间不严格限定,可以将不同客户所需商品凑整车后配送,提高车辆利用率,客户每次接货都处理同等数量的货物,有利于人力、物力的准备。

(2)定时配送:这种配送方式是指按规定的间隔时间进行配送,如数天或数小时一次等,每次配送的品种和数量均可按计划执行,也可按事先商定的联络方式下达配送通知,按客户要求的品种、数量和时间进行配送。定时配送有以下两种具体形式:

① 当日配送:日配是定时配送中较广泛的方式,尤其在城市内的配送,日配送占了绝大多数比例。日配的时间要求厂商大体上是上午的订货下午可送达,下午的订货第二天早上送达,一般送达时间在订货的 24 小时之内。

② 准时方式:是使配送供货与生产企业生产保持同步的一种方式。这种方式比日配方式和一般定时方式更为精细准确,配送每天至少一次,甚至几次,以保证企业生产的不间断。这种方式追求的是供货时间恰好是客户生产之时,货物不需在客户仓库中停留,而可直接运往生产场地,可以绝对地实现零库存。

(3)定时定量配送:这种配送方式是指按规定时间和规定的商品品种及数量进行配送。它结合了定时配送和定量配送的特点,服务质量水准较高,组织工作难度增加很大,通常针对固定客户进行这项服务。

(4)定时定量定点配送:是指按照确定的周期、确定的商品品种和数量、确定的客户进行配送。这种配送形式一般事先由配送中心与客户签订协议,双方严格按协议执行。它有利于保证重点需要和降低企业库存,主要适用于重点企业和重点项目。

(5)定时定线配送:是指在规定的运行路线上制定到达时间表,按运行时间表进行配送,客户可按规定路线及规定时间接货。采用这种配送方式有利于安排车辆及驾驶人员,在配送客户较多的地区,配送工作组织相对容易。

(6)即时配送:即随要随送,按照客户提出的时间和商品品种、数量的要求,随即进行配送。这种方式是以某天的任务为目标,在充分掌握了这一天需要的客户、需要量及种类的前提下及时安排最优的配送路线并安排相应的配送车辆实行配送。它做到每天配送都能实现最优的安排,因而是水平较高的方式。适合一些零星商品、临时需要的商品或急需商品的配送。

4. 按经营形式分类

(1)销售配送:是指配送企业是销售性企业,或销售企业进行的促销型配送。这种配送的对象往往是不固定的,客户也往往是不固定的,配送的经营状况也取决于市场状况,配送随机性较强而计划性较差。各种类型的商店配送一般多属于销售配送。

(2)供应配送:是指企业为了自己的供应需要所采取的配送形式,往往由企业或企业集团组建配送结点,集中组织大批量进货,然后向本企业配送或向本企业集团若干企业配送。这种以配送形式在大型企业或企业集团、联合公司中采用较多,例如商业中广泛采用的连锁商店,就常常采用这种方式。用配送方式进行供应,是保证供应水平、提高供应能力、降低供应成本的重要方式。

(3)销售—供应一体化配送:销售企业对于基本固定的客户和基本确定的配送产品在自己销售的同时承担对客户执行有计划供应的职能,它既是销售者同时又成为客户的供应代理人。对某些客户来讲,这样可以减少自己的供应机构,而委托销售者代理。

采用这种配送方式,销售者能获得稳定的客户和销售渠道,有利于本身的稳定持续发展,扩大销售数量;客户能获得稳定的供应,可大大节约本身为组织供应所耗用的人力、物力和财力。

销售—供应一体化的配送是配送经营中的重要形式,这种形式有利于形成稳定的供需关系,有利于采取先进的计划手段和技术手段,保持流通渠道的畅通稳定。

(4)代存代供配送:是指客户将属于自己的货物委托配送企业代存、代供,有时还委托代订,然后组织对本身的配送。这种配送在实施时不发生商品所有权的转移,配送企业只是客户的委托代理人,商品所有权在配送前后都属于客户所有,所发生的仅是商品物理位置的转移。配送企业仅从代存、代送中获取收益,而不能获得商品销售的经营性收益。

5. 按配送专业化程度分类

(1)综合配送:是指配送商品种类较多,不同专业领域的产品在一个配送结点中组织对客户的配送。它可减少客户为组织所需全部商品进货的负担,而只需通过和少数配送企业联系,便可解决多种需求的配送。因此,它是对客户服务较强的配送形式。

由于产品性能、形状差别很大,综合配送在组织时技术难度较大。因此,一般只是在性状相同或相近的不同类产品方面实行综合配送,差别过大的产品难以综合化。

(2)专业配送:是指按产品性质和状态划分专业领域的配送方式。这种配送方式由于自身的特点,可以优化配送,合理配备配送机械、车辆,并能制定适用合理的工艺流程,以提高配送效率。诸如中、小件杂货配送,金属材料配送,燃料煤、水泥、木材、平板玻璃、化工产品、生鲜食品等的配送,都属于专业配送。

6. 按加工程序的不同分类

(1)加工配送:这种配送是与流通加工相结合,在配送据点设置流通加工,或是流通加工与配送据点组成一体实施配送业务。流通加工与配送的结合,可以使流通加工更具有针对性,并且配送企业不但可以依靠送货服务、销售经营取得收益,还可以通过流通加工增值取得收益。

(2)集成配送:这种配送只改变产品数量组成形式,而不改变产品本身的物理、化学性质并与干线运输相配合的配送方式,如大批量进货后小批量多批次发货,或零星集货后形成一定批量再送货等。

7. 共同配送

(1)共同配送的概念:按照日本工业标准(JIS)的解释:共同配送是“为提高物流效率,对许多企业一起进行配送的配送方式”。其实质是相同或不同类型的企业联合配送。

共同配送的目的在于最大限度地提高人员、物资、金钱、时间等物流资源的效率(降低成本),取得最大效益(提高服务)。还可以去除多余的交错运输,并取得缓解交通、保护环境等社会效益。

(2)共同配送的优势:共同配送是企业追求配送合理化,经长期的发展和探索优化出的一种配送形式,也是现代社会中广泛采用、影响面较大的一种配送方式。其优势可以从两个方面来分析:一方面,从货主(厂家、批发商和零售商)的角度来说,通过共同配送可以提高物流效率。另一方面,从一些中小型运送企业来说,其一般资金较少,人才不足,组织脆弱,而且运输量少、运输效率低、使用车辆多、独自承揽业务,在物流合理化及其效率上受到限制。如果实现合作化,则筹集资金、大宗运货、通过信息网络提高车辆使用效率,进行往返运货等问题均可得到较好解决。同时,也可以通过共同配送,扩大向顾客提供多批次、小批量的服务。

(3)共同配送的类型:共同配送可以分为两种类型。一种是以货主为主体的共同配送;另一种是以物流业者为主体的共同配送。

① 以货主为主体的共同配送:以货主为主体的共同配送是由有配送需要的厂家、批发商、零售商以及由它们组建的新公司或合作机构作为主体进行合作,解决个别配送的效率低下问题。这种配送又可分为发货货主主体型和进货货主主体型两种配送方式。

② 以物流企业为主体的共同配送:以物流业者为主体的共同配送是由提供配送的物

流企业,或以它们组建的新公司或合作机构作为主体进行合作,克服个别配送的效率低下等问题。这一类共同配送又可分为公司主体型和合作机构主体型两种共同配送方式。

(四)配送的作用

配送与运输、储存、装卸、流通加工、包装和物流信息一起,构成了物流系统的功能体系。它有以下几个方面的作用:

1. 提高物流的经济效益

采取配送方式,通过增大订货经济批量可以降低进货成本;通过将客户所需的各种商品配备好,集中起来向客户发货,以及将多个客户的小批量商品集中在一起进行一次发货等方式,可以提高物流经济效益。另外,配送环节的建立实现了规模经济优势,使单位存货和管理的总成本下降,同时加强了调节能力,提高了物流经济效益。

2. 通过集中库存使企业降低库存量

实现了高水平的配送之后,尤其是采取定时定量配送方式之后,生产企业可以依靠配送中心的准时配送使自己实现"零库存"或者只需保持少量安全库存,减少大量储备资金的占用,改善企业的财务状况。

3. 简化手续,方便客户

采用配送方式,客户只需向一个企业订购,就可订购到以往需向许多企业订购才能订到的货物,接货手续也可简化。因而大大减轻了客户工作量,节省了开支,方便了客户,从而提高了物流服务质量。

4. 提高了供应保证程度

由生产企业自己保持库存、维持生产,由于受到库存费用的制约,供应保证程度很难提高。而采取配送方式,配送中心比任何单独企业的储备量大得多,对每个企业而言,由于缺货而影响生产的风险便相对缩小。

二、配送中心

(一)配送中心的含义

配送中心是指接受供应者所提供的多品种、大批量的货物,通过储存、保管、分拣、配货以及流通加工、信息处理等作业后,将按需要者订货要求配齐的货物送交顾客的组织机构和物流设施。《中华人民共和国国家标准物流术语》中规定,从事配送业务的物流场所和组织,应符合下列条件:

(1)主要为特定的用户服务;

(2)配送功能健全;

(3)辐射范围小;

(4)多品种、小批量、多批次、短周期;

(5)主要为末端客户提供配送服务。

(二)配送中心的功能和作用

配送中心是配送活动的主要承担者,主要有以下功能:

(1)集货。配送中心为实现按用户需要配送,须从众多供应商手中购进大量的品种比较齐全的商品。一般来说,集货批量大于配送批量。

(2)储存保管。为保证正常配送的需要,在配送中心应保持一定的储备,同时做好这些储备的保管工作。

(3)分货、拣货、配货。将储存货物按用户要求分拣配齐以后,送到指定配货场,经配装送至用户。这是配送中心的主要功能之一。

(4)装卸搬运。集货、储存、分拣、配货等过程,都需要进行装卸搬运。装卸搬运作业效率的高低、质量的好坏直接影响到配送的速度和质量。

(5)加工。配送过程中,为解决生产中大批量、少品种和消费中的小批量、多样化要求的矛盾,按照用户对商品的不同要求,应对商品进行分割、分装、配装、配载等加工活动。

(6)送货。将配好的商品按到达点或到达路线进行送货。运输车辆可借用社会运输车辆,也可自配专业运输队。

(7)物流信息情报收集、汇总、储存及传递。配送中心必须有灵敏、完整的信息情报系统,这是保证配送中心业务顺利进行的关键。

配送中心在以下几个方面发挥较好的作用:

(1)减少交易次数和流通环节;

(2)产生规模效益;

(3)减少客户库存,提高库存保证程度;

(4)与多家厂商建立业务合作关系,能有效而迅速地反馈信息,控制商品质量;

(5)配送中心是现代电子商务活动中开展配送活动的物质技术基础。

(三)配送中心分类

1. 按配送中心的设立者分

(1)制造商型配送中心。制造商型配送中心是以制造商为主体的配送中心。这种配送中心里的物品100%是由自己生产制造,用以降低流通费用、提高售后服务质量和及时地将预先配齐的成组元器件运送到规定的加工和装配工位。从物品制造到生产出来后条码和包装的配合等多方面都较易控制,所以按照现代化、自动化的配送中心设计比较容易,但不具备社会化的要求。

(2)批发商型配送中心。批发商型配送中心是由批发商或代理商所成立的配送中心,以批发商为主体的配送中心。批发是物品从制造者到消费者手中之间的传统流通环节之一,一般是按部门或物品类别的不同,把每个制造厂的物品集中起来,然后以单一品种或搭配向消费地的零售商进行配送。这种配送中心的物品来自各个制造商,它所进行的一项重要的活动是对物品进行汇总和再销售,而它的全部进货和出货都是社会配送的,社会化程度高。

(3)零售商型配送中心。零售商型配送中心是由零售商向上整合所成立的配送中心。以零售业为主体的配送中心。零售商发展到一定规模后,就可以考虑建立自己的配送中心,为专业物品零售店、超级市场、百货商店、建材商场、粮油食品商店、宾馆饭店等服务,其社会化程度介于前两者之间。

(4)专业物流配送中心。专业物流配送中心是以第三方物流企业(包括传统的仓储企业和运输企业)为主体的配送中心。这种配送中心有很强的运输配送能力,地理位置优越,可迅速将到达的货物配送给用户。它为制造商或供应商提供物流服务,而配送中心的货物仍属于制造商或供应商所有,配送中心只是提供仓储管理和运输配送服务。这种配送中心的现代化程度往往较高。

2. 按服务范围分

(1)城市配送中心。城市配送中心是以城市范围为配送范围的配送中心,由于城市范围一般处于汽车运输的经济里程,这种配送中心可直接配送到最终用户,且采用汽车进行配送。所以,这种配送中心往往和零售经营相结合,由于运距短,反应能力强,因而从事多品种、少批量、多用户的配送较有优势。

(2)区域配送中心。区域配送中心以较强的辐射能力和库存准备,向省(州)际、全国乃至国际范围的用户配送的配送中心。这种配送中心配送规模较大,一般而言,用户也较大,配送批量也较大,而且,往往是配送给下一级的城市配送中心,也配送给营业所、商店、批发商和企业用户,虽然也从事零星的配送,但不是主体形式。

3. 按配送中心的功能分

(1)储存型配送中心。有很强的储存功能。例如,美国赫马克配送中心的储存区可储存16.3万托盘。我国目前建设的配送中心,多为储存型配送中心,库存量较大。

(2)流通型配送中心。包括通过型或转运型配送中心,基本上没有长期储存的功能,仅以暂存或随进随出的方式进行配货和送货的配送中心。典型方式为:大量货物整批进入,按一定批量零出。一般采用大型分货机,其进货直接进入分货机传送带,分送到各用户货位或直接分送到配送汽车上。

(3)加工型配送中心。以流通加工为主要业务的配送中心。

4. 按配送货物的属性分

根据配送货物的属性,可以分为食品配送中心、日用品配送中心、医药品配送中心、化妆品配送中心、家电品配送中心、电子(3C)产品配送中心、书籍产品配送中心、服饰产品配送中心、汽车零件配送中心以及生鲜处理中心等。

由于所配送的产品不同,配送中心的规划方向就完全不同。例如生鲜品配送中心主要处理的物品为蔬菜、水果与鱼肉等生鲜产品,属于低温型的配送中心。是由冷冻库、冷藏库、鱼虾包装处理场、肉品包装处理场、蔬菜包装处理场及进出货暂存区等组成的,冷冻库

为 -25℃，而冷藏库为 0℃ ~5℃，又称为湿货配送中心；而书籍产品的配送中心，由于书籍有新出版、再版及补书等的特性，尤其是新出版的书籍或杂志，其中的 80% 不上架，直接理货配送到各书店去，剩下的 20% 左右库存在配送中心等待客户的再订货；另外，书籍或杂志的退货率非常高，有 3 ~4 成。因此，在书籍产品的配送中心规划时，就不能与食品与日用品的配送中心一样；服饰产品的配送中心，也有淡旺季及流行性等的特性，而且，较高级的服饰必须使用衣架悬挂，其配送中心的规划也有其特殊性。

对于不同种类与行业形态的配送中心，其作业内容、设备类型、营运范围可能完全不同，但是就系统规划分析的方法与步骤有其共通之处。配送中心的发展已逐渐由以仓库为主体的配送中心向信息化、自动化的整合型配送中心发展。

第二节　配送模式与配送作业流程

一、配送模式的分类

1. 自营型配送模式

这是目前生产流通或综合性企业（集团）所广泛采用的一种配送模式。企业（集团）通过独立组建配送中心，实现内部各部门、厂、店的物品供应的配送，这种配送模式中虽然因为糅合了传统的“自给自足”的“小农意识”，形成了新型的“大而全”、“小而全”，从而造成了社会资源浪费，但是，就目前来看，在满足企业（集团）内部生产材料供应、产品外销、零售场店供货和区域外市场拓展等企业自身需求方面发挥了重要作用。

较典型的企业（集团）内自营配送模式，就是连锁企业的配送。大大小小的连锁公司或集团基本上都是通过组建自己的配送中心，来完成对内部各场、店的统一采购、统一配送和统一结算的。

2. 外包型配送模式

主要是由具有一定规模的物流设施设备（库房、站台、车辆等）及专业经验、技能的批发、储运或其他物流业务经营企业，利用自身业务优势，承担其他生产性企业在该区域内市场开拓、产品营销而开展的纯服务性的配送。在这种配送模式中，生产企业租用批发、储运等企业的库房，作为存储商品场所，并将其中的一部分改造为办公场所，设置自己的业务代表机构，并配置内部的信息处理系统。通过这种现场办公式的决策组织，生产企业在该区域的业务代表控制着信息处理和决策权，独立组织营销、配送业务活动。提供场所的物流业务经营企业，只是在生产企业这种派驻机构的指示下，提供相应的仓储、运输、加工和配送服务，收取相对于全部物流利润的极小比率的业务服务费。开展这种配送模式的企业，对所承揽的配送业务缺乏全面的了解和掌握，无法组织合理高效的配送，在设备、人员上浪费比较大。这是一种高消耗、低收益的配送模式。

3. 综合型配送模式

在这种模式中,从事配送业务的企业,通过与上家(生产、加工企业)建立广泛的代理或买断关系,与下家零售店铺形成稳定的契约关系,从而将生产、加工企业的商品或信息进行统一组织、处理后,按客户订单的要求,配送到店铺。这种模式的配送,还表现为在用户间交流信息,从而起到调剂余缺,合理利用资源的作用,综合化的中介型配送模式是一种比较完整意义上的配送模式。

4. 共同配送模式

这是一种配送经营企业间为实现整体的配送合理化、以互惠互利为原则,互相提供便利的配送业务的协作型配送模式。

二、配送作业流程

(一)配送的基本环节

从总体上看,配送是由备货、理货和送货等三个基本环节组成的,其中每个环节又包含着若干项具体的、枝节性的活动。

1. 备货

备货即指准备货物的系列活动。它是配送的基础环节。严格说来,备货应当包括两项具体活动:筹集货物和储存货物。

(1)筹集货物。在不同的经济体制下,筹集货物(或者说组织货源)是由不同的行为主体去完成的。若生产企业直接进行配送,那么,筹集货物的工作自然是由企业(生产者)自己去组织的。在专业化流通体制下,筹集货物的工作则会出现两种情况:其一,由提供配送服务的配送企业直接承担,一般是通过向生产企业订货或购货完成此项工作;其二,选择商流、物流分开的模式进行配送、订货、购货等筹集货物的工作通常是由货主(如生产企业)自己去做,配送组织只负责进货和集货(集中货物)等工作,货物所有权属于业主(接受配送服务的需求者)。然而,不管具体做法怎样不同,就总体活动而言,筹集货物都是由订货(或购货)、进货、集货及相关的验货、结算等一系列活动组成。

(2)储存货物。储存货物是购货、进货的延续。在配送活动中,货物储存有两种形态:一种是暂存形态;另一种是储备(包括保险储备和周转储备)形态。

暂存形态的储存是按照分拣、配货工序要求,在理货场地储存少量货物。这种形态的货物储存是为了适应"日配"、"即时配送"需要而设置的,其数量多少对下一个环节的工作方便与否会产生很大影响,但不会影响储存活动的整体效益。储备形态的储存是按照一定时期配送活动要求和根据货源的到货情况(到货周期)有计划地确定的,它是使配送持续运作的资源保证。用于支持配送的货物储备有两种具体形态;周转储备和保险储备。然而不管是哪一种形态的储备,相对来说,数量都比较多。据此,货物储备合理与否会直接影响配送的整体效益。

备货是决定配送成败与否、规模大小的最基础的环节。同时,它也是决定配送效益高低的关键环节。如果备货不及时或不合理,成本较高,那么会大大降低配送的整体效益。

2. 理货

理货是配送的一项重要内容,也是配送区别于一般送货的重要标志。理货包括货物分拣、配货和包装等项经济活动。

货物分拣采用适当的方式和手段,从储存的货物中分出(或拣选)用户所需要的货物。分拣货物一般采取两种方式操作:其一是摘取式,其二是播种式。

(1)摘取式分拣。摘取式分拣就像在果园中摘果子那样拣选货物。具体做法是:作业人员拉着集货箱(或称分拣箱)在排列整齐的仓库货架间巡回走动,按照配送单上所列品种、规格、数量等将客户所需要的货物拣出及装入集货箱内。在一般情况下,每次拣选只为一个客户配装;在特殊情况下,也可以为两个以上的客户配装。目前,推广和应用了自动化分拣技术,由于装配了自动化分拣设施等,大大提高了分拣作业的劳动效率。

(2)播种式分拣。播种式分拣货物类似于田野中的播种操作。其做法是:将数量较多的同种货物集中放到发货场,然后,根据每个货位货物的发送量分别取出货物,并分别投放到每个代表用户的货位上,直至配货完毕。为了完好无损地运送货物和便于识别配备好的货物,有些经过分拣、配备好的货物尚需重新包装,并且要在包装物上贴上标签,记载货物的品种、数量、收货人的姓名、地址及运抵时间等。

3. 送货

送货是配送活动的核心,也是备货和理货工序的伸延。在物流运动中,送货的现象形态实际上就是货物的运输(或运送),因此,常常以运输代表送货。但是,组成配送活动的运输(有人称之为"配送运输")与通常所讲的"干线运输"是有很大区别的:前者多表现为对用户的"末端运输"和短距离运输,并且运输的次数比较多;后者多为长距离运输("一次运输")。由于配送中的送货(或运输)需要面对众多的客户,并且要多方向运输,因此,在送货过程中,常常进行运输方式、运输路线和运输工具的选择。按照配送合理化的要求,必须在全面计划的基础上,制定科学的、距离较短的配送路线,选择经济、迅速、安全的运输方式和适宜的运输工具。通常,配送中的送货(或运输)都把汽车(包括专用车)作为主要的运输工具。

(二)配送的基本作业

配送功能决定了配送的基本作业,配送的基本作业是配送功能的实现,只有进行规范的配送,才能更好地实施配送。以下为配送的基本作业:

1. 订单处理作业

配送中心的交易始于客户的询价、业务部门的报价,然后是订单的接收,业务部门需查询出货日的库存状况、装卸货能力、流通加工负荷、包装能力、配送负荷等是否能满足客户需求。当无法按客户要求交货时,业务部门需进行协调。由于配送中心不随货收款,因此在订单处理时,需根据公司对客户的信用状况进行查核。另外,需统计该时段的订货数量,并调货、分配出货程序及数量。退货数据也在此阶段处理。此外,业务部门还需制定报价计算方式,做报价历史管理,制定客户订购最小批量、订货方式或订购结账截止日等。

2. 采购作业

接受订单后,配送中心需向供货厂商或制造厂商订购商品。采购作业包括商品数量需求统计,向供货厂商查询交易条件,然后根据所需数量及供货厂商提供的经济订购批量提出采购单。采购单发出后则进行入库进货的作业。

3. 进货入库作业

开出采购单后,入库进货管理员即可根据采购单上预定入库日期进行入库作业调度、入库月台调度;在商品入库当日进行入库资料查核、入库质检,当质量或数量不符时即进行适当修正或处理,并输入入库数据。入库管理员可按一定方式指定卸货及托盘堆叠。对于退回商品的入库还需经过质检、分类处理,然后登记入库。

4. 库存管理作业

库存管理作业包括仓库库区管理及库存控制。仓库库区管理包括:商品在仓库区域内摆放方式、区域大小、区域分布等规划,商品进出仓库的控制——先进先出或后进先出,进出货方式的制定——商品所需搬运工具、搬运方式,仓储区货位的调整及变动。库存控制则需按照商品出库数量、入库所需时间等来制定采购数量及采购时间,并做采购时间预警系统;制定库存盘点方法,定期打印盘点清单,并根据盘点清单内容清查库存数、修正库存账目并制作盘盈盘亏报表。仓库区的管理还包括包装容器的使用与保管维修。

5. 补货及拣货作业

统计客户订单即可知道商品真正的需求量。在出库日,当库存数满足出货需求量时,即可根据需求数量打印出库拣货单及各项拣货提示,进行拣货区域的规划布置,使拣货不至于缺货。这包括补货量及补货时点的制定、补货作业调度和补货作业人员调派。

6. 流通加工作业

配送中心的各项作业中,流通加工能提高商品的附加价值。流通加工作业包括商品的分类、拆箱重包装、贴标签及商品组合包装。这就需要进行包装材料及包装容器的管理、组合包装规划的制定、流通加工包装工具的选用、流通加工作业的调度、作业人员的调派。

7. 出货作业

处理完成商品拣取及流通加工作业后,即可进行商品出货作业。出货作业包括:根据客户订单为客户打印出货单据,制定出货调度,打印出货批次报表、出货商品上所需地址标签及出货核对表;由调度人员决定集货方式,选用集货工具、调派集货作业人员,并决定运输车辆大小与数量;出仓库管理人员或出货管理人员决定出货区域的规划布置及出货商品的摆放方式。

8. 配送作业

配送作业包括商品装车并实际配送。完成这些作业需事先规划配送区域的划分或配送路线安排,由配送路线选用的先后次序来决定商品装车顺序,并在商品配送途中进行商品跟踪、控制及配送途中意外状况的处理。

9. 会计作业

商品出库后销售部门可根据出货数据制作应收账单，将账单转入会计部门作为收款凭据；商品入库后，则由收货部门制作入库商品统计表，以作为供货厂商催款稽核之用，并由会计部门制作各项财务报表供经营政策制定及经营管理参考。

10. 经营管理及绩效管理业务

除上述作业外，还需高层管理人员通过各种考核评估来实现配送中心的效率管理，并制定经营决策及方针。

经营管理和绩效管理可先由各个工作人员或中层管理人员提供各种信息与报表，包括出货销售统计数据、客户对配送服务的反馈报告、配送商品次数及所需时间报告、配送品的失误率、仓库缺货率分析、库存损失率报告、机具设备损坏及维修报告、燃料耗材等使用量分析、外雇人员、机具、设备成本分析、退货商品统计报表、人力使用率等。然后根据各项活动及活动间的相关性，将作业内容相关性较大者或数据相关性较大者分成同一组群，并将这些组群视为计算机管理系统下的大结构。

(三)配送的一般流程

配送的一般流程基本上是这样一种运动过程：进货→储存→分拣→配货、配装→送货。每个流程的作业内容如下所述。

1. 进货

进货亦即组织货源。其方式有两种：① 订货或购货；② 集货或接货。前者的货物所有权属于配送主体，后者的货物所有权属于用户。

2. 储存

储存即按照用户提出的要求并依据配送计划将购到或收集到的各种货物进行检验，然后分门别类地储存在相应的设施或场所中，以备拣选和配货。储存作业一般都包括这样几道程序：运输→卸货→验收→入库→保管→出库。储存作业依产品性质、形状不同而形式各异。

3. 分拣、配货

分拣和配货是同一个流程中的两项有着紧密关系的经济活动，一般采用机械化或半机械化方式去操作。随着一些高新技术的广泛应用，自动化的分拣、配货系统已在很多国家的配送中心建立起来，并发挥了重要作用。

4. 送货

在送货流程中，包括这样几项活动：搬运、配装、运输和交货。其作业程序如下所示：配装→运输→交货。送货是配送的终结。

(四)配送的特殊流程

在实践中，某些有特殊性质、形状的货物，其配送活动有许多独特之处(例如，液体状态的物质资料的配送就不存在配货、配装等工序,金属材料和木材等生产资料的配送常常附加流通加工工序),据此,在配送的一般流程的基础上,又产生了配送的特殊流程。其作业程序如下所示:

(1)进货→储存→分拣→送货;

(2)进货→储存→送货;

(3)进货→加工→储存→分拣→配货→配装→送货;

(4)进货→储存→加工→储存→配装→送货。

上面各个配送流程分别为各类食品的配送工序,煤炭等散货的配送流程,木材、钢材等原材料配送经常采用的作业工序,机电产品中的散件、配件的配送流程。

三、配送合理化

(一)不合理配送的表现形式

对于配送的决策优劣,不能简单处之,也很难有一个绝对的标准。例如,企业效益是配送的重要衡量标志,但是,在决策时常常考虑各个因素,有时要做赔本买卖。所以,配送的决策是全面、综合决策。在决策时要避免由于不合理配送出现所造成的损失,但有时某些不合理现象是伴生的,要追求大的合理,就可能派生小的不合理,所以,这里只单独论述不合理配送的表现形式,但要防止绝对化。

(1)资源筹措的不合理。配送是利用较大批量筹措资源。通过筹措资源的规模效益来降低资源筹措成本,使配送资源筹措成本低于用户自己筹措资源成本,从而取得优势。如果不是集中多个用户需要进行批量筹措资源,而仅仅是为某一、两户代购代筹,对用户来讲,就不仅不能降低资源筹措费,相反却要多支付一笔配送企业的代筹代办费,因而是不合理的。

资源筹措不合理还有其他表现形式,如配送量计划不准,资源筹措过多或过少,在资源筹措时不考虑建立与资源供应者之间长期稳定的供需关系等。

(2)库存决策不合理。配送应充分利用集中库存总量低于各用户分散库存总量,从而大大节约社会财富,同时降低用户实际平均分摊库存负担。因此,配送企业必须依靠科学管理来实现一个低总量的库存,否则就会出现单是库存转移,而未解决库存降低的不合理。

配送企业库存决策不合理还表现在储存量不足,不能保证随机需求,失去了应有的市场。

(3)价格不合理。总的来讲,配送的价格应低于不实行配送时,用户自己进货时产品购买价格加上自己提货、运输、进货之成本总和,这样才会使用户有利可图。有时候,由于配送有较高服务水平,价格稍高;用户也是可以接受的,但这不能是普遍的原则。如果配送价格普遍高于用户自己进货价格,损伤了用户利益,就是一种不合理表现。

价格制定过低，使配送企业处于无利或亏损状态下运行，会损伤销售者，也是不合理的。

(4)配送与直达的决策不合理。一般的配送总是增加了环节，但是这个环节的增加，可降低用户平均库存水平，以此不但抵消了增加环节的支出，而且还能取得剩余效益。但是如果用户使用批量大，可以直接通过社会物流系统均衡批量进货，较之通过配送中转送货则可能更节约费用，所以，在这种情况下，不直接进货而通过配送，就属于不合理范畴。

(5)送货中不合理运输。配送与用户自提比较，尤其对于多个小用户来讲，可以集中配装一车送几家，这比一家一户自提，可大大节省运力和运费。如果不能利用这一优势，仍然是一户一送，而车辆达不到满载(即时配送过多过频时会出现这种情况)，则就属于不合理。

此外，不合理运输若干表现形式，在配送中都可能出现，会使配送变得不合理。

(6)经营观念的不合理。在配送实施中，有许多是经营观念不合理，使配送优势无从发挥，相反却损坏了配送的形象。这是在开展配送时尤其需要注意克服的不合理现象。例如，配送企业利用配送手段，向用户转稼资金、库存困难；在库存过大时，强迫用户接货，以缓解自己库存压力；在资金紧张时，长期占用用户资金；在资源紧张时，将用户委托资源挪作他用获利等。

(二)配送合理化的判断标志

1. 库存标志

库存是判断配送合理与否的重要标志。具体指标有以下两方面：

(1)库存总量。库存总量在一个配送系统中，从分散于各个用户转移给配送中心，配送中心库存数量加上各用户在实行配送后库存量之和应低于实行配送前各用户库存量之和。

此外，从各个用户角度判断，各用户在实行配送前后的库存量比较，也是判断合理与否的标准，某个用户上升而总量下降，也属于一种不合理。

库存总量是一个动态的量，上述比较应当是在一定经营量前提下。在用户生产有发展之后，库存总量的上升则反映了经营的发展，必须扣除这一因素，才能对总量是否下降做出正确判断。

(2)库存周转。由于配送企业的调剂作用，以低库存保持高的供应能力，库存周转一般总是快于原来各企业库存周转。

此外，从各个用户角度来判断，各用户在实行配送前后的库存周期比较，也是判断合理与否的标志。

为取得共同比较基准，以上库存标志，都以库存储备资金计算，而不以实际物资数量计算。

2. 资金标志

总的来讲，实行配送应有利于资金占用降低及资金运用的科学化。具体判断标志如下：

(1)资金总量。用于资源筹措所占用流动资金总量,随储备总量的下降及供应方式的改变必然有一个较大的降低。

(2)资金周转。从资金运用来讲,由于整个节奏加快,资金充分发挥作用,同样数量资金,过去需要较长时期才能满足一定供应要求,配送之后,在较短时期内就能达此目的。所以资金周转是否加快,是衡量配送合理与否的标志。

(3)资金投向的改变。资金分散投入还是集中投入,是资金调控能力的重要反映。实行配送后,资金必然应当从分散投入改为集中投入,以能增加调控作用。

3. 成本和效益标志

总效益、宏观效益、微观效益、资源筹措成本都是判断配送合理化的重要标志。对于不同的配送方式,可以有不同的判断侧重点;例如,配送企业、用户都是各自独立的以利润为中心的企业,则不但要看配送的总效益,而且还要看对社会的宏观效益及两个企业的微观效益,不顾及任何一方,都必然出现不合理。又例如,如果配送是由用户集团自己组织的,配送主要强调保证能力和服务性,那么,效益主要从总效益、宏观效益和用户集团企业的微观效益来判断,不必过多顾及配送企业的微观效益。

由于总效益及宏观效益难以计量,在实际判断时,常以按国家政策进行经营,完成国家税收及配送企业及用户的微观效益来判断。

对于配送企业而言(投入确定了的情况下),则企业利润反映配送合理化程度。

对于用户企业而言,在保证供应水平或提高供应水平(产出一定)前提下,供应成本的降低,反映了配送的合理化程度。

成本及效益对合理化的衡量,还可以具体到储存、运输具体配送环节;使判断更为精细。

4. 供应保证标志

实行配送,各用户的最大担心是害怕供应保证程度降低,这是个心态问题,也是承担风险的实际问题。

配送的重要一点是必须提高而不是降低对用户的供应保证能力,才算实现了合理。供应保证能力可以从以下方面判断:

(1)缺货次数。实行配送后,对各用户来讲,该到货而未到货以致影响用户生产及经营的次数,必须下降才算合理。

(2)配送企业集中库存量。对每一个用户来讲,库存量所形成的保证供应能力高于配送前单个企业保证程度,从供应保证来看才算合理。

(3)即时配送的能力及速度是用户出现特殊情况的特殊供应保障方式,这一能力必须高于未实行配送前用户紧急进货能力及速度才算合理。

特别需要强调一点,配送企业的供应保障能力,是一个科学的合理的概念,而不是无限的概念。具体来讲,如果供应保障能力过高,超过了实际的需要,属于不合理。所以追求供应保障能力的合理化也是有限度的。

5. 社会运力节约标志

末端运输是目前运能、运力使用不合理,浪费较大的领域,因而人们寄希望于配送来解决这个问题。这也成了配送合理化的重要标志。

运力使用的合理化是依靠送货运力的规划和整个配送系统的合理流程及与社会运输系统合理衔接实现的。送货运力的规划是任何配送中心都需要花力气解决的问题,而其他问题有赖于配送及物流系统的合理化,判断起来比较复杂。可以简化判断如下:

(1)社会车辆总数减少,而承运量增加为合理;

(2)社会车辆空驶减少为合理;

(3)一家一户自提自运减少,社会化运输增加为合理。

6. 用户企业仓库、供应、进货人力物力节约标志

配送的重要观念是以配送代劳用户;因此,实行配送后,各用户库存量、仓库面积、仓库管理人员减少为合理;用于订货、接货、搞供应的人应减少才为合理。真正解除了用户的后顾之忧,配送的合理化程度则可以说是一个高水平了。

7. 物流合理化标志

配送必须有利于物流合理。这可以从以下几方面判断:

(1)是否降低了物流费用;

(2)是否减少了物流损失;

(3)是否加快了物流速度;

(4)是否发挥了各种物流方式的最优效果;

(5)是否有效衔接了干线运输和末端运输;

(6)是否不增加实际的物流中转次数;

(7)是否采用了先进的技术手段。

物流合理化的问题是配送要解决的大问题,也是衡量配送本身的重要标志。

(三)配送合理化措施

1. 恰当设置配送中心

配送中心的数量及地理位置是决定能否取得高效益的前提条件。配送路线的选择、直送或配送的决定都是在配送中心数量、位置已确定的前提下做出的。如果这个前提条件本身有缺陷则很难弥补,所以恰当设置配送中心是取得效益的基础。

2. 加强配送的计划性

在配送活动中,临时配送、紧急配送或无计划的随时配送是经济效益大幅度降低、配送不合理的主要因素。临时配送是因为事前计划不善,未能考虑正确的配装方式及恰当的配送路线,到了临近配送截止日期,则必须安排专车,单线进行配送,车辆不易满载,浪费里程也多;紧急配送指为满足紧急订货需要,只要求按时送到货物,来不及认真安排车辆配装及

配送路线,从而造成载重及里程的浪费。一般为保证服务水平,不能拒绝紧急配送,但是,如果能认真核查并有调剂准备的余地,紧急配送也可纳入计划而保证其效益;随时配送是指对配送要求不做计划安排,有一次客户需求就送一次,不能保证配装及选择路线,会造成较大浪费。

3. 推行一定综合程度的专业化配送

物流经理可通过采用专业设备、设施及操作程序,力争取得较好的配送效果并降低配送过分综合化的复杂程度及难度,从而达到配送合理化。

4. 推行加工配送

通过加工和配送结合,充分利用本来应有的中转,不增加新的中转就可以取得配送合理化。同时加工借助于配送,加工目的更加明确,和客户联系更紧密,避免了加工的盲目性。两者的有机结合,投资不增加太多就可追求两个优势、两个效益,这是提高配送合理化程度的重要途径。

5. 推行共同配送

通过共同配送,可以以最近的路程、最低的配送成本完成配送,从而提高合理化程度和配送的经济效益。尤其当单独配送的配送量较小、车辆不能满载也难于确定最优路线时,采取共同配送方式可大大降低成本,提高效益。

6. 推行定时配送系统

定时配送是配送合理化重要内容。只有及时配送商品,提高供应保证能力,客户才可以放心地实施低库存或零库存,可以有效地安排接货的人力、物力,追求最高效率的工作。从国外的经验看,定时供应配送系统是现在许多企业追求配送合理化的重要手段。

7. 推行即时配送

即时配送是大幅度提高供应保证能力的重要手段,是配送企业快速反应能力的具体化,也是企业配送能力的体现。即时配送成本较高,但它是整个配送合理化的重要保证手段。

8. 实行双向配送

配送企业与客户建立稳定、密切的协作关系,配送企业不仅成为客户的供应代理人,而且成为客户的储存据点,甚至成为产品代销人。

第三节 配送中心规划与作业管理

一、配送中心的结构及规划

(1)接货验收区。接货验收区设置在储存区的外围,区内的设施主要有:

① 进发铁路或公路。② 靠卸货站台。③ 暂存验收检查区域。

(2)储存区。储存区主要是用来堆放供配送的商品的。在许多配送中心中,这个区域往往占总面积一半左右。对某些特殊配送中心（如水泥、煤炭配送中心），这一部分在中心总面积中占一半以上，而流通型配送中心中的储存区所占的面积则相对少些。

(3)理货、备货区。在理货、备货区里主要进行货物分拣出来后的配货与配装作业，并存放配好的货物，为送货做准备。

(4)外运发货区。外运发货区主要是将准备好的货装入外运车辆发出。

(5)加工区。在这个区域进行分装、包装、切裁、下料、混配等各种类型的流通加工。

(6)办公区。办公区包括处理营业事务和内部指挥管理的场所。

二、配送中心的布局及位址选择

1. 配送中心的布局原理

配送中心布局的思考原则主要有以下几方面：

(1)动态的原则；

(2)竞争原则；

(3)低运费原则；

(4)交通原则；

(5)统筹的原则。

2. 配送中心的几种设置模型

(1)多级配送中心。多级配送中心的设置是适应用户地域非常广泛而资源又很集中的情况，在这种情况下，往往是一个国家或一个较大的地域空间设置中央配送中心，中央配送中心所在地，是资源集中产地或外贸到货地，由中央配送中心面向大地域范围或全国配送。

(2)两级配送中心。如果配送中心的辐射区域为在一个以上的城市，地域比较广阔而用户多且分散情况下，往往设置两级配送中心。

(3)一级配送中心。一级配送中心是指以一个配送中心执行近距离或大范围地的配送。一级配送中心不一定仅局限在一个小小的地域范围内进行配送，可以借助干线零担运输形式或利用大型公路车辆采取共同配送方式，也可在广阔区域经济地实行配送。

3. 配送中心布局的经济论证

配送中心布局及选址的经济论证的要点主要有以下几个方面：

(1)投资额的确定；

(2)投资效果分析和确定。

在特定条件下，布局及选址可以利用线性规划方法，在诸多可计量约束条件下，求解目标函数的最大或最小值以此确定数学上的最优解，进一步做决策依据。就配送中心布局和选址而言，往往以总投资限额、总投资最低、运营成本最低或配送运费最低为目标建立数学模型求解。

三、配送中心规划与设计

（一）建立配送中心的战略意义和要求

建立配送中心的根本意义在于降低物流成本，提高服务质量，从而增加效益和企业营业额。

因此，在设计配送中心之前必须通过对周围环境、销售额等的调查进行配送中心的功能定位，确定所要经营的商品，选好配送中心的位置以及确定其规模大小。主要有以下几个方面：

（1）环境调查；

（2）销售额的调查与分析；

（3）货态调查；

（4）配送中心的功能定位；

（5）确定配送中心经营的商品；

（6）配送中心建设规模的确定。

（二）配送中心设计的基本程序

配送中心设计的起点是在市场调研的基础上，对顾客及订单进行分析处理，该程序是在对市场进行充分调查的基础上，确定本企业的服务对象、服务范围及经营商品品种，对本企业的顾客分布状况、配送服务要求、商品特性、包装形态、体积重量等方面进行详细调查和分析的基础上，结合本企业的营销策略、市场目标及资金运用等情况，先对配送中心的分拣作业系统进行规划设计，并确定相应的分拣设备和分拣作业系统的规模，再对储存系统进行设计，确定其设备、储位分布、库区布置和库房建筑等方面的内容。配送中心设计的整体程序是在商场定位的基础上，先对分拣作业系统进行规划，再设计储存作业系统；最后，以储存和分拣作业系统为核心综合规划整个配送中心的整体布局与建设方案。

（三）配送中心的选址条件和方法

1. 配送中心选址的基本条件

（1）必要条件。顾客分布现状及预测、业务量增长率、辐射范围等。

（2）交通运输条件。运输是物流的核心，配送活动必须要依靠各种运输方式的安全性、准时性、高速性、综合组织成最有效的运输系统，以及时、准确地将商品送到顾客手中。所以配送中心的选址要尽量靠近交通运输枢纽，如铁路货运站、港口码头、机场、汽车货运站，另外必须很方便地利用运输公司，以提高配送效率。

（3）用地条件。配送中心的建设必须具有相应的土地资源，土地的来源、地价、土地的可利用程度及指定的用地区域内的法规等都必须充分考虑。

（4）管理及信息条件。要求配送中心靠近总部及营业、管理、计算机等部门。

(5)其他。根据业务种类是否需要冷冻、保温设施,防止公害设施及危险品处理设施等。

2. 配送中心选址所需的数据

(1)作业量。配送中心的作业量主要有:工厂到配送中心的运输量;配送中心的库存量;不同配送路线的作业量;配送给顾客的数量。

(2)费用。影响配送中心选址的费用主要有:工厂到配送中心的运输费;设施及用地所需的费用及相关的人事费、业务费;将货物配送给顾客的费用等。

(3)其他。另外还要考虑必备车辆、作业人员、装卸搬运方式、装卸搬运设备费等。

3. 配送中心的设备选用

配送中心的主要设备有:自动化立体仓库、托盘货架、箱式货架、流动货架、各种输送机、分类机械及无人台车等。

配送中心设备选用的重点是:

① 作业能力;

② 使用方法;

③ 形状、尺寸、重量;

④ 占地面积;

⑤ 价格等。

4. 信息系统的设计

信息系统是物流配送中心的重要组成部分,它必须满足现代化物流配送中心的基本要求:

① 从本质上提高对顾客的各种信息服务质量;

② 满足商品组成变化和顾客需求变化的信息系统;

③ 对物流配送中心各工序的迅速作业指示;

④ 迅速吸收各种工序中发生的错误;

⑤ 提供有利于营业活动的信息;

⑥ 降低成本。

第四节　物流配送实训

一、配送企业调研及其要求

分组到周边的配送企业开展调研,就以下问题写出调研报告,并由各组代表制作成幻灯片进行公开汇报交流。(1)配送企业所属类型;(2)配送企业组织结构、人员分工、工作职责、人员素质要求;(3)配送企业的业务流程;(4)配送企业的设施与设备。

二、案例分析

案例分析之一

20 世纪 90 年代中后期，一家大型零售企业，为提高物流效率，为其配送中心购买了一套自动分拣设备。但是购买后发现由于规模、技术等原因不能有效使用，出现了手工分拣成本低于自动分拣成本的情况。因此，该设备被闲置起来。

思考：

试从配送中心设备选择的角度对该案例予以分析。

案例分析之二

有一个销售企业，主要对自己的销售点和大客户进行配送，配送方法为销售点和大客户有需求就立即组织装车送货，结果经常造成送货车辆空载率过高，同时往往出现所有车都派出去而其他用户需求满足不了的情况。所以销售经理一直要求增加送货车辆，由于资金原因一直没有购车。

思考：

1. 如果你是公司决策人，你会买车来解决送货效率低的问题吗？为什么？
2. 试用配送的含义分析该案例，并提出解决办法。

案例分析之三

梅林正广和配送系统

2000 年 2 月 22 日下午，上海新闸路 1124 弄的一户人家拨通"85818"电话，报出自己在正广和购物网络的用户编号，要求订购两桶纯净水、一袋免淘米，并说明第二天上午家里留人，支付水票。几秒钟之内，这份订单被接线小姐输入正广和的计算机系统，系统根据用户编号从数据库中调出用户住址，再根据地址和送货时间自动把这份订单配置到第二配送站次日上午的送货单。当天晚上 9 时，正广和销售网络第二配送站里，经理准时打开电脑，接收从总部传过来的送货单。这份送货单的用户全部在第二配送站的辖区之内，送货时间是 23 日上午，用户地址、电话、编号、所需货物、数量、应收款等已经被清楚地列出来。几乎与此同时，一份相同的送货单也传到公司配送中心和运输中心。第二天一大早，运输中心派出车辆，到配送中心仓库提出已配好的货物，发往第二配送站。第二配送站墙上贴着一张辖区详细到门牌号的地图，签收完货物后，经理根据这张地图和自己的经验排好送货路线，把上午的送货单分派给7个送货工人。整个上午，这些揣着送货单的工人蹬着有"梅林正广和"和"85818"字样的三轮车，在辖区的弄堂里出出进进，完成送货到家的"最后一公里"。

中午12时30分，所有小工送货和收款的情况被汇总成表，由第二配送站的电脑传送至总部。个别没有送到的，汇总表中的"原因"一栏会被注明"01"、"02"，分别代表"地址错误"、"家中无人"等。当天收回的水票和现金也交至总部结算。根据这些信息，总部再决定是否有必要给配送站及时补货。有4名职能管理人员、7名送货工人、1辆小货车和7辆"黄鱼车"，房屋月租金7 000元的第二配送站，每天大概要送出大桶纯净水300多桶、袋装米30多包，还有饮料、冷饮、鲜花、罐头等其他几十种物品。在正广和遍布上海的大约100个配送站里，第二配送站的规模算是中等。据说，每个配送站的年利润都在15～20万元左右。三个配送中心、100个配送站、200辆小货车、1 000辆"黄鱼车"、1 000名配送人员，构成了正广和在上海的整个配送网络。这个号称上海市区"无盲点"的网络组织严密而有序，截至1999年底，上海市已经有60万户市民依靠这个配送网完成日常饮水和其他日用消费品的采购。请绘出梅林正广和配送系统的工作流程图。

案例分析之四

美国连锁店配送中心的类型

从20世纪60年代起，商品配送合理化在美国企业中普遍受到重视。为了向流通领域要效益，美国企业采取了以下措施：一是将老式的仓库改为配送中心；二是引进计算机管理网络，对装卸、搬运、保管实行标准化操作，提高作业效率；三是为了促进商品配送合理化，各连锁店共同组建配送中心，促进连锁店效益的增长。美国连锁店的配送中心有许多种，主要有批发型、零售型和仓储型三种类型。

(1)批发型。美国加州食品配送中心是全美第二大批发配送中心，建于1982年，建筑面积10万m^2，工作人员2 000人左右，共有全封闭型专业运输车600多辆，1995年销售额达20亿美元。经营的商品均为食品，有43 000多个品种，其中有98%的商品由该公司组织进货。另有2%的商品是该中心开发加工的商品，主要是牛奶、面包、冰淇淋等新鲜食品。加州食品配送中心实行会员制。各会员超市因店铺的规模大小不同、所需商品配送量的不同，向中心交纳不同的会员费。会员店在日常交易中与其他店一样，不享受任何特殊的待遇，但可以参加配送中心定期的利润分红。该配送中心本身不是营利单位，可以不交营业税。所以，当配送中心获得利润时，采取分红的形式，将部分利润分给会员店。会员店分得红利的多少，将视其在配送中心的送货量和交易额的多少而定，多者多分红。加州食品配送中心主要采用计算机管理。业务部通过计算机获取会员店的订货信息，及时向生产厂家和储运部发出订货指示单；厂家和储运部再根据订货指示单的先后缓急安排配送的先后顺序，将分配好的货物放在待配送口等待发运。配送中心 24 小时运转，配送半径一般为 50 km。加州食品配送中心与制造商、超市协商制定商品的价格，主要依据是：① 商品数量与质量。② 付款时间。如在 10 天内付款可以享受 2‰的价格优惠。③ 配送中心对各大超市配送商品的加价率，根据商品的品种、档次不同以及进货量的多少而定，一般为 2.9% ~ 8.5%。

(2) 零售型。美国沃尔玛公司的配送中心是典型的零售型配送中心，由沃尔玛公司独资建立，专为本公司的连锁店按时提供商品，确保各店稳定经营。沃尔玛配送中心的建筑面积为 12 万 m^2，总投资 7 000 万美元，有职工 1 200 多人，配送设备包括 200 辆车头、400 节车厢、13 条配送传送带，配送中心内设有 170 个接货口。中心 24 小时运转，每天为分布在 6 个州的沃尔玛公司的 100 家连锁店配送商品。沃尔玛配送中心设在 100 家连锁店的中央位置，服务半径为 320 km，服务对象店的平均规模为 1.2 万 m^2。中心经营商品达 4 万种，主要是食品和日用品，通常库存为 4 000 万美元，旺季为 7 000 万美元，年库存周转 24 次。在库存商品中，畅销商品和滞销商品各占 50%，库存商品期限超过 180 天为滞销商品。各连锁店的库存量为销售量的 10‰左右，1995 年，该中心的销售额为 20 亿美元。在沃尔玛各连锁店销售的商品，根据各地区收入和消费水平的不同，其价格也有所不同。总公司对价格差价规定了上下限，原则上不能高于所在地区同行业同类商品的价格。

(3) 仓储型。美国福来明公司的食品配送中心是典型的仓储式配送中心，主要任务是接受美国独立杂货商联盟加州总部的委托业务，为该联盟在该地区的 350 家加盟店负责商品配送。该配送中心建筑面积为 7 万 m^2，经营 89 万个品种。其中有 1200 个品种是美国独立杂货商联盟开发的，必须集中配送。在服务对象店经营的商品中，有 70% 左右的商品由该中心集中配送。一般鲜活商品和怕碰撞的商品，如牛奶、面包、炸土豆片、瓶装饮料和啤酒等，从当地厂家直接进货到店，蔬菜等商品从当地批发市场直接进货。

美国配送中心的库内布局的主要经验是：① 以托盘为主，4 组集装箱为一货架。② 商品的堆放分为储存的商品和配送的商品。一般根据商品的生产日期、进货日期和保质期，采取“先进先出”原则，在存货架的上层是后进的储存商品，在货架下层的储存商品是待出库的配送商品。③ 品种配货是数量多的整箱货，所以用叉车配货；店配货是细分货，小到几双一包的袜子，所以利用传送带配货。④ 量轻、体积大的商品（如卫生纸等），用叉车配货；重量大、体积小的商品用传送带配货。⑤ 设立特殊商品存放区，如少量高价值的药品、滋补品等，为防止丢失，用铁丝网圈起，标明无关人员不得入内。

思考：

结合此案例说明不同类型配送中心的特点及适应条件。

知识拓展

越库配送

越库配送包括任何一种避免在将货物送去零售商之前将其放入仓库的运输方法。越库配送通过实现将货物按用户要求的存储方式直接转运,简化了供应链,减少了供货时间和降低了货物处理成本,并且最大限度提高了生产效率和服务水平。

本章小结

本章介绍了配送与配送中心的概念,配送的功能要素、配送的方式、配送模式与配送作业流程,配送合理化,配送中心规划等。

自我测试

一、选择题

1. 一些配送企业配送的货物主要是原材料、半成品等,它们的服务对象主要是生产企业和大型商业组织,那么这类配送企业是(　　)。

A. 供应型配送中心　　B. 销售型配送中心　　C. 储存型配送中心

2. 配送中心的效率主要来自(　　)。

A. 降低物流成本　　B. 统一进货　　C. 缩短时间,提供服务　　D. 统一配送

3. 配送中心核心作业项目(　　)。

A. 接受订单　　B. 进货作业　　C. 理货配货　　D. 出货作业

4. 配送是物流系统的(　　)环节。

A. 起始　　B. 中间　　C. 终端　　D. 以上答案不正确

5. 划分城市与区域配送中心的标准是(　　)。

A. 配送品种　　B. 物流功能　　C. 配送地域范围　　D. 服务性质

6. 专业与综合配送中心的划分标准是(　　)。

A. 配送品种　　B. 物流功能　　C. 配送地域范围　　D. 服务性质

7. Wal-Mart 在美国本土的配送中心是典型的(　　)。

A. 以制造商为主体的配送中心　　B. 以批发商为主体的配送中心

C. 以零售业为主体的配送中心　　D. 以仓库运输业为主体的配送中心

8. 下类(　　)一般不设存储环节。

A. 供货型配送中心　　B. 加工转换型配送中心

C. 分货型配送中心　　D. 生鲜食品配送中心

9. 配送具有(　　)两种基本职能。

A. 采购　　B. 存储　　C. 送货　　D. 订货

E. 商品组配

三、判断题

1. 物流配送的区域范围不受限制。(　　)
2. 配送是物流系统中直接面对服务对象的部分。(　　)
3. 在资源配置方面,配送表现为以零散库存代替集中库存。(　　)
4. 辐射范围不同是配送与干线运输的主要差异之一。(　　)
5. 运输批量不同是配送与干线运输的主要差异之一。(　　)
6. 按配送品种不同可将配送中心划分为专业和综合配送中心。(　　)
7. 采购管理功能是所有配送中心都必须具备的基本功能之一。(　　)
8. 配送功能是所有配送中心都必须具有的基本功能之一。(　　)
9. 区域配送中心的服务范围一般小于城市配送中心。(　　)
10. 强大的运输配送能力是以仓储运输业为主体的这类配送中心的一个显著特点。(　　)

复习思考

1. 什么是物流配送?
2. 目前物流配送的发展趋势主要表现在哪些方面?
3. 配送中心的基本含义是什么?
4. 配送中心的基本功能有哪些?
5. 简述配送中心的基本作业流程。

第五章 仓储管理

知识目标

1. 理解仓储管理的概念
2. 掌握仓储管理的内容及业务流程
3. 了解仓储未来发展趋势

技能目标

学会仓储管理流程的基本技能操作，能够进行仓储空间规划

引导案例

双鹤公司仓储管理的问题

双鹤公司仓储管理存在以下问题：第一，仓库的现代化程度低，设备陈旧落后，不少仍处于人工作业为主的原始状态，人抬肩扛，工作效率低。货物进不来出不去，在库滞留时间过长或保管不善而破损、霉变，损失严重，加大了物流成本。这与企业的经济实力及远景规划有关。企业建立仓库仅把它作为存放货物的地方，因此对设备现代化的要求很低，而且廉价的劳动力使得企业放弃改造设备的打算，大量的手工作业使得人员不至于闲置，“不怕慢，只怕站”的思想在人们的心中根深蒂固，降低了工作效率。第二，仓库的布局不合理。由于企业业务的不确定性，导致不同品种的零散物品占据很大的仓库面积，大大降低仓库的利用率；而且堆码、分区都很混乱，给出入库、盘点等带来诸多不便，往往是提货员拿着一张提货单在仓库里来回寻找，影响了工作效率，也影响了配送，降低了服务质量。第三，库存成本过大。企业目前没有一套库存控制策略，包括经济订货批量，订货间隔期，订货点，安全或保险库存等。当某些物品的供大于求时就造成积压，浪费人力、物力和财力；当供小于求、发生缺货时，妨碍了企业的正常生产和销售，不仅带来经济损失，也使企业失去信誉。另一方面是破损、质变及退回商品没能及时处理所形成的库存。企业的仓储部与质检科联

系不紧密，信息传递缓慢，对破损、质变等商品的单据处理及层层上报批复的过程复杂，甚至是责任不明确形成的互相推卸，这一切造成了库存的增大和库存成本的提高。第四，仓库管理信息系统不完备，其信息化和网络化的程度低。这是受企业的经济是实力、人员素质及现代化意识等因素的影响。现在，企业的储运部只有一台计算机，接收订单、入账、退货单处理、报损、退厂、查询等工作都只能由它完成，工作量大而繁，易出错，同时也影响了整个管理链条中的信息传递和库存管理控制。第五，员工素质低下。云南双鹤在人员的聘用上悬殊很大，基层员工接受不了高层管理人员的思想，导致工作上的误差，甚至引起抵触情绪，基层员工在学习培训过程中装模作样，工作起来得过且过，上班时间成了娱乐时间，一些员工还把家里的活带到工作中来做，作风散漫，对本职工作不尽心尽力，更谈不上创造性和积极性。

思考：

针对以上问题，你认为双鹤公司应如何改进仓储管理工作呢？

第一节　仓储管理概述

一、仓储与仓库

（一）仓储的含义和作用

仓储是指通过仓库对暂时不用的物品进行储存和保管。“仓”即仓库，是为存放物品而设置的建筑物或场地。“储”则是指对物品进行收存、管理、交付使用等行为。可以说仓储是对有形物品提供存放场所，并在这期间对存放物品进行保管、控制的过程。

仓储的需求形成主要来源于社会产品的剩余和产品生产、流通、消费过程的需要。当社会产品在一段时间或某个空间上产生剩余时，且不能销毁时，需要专门的场所保管。而在生产过程中，原材料、零部件等需要一定的储备，以保证生产的连续，因此，也就产生必要的仓储。在流通领域，为了保证市场的及时供应和市场调节，需要一定的商品储备。

1. 仓储的正作用

（1）仓储是物质生产过程中的必要环节和支撑条件，在产品价值创造中发挥着作用。现代社会生产的一个重要的特征就是专业化和规模化生产，劳动生产率极高，绝大多数产品都不能被即时消费，需要经过仓储，弥补生产与消费市场之间的差异。通过仓储活动，发挥仓储连接生产与消费的纽带和桥梁作用，借以克服众多的相互分离又相互联系的生产者之间、生产者与消费者之间在商品生产与消费地理上的分离，衔接商品生产与消费时间上的不一致，以及调节商品生产与消费在方式上的差异，保证社会再生产的顺利进行。另一方面，生产所使用的原材料等需要有合理的储备，才能保证及时供应，满足生产的需要，保证生产过程的继续。

(2)仓储是流通的重要支撑。任何社会,只要有商品生产,就有商品流通,也就必然会有商品储存。所以,仓储是商品流通不可缺少的重要环节。市场的及时补给可以避免缺货带来的经济损害,销售活动的空间不平衡可以通过仓储调剂来弥补。从社会意义上看,仓储可以调整生产和消费的时间差别,维持市场稳定。

(3)仓储也为保持物资原有的使用价值和合理地使用物资提供保证。任何一种物资在生产至消费之前,由于其本身的性质,所处的条件以及自然的、社会的、经济的、技术等因素,都可能使物资在数量上减少,质量上降低,如果不创建必要的保护条件,就不可避免地会造成物资损害。因此,必须进行科学的管理,加强对物资的养护,搞好仓储经营活动,以保护好处于暂时停滞状态的物资的使用价值。同时,在仓储经营过程中,努力做到流向合理、加强物资流转速度,注意物资的合理分配,合理供料,不断提高工作效率,满足市场需求。

(4)仓储为加速商品周转、加快流通起着保证作用。仓储本身已不仅是货物的储存,而越来越多地承担着具有生产特性的加工业务,例如,分检、挑选、整理、加工、简单的装配、包装、加标签、备货等活动,使仓储过程与生产过程更有机地结合在一起,从而增加了商品的价值。

(5)仓储具有调节商品价格的作用。商品的仓储可以克服生产旺季和生产淡季与消费之间巨大的供求矛盾。并以储存调节供求关系,调整由于供求矛盾而造成的价格差异。

(6)仓储可以直接起到调节运输工具载运能力不平衡的作用。无论是进口或出口仓储皆可以减少压船、压港、弥补内陆运输工具运载量的不足,在船舶与内陆运输之间起着缓冲调节作用,保证国际贸易货物运输顺利畅通。

2. 仓储的逆作用

仓储是物流系统中一种必要的活动。但也经常存在冲减物流系统效益,恶化物流系统运行的趋势。甚至有人明确提出,仓储中的库存是企业的“癌症”。因为仓储会使企业付出巨大代价,这些代价主要包括:

(1)固定费用和可变费用支出。仓储要求企业在仓库建设、仓库管理、仓库工作人员工资、福利等方面支出大量的成本费用。

(2)机会损失。储存物资占用资金以及资金利息,如果用于另外项目可能会有的更高的收益。

(3)陈旧损失与跌价损失。随着储存时间的增加,存货时刻都在发生陈旧变质,严重的更会完全丧失价值及使用价值。同时,一旦错过有利的销售期,又会因为必须低价贱卖,不可避免地出现跌价损失。

(4)保险费支出。为了分担风险,很多企业对储存物采取投保缴纳保险费方法。保险费支出在仓储物资总值中占了相当大的比例。在信息经济时代,社会保障体系和安全体系日益完善,这个费用支出的比例还会呈上升的趋势。

上述各项费用支出都是降低企业效益的因素,再加上在企业全部运营中,仓储对流动资金的占用达到 40% ~70% 的高比例,有的企业库存在某段时间甚至占用了全部流动资金,使企业无法正常运转。

由此可见,仓储既有积极的一面也有消极的一面。只有考虑到仓储作用的两面性,尽量使仓储合理化才能有利于物流业务活动的顺利开展。

(二)仓库

有了储备,就必然要有仓库。仓库是储存物资的场所,一般是以库房、货场及其他设施、装置为劳动手段对商品、货物、物资进行收进、整理、存储、保管和分发等工作。一般使用建筑物体作为仓库,但也有使用车辆、船舶、集装箱等设备,甚至直接利用地面和水面作为仓库。传统意义上的仓库是指在物流系统中承担保管功能的场所,是物流网络中的结点。现代物流将仓库理解为区域分拨的基地,是区域内物流运作的中心。仓库的主要功能除了物品的存储保管功能之外,还在物流系统中起着运输组合、产品组合、流通加工、服务、信用机构以及运输调节的作用,增加产品的附加值。

仓库按不同的标准可划分为不同的类型。

1. 按仓库功能分类

(1)储备仓库。是指专门长期存放各种储备物资,以保证完成各项储备任务的仓库。如战略物资储备、季节物资储备、备荒物资储备、流通调节储备等等。储备仓库的功能是较长时间储存保管,主要追求储存效益。

(2)周转仓库。周转仓库的主要功能是物资周转,主要用于暂时存放待加工、待销售、待运输的物资。包括生产仓库、流通仓库、中转仓库、集配仓库、加工仓库等。它的储存时间短,主要追求周转效益,为生产、流通或运输服务。

2. 按用途分类

(1)自用仓库。是指是指生产、商业、外贸等企业为本企业业务需要建立的仓库。有关仓库的建设、库存物资管理以及出入库等,都由公司自身管理。

(2)专业经营仓库。是指按照相关管理条例取得营业许可,专门为经营储运业务而修建的仓库。是一种社会化的仓库。它面向社会,以经营为手段,以盈利为目的,与自用仓库相比,使用效率较高。

(3)公用仓库。是指国家或一个主管部门或公共团体为了公共利益而建设的仓库。如我国铁路车站、公共汽车站场的货栈仓库、港口码头仓库、交通枢纽站的货物仓库大部分属于这一类。

(4)保税仓库。储存经海关批准,在海关监管下的尚未办理海关进口手续,或只是过境的进出口货物的仓库。货物可以免税进出这些仓库而无需办理清关手续,可以在保税仓库内对货物进行加工、存储、包装和整理等业务。

3. 按保管形态分类

(1)通用仓库。用以储存没有特殊要求的工业品和农副产品的仓库。一般是指具有常温保管、自然通风、无特殊功能的仓库。

(2)特种仓库。用以储存具有特殊性能、要求使用特别保管设备的物品的仓库。一般是指储存化学危险品、易腐蚀品、石油及其产品、鲜活冷冻品、部分医药品的仓库。这类仓库配备有专门的设备,来满足商品储存要求。

4. 按结构和构造分类

可分为平房仓库、多层仓库(楼房仓库)、高层货架仓库(立体仓库)、散装仓库、罐式仓库等。自动化立体仓库是现代化的仓储技术。

(1)自动化立体仓库的含义。自动化立体仓库又称自动存取系统、自动仓库、自动化高架仓库、高架立体仓库、无人仓库、无纸作业仓库等,是指通过电子计算机和相应的自动控制设备对仓库的作业和仓储管理进行自动的控制和管理,并通过自动化系统进行仓库作业的现代化仓库。在物流术语中,自动化立体仓库是指由电子计算机进行管理和控制,不需人工搬运作业,而实现收发作业的仓库。

(2)自动化仓库的组成。① 货架。由一些钢铁构成的存放托盘装货物的单元格组成。每个货位的地址由其所在的货架的排数、列数及层数来唯一确定,自动出入库系统据此对所有货位进行管理。② 巷道机。巷道机在两排高层货架之间的巷道内做来回运动,巷道机上的升降平台可做上下运动,升降平台上的存取货装置可对巷道机和升降机确定的某一个货位进行货物存取作业。③ 周边搬运系统。周边搬运系统主要利用机械(常有输送机、自动导向车(AGV)等)配合巷道机完成货物的输送、转移、分拣等作业;同时当高架仓库内主要搬运系统因故障停止工作时,周边设备可以发挥作用,使立体仓库继续工作。④ 控制系统。管理人员控制系统进行全程监控和管理,保证存取作业按最优方案进行。自动化立体仓库的计算机中心或中央控制室接收到出库或入库信息后,由管理人员通过计算机发出出库或入库指令,巷道机、自动分拣机及其他周边搬运设备按指令启动,共同完成出库或入库作业。

(3)自动化立体仓库的功能。自动化立体仓库区别于其他普通仓库的功能就是大量储存和自动存取。① 大量储存。一般一个自动化立体仓库的货架高度在 15 m 左右,最高达 44 m,拥有货位数可多达 30 万个,可储存 30 万个托盘,以平均每托盘货物重 1 t 计算,则一个自动存取系统可同时储存 30 万 t 货物。② 自动存取。自动化立体仓库的出入库及库内搬运作业全部实现由计算机控制的机电一体化即自动化。仓库工作人员则只负责货物存取系统的操作、监控、维护等,只要操作员给系统以出库拣选、入库分拣、包装、组配、储存等作业指令,该系统就会调用巷道堆垛机、自动分拣机、自动导向车及其配套的周边搬运设备协同动作,完全自动地完成各种作业,在这一系统中凝结着大量现代的信息技术。

(4)自动化立体仓库的优点。① 提供大面积的仓容。由于能充分利用仓库的垂直空间,使其单位面积储存量远大于普通的单层仓库,一般是单层仓库的 4 ~ 7 倍。② 提高工作效率。立体仓库采用巷道堆垛机,它沿着廊道上的轨道运行,不会与货架碰撞,也无其他障碍物,因此,行驶速度较快,同时借助于计算机控制,可以准确无误地完成货物库内搬运工作。货物的搬运效率远比一般仓库高。③ 提高仓储质量。立体仓库采用计算机进行仓储管理,可以方便地做到"先进先出",防止货物自然老化、变质、生锈,也能避免货物的丢失。在库存管理中采用计算机,随时可以迅速、准确地清点盘库,由此大大提高了货物的仓储质量。④ 节约资源。立体仓库采用能堆存提高货位的占用较窄巷道的堆垛机,使仓库面积和空间位置的利用率大大提高。⑤ 提高适应环境的能力。采用自动化立体仓库后,能较好地适应黑暗、低温、有毒等特殊环境的需要。

仓库的功能表现为:

(1)储存保管的功能。无论是储备仓库,还是周转仓库,它们首先的功能就是储存保管。

(2)集散货物的功能。仓库通过运输从各个供应商处收集货物,然后在仓库进行储存、整理、组配、流通加工、分拣、分发、分销,分运到各个不同需求的客户手中。

(3)衔接供需的功能。仓库就像一个储水池,它可以衔接供应者和需求者在供需时间上的不同步,缓冲供需矛盾,保证生产、流通和运输各个环节的顺利进行。

(4)客户服务功能。仓库可以为顾客代储、代运、代加工、代服务,为顾客的生产、供应、销售、生活等提供物资和信息的支持,为客户带来各种方便。

(5)防范风险的功能。储备仓库以及周转仓库的安全储备都是用于防范灾害、战争、偶发事件以及市场变化、随机事件而设置的保险库存。可以用于防范各种风险,保障人们生命财产,保障生产和生活正常进行。

(6)物流中心的功能。仓库是各种物流活动集中的场所,除了储存以外,还可以运输、配送、包装、装卸、流通加工以及提供各种物流信息,因此仓库往往成为物流中心,或配送中心、储运中心等。有的仓库还可以进行商流,仓库就成为流通中心。

二、仓储管理及仓储合理化

(一)仓储管理的概念、内容、原则

仓储管理简单说是指对仓库及仓库内的货物所进行的管理,这种对仓库和仓储物资的管理工作,是随着仓储物资品种的多样化和仓库机构、技术设备的科学化而不断变化发展的。

仓储管理决策与物流系统的其他决策密切相关,它不仅对仓储系统,而且对整个物流系统都起着十分重要的作用。仓储管理的核心目标是充分、有效地利用现有空间,提高仓容利用率,提高仓库的吞吐量和物品在库的完好率等。

仓储管理的内涵随其在社会经济领域中的作用不断扩大而变化。仓储管理从单纯意义上的对物品储存管理发展成为物流过程的中心环节,它的功能已不是单纯的物品储存,

而且兼有对物品进行包装、分拣、流通加工、简单装配等多种增值服务功能。

仓储管理研究的是物品流通过程中物品储存环节的管理,其主要内容包括:仓库布局、物品货位的安排、物品装卸搬运工具的选择、物品的包装以及流通加工、仓储作业管理、仓储安全管理、仓储信息管理等一系列的内容。

仓储管理的原则表现为:① 效率原则。仓储的效率表现在货物周转率、仓容利用率、进出库时间、装卸车时间等指标上。高效率仓储体现出“快进、快出、多储存、保管好”的特点。仓储的生产管理以效率管理为核心,实现以最少劳动投入获得最大的产品产出的目标。高效率的实现是管理艺术的体现,通过准确的核算,科学的组织,妥善的场所和空间安排,机械设备与员工的合理配合,部门与部门、人员与人员、设备与设备、人员与设备之间的默契配合,使生产作业过程有条不紊地进行。② 服务原则。仓储活动以为社会提供服务为内容,服务是贯穿仓储活动的一条主线。仓储的定位、具体操作、对储存货物的控制都以服务为中心而展开。仓储管理需要围绕服务定位,而由于仓储服务水平和仓储经营成本两者成反比,因此如何降低成本的同时提高服务水平,将两者保持平衡为服务原则的核心问题。③ 效益原则。企业生产经营的目的,就是要最大限度地获得利润,要实现利润最大化需要实现经营收入最大化和经营成本最小化。

(二)仓储合理化

1. 仓储合理化的含义

仓储合理化是提高物流体系工作效率的必要条件。所谓仓储合理化,就是用最经济的办法实现仓储的相关功能。仓储的不合理往往表现在对仓储功能实现的过分强调,由于过分投入仓储力量和其他仓储劳动造成库存的不合理。所以,合理仓储的实质是在保证仓储功能的实现前提下,系统的投人最少。

2. 影响仓储合理化的主要因素

(1)仓储量。一方面仓储虽然以一定数量形成保证供应、保证生产、保证消费的能力,但仓储的损失(各种有形及无形的损失)是随着仓储数量的增加成正比例地增加的。被储存物品的数量过大会导致仓储成本费用的增加;仓储数量过低会严重降低储存对供应、生产、消费的保证能力。当然,仓储数量越低,仓储的各种损失也会越低,仓储数量降低到一定程度,由于保证能力的大幅度消弱会引起巨大损失,其损失远远超过由于减少仓储量防止库损、减少利息支出损失等带来的收益。所以,仓储量过低,也是会大大损害总效果。

(2)仓储时间。仓储时间与商品销售时间成反比关系,商品销得快,仓储时间就短,反之亦然。另外,仓储时间还受物品的自然属性的影响,超过物品自然属性所允许的储存时限,物品就会失去其使用价值。因此,仓储时间的合理性也至关重要。

(3)仓储结构。仓储结构是指不同规格、不同品种物品仓储量的比例关系。市场情况与物品规格,品种的选择,以及其结构变化都必须相符合。这就要求在确定合理仓储量的同时,必须考虑仓储结构的合理化。

(4)仓储网络。为了满足生产和生活消费的需要,必须设置若干个仓储网点,从而构成仓储网络。仓储网络的过多或过少,都会影响仓储的合理化。

(5)仓储条件。仓储条件不足或过剩都会影响仓储合理化。仓储条件不足,指的是仓储条件不足以为被储存物提供良好的储存环境及必要的仓储管理措施,因此往往造成被储物的损失或整个储存工作的混乱使储存后的工作受到损失。仓储条件不足主要反映在储存场所简陋,储存设施不足以维护保养及手段措施不力,不足以保护被储物。仓储条件过剩,指的是仓储条件大大超过需要,从而使被储物过高负担储存成本,使被储物的实际劳动投入大大高于社会平均必要劳动量,从而出现亏损。

3. 仓储合理化实施要点

(1)对储存物和设施进行 ABC 分析与管理。ABC 分析是实施仓储合理化的基础分析,在此基础上可以进一步解决各类的结构关系,储存量、重点管理、技术措施等合理的问题。分别决定各种物质的合理库存储备数量及经济地保有合理储备的办法,乃至实施零库存。

(2)追求经济规模,适度集中库存。适度集中储存是合理化的重要内容,所谓适度集中库存是利用储存规模优势,以适度集中储存代替分散的小规模储存来实现合理化。

(3)加速总的周转,提高单位产出。

(4)采用有效的"先进先出"方式。

(5)提高储存密度,提高仓容利用率。

(6)采用有效的储存定位系统。储存定位的含义是被储存物位置的确定。如果定位系统有效,能大大节约寻找、存放、取出的时间,节约不少物化劳动及活劳动,而且能防止差错,便于清点及实行订货点等管理方式。

(7)采用有效的检测清点方式。对仓储物资数量和质量的检测不但是掌握基本情况之必须,也是科学库存控制之必须。检测清点的有效方式主要有:"五五化"堆码、光电识别系统、电子计算机监控系统。

(8)采用现代仓储保养技术。利用现代技术是仓储合理化的重要方面。可采用的保养技术主要有:气幕隔潮、气调储存和塑料薄膜封闭等。

(9)采用集装箱、集装袋、托盘等储运一体化方式。

三、仓储管理系统

随着社会经济的发展和工业生产的加速,仓库的进出更为频繁,仓库管理的信息系统也就更显重要。进入 21 世纪后,物品库存正逐渐由过去"批量大、品种少、周转慢"向"批量小、品种多、周转快"的方向转化,特别是电子商务、连锁经营的发展,对仓储业、仓储条件都提出了更高的要求。在这一情况下,企业要延续传统仓储管理方法,就无法适应现代物流的发展需要,在竞争中无法生存。因此,使用具有准确率高快速响应能力强的 WMS——仓储管理系统,是必不可少的。仓储管理系统的结构,见表 5-1。

表 5-1　仓库管理系统（Warehouse Management System）

<table>
<tr><td>A. 入库管理子系统</td><td colspan="2">1. 入库单数据处理（录入）
2. 条码打印及管理
3. 货物装盘及托盘数据登录注记（录入）
4. 货位分配及入库指令发出
5. 货位重新分配
6. 入库成功确认
7. 入库单据打印</td></tr>
<tr><td>B. 出库管理子系统</td><td colspan="2">1. 出库单数据处理（录入）
2. 出库项内容生成及出库指令发出
3. 错误货物或 Empty Out 的货位重新分配
4. 出库成功确认
5. 出库单据打印</td></tr>
<tr><td rowspan="2">C. 数据管理子系统</td><td>A. 库存管理</td><td>1. 货位管理查询
2. 货物编码查询库存
3. 入库时间查询库存
4. 盘点作业</td></tr>
<tr><td>B. 数据管理</td><td>1. 货物编码管理
2. 安全库存量管理
3. 供应商数据管理
4. 使用部门数据管理
5. 未被确认操作的查询和处理
6. 数据库与实际不符合记录的查询和处理</td></tr>
<tr><td>D. 系统管理子系统</td><td colspan="2">1. 使用者及其权限设置
2. 数据库备份作业
3. 系统通信开始和结束
4. 系统的登录和退出</td></tr>
</table>

四、企业仓储的发展方向

企业仓储的发展方向主要是实现仓储标准化与仓储现代化。

1. 仓储标准化

为了提高物流效率，保证物流的统一性与各种物流环节的有机联系，并与国际接轨，必须制定物流标准。而其中仓储标准化是物流标准化的重要组成部分。

仓储标准化内容很多，例如：全国性通用标准（仓库种类与基本条件标准、仓库技术经济指标以及考核办法标准、仓储业标准体系、仓储业服务规范、仓库档案管理标准、仓库单证标准、仓储安全管理标准等），仓储技术通用标准（仓库建筑标准、货物入出库标准、储存货物保管标准、包装标准、货物装卸搬运标准等），仓库设备标准，仓库信息管理标准，仓库人员标准等等。

2. 仓储现代化

(1)仓储人员的专业化。随着科学技术越来越进步,机器设备的数量和品种也越来越多,人在操纵现代化生产设备中的作用也就越来越大,这要求有一大批既懂管理、又懂专业知识、并掌握现代化管理方法和手段的高素质的管理人才。因此必须按现代化管理的要求,加强对仓储人员的培养、教育和提高。

(2)仓储技术的现代化。当前仓储技术是整个物流技术中的薄弱环节,因此加强仓储技术的改造与更新,是仓储现代化的重要内容。仓储现代化首先要解决信息现代化,包括信息的自动识别、自动交换和自动处理。企业仓储当前大致应从以下几个方面做起:① 实现仓储系统的机械化和自动化。② 存储设备的多样化、包装标准化、一体化。③ 适当发展自动化仓库,加强旧仓库的技术改造。

(3)仓储管理方法的科学化和管理手段自动化。在仓储管理中结合仓储作业和业务的特点,应用先进的科学技术,使用科学的管理方法,以及运用电子计算机辅助仓储管理,进行仓储业务管理、库存控制、作业自动化控制以及信息处理等,使仓储作业更加高效。

第二节 仓储管理决策

一、仓储管理的目标

仓储管理的目标主要体现为使仓库空间利用与库存货品的处置成本之间实现平衡,具体有几个方面:① 空间利用率最大化;② 人员、设备的有效使用;③ 所有货品都能随时存取;④ 货品的有效移动;⑤ 保证货品的品质;⑥ 良好的管理。

二、仓储系统构成

仓储系统的主要构成要素包括储存空间、货品、人员及设备等要素。

1. 储存空间

储存空间即仓库内的保管空间。在进行储存空间规划时,必须考虑到空间大小、柱子排列、梁下高度、走道、设备回转半径等基本因素,再配合其他相关因素的分析,方可做出完善的设计。

2. 货品

货品是储存系统的重要组成要素。分析货品的特征(如供应商、货品特性、数量、进货规定、品种等)、货品在储存空间的摆放方法以及货品的管理和控制是储存系统要解决的关键问题。

3. 人员

规模较大的仓库中,人员分工较细,有仓管、搬运、理货拣货、补货人员等,对于一般仓库,作业人员可以实行统一调配,不细分作业工种。

4. 设备

要根据仓库的功能、储存对象、要求条件等确定主要设施、设备的配置。如表5-2所示。

表5-2　企业仓库设备的配置

功能要求	设备
存货、取货	货架、叉车、堆垛机械、起重运输机械等
分拣、配货	分拣机、托盘、搬运车、传输机械
验货、养护	检验仪表、工具、养护设施等
防火、防盗	温度监视器、防火报警器、监视器、放盗报警设施
流通加工	所需的作业机械、工具等
控制、管理	计算机及辅助设备等

三、仓储空间规划

储存货品的空间叫做储存空间，储存是仓库的核心功能和关键环节，储存区域规划合理与否直接影响到仓库的作业效率和储存能力。

(一)储存空间的构成

储存空间即仓库中以保管为功能的空间。储存空间包括物理空间、潜在利用空间、作业空间和无用空间。即

$$储存空间 = 物理空间 + 潜在利用空间 + 作业空间 + 无用空间$$

其中：

(1)物理空间指货品实际上占有的空间；

(2)潜在利用空间指储存空间中没有充分利用的空间，一般仓库至少有10% ~30%的潜在利用空间可以加以利用；

(3)作业空间指为了作业活动顺利进行所必备的空间，如作业通道、货品之间的安全间隙等。

影响储存空间的主要因素是作业、货品和设备。其中，作业因素主要包括作业方法和作业环境；货品因素主要包括货品特性、货品存储量、出入库量等；设备因素主要包括储存设备及出入库设备等。

(二)仓储空间的评价要素和评价方法

1. 评价要素

仓储空间规划的成功与否，需要从仓储成本、空间效率、作业时间、货品流量、作业感觉等五个方面进行评价。

2. 评价方法

我们可以利用下面几个指标来衡量仓储空间的规划是否科学合理。

(1)仓储成本指标。以1 m^3 货品的保管费用来估算，该费用包括固定保管费用与设备

费用,单位为元/m^3。

(2)空间效率指标。空间效率的评估可由实际的保管容积率来判断。计算方法为:

仓库空间效率 =(实际仓储可利用容积/仓储空间容积)×100%

(3)时间指标。作业时间主要用拣货时间加上在保管时因货位空间的调整而移动货品的时间来表示。

(4)流量指标。流量的评估基准以月为单位,即以每月的入库量、出库量、库存量三项数量来计算,其值在 0 ~ 1 之间,越接近 1 说明库存的周转率越高。计算公式为:

仓库流量 =(入库货量 + 出库货量)/(入库货量 + 出库货量 + 库存货量)

(5)作业感觉指标。仓库可以自行定义该指标的级数,如:宽的、窄的、大的、小的、舒服的、不舒服的、整齐的、杂乱的、明亮的、暗的等,再采用问卷方式调查作业人员对其作业空间的感觉,因此可以得到这些感性指标。

(三)储存场所空间布局

储存场所的空间布局也称为仓库内部竖向布局,指货品在仓库垂直方向上的布置,其目的在于充分有效地利用仓库空间。储存场所的空间布局形式主要有:就地堆码、上货架存放、架上平台存放、空中悬挂等。

(1)地面直接堆码。这是大批量货品的垂直布置形式。它是将货品的单位包装直接堆码在垛基上,层层堆码到一定高度。货品堆码可以利用原包装堆码或利用托盘和集装箱堆码。

(2)上货架存放。货品进行竖向布置的主要手段就是利用各种货架。常用的货架类型包括:托盘货架、格板货架、流动式货架、驶入式货架、移动式货架。

(3)架上平台存放。在库房净空比较高和货架比较矮的情况下,可采用架上平台的方式充分利用有效空间,即在货架的顶部铺设一层承压板构成二层平台,这样可以在平台上直接堆放货品。

(4)空中悬挂。就是把货品悬挂在空中,以利用空间。

(四)货位管理

1. 货位管理的概念

货位管理就是指货品进入仓库之后,对货品如何处理、如何放置、放置在何处等进行合理有效的规划和管理。这主要取决于储存策略以及货位分配原则。

2. 储存策略

储存策略即决定货品在储存区域存放位置的方法或原则。良好的储存策略可以减少出入库移动的距离,缩短作业时间,保障货品品质,甚至能够充分利用储存空间。一般的储存方式有定位储存、随机储存、分类储存、分类随机储存和共同储存等。

(1)定位储存。每一项储存货品都有固定储位,货品不能互用储位,因此须规划每一项货品的储位容量不得小于其可能的最大在库量。

优点:

① 每项货品都有固定储放位置,拣货人员容易熟悉货品储位;

② 货品的储位可按周转率大小(畅销程度)安排,以缩短出入库搬运距离;

③ 可针对各种货品的特性作储位的安排调整,将不同货品特性间的相互影响减至最小。

缺点:

① 储位必须按各项货品的最大在库量设计,因此储区空间平时的使用效率较低;

② 需要较多的储存空间。

适用情况:

① 厂房空间大;

② 多种少量商品的储放。

(2)随机储放。每一个货品被指派储存的位置都是通过随机的过程所产生的,而且可经常改变,也就是说,任何品种可以被存放在任何可利用的位置。

优点:

由于储位可共享,因此只需要按所有库存货品最大在库量设计即可,储区空间的使用效率较高。

缺点:

① 货品的出入库管理及盘点工作的进行困难度较高;

② 周转率高的货品可能被储放在离出入口较远的位置,增加了出入库的搬运距离;

③ 具有相互影响特性的货品可能相邻储放,造成货品的伤害或发生危险。

适用情况:

① 厂房空间有限,尽量利用储存空间;

② 种类少或体积较大的货品。

(3)分类储存。所有的储存货品按照一定特性加以分类,每一类货品都有固定存放的位置,而属一类的不同货品又按一定的原则来指派储位。分类储存通常按产品相关性、流动性、产品尺寸、重量、产品特性来分类。

优点:

① 便于畅销品的存取,具有定位储放的各项优点;

② 各分类的储存区域可根据货品特性再作设计,有助于货品的储存管理。

缺点:

储位必须按各项货品最大在库量设计,因此储区空间平均的使用效率低;

分类储放较定位储放具有弹性,但也有与定位储放同样的缺点。

适用情况:

① 产品相关性大者,经常被同时订购;

② 周转率差别大者;

③ 产品尺寸相差大者。

(4)分类随机储存。每一类货品有固定存放的储区,但在各类的储区内,每个储位的指派是随机的。

优点:

具有分类储存的部分优点,又可节省储位数量提高储区利用率。

缺点:

货品出入库管理及盘点工作的进行困难度较高。

分类随机储放兼具分类储放及随机储放的特色,需要的储存空间量介于两者之间。

(5)共同储存。在确定知道各货品的进出仓库时刻,不同的货品可共享相同储位的方式称为共同储存。共同储存在管理上虽然较复杂,所需的储存空间及搬运时间却更经济。

3. 货位分配原则

为货品安排货位应遵循的原则:

(1)可与随机储存、共用储存策略相配合的原则:即靠近出口原则,指将刚到达的货品分配到离出入口最近的空货位上。

(2)可与定位储存、分类(随机)储存策略相配合的原则。如表 5-3 所示。

表 5-3 具体原则

作业原则	内容要求
以周转率为基础原则	依据货物进货发货的不同频度来确定货物的存放位置,次数频繁的货物放置在靠近仓库进出口的位置
产品相关性原则	相关性大的货品在订购时经常被同时订购,应尽可能存放在相同位置
产品同一性原则	指把同一货品储放在同一保管位置的原则
产品类似性原则	指将类似货品毗邻保管的原则
产品互补性原则	互补性高的货品也应存放在邻近位置,以便缺货时可迅速以另一品项替代
产品相容性原则	相容性低的产品绝不可放置在一起,以免损害品质,如烟、香皂、茶叶不可放在一起
先进先出原则	根据货物入库时间决定发货送出次序
面对通道的原则	指将货品的标志、名称面对通道摆放,以便让作业员容易简单地辨识
产品尺寸原则	指在仓库布置时,考虑货品单位大小及相同货品所形成的整批形状,以便能提供适当空间满足某一特定需要
重量特性原则	指按照货品重量的不同来决定货品在保管场所的高低位置
产品特性原则	产品特性不仅涉及产品本身的危险及易腐性质,同时也可能影响其他货品,因此在安排存货位置时必须要考虑
明晰性原则	是指利用视觉系统,使保管场所及保管货品能够容易识别的原则

（五）货位编号

1. 货位编号的概念及其作用

货位即货物存放的位置。商品货位编号管理方法是在分区、分类和划好货位的基础上，将仓库的库房、货场、货棚及货架等存放商品的场所，划分为若干货位，然后按储存地点和位置排列，采用统一标记，编列货位的顺序号码，并做出明显标志，以方便仓库作业的管理方法。货位编号在商品储存报关业务中具有重要作用，它能提高收发作业效率，避免差错。按编号收发货，便于识别货垛，缩短进出库作业时间，减少串号和错发、错收等现象的发生；同时有利于货物在库检查、盘点、对账等作业，以保证仓库账、货相符。

2. 货位编号方法

货位编号应按照统一的规则和方法进行，根据仓库货位的多少、储存条件等具体情况和使用上的习惯而加以区别。

(1)库房编号

对库房、货棚、货场齐备的仓库，在编号时，对库房、货棚、货场应有明显区别，可加注"棚"或"场"等字样。无加注者，即为库房编号。多层库房的编号可采用三号定位法或四号定位法。如 3-7-3 号编号，就是 3 号库、第 7 层楼、第 3 号仓间。4-7-6-5 货位编号则是表示第四号库房、第七货区、第六排、第五货位上。

(2)货场货位编号

货场货位编号，一般有两种方法：一是按照货位的排列，变成排号，再在排号内按顺序编号；二是不编排号，采取自左至右和自前至后的方法，按顺序编号。

(3)货架货位编号

在以整件货物进出的仓库里，货架的作用主要是提高库房高度利用率。货架的货位编号一般都是从属于段位编号，只需在段位末尾加注"上"字样，即可按位找货。

在以拆件发零的仓库里，日常备货要存放在货架夹层或格眼内，因此货位编号必须适应不同业务情况，可有三种方法编号。

① 以排为单位的货架货位编号。这种编号方法，就是将库房内所有的货架，以进入库门的方向，自前到后安排编号，继而对每排货架的夹层或格眼，在排的范围内自上而下、从左到右的顺序编号。

② 以品种为单位的货架货位编号。这种编号方法，就是将库房内的货架，以货物的品种划分储存区域后，再以品种占用储存区域的大小，在分区编号的基础上，进行格眼编号。

③ 以货物编号代替货架货位编号。这种编号方法，对于进出频繁的零星货物有很大好处，它可避免两套编号的麻烦，在编号时要掌握货架格眼的大小、多少与存放货物的数量、体积大小相适应。

库房走道、支道及段位编号。库房走道、支道及段位编号方法，仍以进出库门的方向，按左单右双顺序排列。库房中，如遇内外墙相对的走道、支道，其横道应取自左至右的方向，再按左单右双的顺序编号。

第三节 仓储管理作业流程

一、入库作业

(一)货物的入库

货物的入库业务是仓储业务的开始，包括货物的接运、卸货、搬运、清点数量、货物验收、整理、堆码、办理入库手续等一系列的操作过程。它是根据货主提供的货物储存计划和入库凭证安排的，按照规定的程序，仓库进行收货的业务。在收货过程中，仓库要做到手续简便、操作便捷、点数准确、保证质量。按其业务程序可以分为接运、验收和入库交接三个环节。

1. 接运

接运工作是仓库进行货物入库时发生交接的一项工作。它的主要任务是根据到货通知，及时、准确地向有关部门提取入库货物，并为入库保管做好一切准备。接运工作手续要清楚、责任要分明，要避免把一些在入库前发生的货损或错误带入仓库，从而造成责任难分和保管工作中的困难。接运可在车站、码头、仓库或专用线进行，因而可以简单分为到货和提货两种方式。到货形式下，仓库不需组织库外运输。提货形式下，仓库要组织库外运输，除要选择运输路线、确定派车方案外，更要注意物品在回库途中的安全。

2. 验收

(1)货物验收的要求。货物入库验收要求做到及时、准确、负责，也就是要求在尽可能短的时间内，准确的验收货物的质量、数量和包装，以认真负责的态度去对待验收。

(2)货物验收的程序。

第一步，接收并核对单据。

货物验收必须是在各种业务证件和资料齐全的条件下进行，保管员在接收到库的货物时，应先接受的主要单据、凭证包括：存货人提供的入库通知单、仓储合同；存货人或供货单位提供的质量证明书或合格证、装箱单、发货明细表等；如果在接运时已有质量残损或差错，应具有承运人填写的商务记录或普通记录，以及提货员、接货员的交接记录。只有当上述单据、凭证齐全，并经核对无误后方能验收。

第二步，检验实物。

① 数量检验。商品运到后，收货人员要按商品入库单清点商品数量。商品数量的计量分计数和计重两种。计数可采取大数点收、逐件计总，或集中堆码点数等方法。计重的商品若需要验收净重，可根据商品包装的具体情况，采用扣除平均皮重或除皮核实两种方法。皮套或带附件的货物，必须点清主件、附件、零件和工具是否齐全。

② 质量检验。质量检验是鉴定商品的质量指标是否符合规定。质量鉴定分感官鉴定

和理化鉴定两种方法。理化鉴定一般由技术检验部门进行取样测定。感官鉴定一般由仓库保管员在验收商品时凭感官检查商品的包装、外观等。

③ 包装检验。包装对安全运输和储存关系甚大，是仓库验收中必须重点检查的一项内容，尤其是包装有具体规定的，如木箱板的厚度、打包铁皮的箍数，纸箱、麻袋等的质量要求等，仓库必须按规定进行验收。商品的检验方法有全验和抽验两种。全验，主要是数量的全验，在批量小、规格尺寸和包装不整齐以及严格验收时采用。抽验，往往在大批量、规格尺寸和包装尺寸整齐、商品质量信誉较高以及验收条件有限的情况下采用。现在的商品检验方式一般由双方通过签订协议或合同加以规定。

第三步，货物入库。

货物验收完毕后，就需要办理登账、立卡、建档等一系列入库手续。

① 交接手续。交接手续是指仓库对收到的物品向送货人进行的确认，表示已接受物品。办理完毕手续，意味着划清运输、送货部门和仓库的责任。完整的交接手续包括：接受物品、接收文件和签署单证如到接货交接单。

② 登账。货物入库，仓库应建立详细反映货物仓储的明细账，登记物品入库、出库、结存的详细情况，用以记录库存物品动态和入出库过程。

③ 立卡。在人工管理的仓库中，物品入库或上架后，应将物品名称、规格、数量或出入状态等内容填在料卡上，称为立卡。

④ 建档。仓库应为入库的物品建立存货档案，以便物品管理和保持客户联系，也为将来可能发生的争议保留凭据。同时有助于总结和积累仓库保管经验，研究仓库管理规律。

二、货物的保管

(一)维护保养

物流部门要研究影响货物质量变化的因素，制定科学的货物维护保养制度和方法，防止库存货物质量下降，并要随时掌握货物质量变化情况，及时采取适当措施。

1. 仓库商品质量变化的类型

(1)物理变化。主要包括三态变化、串味、渗漏、玷污和干裂。此外商品在外力作用下，还会发生机械变化，使商品破碎、变形、结块、脱散和划伤等。

(2)化学变化。主要包括氧化、分解、锈蚀、风化、燃烧与爆炸和老化等。

(3)生物学变化。主要包括霉变、虫蛀与鼠咬、呼吸作用和后熟作用等。

2. 仓库商品质量变化原因

商品在储存期间，体内不断发生各种各样的运动变化，这些变化都会影响到商品的质量。商品养护就是根据商品储存期间的质量变化规律，采取各种措施防止或减弱商品的质量变化，达到保证商品质量，降低商品损耗，防止商品损失，以利于商品使用的价值实现。

商品储存期间，发生质量变化的因素有两个方面：一是商品本身的自然属性，包括商品的成分、结构及性质,它是影响商品质量变化的内因;二是储存环境,即指大气的温度、湿度、日光、氧气、微生物、虫鼠等,它是影响商品质量变化的外因。

3. 商品养护的基本措施

针对导致商品质量变化的原因,为了更好的做好商品养护工作,在实际储存过程中,应采取一下切实有效的措施。

(1)掌握商品的性能,适当安排储存场所;

(2)严格入库验收;

(3)合理堆垛苫垫;

(4)加强仓库温湿度管理;

(5)坚持在库检查;

(6)开展科学实验研究。

(二)盘点和检查

货物的盘点与检查是及时掌握库存货物的变化情况,避免发生短缺和长期积压,维护货物质量,保证卡、账、物相符的重要手段。盘点检查的内容包括查规格、点数量、查质量、查有无超过保管期或长期积压情况、查保管条件、查安全等。

1. 盘点目的

盘点作业基本目的有以下三点:

(1)查清实际的库存数量,并通过盈亏分析使账面数与实际库存数量保持一致,从而知道企业日常经营业务。

(2)掌握损益。一般来讲,库存金额与库存量及单价成正比,搞清库亏的盈亏原因,以便真实的把握经营绩效,并及时采取防漏措施。

(3)发现库存管理中存在的问题。

2. 盘点作业流程

(1)盘点准备。主要包括人员准备、环境整理、准备好盘点工具、告知顾客、盘点前培训和盘点工作分派等内容。

(2)确定盘点时间。一般情况下,盘点的时间选择在财务决算前或业务不太频繁、存货较少的销售淡季,由于每一次盘点都要消耗大量的人力、物力、财力,因此对一般的企业而言,由于货物周转频率不大,可以半年或一年进行一次货物盘点。

(3)确定盘点方法。一种是账面盘点就是将每种商品分别设立"存货账卡",将每天出入库商品的数量及单价记录在电脑或账簿上,一定期间末计算汇总出账百的库存数量及库存金额。另一种是现货盘点就是实地去仓库清点商品的数量,再依据单价计算出库存金额。

(4)清理储存场所。主要清理工作包括:

① 尚未办理入库手续的商品,不在盘点之列,应予以表明;

② 已办理出库手续的商品,应运到相应的配送区域,不在盘点之列;

③ 账卡、单据、资料均应整理后统一结清;

④ 整理商品堆垛、货架等,使其整齐有序,以便于清点记数。

(5)盘点作业。分为初点作业、复点作业和抽点作业。初点作业主要是第一次的盘点工作。复点作业是在初点作业基础上进行,按照初点盘点表依次检查,把差异填入差异栏。抽点作业可参照复点办法,抽点商品可选择卖场内死角或不易清点的商品,或单价高、金额大的商品,对初点与复点差异较大的商品要加以实地确认。

(6)盘点后处理。处理工作包括核对盘点单据、追查发生盈亏原因、编表与分析和盘点盈亏处理等内容。

三、货物出库

(一)商品出库的基本要求

商品出库必须符合有关规定和要求,其基本要求如下:

(1)出库凭证、手续必须符合要求;

(2)严格遵守仓库有关出库的各项规章制度;

(3)贯彻先进先出,推陈出新的原则;

(4)组织好商品发放工作;

(5)提高服务质量,满足用户要求,保证商品安全出库。

(二)货物出库的基本方法

(1)出库前准备。为了使货物出库迅速、加快物流速度,仓库在出库前应安排好出库的时间和批次。同时做好出库场地、机械设备、装卸工具及人员的安排。

(2)核对出库凭证。仓库发放货物必须有正式的出库凭证。物流保管人员接到发货通知后,经仔细核对,检查无误后方可备货。

(3)备货。物流保管人员按照出库凭证上的要求进行备货。规定发货批次者,按规定批次备货;未定批次的,按先进先出的原则备货。

(4)复核。为防止差错,备好货后必须再度与出库凭证核对出库货物的名称、规格、数量等,以保证出库的准确性。

(5)点交。货物复核无误后即可出库。发货时应把货物直接点交给提货人,办清交接手续。若是代运,则需向负责包装和运输的部门点交清楚。

(三)商品出库程序

出库作业程序是保证出库工作顺利进行的基本保证,为防止出库工作失误,在进行出库作业时必须严格履行规定的出库业务工作程序,使出库有序进行。商品出库的程序包括出库前准备、审核出库凭证、出库信息处理、拣货、分货、包装、刷唛和点交清理工作。

(1)出库前准备。通常情况下,仓库调度在商品出库的前一天,接到送来的提货单后，应按去向、船名、关单等分理和复核提货单，及时正确的编制好有关班组的出库任务单，配车吨位，机械设备等，分别送给机械班和保管员或收、发、理货员，以便做好出库准备工作。

(2)审核出库凭证。审核出库凭证的合法性、真实性；手续是否齐全，内容是否完整；核对出库商品的品名、型号、规格、单价、数量；核对收货单位、到站、开户行和账号是否齐全和准确。

(3)出库信息处理。出库凭证经审核确实无误后，将出库凭证信息进行处理。

(4)拣货。依据客户的订货要求或仓储配送中心的送货计划，尽可能迅速地将商品从其储存位置或其他区域拣取出来的作业过程。拣取过程可以分为人工拣货、机械拣货和半自动与全自动拣货。

(5)分货。也称为配货作业。根据订单或配送路线等的不同组合方式进行货物分类工作，即分货。分货方式主要有人工分货和自动分类机分货两种。

(6)出货检查。为了保证出库商品不出差错，配好货后企业应立即进行出货检查。将货品一个个点数并逐一核对出货单，进而查验出货物的数量、品质及状态情况。

(7)包装。出库商品包装主要分为个装、内装和外装三种类型。包装根据商品外形特点、重量和尺寸，选用适宜包装材料，应便于装卸搬运。

(8)刷唛。包装完毕后，要在外包装上写清收货单位、收货人、到站、本批商品的总包装件数、发货单位等。字迹要清晰，书写要准确。

(9)点交。出库商品无论是要货单位自提，还是交付运输部门发送，发货人员必须向收货人或运输人员按车逐渐交代清楚，划清责任。

(10)登账。点交后，保管员应在出库单上填写实发数、发货日期等内容并签名。然后将出库单同有关证件及时交货主。以便货主办理结算手续。保管员根据留存一联出库凭证登记实物储存的细账，做好随发随记，日清月结，账面金额与实际库存和卡片相符。

第四节　仓储绩效评价

一、仓储绩效评价指标体系

仓储绩效评价指标体系是反应仓库生产成果及仓库经营状况的各项指标的总和。指标的种类根据经营性质的不同而有繁有简。以下介绍几个主要指标。

(一)资源利用程度方面的指标

$$\text{仓库面积利用率}=\frac{\text{仓库可利用面积}}{\text{仓库建筑面积}}\times 100\%$$

$$\text{仓容利用率}=\frac{\text{库存商品实际数量或容积}}{\text{仓库应存数量或容积}}\times 100\%$$

$$设备完好率=\frac{期内设备完好台日数}{同期设备总台日数}\times100\%$$

$$设备利用率=\frac{全部设备实际工作时数}{同期设备日历工作时数}\times100\%$$

$$设备工作日利用率=\frac{计划期内设备实际工作天数}{计划期内计划工作天数}\times100\%$$

$$工时利用率=\frac{设备每日实际工作时间}{设备每日计划工作时间}\times100\%$$

$$设备作业能力利用率=\frac{计划期内设备作业能力}{计划期内设备技术作业能力}\times100\%$$

$$资金利润率=\frac{利润总额}{(固定资产平均占用额+流动资金平均占用额)}\times100\%$$

$$全员劳动生产率=\frac{利润总额}{同期平均全员人数}\times100\%$$

(二)服务水平方面的指标

$$客户满意程度=\frac{满足客户要求数量}{客户要求数量}\times100\%$$

$$缺货率=\frac{缺货次数}{客户订货次数}\times100\%$$

$$准时交货率=\frac{准时交货次数}{总交货次数}\times100\%$$

$$货损货差赔偿费率=\frac{货损货差赔偿费总额}{同期业务收入总额}\times100\%$$

(三)能力与质量方面的指标

$$计划期货物吞吐量=计划期货物总进库量+计划期货物总出库量+计划期货物直拨量$$

$$账货相符率=\frac{账货相符笔数}{库存货物总笔数}\times100\%$$

$$进、发货准确率=\frac{(期内货物吞吐量-进、发货差错总量)}{期内货物吞吐量}\times100\%$$

$$商品缺损率=\frac{期内商品缺损量}{期内库存商品总量}\times100\%$$

$$平均储存费用=\frac{每月储存费用总额}{每月储存物资价值总额}\times100\%$$

二、仓储绩效考核原则

为了保证仓储绩效评价真正发挥作用,指标体系的科学制订和严格实施和管理非常重要。仓储绩效考核指标制订应遵循的原则如下：

(1)科学性。要求所设计的指标体系能够客观地、如实地反应仓储生产的所有环节和活动要素。

(2)可行性。要求所设计的指标便于工作人员掌握和运用，数据容易获得，便于统计计算，便于分析比较。

(3)协调性。要求各项指标之间相互联系、互相制约，但是不能相互矛盾和重复。

(4)可比性。在对指标的分析过程中很重要的是对指标进行比较，如实际完成与计划相比、现在与过去相比等，所以可比性原则要求指标在期间、内容等方面要一致，使指标具有可比性。

(5)稳定性。要求指标一旦确定之后，应在一定时期内保持相对稳定，不宜经常变动、频繁修改。在执行一定时间后，经过总结再进行改进和完善。

三、仓储绩效考核指标分析方法

(一)指标分析

利用绩效考核指标体系的统计数据对指标因素的变动趋势、原因等进行分析是一种比较传统的分析方法，仓库在使用这类方法时，必须注意问题是：

(1)指标本身必须是正确的；

(2)在进行指标比较时，必须注意指标的可比性；

(3)对指标应进行全面的分析，不能以偏概全；

(4)在分析差距，查找原因的过程中，将影响指标变动的因素分类，并在生产技术因素、生产组织因素和经营管理因素中找出主要因素；

(5)一定要正确运用每项指标的计算公式。

指标分析法中包括对比分析法、因素分析法、平衡分析法和巴雷特图法。

(1)对比分析法。将两个或两个以上的内在联系的、可比的指标进行对比，从对比中寻差距、查原因。对比分析法是指标分析法中使用最普遍、最简单和最有效的方法。

(2)因素分析法。用来分析影响指标变化的各个因素以及它们对指标各自的影响程度。基本做法是，假定影响指标变化的诸多因素之中，在分析某一因素变动对总指标变动的影响时，假定只有这一因素在变动，而其余因素都必须是同度量因素，然后逐个进行替代某一项因素单独变化，从而得到每项因素对该指标的影响程度。在采用因素分析法时，应注意各因素按合理的顺序排列，并注意前后因素按合乎逻辑的衔接原则处理。如果顺序改变，各因素变动影响程度之积虽仍等于总指标的变动数，但各因素的影响的值就会发生变化，得出无用的答案。

(3)平衡分析法。平衡分析法是利用各项具有平衡关系的经济指标之间的依存情况来测定各项指标对经济指标变动的影响程度的一种分析方法。

(4)巴雷特图法。基于19世纪经济学家的工作而形成的方法。操作简单却能找到问题及其解决的途径,仓库也可以通过这种方法寻找影响仓库服务质量,或作业效率等方面的主要原因。

第五节　物流仓储管理实训

一、仓储企业调研实训及要求

分组到周边的仓储企业开展调研,就以下问题写出调研报告,并由各组代表制作成幻灯片进行公开汇报交流。(1)仓储企业所属类型;(2)仓储企业组织结构、人员分工、工作职责、人员素质要求;(3)仓储企业的业务流程;(4)仓储企业的设施与设备。

二、仓储企业调查问卷设计训练

技能训练要求

为某一仓储企业设计一份调查问卷,了解顾客对仓储服务的需求信息。设计调查问卷内容;写出一份市场调查分析报告。

需了解的基本情况如下:

(1)货品情况:

① 货品具有什么性质、特点(易燃、易爆、易碎、易受伤害、易受潮等)。

② 货品包装情况(纸箱、桶装、托盘等)。

③ 单件货物质量及体积。

④ 共有多少品种及规格?

(2)仓储要求:

① 所要储存的货量有多大?需要多大面积的仓库?

② 所要的仓库对地理位置有何要求?

③ 对库房结构、雨篷、照明有无特殊要求?

④ 在发货时,是否需要对整箱包装,还是拆零分发?

⑤ 在出货原则上,是否严格要求先进先出?

⑥ 盘点有何要求(盘点频率、盘点方法)?

⑦ 是否需要贴标签、改包装、条形码扫描等延伸性服务?

三、仓储业务流程实训

(一)入库操作流程实训

入库操作流程实训如图5-1所示。

流程一:货物入库准备

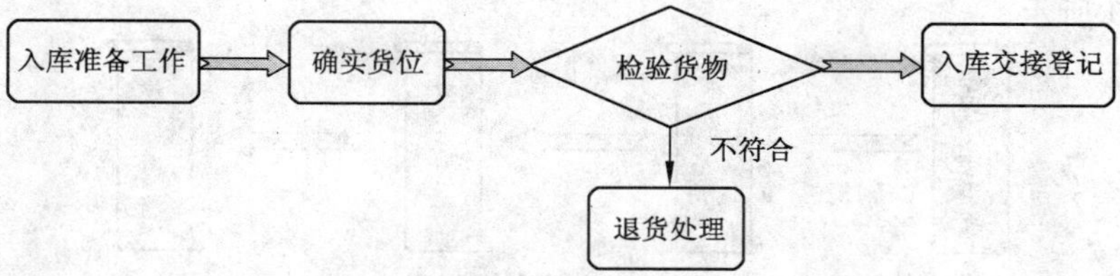

图 5-1 入库流程

入库管理员应根据仓储合同或者入库单、入库计划,及时地进行库场准备,以便货物按时入库,保证入库过程顺利进行,工作流程如图 5-2 所示。

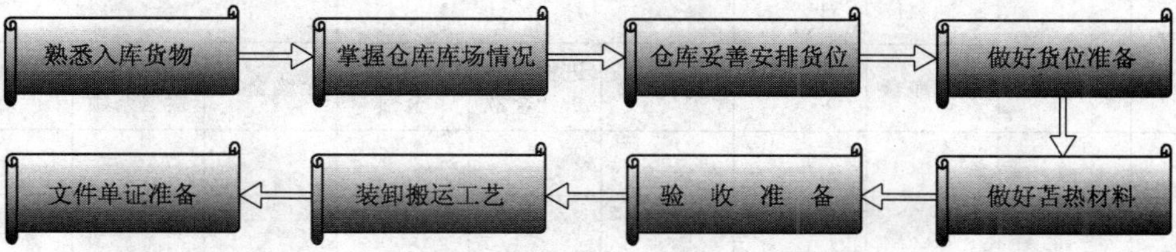

图 5-2 入库准备工作流程

流程二:确定货位

为了使仓库管理有序、操作规范、存货位置能准确表示,入库管理员应根据结构、功能,按照一定要求将仓库货位划分编号以便区别。可以利用三种货位管理方法:

(1)固定货物的货位。货位只用于存放确定的货物,严格的区分使用,决不混用、串用。

(2)不固定货物的货位。任意存放在有空的货位上,不加分类。

(3)分类固定货物的货位。对货位分区、分片,同一区内只存放一类货物,但在同一区内的货位则采用不固定使用的方式。

流程三:货物入库检验

货物的检验包括数量和质量检验。货物检验的标准为:

(1)视觉检验。利用视力观察货物的状态、颜色、结构等表面状况。

(2)听觉检验。通过搬运、摇动、敲击等听取声音判断质量。

(3)触觉检验。利用手感鉴定货物的细度、光滑度、粘度、柔软度判断质量。

(4)嗅觉、味觉检验。通过气味、滋味测定,判定质量。

(5)测试仪器检验。利用各种专业测试仪器进行货物质量测定。

(6)运行检验。对货物进行运行操作来检查。

流程四:货物入库交接和登记

入库货物经过点数、查验之后,可以安排卸货、入库堆码,表示仓库接受货物。在卸货、搬运、堆垛作业完成后,入库管理员应立即与送货人办理交接手续,并建立仓库台账。工作流程如图 5-3 所示。

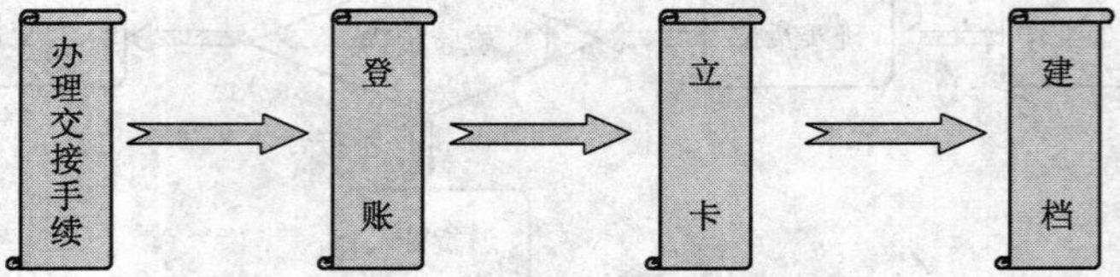

图 5-3　交接登记流程

(二)入库表单样本

(1)进货日报单,如表 5-4 所示。

表 5-4　进货日报表

供应商编号	供应商	日计		月计			余额		
		进货净额	收支金额	进货金额	进货退货折让金额	净进货金额	余购金额	未结清票据余额	总债务余额

(2)验收交接单,如表 5-5 所示。

表 5-5　入库验收单

订购单编号:

编号	品名、型号、规格(配置)	数量	单价	总价
是否分批交货		金额总计		
检查	抽样　% 不良;全数　个不良	验收结果	验收人	
总经理	主管	制单		

(3)滞料(成品)处理催办单,如表 5-6 所示。

表 5-6 滞料(成品)催办单

第 次 年 月 日 NO.

<table>
<tr><td colspan="2">交办单编号</td><td colspan="2"></td><td rowspan="4">催办事项</td><td colspan="3" rowspan="4"></td></tr>
<tr><td colspan="2">经办部门</td><td colspan="2"></td></tr>
<tr><td colspan="2">原预定完成日期</td><td colspan="2">月 日</td></tr>
<tr><td colspan="2">拟延期完成日期</td><td colspan="2">月 日</td></tr>
<tr><td>逾期原因</td><td colspan="3"></td><td>处理对象</td><td colspan="3"></td></tr>
<tr><td>主管</td><td></td><td>催办</td><td></td><td>主管</td><td></td><td>经办</td><td></td></tr>
<tr><td></td><td></td><td></td><td></td><td></td><td></td><td></td><td></td></tr>
</table>

技能演练

对一个仓库开展一次盘点活动,活动结束后就以下问题进行交流。(1)有哪些准备工作?(2)所采用的盘点方式。(3)盘点过程的描述。(4)盘点中遇到哪些问题?是怎样处理的?

知识拓展

仓储主管的职责范围

主要负责安排库房各岗位人员的日常工作,保证货物进、出库有序、准确、准时;合理安排货位,做到货物码放整洁、清晰、便于操作,确保库容最大化利用;通过加强各项管理,提高提货客人的满意度,积极维护与库房相关单位的公共关系,确保突发(或困难)问题的及时、顺利解决;积极寻找有效方法,提高库房各项资源的利用率,降低单位成本;积极寻找改善各项操作规程、管理工具的方法,使公司的服务更趋合理完善;与财务部定期进行对账,对下属进行必要的岗位知识培训,同时对其工作进行激励及评估。

本章小结

本章主要对仓储管理的操作流程进行描述,对于出入库和储存保管工作进行详细的业务流程分析。要求学生深入企业了解具体工作的业务内容，掌握仓储管理的规律和方法。

自我测试

一、选择题

1. 关于仓库流量计算公式正确的是(　　)。

A. 仓库流量＝入库货量/出库货量编

B. 仓库流量＝出库货量/入库货量＋出库货量

C. 仓库流量＝(入库货量＋出库货量)/存货量

D. 仓库流量＝(入库货量＋出库货量)/(入库货量十出库货量＋存货量)

2. 货品如何处理、如何放置的决定性因素是(　　)。

A. 货位分配原则　B. 储存策略　C. 机械设备的作业能力　D. 仓库的面积

3. 指标分析法中使用最普遍、最简单和最有效的方法是(　　)。

A. 对比分析法　B. 因素分析法　C. 平衡分析法　D. 帕累托图法

4. 仓储管理的目标中除了空间利用率最大化以外还应包括目标有(　　)。

A. 人员及设备的有效使用　B. 所有货品都能随时存取

C. 货品的有效移动　D. 保证货品的品质

E. 良好的管理

5. 仓储系统的主要构成要素包括(　　)。

A. 储存空间　B. 货品　C. 数量　D. 人员　E. 设备

6. 影响储存空间的主要因素有(　　)。

A. 作业　B. 使用面积　C. 人员　D. 货品　E. 设备

7. 储存场所的空间布局形式有(　　)。

A. 就地堆码　B. 上货架存放　C. 架上平台存放　D. 空中悬挂

E. 散堆

8. 仓储绩效考核指标制定应遵循的原则包括(　　)。

A. 科学性　B. 可行性　C. 协调性　D. 可比性　E. 稳定性

9. 绩效指标分析的基本工具有(　　)。

A. 指标分析　B. 程序分析　C. 成本分析　D. 对比分析　E. 因素分析

10. 下列方法中属于对比分析法中常用的对比方法有(　　)。

A. 计划完成情况的对比分析　B. 纵向动态对比分析

C. 横向类比分析　D. 结构对比分析

E. 成本因素分析

二、判断题

1. 仓储管理的目标可以概括为使仓库空间利用与库存货品的处置成本之间实现平衡。 (　　)

2. 货品具有供应商、货品特性、数量和进货规定四个特征。 (　　)

3. 仓储系统的主要构成要素包括储存空间、货架、人员及设备等要素。 (　　)

4. 规模极大的仓库中，人员分工比较细，可能包括仓管人员、搬运人员、理货拣货和补货人员等。仓管人员负责盘点作业，拣货人员负责拣货作业，补货人员负责补货作业，搬运人员负责入库、出库搬运作业、翻堆作业。 (　　)

5. 仓储系统中的设备只是指储存设备。 (　　)

6. 在选择搬运与输送设备时，需考虑货品特性、货品的单位、容器、托盘等因素，以及作业流程与状况、货位空间的配置等，同时还要考虑设备成本与使用操作的方便性。 (　　)

7. 储存货品的空间叫做储存空间，储存是仓库的核心功能和关键环节，储存区域规划合理与否直接影响到仓库的作业效率和储存能力。 (　　)

8. 储存空间指的是仓库中所有的空间。 (　　)

9. 作业空间指为了作业活动顺利进行所必备的空间，如作业通道、货品之间的安全间隙等。 (　　)

10. 在规划仓库布局的过程中，必须在空间、人力、设备等因素之间进行权衡比较。宽敞的空间总是有利的。 (　　)

复习思考

1. 仓储管理工作的核心是什么？
2. 仓储绩效指标评价各方法如何对实际工作进行评价？
3. 仓库规划合理化应思考哪些问题？

第六章 库 存 管 理

知识目标

1. 了解库存管理目的和意义
2. 理解库存管理的业务和方法
3. 理解零库存实现的方法
4. 掌握库存控制的方法的运用

技能目标

运用库存控制方法进行库存控制管理实践

引导案例

零库存硬币的两面

零库存会降低成本，但是这部分降低的成本并不会凭空消失，而是会转嫁到其他方面。零库存只是手段，而不是目标。

硬币正面：丰田汽车装配线确实可以做到生产环节的零库存，但除了本身先进有效的管理手段和方式之外，它的上百家零配件供应商不是将配套厂设在其周围，就是有原材料仓库安排在丰田厂的四周，零库存是基于“零”距离供应之上的。同样，Dell 计算机公司可以做到没有原材料库存，因为通过“供应商管理库存”(Vendor Management Inventory，VMI)的方式，计算机的零部件都以供应商的名义放在由第三方物流公司管理的仓库之中。Dell 的产成品一定是零库存的，因为当你通过电话或网络下达订单的时候，Dell 的客户服务人员会告诉你大约需一周的交货时间。产成品的零库存除了 Dell 引以为豪的供应链系统之外，也是基于非现货交易来实现的。

硬币反面：丰田汽车起码目前还不会说产成品也力求做到零库存，国外的消费者可不会像国内的爱车族那样先把钱交了，再等上几个月来提车，因为还有更多的汽车在通用或福特的分销商那儿等您开走呢。当然,不管生产系统多么柔性,要等到客户下达的订单数足够凑足装配线的最低批量要求,也决不会是几周的时间。再让我们看看网络经济的典范——亚马逊网上商店。根据其业务模式,网上交易根据每个客户的订货进行采购和配送,因而能将库存降为零,但事实上为了达到一定的产品交付时间,亚马逊公司在全美建立多个大型的货物配送中心(委托专业的第三方物流公司管理),根据其年报,2000 年第二和第三季度的库存分别达到 1.7236 亿美元和 1.6388 亿美元。

思考:

如果企业能够在不同的环节实施零库存管理的话,其效益是显而易见的。那么,企业零库存的实现,在取得以上效益和竞争优势的同时,是否亦存在实施上的难点和管理上的成本呢?

第一节 库存管理及其内容

一、库存及库存管理

(一)库存及其分类

库存是指处于储存状态的物品或商品。库存与保管概念的差别在于前者是从物流管理的角度出发强调合理化和经济性,后者是从物流作业的角度出发强调效率化。库存具有整合需求和供给,维持各项活动顺畅进行的功能。

库存按性质可以分为储备库存和周转库存。

储备库存是为防止意外而储备的库存,平时不动用,到出现灾害、战争或意外事故时才动用。这种库存要保质保量、长期足额储存。这种库存不存在库存控制问题,完全可以看成仓储管理问题。

周转库存是为了生产或流通的进行、在生产或流通的各个环节上暂存待用的临时性储备,它们不断地投入生产和销售,又不断地补充进来。这种库存是保证生产和流通顺利进行的条件,但又占用流动资金、增加成本,因此要进行库存量的合理控制。

库存按所处领域可分为生产库存和流通库存。前者是指处在生产过程中为生产的各个环节顺利进行提供物资准备的库存,包括原材料库存、零配件库存、在制品库存等。后者是指处在流通过程中准备用于批发、零售等销售的库存,主要包括生产企业的成品库存、流通企业的批发库存、零售库存等。

(二)库存的二重性

库存具有二重性。一方面,库存是生产和生活的前提条件。例如,企业在销售阶段,为了及时满足顾客的要求,避免发生缺货或延期交货现象,需要有一定的成品库存。在采购生产阶段,为了保证生产过程的连续性,需要有一定的原材料、零部件的库存。另一方面,库存又是生产和生活的负担。库存要占用资金,发生库存维持费用,并存在库存积压和库存损失。因此库存既要防止缺货、避免库存不足,又要防止库存过量,避免发生大量不必要的库存费用。

(三)库存管理的概念

库存管理是根据外界对库存的要求,企业订购的特点,预测、计划和执行一种补充库存的行为,并对这种行为进行控制,重点在于确定如何订货,订购多少,何时订货。

库存管理基于两点考虑。一是用户服务水平,即在正确的地点、正确的时间,有足够数量的合适物品。另一个则是订货成本与库存持有成本。

库存管理的宗旨是在满足顾客服务要求的前提下通过对企业的库存水平进行控制,力求尽可能降低库存水平、提高物流系统的效率,以强化企业的竞争力。

库存管理的核心是库存控制,其重点是对周转库存的控制。因为周转库存,或者处在生产企业,或者处在流通企业,这两种企业都是通过向社会提供自己的产品或服务来获取利润求得生存和发展的。成本和效率问题是他们获得利润最关键的问题。周转库存正是企业成本效率问题中最重要的一环。周转库存对于企业的意义,完全在于它能够满足生产或流通对于物资产品的需要上。而这种满足必须是适量、适时的。因为市场是瞬息万变的。超时过量的库存,占用了企业的资金,不但造成企业资金的困难,影响正常的经营活动的开展,而且要花费资金的使用成本——银行利息;增加保管费用,如仓库租金、保管人员工资、耗费保管用具用料、水电费、办公费等;增加库存风险和库存损耗。库存物资有可能过时淘汰,变成死库存,当作积压品或废品处理,这是风险损失。即使没有风险,库存物资在保管过程中也有可能出现损坏、变质而造成损失,这是正常的保管损失。

二、库存管理的内容

(一)库存编码管理

所谓库存编码,就是在对库存物资的品种、类别、规格、性能等进行调查统计整理的基础上,形成物资类别品种体系,并进行系统化的统一编码标识的工作。

最基本的物资编码是组合序列码,用 0、1、2、3、4、5、6、7、8、9 共 10 个数字,有必要的话还加上 A、B、C、D 等 26 个英文字母按大类、小类、品种、规格等层次结构、每一层又按顺序序列依次编号形成的编码。这种编码的好处是简单方便,而且具有可扩充性,比较适合一般的计算机信息管理系统进行查询和统计。物资编码建立起来以后,自然也就形成了库存物资品种类别的完整体系,用它就可以做到品种类别的管理。

物资的另一种编码,就是条形码。条形码实际上是组合序列码的物理化和电子化的表现形式。其原理还是组合序列码,但不是数字显示,而是不同宽度的线条组合。用不同宽度的线条来表示数字。这种宽度的差别,用肉眼难以识别,但是能用专用的光电识别器很方便地识别。而且光电识别器能够把识别的信号变成电信号直接输入计算机,非常方便快捷、准确率高。

(二)库存分类管理

要对库存进行有效的管理和控制,首先要对存货进行分类,常用的存货分类方法有ABC分类法和CVA分类法。

1. ABC分类法

ABC分类法又称重点管理法或ABC分析法。它是一种从名目众多、错综复杂的客观事物或经济现象中,通过分析,找出主次,分类排队,并根据其不同情况分别加以管理的方法。该方法是根据巴雷特曲线所揭示的"关键的少数和次要的多数"的规律在管理中加以应用的。建立在ABC分类基础上的库存管理策略,如表6-1所示。

表6-1 不同类型库存的管理策略

库存类型	特 点	管 理 方 法
A	品种数约占库存总数的15%,成本约占70%~80%	进行重点管理。现场管理要更加严格,应放在更安全的地方;为了保持库存纪录的准确要经常进行检查和盘点;预测时要更加仔细
B	品种数约占库存总数的30%,成本约占15%~25%	进行次重点管理。现场管理不必投入比A类更多的精力;库存检查和盘点的周期可以比A类要长一些
C	成本也许只占成本的5%,但品种数量或许是库存总数的55%	只进行一般管理。现场管理可以更粗放一些;但是由于品种多,差错出现的可能性也比较大,因此也必须定期进行库存检查和盘点,周期可以比B类长一些

ABC分类管理的应用,在库存管理中比较容易地取得以下成效:一是压缩了总库存量;二是解放了被占压的资金;三是使库存结构合理化;四是节约了管理力量。

ABC管理法的理论基础是:

社会上任何复杂事物,都存在着"关键的少数和一般的多数"这样一种规律。事物越是复杂,这一规律就越是显著。这个认识与辩证法中关于主要矛盾的认识是合拍的。"关键的少数和一般的多数"是普遍存在的,可以说是比比皆是。例如:在社会结构上,一人领导多数人;在一个集体中,少数人起左右局势的作用;在市场上,少数人进行大量购买,几百种商品中,少数商品是大量生产的。在销售活动中,少数销售人员的销售量占绝大部分;在工厂方面,少数品种占生产量的大部分;在成千上万种库存物品中,少数几种库存量占大部分,少数几种占用了大部分资金;在影响质量的许多原因中,少数几个原因带来大的损失。

可以做出这样归纳,一个系统中,少数事物具有决定性影响。相反,其余的绝大部分事物却不太有影响。很明显,如果将有限的力量主要(重点)用于解决这具有决定性影响的少数事物上,和将有限力量平均分摊在全部事物上,两者比较,当然是前者可以取得较好的成效,而后者成效较差。ABC分类管理即是在这一思想的指导下,通过分析,将"关键的少数"找出来,并确定与之适应的管理方法,这就形成了要进行重点管理的A类、次重点管理的B类和一般管理的C类,且能够以"1倍的努力取得7~8倍的效果"。

2. CVA管理法

ABC分析法也有其缺陷:C类物资往往得不到应有的重视。例如,经销鞋的企业会把鞋带列入C类物资,但是如果鞋带缺货将会严重影响鞋的销售。一个汽车制造厂会把螺丝列入C类物资,但缺少一个螺丝往往导致整个装配线的停工。因此,有些企业借用军事上的一种方法:关键因素分析法,简写为CVA。

CVA的基本思想是把存货按照关键性分成3~5类,例如:

(1)最高优先级。这是经营的关键性物资,不允许缺货;

(2)较高优先级。这是指经营活动中的基础性物资,但允许偶尔缺货;

(3)中等优先级。这多属于比较重要的物资,允许合理范围内的缺货;

(4)较低优先级。经营中需用这些物资,但可替代性高,允许缺货。

CVA管理法比起ABC分类法有着更强的目的性。在使用中要注意,人们往往倾向于制定高的优先级,结果高优先级的物资种类很多,最终哪种物资也得不到应有的重视。CVA管理法和ABC分析法结合使用,可以达到分清主次、抓住关键环节的目的。在对成千上万种物资进行优先级分类时,也不得不借用ABC分类法进行归类。

(三)库存业务管理

库存业务,当然是指仓库中的物资进、出、存的业务。从经营者的角度看,库存业务就是一种经营业务,是通过库存来进行经营的业务。例如一个商店,就是从事购进物资、储存起来并进行销售的典型经营业务。强调经营,主要是要讲究效益和成本,讲究通过科学管理来获取利润。也只有从这个角度出发,我们才可能认真研究库存业务,管理库存业务。

1. 库存经营过程

一个完整的物资库存经营过程,包括以下四个过程:

(1)订货过程。所谓订货过程,是指从发出订货单之日起,到出差去参加订货并且订货成交为止所经历的过程。它是一个商流过程,即通过订货成交、签订合同、支付货款,从而取得了物资的所有权。经过订货处理,公司在名义上的库存量将增加。

(2)进货过程。所谓进货过程,是指从订货成交之日起,到把货物从对方仓库运到自己仓库并将货物入库为止的过程。它是一个物流过程。通过进货过程,自己仓库的库存量会实实在在地增加。

(3)保管过程。所谓保管过程,是指从货物入库之日起,到该货物出库之日为止的时间间隔。这个过程也是一个物流过程。保管过程不会使仓库库存量发生变化(不考虑库存损失)。

(4)销售出库过程。所谓销售出库过程,是指从货物点交到货物出库发运为止的过程。它是一个商流过程,也是一个物流过程。通过销售出库过程,物资库存量无论在名义上还是在实际上都会减少。

以上四个过程，总起来说，就是物资的进、出、存过程，或者叫做进、销、存过程。由以上四个过程可以看出，订货进货过程使库存量增加，而销售过程使库存量减少。而保管过程库存量保持不变。所以为了进行库存量的控制，既可以控制销售过程，也可以控制订货进货过程。而控制销售过程意味着控制人们的消费，这是不受欢迎的，除非是紧缺物资，一般不会选择这样的控制方式。在市场经济下，一般选择根据人们的需要情况来控制订货进货过程，从而达到对库存量实行控制的目的。

2. 经营方式

在库存控制理论中，把经营者的经营方式分成三种：

(1)不允许缺货。就是用户的所有需求都能由仓库实行现货供应，不能缺货。不允许缺货，就意味着整个物资供应期间，库存量不能等于或小于零。对生产企业来说，缺货就会造成停产。

(2)可以缺货。即允许不保证对用户的现货供应。用户来买货，仓库中有现货，就供应，没有现货就不供应，不会实行欠帐供应。缺货，意味着整个物资供应期间，库存量可以等于零，比如商店，顾客来买货，商店有货就卖，没有货就不卖。

(3)实行补货。所谓补货，就是当用户来买货时，仓库中没有现货供应，但是却不丧失这次销售，而是实行欠账供应，答应马上进货，待进货后马上予以补货。补货，就意味着整个物资供应期间，库存量能够等于零也能够小于零，也就是仓库里有现货就供应用户，没有现货也供应，实行欠账供应，并采取赶紧进货的措施，待进货后再补货给用户，消除所欠的账。这种经营模式，是一些精明的企业所喜欢采用的模式。

这三种经营方式，其进货方式不外乎以下两种：

(1)瞬时到货方式。即将一次所订货物一次全部到货补充库存，进货过程不需要花时间(或可忽略)，也就是即订即到，一次到货。

(2)非瞬时到货。是指一次所订货物按一定的进货速率逐渐进货，整个订货进货过程需要持续一段时间。

(四)库存控制管理

在保障供应的前提下，使库存物品的数量最少所进行管理的技术经济措施。

库存控制是对库存据点设置及其所存物品的数量和质量管理、调整与确定所采取的技术措施。其主要功能是：

(1)防止断档。缩短从接受订单到送达物品的时间，以保证优质服务，同时又要防止脱销。

(2)保证适当的库存量，节约库存费用。

(3)降低物流成本。用适当的时间间隔补充与需求量相适的物品量以降低物流成本，消除或避免销售波动的影响。

(4)保证生产的计划性、平稳性以消除或避免销售波动的影响。

(5)储备功能。在价格下降时大量储存,减少损失,以满足应急之所需。

三、零库存及其实现方式

(一)零库存的含义

在生产与流通领域按照JIT组织物资供应,使整个过程库存最小化的技术的总称。

零库存是一种特殊的库存概念,它并不是以仓库储存形式的某种或某些物品的储存数量真正为零,而是通过实施特定的库存控制策略,实现库存量的最小化。这样,就可以大幅度减少甚至免去仓库存货的一系列问题,如仓库建设、管理费用、存货维护、保管、装卸、搬运等费用,存货占用流动资金及库存物的老化、损失、变质等问题。

(二)零库存的实现方式

零库存是对某个具体企业、具体商店、车间而言,是在有充分社会储备保障前提下的一种特殊库存,其具体的实现形式主要有:

1. 准时供应

依靠有效的衔接和计划达到工位之间、供应与生产之间协调,从而实现零库存。

准时方式是广泛采用、灵活性较强、较易实现的零库存方式。

2. 看板方式

准时方式中一种简单有效的方式,也称"传票卡制度"或"卡片"制度,由日本丰田公司首先采用。在企业的各工序之间,或在企业之间,或在生产企业与供应者之间,采用固定格式的卡片为凭证,由下一环节根据自己的节奏,逆生产流程方向,向上一环节指定供应,从而协调关系,做到准时同步。采用看板方式,有可能使供应库存实现零库存。

3. 水龙头方式

一种像拧开自来水管的水龙头就可以取水而无需自己保有库存的零库存形式,由日本索尼公司首先采用。

水龙头方式经过一定时间的演进,已发展成即时供应制度,客户可以随时提出购入要求,采取需要多少就购入多少的方式,供货者以自己的库存和有效供应系统承担即时供应的责任,从而使客户实现零库存。适于这种供应形式实现零库存的物资,主要是工具及标准件。

4. 无库存储备

国家战略储备的物资,往往是重要物资,战略储备在关键时刻可以发挥巨大作用,所以几乎所有国家都要有各种名义的战略储备。由于战备储备的重要,一般这种储备都保存在条件良好的仓库中,以防止其损失,延长其保存年限。因而,实现零库存几乎是不可想象的事。无库存储备,是仍然保持储备,但不采取库存形式,以此达到零库存。有些国家将不易损失的铝这种战备物资做为隔音墙、路障等储备起来,以备万一,在仓库中不再保有库存就是一例。

5. 协作分包方式

主要是制造企业的一种产业结构形式，以若干企业的柔性生产准时供应，使主企业的供应库存为零；同时主企业的集中销售库存使若干分包劳务及销售企业的销售库存为零。

在经济发达国家，制造企业都是以一家规模很大的主企业和数以千百计的小型分包企业组成一个金字塔形结构。主企业主要负责装配和产品开拓市场的指导，分包企业各自分包劳务、分包零部件制造、分包供应和分包销售。例如分包零部件制造的企业，可采取各种生产形式和库存调节形式，以保证按主企业的生产速率，按指定时间送货到主企业，从而使主企业不再设一级库存，达到零库存的目的。主企业的产品（如家用电器、汽车等）也分包给若干推销人或商店销售，可通过配额、随供等形式，以主企业集中的产品库存满足各分包者的销售，使分包者实现零库存。

6. 轮动方式

也称同步方式，是在对系统进行周密设计前提下，使各环节速率完全协调，从而根本取消甚至是工位之间暂时停滞的一种零库存、零储备形式。轮动方式是在传送带式生产基础上，进行更大规模延伸形成的一种使生产与材料供应同步进行，通过传送系统供应从而实现零库存的形式。如果说准时供应系统主要依靠“软件”的话，那么轮动方式则在很大程度上靠“硬件”。

7. 委托保管方式

接受客户的委托，由受托方代存代管所有权属于客户的物资，从而使客户不再保有库存，甚至可不再保有保险储备库存，从而实现零库存。

这种零库存形式的优势在于：受委托方利用其专业的优势，可以实现较高水平和较低费用的库存管理，客户不再设库，同时减去了仓库及库存管理的大量事务，集中力量于生产经营。但是，这种零库存方式主要是靠库存转移实现的，并不一定使库存总量降低。

8. 配送方式

综合运用上述若干方式，采取配送制度保证供应，从而使客户实现零库存。

第二节 库存控制管理

一、库存成本的构成

库存成本是整个物流成本一个主要的组成部分。库存成本主要由以下几种成本构成：

（一）库存持有成本

库存持有成本是指为保持库存而发生的成本，它可以分为固定成本和变动成本。固定成本与库存数量的多少无关，如仓库折旧、仓库职工的固定月工资等；变动成本与库存数量的多少有关，如库存占用资金的应计利息、破损和变质损失、安全费用等。变动成本主要包括以下四项成本：资金占用成本、存储空间成本、库存服务成本和库存风险成本。

(1)资金占用成本。资金占用成本有时也称为利息成本或机会成本,是库存资本的隐含价值。一般来说,资金占用成本是库存持有成本的一个最大组成部分,通常用持有库存的货币价值的百分比来表示。

(2)存储空间成本。这项成本包括与商品运入、运出仓库有关的搬运成本以及储存中发生的成本,如租赁、取暖、照明等。

(3)库存服务成本。这项成本主要指安全及税金。

(4)库存风险成本。库存风险成本反映了由于企业无法控制的原因,造成的库存贬值。

(二)订购成本

订购成本是指企业向外部的供应商发出采购订单的成本,是企业为了实现一次订购而进行的各种活动费用的总和。订购成本中的一部分与订购次数无关,如常设采购机构的基本开支等,称为订购的固定成本,另一部分与订购次数无关,如差旅费、邮资等,称为订购的变动成本。

(三)缺货成本

缺货,就是当用户来买货时,仓库因为没有现货供应而丧失了这次销售机会,这种现象就叫缺货。缺货,会造成缺货损失,也就是缺货费用。缺货费用对不同的对象是不同的。

对仓库来说,轻则丧失了销售机会,因而丧失了销售赢利的机会,重则误了合同,遭受罚款,更重则失去了用户,失去竞争能力,从而失去市场。对用户来说,轻则多花些差旅费到别处去买,重则停工待料、停产改产。

(四)补货成本

所谓补货,就是当用户来买货时,仓库没有现货供应,但不丧失销售机会,而是要求用户仍然在这里订上货,进行欠账经营,答应马上进货,待进货后,马上补货给用户。为了实现补货,往往发生补货费用。例如为了吸引顾客,需要花费招待费、感情费、回扣费,或是优惠服务、优惠价格等所花费的费用。

(五)进货成本与购买成本

所谓进货成本,就是进货途中为进货所花费的全部费用,即运杂费,包括运费、包装费、装卸费、租赁费、延时费、货损货差等。所谓购买成本,即购买物资的原价。它们的特点是当订货的数量、订货的地点确定以后,总的购买成本和总的进货成本就是确定不变的,不会随着进货批量变化而变化。也就是说,进货成本与购买成本都与订货批量无关,批量大小都不会影响其总进货成本和总的购买成本。

二、库存控制的基本内容与库存控制系统的类型

库存控制的基本内容是如何让库存保持在一个合理的水平,即仓库要确定要补什么货;补货量是多少;什么时候补货。

通常使用的库存控制系统有定量订货系统(固定订货数量,可变订货间隔);定期订货

系统(固定订货间隔,可变订货数量)。

三、定量订货法库存控制

(一)定量订货法库存控制原理

定量订货法就是预先确定一个订货点和订货批量,随时检查库存,当库存下降到订货点时,就发出订货,订货量取一个订货批量的方法。这个订货的方式核心体现为下列三个方面:

① 确定订货点,解决什么时候订货;② 确定订货批量,解决一次批量订多少;③ 确定订货如何实施操作。

1. 订货点的确定

订货点就是发出订货的时机。在定量订货法中,是以库存水平作为参照点的。当库存下降到某个库存水平时就发出订货,发出订货时的这个库存量水平就称为订货点。如图6-1所示。

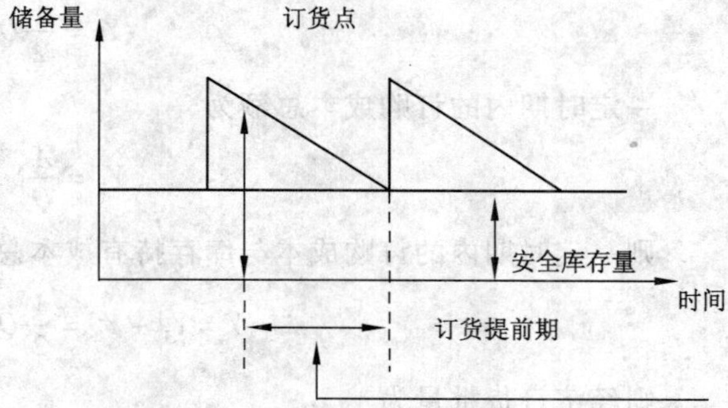

图 6-1 订货点示意图

订货点是一个决策变量,它是直接控制库存水平的一个关键变量。

订货点不能取的太高,也不能太低,如果太高,则订货物资订回来后,原有的库存物资还没有卖完,这样新旧物资合在一起,库存量就太高了;订货点如果太低,则订货物资还没有订回来,旧的库存物资就卖光了,造成缺货。

合适的订货点主要取决于两个因素:

一是需求速率。也就是供应或销售的快慢。需求速率越大,订货点也越高。

二是订货提前期。即从发出订货到所订货物入库所需要的时间长度。订货提前期越长,订货点也就越高。

订货点可以用以下公式表达:

订货点量 = 需求速率 × 订货提前期 + 安全库存量

【例 6-1】某企业是一家经销电脑的零售商。安全库存量为 120 台,每天平均销售量为 60 台,订货提前期为 2 天。则:

订货点量 = 60 台 × 2 + 120 台 = 240 台

2. 订货批量的确定

所谓订货批量,就是一次订货所订的货物数量。订货批量是不能随意确定的。因为订货批量高低直接影响库存量的高低,也直接影响货物的供应满足程度。订货批量太大,虽然可以较充分满足客户的需要,但将使库存量过高,成本升高;订货批量太低,库存量虽然可以降下来,但不一定能保证满足客户的需要,所以订货批量要取得合适。一般而言,订货批量的大小主要取决于两个因素：

一是需求速率的高低。需求速率越高，客户的需要量大，订货批量也应该大。

二是经营费用的高低。根据使总费用最省的原则来确定经济订货批量。

在不同的模型中，经济订货批量的计算方式不同。

(1)瞬时到货方式下的经济订货批量的确定：

要降低库存成本，就要制定适当的订货策略，协调订购成本与库存持有成本的比率。订货批量的大小关系到订购成本与库存持有成本的高低。在一定期间内，物资的总需求量一定时，订货批量大，订货次数就会减少，订购成本就会降低，然而库存持有成本会提高；若订货批量小，库存持有成本就会降低，而订货次数会增加。

设一定时期内物资的总需求量为 A，每次的订购成本为 S，单位物资在一定时期内的库存持有成本为 C，订货批量为 Q。

则在瞬时到货方式下，一定时期内的库存持有成本总额为

$$Y_1 = \frac{1}{2}QC$$

一定时期内的订购成本总额为

$$Y_2 = \frac{A}{Q} \cdot S$$

则一定时期内的订购成本与库存持有成本总额为

$$Y = Y_1 + Y_2 = \frac{1}{2}QC + \frac{A}{Q} \cdot S$$

则经济订货批量为

$$Q^* = \sqrt{\frac{2AS}{C}}$$

(2)非瞬时到货方式下经济订货批量的确定：

在非瞬时到货方式下，一定时期的保管费用模型应修正为

$$Y_1 = \frac{1}{2}QC\left(1 - \frac{d}{p}\right)$$

这里 p 为每日的到货量，d 为每日的销售量(或领用量)。

则经济订货批量为：

$$Q^* = \sqrt{\frac{2AS}{C\left(1 - \frac{d}{p}\right)}}$$

【例 6-2】某公司为了降低库存成本，采用订购点法控制库存。这种物资的年需求量为 1 000 单位，准备订购成本为 10 元/次，每年每单位商品持有成本为 0.5 元，安全库存为 3 天，订购备运时间为 4 天，计算每次最佳订购批量和订购点。

$$Q^* = \sqrt{\frac{2AS}{C}} = \sqrt{\frac{2 \times 10 \times 1\ 000}{0.5}}\text{单位} = 200\ \text{单位}$$

$$\text{安全库存量} = \frac{1000 \times 3}{360}\text{单位} = 9\ \text{单位}$$

$$\text{订购点} = \text{日平均需求} \times \text{提前订货时间} + \text{安全库存量}$$

$$= \left(\frac{1000 \times 4}{360} + 9\right)\text{单位} = 20\ \text{单位}$$

3. 定量订货法的实施步骤

(1)确定订货点和订货批量;

(2)每天检查库存;

(3)当库存下降到订货点时发货,订货量取一个经济订货批量。

4. 定量订货法库存控制的优缺点

优点:

① 管理简便,订购时间和订购量不受人为判断的影响,保证库存管理的准确性;

② 由于订购量一定,便于安排库内的作业活动,节约理货费用;

③ 便于按经济订购批量订购,节约库存总成本。

缺点:

① 不便于对库存进行严格的管理;

② 订购之前的各项计划比较复杂。

5. 定量订货法库存控制的适用范围

① 单价比较便宜,而且不便于少量订购的物品,如螺栓、螺母等 C 类物资;

② 需求预测比较困难的物品;

③ 品种数量多,库存管理事务量大的物品;

④ 消费量计算复杂的物品以及通用性强、需求总量比较稳定的物品等。

6. 定量库存控制方法的简化形式

定量库存控制方法的简化形式为双堆法,也称为分存控制法。这种方法是将订购点数量从库存量中分出,并单独存放或画出明显标志,当库存只剩下订购点一堆(或一箱)时即提出订购请求,每次订购固定数量的商品。还可以将安全库存再从订购点一堆中分出,称为三堆法。双堆法和三堆法简便易行,无须经常盘点,没有持续的库存记录,可以直观地识别订购点以便及时组织订购。这种方法比较适合于价值低、备运时间短、供应充足的商品。

四、定期订货法库存控制

(一)定期订货法库存控制原理

定期库存控制方法也称为固定订购周期法。这种方法的特点是按照固定的时间周期来订购(一个月或一周等),而订购数量则是变化的。一般都是事先依据对商品需求量的预测,确定一个比较恰当的最高库存额,在每个周期将要结束时,对库存进行盘点,决定订购量,商品到达后的库存量刚好到达原定的最高库存量。

如果需求和订购提前期是确定的,并且可以提前知道,那么使用固定订购周期法时,每周期的订购量是一样的。如果需求和订购提前期都不确定,那么每周期的订购量就会有所不同。

这种方法的关键在于确定订购周期和最大库存量。订购周期是指提出订购、发出订购通知,直至收到订购的时间间隔。最大库存量是满足订货周期和订货提前期的库存以及安全库存的要求。

1. 订货周期的确定

订货周期可以通过下式确定:

订货周期 = 经济订货批量/货物的需求量

2. 确定最大库存水平

定期订货法库存控制的第二个关键是计算最大库存水平,这一水平决定了安全库存水平,并且是自动确定每次订货批量的基础。

最大库存量应该满足三个方面的要求,订货周期的要求,交货期或订货提前期的要求和安全库存。计算公式如下:

最大库存水平 = 需求速率 ×(订货周期 + 订货提前期)+ 安全库存量

3. 计算每次订货量

采用这种库存管理的方法进行订购时,每次的订货量的计算公式如下:

每次的订货量 = 最大库存水平 - 现有库存量 - 在途库存量 + 已经售出尚未提货的库存量

【例 6-3】某车间需要某种标准件,不允许缺货,按生产计划,年需要量 10 000 件,每件价格 1 元,每采购一次采购费 25 元,年保管费率 12.5%,该元件可在市场上立即购得,问如何组织进货。

经济订货批量: $Q^* = \sqrt{\frac{2AS}{C}} = \sqrt{\frac{2 \times 25 \times 10000}{0.125}}$ 件 = 2000 件

订货周期: $T = \frac{Q^*}{A} = \left(\sqrt{\frac{2 \times 25 \times 10000}{0.125}}/10000\right)$ 年 = 0.2 年 = 73 天

【例 6-4】某种物资月需求量为 15,订购成本为 30 元,库存持有成本为 1 元/件/月,平均订购时间为 1 个月,实行定期订货,首期盘点得到现有库存量为 21 件,在途运输量为 5 件,安全库存量为 6 件,已经出售但是尚未提货的库存量为 3 件,求订货周期、最高库存量、首次订货的订货量。

经济订货批量: $Q^* = \sqrt{\frac{2AS}{C}} = \sqrt{\frac{2 \times 15 \times 30}{1}}$ 件 = 30 件

订货周期: $T = \frac{Q^*}{A} = \left(\frac{30}{15}\right)$ 月 = 2 月

最高库存量:

最高库存量 = 需求速率 ×（订货周期 + 订货提前期）+ 安全库存量

= 15(2 + 1)件 + 6 件

= 51 件

首次订货的订货量 = 最高库存量 - 现有库存量 - 在途库存量

+ 已经售出尚未提货的库存量

首次订货的订货量 = 51 件 - 21 件 - 5 件 + 3 件

= 28 件

（二）定期订货法的特点

1. 订购批量不断变化

一般来说，定期订货法的订购批量是不断变化的。不同时期的订购批量不尽相同，订购量的大小取决于各个时期产品的需求量。由于每次订购量的不同，其运作成本相对较高。

2. 周期末盘点

定期订货法只在订货周期到来时进行产品的盘点，因此必须维持较高的库存量，防止在下次订货周期到来之前出现缺货现象。

3. 工作量少

定期订货法只在订货周期到来时进行产品的盘点，工作量相对较少。

4. 安全库存量高

定期订货法的安全库存量比定量订货法要高。

（三）定期库存控制的适用范围

(1) 消费金额高，需要实施严密管理的重要物品；

(2) 根据市场的状况和经营方针，需要经常调整生产或采购数量的物品；

(3) 需求量变动幅度大，而且变动具有周期性，可以正确判断的物品；

(4) 建筑工程、出口等可以确定的物品；

(5) 设计变更风险大的物品；

(6) 多种商品采购可以节省费用的情况；

(7) 同一品种物品分散保管，同一品种物品向多家供货商订购，批量订购分期入库等订购、保管、入库不规则的物品等；

(8) 需要定期制造的物品等。

第三节 库存管理实训

一、库存调研实训及其要求

将学生分成三组，分别到生产企业原料库、成品库和流通企业的仓库（或超市）进行调研，就以下问题写出调查报告，并由各组代表用幻灯片形式进行交流。(1)企业及其仓库的基本状况；(2)库存品种结构分析；(3)库存资金占用情况；(4)库存优化的建议。

二、案例分析

案例分析之一

背景资料：

某企业全部库存商品共计 3 424 种，按每一品种年度销售额从大到小顺序，排成七档，统计每档的品种数和销售金额，如表6-2所示。用 ABC 分析法确定分类，并说明 A 类库存物资的管理方法。

表 6-2 库存资料

每种商品年销售额 a	品种数	销售额
$a>6$	260	5 800
$5<a\leqslant 6$	68	500
$4<a\leqslant 5$	55	250
$3<a\leqslant 4$	95	340
$2<a\leqslant 3$	170	420
$1<a\leqslant 2$	352	410
$a\leqslant 1$	2 424	670

案例解析：

根据 ABC 库存管理原则，由于各种库存品的需求量和单价各不相同，其年耗用金额也各不相同。那些年耗用金额大的库存品，由于其占压组织的资金较大，对组织经营的影响也较大，因此需要进行特别的重视和管理。ABC 库存分类法就是根据库存品的年耗用金额的大小，把库存品划分为 A、B、C 三类。如表 6-3 所示，根据数据分析制作分类表。

表 6-3 数据分析

每种商品年销售额 a	品种数	占全部品种的百分比	品种累计	占全部品种的累计百分比	销售额	占销售总额百分比	销售额累计	销售额的累计百分比
$a>6$	260	7.6%	260	7.6%	5 800	69.1%	5 800	69.1%
$5<a\leqslant 6$	68	2.0%	328	9.6%	500	6.0%	6 300	75.1%
$4<a\leqslant 5$	55	1.6%	383	11.2%	250	3.0%	6 550	78.1%
$3<a\leqslant 4$	95	2.8%	478	14.0%	340	4.1%	6 890	82.1%
$2<a\leqslant 3$	170	5.0%	648	18.9%	420	5.0%	7 310	87.1%
$1<a\leqslant 2$	352	10.3%	1 000	29.2%	410	4.9%	7 720	92.0%
$a\leqslant 1$	2 424	70.9%	3 424	100.0%	670	8.0%	8 390	100.0%

根据数据制作分类表，如表 6-4 所示。

表 6-4 ABC 分类

分　类	品种数	占全部品种的百分比	品种累计百分比	销售额	占销售总额百分比	销售额累计百分数
A	328	9.6	9.6	6 300	75.1	75.1
B	672	19.6	29.2	1 420	16.9	92.1
C	2 421	70.8	100	670	8	100

确定 A 类商品管理方法：

(1)每件商品皆作编号，尽可能正确的预测需求量；

(2)少量采购，尽可能在不影响需求下减少库存量；

(3)请供货单位配合，力求出库量平稳化，以降低需求变动；

(4)与供应商协调，尽可能缩短前置时间；

(5)采用定期订货的方式，对其存货必须做定期检查；

(6)必须严格执行盘点，每天或每周盘点一次，以提高库存精确度；

(7)对交货期限加强控制，在制品及发货也须从严控制；

(8)货品放置于易于出入库的位置；

(9)实施货品包装外形标准化，增加出入库单位；

(10)A 类商品的采购需经高层主管审核。

案例分析之二

背景资料：

某小型配送中心拥有 10 项库存品，各种库存品的年需要量、单价如表 6-5 所示。为了加强库存品的管理，企业计划采用 ABC 库存管理法。假如企业决定按 20% 的 A 类物品，30% 的 B 类物品，50% 的 C 类物品来建立 ABC 库存分析系统。问该配送中心应如何进行分类？

案例解析：

首先计算出各种库存品的年耗用金额，并按从大到小排序。计算数据如表 6-6 所示。

表 6-5　某小型配送中心库存需求情况

库存品代号	年需求量	单价(元)
a	40 000	5
b	190 000	8
c	4000	7
d	100 000	4
e	2 000	9
f	250 000	5
g	15 000	6
h	80 000	4
i	10 000	5
j	5 000	7

表 6-6　库存品年耗用金额及排序

库存品代号	年耗用金额(元)	次序
a	200 000	5
b	1 520 000	1
c	28 000	9
d	400 000	3
e	18 000	10
f	1 250 000	2
g	90 000	6
h	320 000	4
i	50 000	7
j	35 000	8

其次,计算出各库存品的累积耗用金额和累积的百分比,如表 6-7 所示。

表 6-7 库存品的累积耗用全额和累积百分比

库存品代号	年耗用金额(元)	累积耗用金额(元)	累积百分比(%)	分类
a	1 520 000	1 520 000	38.9	A
b	1 250 000	2 770 000	70.8	A
c	400 000	3 170 000	81.1	B
d	320 000	3 490 000	89.2	B
e	200 000	3 690 000	94.3	B
f	90 000	3 780 000	96.6	C
g	50 000	3 830 000	97.9	C
h	35 000	3 865 000	98.8	C
i	28 000	3 893 000	99.5	C
j	18 000	3 911 000	100	C

最后,按照题目的规定,把库存品划分为 A,B,C 三类,如表 6-8 所示。

表 6-8 库存商品分类

分类	每类金额(元)	库存品数百分比(%)	耗用金额百分比(%)	累计耗用金额百分比(%)
A = b,f	2 770 000	20	70.8	70.8
B = d,h,a	920 000	30	23.5	94.3
C = g,I,j,e,e	221 000	50	5.7	100.0

ABC 库存分析图,如图 6-2 所示。

由于三类物资所占用的资金不同,订货方法也不同。如 A 类和 B 类物资可采用定量或定期的订货方式。定量就是找出最适合、最经济的时间和最合理的数量;定期就是要确定保证生产所需物资数量的一定时间。对 A 类物资由于占用流动资金较多,更应尽最大可能缩短供应时间,对每次送货数量要预先规定。至于 C 类物资,由于品种多,订货零星,可采用固定订货方式。这种方式同前面讲的订货点法相类似,即预先规定物资的最大、最小储备量,在库存最小时,一次订到最大储备量。

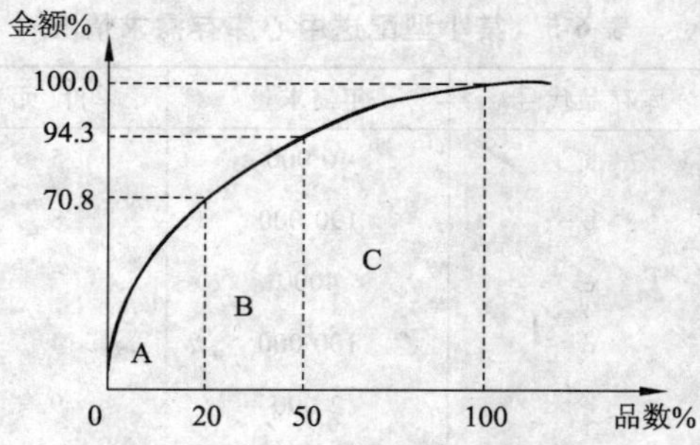

图 6-2 库存分析图

知识拓展

"零库存管理"的典型——"丰田看板方式"

丰田公司的看板管理是一种生产现场管理方法。它是利用卡片作为传递作业指示的控制工具,将生产过程中传统的送料制改为取料制,以"看板"作为"取货指令"、"运输指令"、"生产指令"进行现场生产控制。看板作为可见的工具,通过系统的物流,使企业生产各工序、车间之间按照卡片作业指示,协调一致地进行连续生产;同时,促使企业的产、供、销各部门密切配合,有效和合理地组织输入、输出物流,满足市场销售需要,实现整个生产过程的准时化、同步化和库存储备最小化,即所谓零库存,保证企业获取良好的经济效益。

本章小结

本章主要介绍了库存管理的概念、内容,零库存及其实现方式,库存控制管理的方法。要求学生重点掌握 ABC 管理法的理论与运用,熟悉定量、定期控制方法的有关计算,并能结合企业实际对库存进行规划和控制。

自我测试

一、单项选择题

1. 库存是生产和生活的前提条件;同时又是生产和生活的负担这体现了(　　)。

A. 库存的时间效应　B. 库存的空间效益　C. 库存具有二重性　D. 库存风险

2. 库存管理的核心是(　　)。

A. 进货计划　B. 成本管理　C. 库存控制　D. 竞争能力

3. ABC 管理法的理论基础是(　　)。

A. 关键的多数　B. 关键的少数和一般的多数

C. 存货数量　D. 存货时间

4. 累积品目百分数为 15%,而资金占用累积百分数为 80% 的物品,可以归为(　　)。

A. B 类　B. C 类　C. A 类　D. D 类

5. 一次所订货物按一定的进货率逐渐进货,整个订货进货过程需要持续一段时间的进货方式为(　　)。

A. 瞬时到货方式　B. 非瞬时到货方式　C. 补货方式　D. 缺货方式

6. 使订货费用与保管费用之和最低的订货批量为(　　)。

A. 经济订货批量　B. 保本批量　C. 进货批量　D. 订货点量

7. 定量订货方式适应于(　　)。

A. B 类物品　　B. A 类物品　　C. C 类物品　　D. 一切物品

8. 由日本丰田公司首先采用的零库存的实现方式是(　　)。

A. 轮动方式　　B. 协作分包方式　　C. 看板管理　　D. 无库存储备

二、多项选择题

1. 库存按性质可以分为(　　)。

A. 储备库存　　B. 周转库存　　C. 保险库存　　D. 安全库存

2. 库存管理的重点在于确定(　　)。

A. 如何订货　　B. 订购多少　　C. 何时订货　　D. 库存成本

3. ABC 管理法的分类依据是(　　)。

A. 成本　　B. 需求　　C. 品种比例　　D. 资金比例

4. 一个完整的物资库存经营过程包括(　　)。

A. 订货过程　　B. 进货过程　　C. 保管过程　　D. 销售出库过程

5. 在库存控制理论中,把经营者的经营方式分为以下几种,即(　　)。

A. 不允许缺货　　B. 可以缺货　　C. 实行补货　　D. 瞬间到货

6. 在计算订货点时,需要考虑的因素为(　　)。

A. 需求速率　　B. 订货提前期　　C. 经济批量　　D. 安全存量

7. 订货批量的大小关系到(　　)的高低。

A. 订货时间　　B. 订货费用　　C. 保管费用　　D. 订货点

8. 缺货费用的大小可能与下列因素有关(　　)。

A. 与缺货量有关　　B. 与缺货次数有关　　C. 与缺货时间有关　　D. 与保管费用有关

三、判断题

1. 库存具有二重性。　(　　)

2. 条形码在产品销售时使用,不属于物资编码。　(　　)

3. ABC 分类法是将关键的少数找出来。　(　　)

4. B 类物资采用简便方法管理。　(　　)

5. 为不丧失销售机会,可以采用补货方式。　(　　)

6. 订货点量太小,可能动用安全库存。　(　　)

7. 保管费用与订货次数的大小成正比。　(　　)

8. 零库存能做到库存真正为零。　(　　)

复习思考

1. 简述库存管理的重要性。

2. 简述 ABC 管理法的要点。

3. 简述瞬时供货方式下经济批量法的基本原理。

4. 订货点量是如何确定的？

5. 零库存的含义是什么？如何实现零库存？

6. 某企业全年甲材料的耗用量为 10 000 件，订购费用为每次 2 000 元，年储存费用率为 20%，采购单价为 100 元时，则经济订购批量为多少件？总费用为多少？

7. 某电子商务企业保持有 10 种商品的库存，有关资料如表 6-9 所示，为了对这些库存商品进行有效的控制和管理，该企业打算根据商品的投资大小进行分类。请利用 ABC 分类法来完成分类。

表 6-9 某电子商务企业库存需求情况

商品编号	单 价	需求量	商品编号	单 价	需求量
A	4.00	300	F	2.00	150
B	8.00	1 200	G	6.00	40
C	1.00	290	H	2.00	700
D	2.00	140	I	5.00	50
E	1.00	270	J	3.00	2 000

第七章 流通加工、包装与装卸搬运管理

知识目标

1. 理解流通加工的概念、现代流通加工的内容以及合理化
2. 掌握包装的概念、包装材料的选择及容器的设计方法
3. 掌握装卸搬运的概念、装卸搬运的方法及手段

技能目标

1. 学会包装技术的选择与运用
2. 学会设计物料搬运的工作流程

引导案例

包装与流通加工的创新

在过去几年中，为减小包装对生态的影响，耐克进行了大量的包装创新工作。

1995年，耐克对包装盒进行了一次全面的重新设计，18种包装盒改为2种，然后改为1种良性生态包装，用来盛放运动鞋、滑雪板、太阳镜等商品。这种包装采用了一种开创性的折叠式设计，其结构中不使用重金属、油墨、胶水，并且每年为耐克节约8 000 t纤维材料。

耐克的旧包装盒作为再生原料，被投入到一个封闭循环系统的粉碎设备中处理。换句话说，在旧包装盒处理过程中，对周围环境不会造成污染。这些纸箱超出美国环保局所要求的环保标准。1998年5月，新的粉碎设备应用到纸箱生产中，提高了纸箱的性能。这些纸箱重量减小了10%，但强度不变。仅此一项，每年能节约4 000 t的纤维原料。

在配送中心，耐克正在试验重新利用包装箱的可行性。由于是新技术纸板，这些纸箱不易被损坏，易于重新使用。但在纸箱的再利用中，上面的标签成为潜在的易导致错误的

因素。

阿迪达斯公司在美国有一家超级市场,设立了组合式鞋店,摆放着的不是做好了的鞋,而是做鞋用的半成品,款式花色多样,有6种鞋跟、8种鞋底,均为塑料制造的,鞋面的颜色以黑、白为主,搭带的颜色有80种,款式有百余种,客户进来可任意挑选自己所喜欢的各个部位,交给职员当场进行组合。只要10分钟,一双崭新的鞋便唾手可得。这家鞋店昼夜营业,职员技术熟练,鞋子的售价与成批制造的价格差不多,有的还稍便宜些。所以客户络绎不绝,销售金额是邻近鞋店的10倍。

思考:

通过此案例请分析对你熟知物品的包装与流通加工的创新策略。

第一节 流通加工管理

一、流通加工的概念

流通加工是流通过程中的加工活动,是为了方便流通、方便运输、方便储存、方便销售、方便用户以及物资充分利用、综合利用而进行的加工活动。流通加工创造物流的形质效应。

流通加工和一般生产加工相比较,在加工方法、加工组织、生产管理方面无显著区别,但在加工对象、加工程度方面差别较大,其差别主要表现在:

(1)加工对象不同。流通加工的对象是进入流通过程的商品,具有商品的属性;而生产加工对象不是最终产品,而是原材料、零配件及半成品。

(2)加工内容不同。流通加工大多是简单加工,主要是解包分包、裁剪分割、组配集合、废物再生利用等。而生产加工一般是复杂加工。

(3)加工目的不同。流通加工的目的主要是为了方便流通、方便运输、方便储存、方便销售、方便用户和物资充分利用,在完善使用价值的基础上提高价值;而生产加工的目的在于创造物资的使用价值,使它们能成为人们所需要的商品。

(4)所处领域不同。流通加工处在流通领域,由流通企业完成;而生产加工处在生产领域、由生产企业完成。

二、流通加工在物流中的地位

1. 流通加工有效地完善了流通

流通加工不是所有物流中必然出现的环节。它不象运输和仓储一样,决定着物流的服务质量。但这绝不是说流通加工不甚重要,实际上它也是不可轻视的,是起着补充、完善、提高增强作用的功能要素,它能起到运输、储存等其它功能要素无法起到的作用。所以,流通加工的地位可以描述为是提高物流水平,加快物流效率,促进流通向现代化发展的必不可少的形态。

2. 流通加工是物流中的重要利润源

流通加工是一种低投入高产出的加工方式,往往以简单加工解决大问题。实践证明,有的流通加工通过改变装潢,改善包装等形式使商品档次跃升而充分实现其价值,有的流通加工将产品利用率一下子提高20% ~50%,这是采取一般方法提高生产率所难以企及的。根据我国近些年的实践,流通加工单仅就向流通企业提供利润一点,其成效并不亚于从运输和储存中挖掘的利润,是物流中的重要利润源。

3. 流通加工在国民经济中也是重要的加工形式

在整个国民经济的组织和运行方面,流通加工是其中一种重要的加工形态,对推动国民经济的发展和完善国民经济的产业结构和生产分工有一定的意义。

三、流通加工的作用

1. 提高原材料利用率

利用流通加工环节进行集中下料,统筹安排,例如将钢板进行剪板、切裁;钢筋或圆钢裁制成毛坯;木材加工成各种长度及大小的板等。集中下料可以优材优用、小材大用、合理套裁,有很好的技术经济效果。

2. 进行初级加工,方便用户

用量小或临时需要的使用单位,缺乏进行高效率初级加工的能力,依靠流通加工可使使用单位省去进行初级加工的投资、设备及人力,从而搞活供应,方便了用户。

目前发展较快的初级加工有:将水泥加工成生混凝土、将原木或板方材加工成门窗、冷拉钢筋及冲制异型零件、钢板预处理、整形、打孔等加工。

3. 提高加工效率及设备利用率

由于建立集中加工点,可以采用效率高、技术先进、加工量大的专门机具和设备。

四、流通加工的类型

(一)为弥补生产领域加工不足的深加工

为了满足不同生产企业的要求,有许多产品在生产领域的加工只能到一定程度,这是由于存在许多限制因素限制了生产领域不能完全实现终极的加工。例如木材的加工,如果木材在产地完全制成木制品的话,就会造成运输的极大困难,所以原生产领域只能加工到圆木、板方材这个程度。进一步的下料、切裁、处理等加工则由流通加工完成。这种流通加工实际是生产的延续,是生产加工的深化,对弥补生产领域加工不足有重要意义。

(二)为满足需求多样化进行的服务性加工

在现实生活中,需求存在着多样化和变化两个特点,为满足这种要求,经常是用户自己设置加工环节，例如，生产消费型用户的再生产往往从原材料初级处理开始。所以象初级加工这种带有服务性的工作，由流通加工来完成，生产型用户便可以缩短自己的生产流程，使生产技术密集程度提高。对一般消费者而言，则可省去繁琐的预处置工作，而集中精力从事较高级能直接满足需求的劳动。

（三）为保护产品所进行的加工

从产品的生产到产品的消费环节，不可必免的存在运输、储存、装卸、搬运、包装等活动，损失在所难免，因此为了尽量减少这种不必要的损失，保护产品的价值，使使用价值能顺利实现。和前两种加工不同，这种加工并不改变进入流通领域的“物”的外形及性质。这种加工主要采取稳固、改装、冷冻、保鲜、涂油等方式。

（四）为提高物流效率，方便物流的加工

有一些产品本身的形态使之难以进行物流操作。如鲜鱼的装卸、储存操作困难；过大设备搬运、装卸困难；气体物运输、装卸困难等。进行流通加工，可以使物流各环节易于操作，如鲜鱼冷冻、过大设备解体、气体液化等；这种加工往往改变“物”的物理状态，但并不改变其化学特性，并最终仍能恢复原物理状态。

（五）为促进销售的流通加工

为了促进销售的流通加工可以改变产品的原有价值。如将过大包装或散装物分装成适合一次销售的小包装的分装加工；将原以保护产品为主的运输包装改换成以促进销售为主的装璜性包装，以起到吸引消费者、指导消费的作用；将零配件组装成用具、车辆以便于直接销售；将蔬菜、肉类洗净切块以满足消费者要求等。这种流通加工可能是不改变“物”的本体，只进行简单改装的加工，也有许多是组装、分块等深加工，但是其流通的价值在悄悄发生变化。

（六）为提高加工效率的流通加工

流通加工以集中加工形式，可以解决单个企业加工效率不高的弊病。以一家流通加工企业代替了若干生产企业的初级加工工序，促使生产水平有一个发展，从而提高加工的效率。

（七）为提高原材料利用率的流通加工

流通加工利用其综合性强、用户多的特点，可以实行合理规划、合理套裁、集中下料的办法，并运用运筹学中的相关知识，有效提高原材料利用率，减少损失浪费。

（八）衔接不同运输方式，使物流合理化的流通加工

在干线运输及支线运输的结点，设置流通加工环节，可以有效解决大批量、低成本、长距离干线运输多品种、少批量、多批次末端运输和集货运输之间的衔接问题，在流通加工点与大生产企业间形成大批量、定点运输的渠道，又以流通加工中心为核心，组织对多用户的配送。也可在流通加工点将运输包装转换为销售包装，从而有效衔接不同目的的运输方式。

五、流通加工合理化

(一)不合理流通加工的表现形式

流通加工是在流通领域中对生产的辅助性加工,它能提高材料的利用率,增加产品的价值,从某种意义来讲它不仅是生产过程的延续,实际是生产本身或生产工艺在流通领域的延续。但是从辩证学的角度分析,这个延续可能有正、反两方面的作用,即一方面可能有效地起到补充完善的作用,另一方面它也可能对整个过程产生负效应。各种不合理的流通加工都会产生抵消效益的负效应。几种不合理流通加工形式如下:

1. 流通加工地点设置不合理

流通加工地点设置即布局状况是使整个流通加工是否能有效的重要因素。一般而言,为衔接单品种大批量生产与多样化需求的流通加工,加工地设置在需求地区,才能实现大批量的干线运输与多品种末端配送的物流优势。如果将流通加工地设置在生产地区,那么无疑会增加生产地的运输、装卸、储存等一系列物流活动,从而增加物流成本。

一般而言,为方便物流的流通加工环节应设在产出地,设置在进入社会物流之前,如果将其设置在物流之后,即设置在消费地,则不但不能解决物流问题,又在流通中增加了一个中转环节,因而也是不合理的。

2. 流通加工方式选择不当

流通加工方式包括流通加工对象、流通加工工艺、流通加工技术、流通加工程度等。流通加工方式的确定实际上是与生产加工的合理分工。分工不合理,本来应由生产加工完成的,却错误地由流通加工完成,本来应由流通加工完成的,却错误地由生产过程去完成,都会造成不合理性。这样不但不能实现流通加工的作用,反而适得其反,增加成本,降低利润。

3. 流通加工作用不大,形成多余环节

有的流通加工环节的设计过于简单,或者是可有可无的环节,甚至有时流通加工的盲目性,同样未能解决品种、规格、质量、包装等问题,相反却实际增加了环节,浪费了人力物力财力。这也是流通加工不合理的重要形式。

4. 流通加工成本过高,效益不好

流通加工之所以能够有生命力,重要优势之一是有较大的产出投入比,因而有效起着补充完善的作用。如果流通加工成本过高,则不能实现以较低投入实现更高使用价值的目的。除了一些必须的、从政策要求即使亏损也应进行的加工外,都应看成是不合理的。

(二)流通加工合理化

所谓流通加工合理化是实现流通加工的最优配置,不仅避免各种不合理的加工,更要使流通加工有存在的价值,而且做到最优的选择。

实现流通加工合理化主要考虑以下几方面:

1. 加工和配送结合

这是将流通加工设置在配送点中，一方面按配送的需要进行加工，另一方面加工又是配送业务流程中分货、拣货、配货之一环，加工后的产品直接投入配货作业。这就无需单独设置一个加工的中间环节，使流通加工有别于独立的生产，而使流通加工与中转流通巧妙结合在一起。同时，由于配送之前有加工，可使配送服务水平大大提高。这是当前对流通加工做合理选择的重要形式，在煤炭、水泥等产品的流通中已表现出较大的优势。

2. 加工和配套结合

在对配套要求较高的流通中，配套的主体来自各个生产单位，但是，完全配套有时无法全部依靠现有的生产单位，进行适当流通加工，可以有效促成配套，大大提高流通的桥梁与纽带的能力。

3. 加工和合理运输结合

流通加工能有效衔接干线运输与支线运输，促进两种运输形式的合理化。利用流通加工，在支线运输转干线运输或干线运输转支线运输这本来就必须停顿的环节，不进行一般的支转干或干转支，而是按干线或支线运输合理的要求进行适当加工，从而大大提高运输及运输转载水平。

4. 加工和合理商流相结合

通过加工有效促进销售，增加产品价值，吸引客户目光，使商流合理化，这也是流通加工合理化的考虑方向之一。例如，通过加工，提高了配送水平，强化了销售，是加工与合理商流相结合的一个成功的例证。

5. 加工和节约相结合

节约能源、节约设备、节约人力、节约耗费是流通加工合理化重要的考虑因素，也是目前我国设置流通加工，考虑其合理化的较普遍形式。效益是企业的根本，不适当的加工，造成不必要的浪费，势必影响企业的效益，对流通加工企业而言，与一般生产企业一个重要不同之处是，流通加工企业更应树立社会效益为第一观念，只有在补充完善为己任前提下才有生存的价值。

第二节　包　装　管　理

一、包装的概念

包装为物流系统的构成要素之一，与运输、保管、搬运、流通加工均有十分密切的关系。它是生产的终点，同时又是物流的起点。因此应根据生产后的物流系统情况来考虑包装，同时物流也受包装的制约。

所谓包装是指为在流通过程中保护产品，方便储运，促进销售，按一定技术方法而采用的容器、材料和辅助物等的总体名称。也指为了达到上述目的而采用容器、材料和辅助物的过程中施加一定技术方法等的操作活动。

按包装的功能分，通常分为两类：一类是为促进市场销售而包装，称为商业包装；另一类是为了物流运输而包装，称为工业包装。

(一)商业包装

商业包装是以促进销售为主要目的的包装，这种包装的特点强调营销，要求外形美观，有必要的装潢，包装单位适于顾客的购买量以及商店陈设的要求，成功的销售包装能够方便顾客，引起消费者的购买欲，并能提高商品的价格。

但一方面，理想的销售包装从物流的角度看又往往是不合适的。例如，重量只有 24 g 的洋参胶囊，为了引起消费者的注意，设计的包装盒体积有 3 100 mm^3，对于物流来说，这样做会过大地占据运输工具和仓库的空间，是不合理的。销售包装不是物流的重点，此处不作过多的讨论。

(二)工业包装

是指为了方便装卸、存储、保管、运输而进行的包装。这种包装的重要特点，是在满足物流要求的基础上使包装费用越低越好。为此，必须在包装费用和物流时的损失两者之间寻找最优的效果。

工业包装又有内包装和外包装之分，如卷烟的条包装为内包装，大箱包装为外包装。运用包装手段，将单个的商品或零部件用盒、包、袋、箱、桶等方式集中成组，以提高物流管理的效率。

这种将单个分散的商品组装成一个更大单元的方式称为成组化或集装化，这是物流包装中的一个重要研究课题。

二、包装的作用

(一)保护产品

即保护物品不受损伤的功能，它体现了包装的主要目的：

(1)防止物品的破损变形。为了防止物品的破损变形，物品包装必须承受在装卸、运输、保管等过程中的各种冲击、振动、颠簸、压缩、摩擦等外力的作用，形成对外力的保护，而具有一定的强度。

(2)防止物品发生化学变化。为了防止物品受潮、发霉、变质、生锈等化学变化，物品包装必须能在一定程度上起到阻隔水分、潮气、光线以及空气中各种有害气体的作用，避免外界不良因素的影响。

(3)防止有害生物对物品的影响。鼠、虫及其他有害生物对物品有很大的破坏性。包装封闭不严，会给细菌、虫类造成侵入之机，导致变质腐败，特别是对食品危害性更大，鼠、白蚁等生物会直接吞蚀纸张、木材等物品。

(4)防止异物流入、污物污染、丢失、散失。

(二)便利功能

物品包装具有便利流通、方便消费的功能。在物流的全过程中,物品所经过的流转环节,合理的包装会大大提高物流作业的效率和效果,体现在以下方面:

(1)便利运输。包装的规格、形状、重量与物品运输关系密切。包装尺寸与运输车辆、船、飞机等运输工具箱、仓容积的吻合性,方便了运输,提高了运输效率。

(2)便利装卸。物品经过适当的包装后为装卸作业提供了方便,物品的包装便于各种装卸、搬运机械的使用,有利于提高装卸、搬运机械的生产效率。包装的规格尺寸标准化后为集合包装提供了条件,从而能极大地提高装载效率。

(3)便利储存。从搬运、装卸角度上看,物品出、入库时,在包装的规格尺寸、重量、形态上适合仓库内的作业,为仓库提供了搬运、装卸的方便;从物品保管角度上看,物品的包装为保管工作提供了方便条件,便于维护物品本身原有使用价值。包装物的各种标志,使仓库的管理者易于识别,易于存取,易于盘点,有特殊要求的物品易于引起注意;从物品的验收角度上看,易于开包,便于重新打包的包装方式为验收提供了方便性。包装的集合方法、定量性,为节约验收时间,加快验收速度也会起到十分重要的作用。

(三)促销功能

合理的包装有利于促进商品的销售。在商品交易中促进物品销售的手段很多,其中包装的装潢设计占有重要地位,精美的包装能唤起人们的购买欲望。包装的外部形态是商品很好的宣传品,对顾客的购买有刺激作用。

三、包装材料和容器的设计、选择

包装的材料很重要,它决定着包装的质量和费用,同时也会对运输、装卸搬运等环节造成影响。用于物流包装的材料很多,从传统的纤维纸板到最新的记忆性塑料带,可谓应有尽有,按不同用途包装材料可分为以下几类:容器材料,用于制作箱子、瓶子、罐子,可有纸制品、塑料、木料、玻璃、陶瓷、各类金属等;内包装材料,用于隔断物品和防震,可有纸制品、泡沫塑料、防震用毛等;包装用辅助材料,如各类接合剂、捆绑用细绳(带)等。以下就运输包装材料作介绍。

(一)纸、纸板制品

用纸做包装的商品很多,主要是因为纸质材料耐磨擦、耐冲击、质地细腻、容易粘合、无味无毒,价格较低。纸的品种是很多的,有专用包装纸,一般指牛皮纸,用途多半为选用强度较大的制成纸袋。纸袋为3~6层的多层叠合构造。如果需要,还可以作防潮处理,把牛皮纸和塑料薄膜制成复合多层构造。大型纸袋通常用于水泥、肥料、谷物等粉粒状货物的包装。牛皮纸的强度与每平方米纸张的重量有关,一般有四种规格:75 g、78 g、81 g、84 g。它的特性项目包括抗拉强度、抗裂强度、伸长率、耐水率等,均有国家标准。

纸板是指用牛皮纸浆、化学纸浆、旧纸浆等为原料制成的厚纸板的总称。通常可作为纸箱。根据不同用途可分为:瓦楞原纸、白板纸、黄板纸等,其中瓦楞原纸的用途最广泛,产量也最大。

瓦楞原纸分为中芯原纸和内衬原纸,前者用于制造瓦楞波形部分;后者贴在外侧,两者粘合制成瓦楞纸板。瓦楞波形有波高和波数两个参数,波高用毫米计量,一般在 2.5 ~ 5 mm左右,波数用 30 cm 宽度内的波的数量计量,一般有 36 ~ 50 波左右,不同参数组合有不同强度,分成 A、B、C、D 四种槽形。根据不同用途和方式可制成不同层数的瓦楞纸板,一般有单面瓦楞纸板、双面瓦楞纸板、两层双面瓦楞纸板和三层双面瓦楞纸板。瓦楞纸纸箱因为其重量轻、耐冲击、容易进行机械加工和回收、价格便宜等优点而被广泛使用。

(二)塑料制品

塑料在包装中被广泛使用,可用于单个包装、内包装、外包装,用于工业包装时可制成各种塑料容器。塑料包装的材料有:聚乙烯、聚丙烯、聚苯乙烯、聚氯乙烯以及钙塑材料等。

聚乙烯塑料袋是最常见的包装物,以替代 20 ~ 30 kg 包装用纸袋。聚乙烯和聚丙烯塑料编织袋(俗称蛇皮袋)以替代 40 ~ 60 kg 的包装用麻袋。聚乙烯又分为:高压聚乙烯、中压聚乙烯和低压聚乙烯等。其中高压聚乙烯可制成薄膜,因其透气性好、透明结实,适用于蔬菜水果的保鲜。

聚丙烯因其无毒,可制成薄膜、瓶子、盖子,用于食品和药品的包装。

聚苯乙烯可用来制作罐、盒、盘等容器和热缩性薄膜。发泡聚苯乙烯材料一般做包装衬垫和内装防震材料。

聚氯乙烯可以用来制作周转塑料箱和硬质泡沫塑料,但高温下有腐蚀性。

钙塑材料可用来制造钙塑瓦楞纸板、钙塑包装桶和包装盒。

在箱袋结合的运输包装中,将塑料制成各种盛液体的容器,以替代玻璃瓶、金属罐、木桶等,再把塑料容器放人瓦楞纸箱内。成型容器(塑料罐、箱)也是塑料包装的重要领域,受价格和成型难易影响,多数用聚乙烯材料制成,国家在容量、尺寸、强度等方面都有规定。另外,用于替代木箱的运输用塑料箱也有大量使用,一般用在食品、饮料等物品的运输包装方面。

(三)木材

木材是最传统的包装材料,一般用于外包装,因为其抗压、抗挤、抗震、抗冲撞,至今仍有较广的使用。木材较多地用于制作木桶、木箱和胶合板箱三类容器。普通的密闭木箱可装 200 kg 的货物,如果选用下设垫板的木箱,则可装运 200 kg 以上的货物。为了承载重物,通常选用木垫板,可装载并固定 60 t 的重物。木材的另一个用途是制作托盘。但是由于木材资源的再生速度很慢,许多包装领域已用纸或塑料替代。

(四)金属材料

金属材料常用的有马口铁和金属箔。马口铁坚固、耐腐蚀,容易进行加工,而且防水、防潮、防摔,使用十分广泛。金属箔即金属压成的薄片,用于奶油、乳制品、糖果的包装。用作运输包装的金属容器有罐和桶，用镀锌铁板制成。罐有方形和圆形两种，主要用于食品、药品、石油类、涂料类及油脂类物品包装；桶主要用于以石油为主的非腐蚀性半流体、粉末体、固体等物品的包装，容量为 20～200 L。

（五）玻璃、陶瓷包装

玻璃、陶瓷的优点是不怕腐蚀、强度高，但易碎。所以常用于食品饮料、酒类、药品的储藏。

四、包装技术

物流包装技术是现代物流概念中的新观点。为了实现包装的目的，要掌握一定的包装技术。包装技术又分为包括容器设计和标记技术的外包装技术，以及包括防震、防潮（水）、防锈、防虫等技术的内包装技术。

容器设计主要是容器尺寸和强度设计，标记技术指把必要的注意事项标记在容器上的技术。以下着重介绍内包装技术。

（一）防震包装技术

防震包装又称缓冲包装，在各种包装方法中占有重要的地位。产品从生产出来到开始使用要经过一系列的运输、保管、堆码和装卸过程，置于一定的环境之中。在任何环境中都会有力作用在产品之上，并使产品发生机械性损坏。为了防止产品遭受损坏，就要设法减小外力的影响，所谓防震包装就是指为减缓内装物受到冲击和振动，保护其免受损坏所采取的一定防护措施的包装。防震包装主要有以下三种方法：

（1）全面防震包装方法。全面防震包装方法是指内装物和外包装之间全部用防震材料填满进行防震的包装方法。

（2）部分防震包装方法。对于整体性好的产品和有内装容器的产品，仅在产品或内包装的拐角或局部地方使用防震材料进行衬垫即可。所用包装材料主要有泡沫塑料防震垫、充气型塑料薄膜防震垫和橡胶弹簧等。

（3）悬浮式防震包装方法。对于某些贵重易损的物品，为了有效地保证在流通过程中不被损坏，外包装容器比较坚固，然后用绳、带、弹簧等将被装物悬吊在包装容器内，在物流中，无论是什么操作环节。内装物都被稳定悬吊而不与包装容器发生碰撞，从而减少损坏。

防震包装设计的主题是确定防震材料的种类和厚度。在设计上，还应该同时考虑成本问题，选择不同的材料、设计不同的衬垫形状都会影响。

（二）防潮（水）包装技术

物品在流通过程中，因空气中的潮气侵蚀会变质、潮解、锈蚀、霉变。为防止上述现象发生的包装技术为防潮包装技术。防水包装技术是防止水侵入到包装物内部而采取的包装技术，可分为耐浸水包装和耐雨水、飞沫的耐散水包装两类。防潮包装主要有两种方法：

(1)是用透湿度低的材料包装;

(2)是控制包装容器内的湿气。

在防潮、防水材料中,有在纸等纤维材料上进行防潮加工的纸系材料,还有塑料薄膜及铝等。不同材料的透湿率(k/m·24小时)是不同的,铝箔最小,小于7,塑料薄膜次之,纸类最大。控制包装内湿气的方法主要还是使用干燥剂,有化学干燥和物理干燥两类,用于包装的主要是物理干燥。最常见的是硅胶。干燥剂的使用量都有计算公式。

(三)防锈包装技术

防锈包装的首选技术是使用防锈剂,防锈剂有防锈油和气化性防锈剂两类。各种防锈油是在矿物油中加入防锈漆加剂后制成的。气化性防锈剂是一种常温下就能挥发的物质,挥发出的气体附着在金属表面,从而防止生锈。

(四)防虫及防鼠包装技术

为了防止包装后的物品被昆虫损害,一般使用经杀虫剂处理过的包装材料,大多选用有机磷酸酯类杀虫剂。为了防止鼠害,使用药物处理过的涂布或混入毒药的纸、塑料薄膜等作包装材料,但药剂有可能直接与内部物品接触很不安全,所以包装时需要注意这些问题。

五、包装设计合理化

包装的设计,重点考察其目的性,还要注重合理化。

(一)包装设计要点

为货物设计包装时,必须了解货物本身的特性,以及运输和存储环境条件,并注意包装的目的,从以下几方面考虑:

(1)保护性:包装是否能够达到货物的保护要求。

(2)装卸性:货物在运输工具上装卸及仓库中取存是否方便、高效。

(3)作业性:对货物的包装作业是否简单容易操作。

(4)便利性:货物开包是否方便,包装物处理是否容易。

(5)标志性:包装物内物品的有关信息(如品名、数量、重量、装运方法、保管条件等)是否清楚。

(6)经济性:包装费用是否恰当。

(二)包装设计应注意的一些问题

1. 采用单元货载尺寸和运输包装系列尺寸

物流系统效率化的关键在于使单元货载系统化。所谓单元货载系统是把货物归整成一定数量的单件进行动输。其核心是自始至终采用托盘运输,即从发货至到货后的装卸,全部使用托盘运输方式。为此,在物流过程中所有的设施、装置、机具均应引进物流标准概念。物流标准是指为实现标准化,提高物流效率,将物流系统各要素的基准尺寸体系化。

其基础就是单元货载尺寸。

单元货载尺寸是运输车辆、仓库、集装箱等能够有效利用的尺寸。单件货载尺寸按JIS20603 的规定，托盘以 1 100 mm×1 100 mm 和 1 000 mm×1 200 mm 为标准。

将这一标准数值进行整数分割或组合而成的 69 种数值的正方形尺寸和 40 种数值的长方形尺寸作为运输包装系列尺寸的规格值。

采用这种运输包装系列尺寸，可以使货物恰好不多不少地码放在托盘上，既不致溢出，也不留有空隙。卡车的车箱规格，也最好按单元货载尺寸的要求制造，使装载货物时既不致超出也不致余空。

物流托盘标准化的思想就是把运输包装系列尺寸、单件货载尺寸、车箱尺寸和一系列的规格尺寸作为一个整体联系起来。

2. 包装大型化

随着交易单位的大型化和物流过程中搬运的机械化，单个包装亦趋大型化。如作为工业原料的粉粒状货物，就使用以 t 为单位的柔性容器进行包装。

大批量出售日用杂货或食品的商店因为销售量大，只要不是人力搬运，也无需用 20 kg 的小单位包装。包装单位大型化可以节省劳力，降低包装成本。与包装大型化同步的是最近在有的批发商店里，直接将工业包装的货物摆在柜台上，可见对这种大型化包装应给予足够的重视，由此也可以看出包装的趋势。

3. 包装的轻薄化

由于包装只是起保护作用，没有增加产品的使用价值，因此，在强度、寿命、成本相同的情况下，轻、薄、短、小的包装更节约材料，提高装卸、运输、搬运的效率。

4. 包装的单纯化

为了提高包装作业的效率，包装材料和规格尽量单纯化，应易于管理，减少浪费.

5. 包装机械化

为了提高作业效率和包装现代化水平，各种包装机械的运用显得尤为重要。包装机械化从逐个机械化开始，实现整体的机械化。

六、包装的发展趋势

包装是产生大量废弃物的环节。这与当今社会，环保意识和走可持续发展道路格格不入。因此我们要大力提倡绿色包装，我国绿色包装发展趋势主要表现在新老交替的趋势明显；全行业素质的不断提高；绿色包装原材料多样，设备、技术不断更新改进；绿色包装制品应用领域广泛，为环保不断增添新手段；绿色包装系列产品由单纯内销型向外向扩张型转变。

我国绿色包装发展面临的主要困难和问题是：环境污染问题还没有引起足够的重视；缺少与国外包装法规相配套的法规和条例；行业管理散乱；包装材料受限；废弃包装回收利

用技术和力度不到位。结合我国的国情,应采取变革绿色包装观念、完善产业服务体系、组织技术开发、寻求政策支持等对策。

第三节　装卸搬运管理

一、装卸搬运的概念和特点

装卸搬运是指在同一地域范围内进行的、以改变物的存放状态和空间位置为主要内容和目的的活动,具体说,包括装上、卸下、移送、拣选、分类、堆垛、入库、出库等活动。装卸搬运的特点是:

1. 装卸搬运是附属性、伴生性的活动

装卸搬运是物流每一项活动开始及结束时必然发生的活动,因而有时常被人忽视,有时被看做其他操作时不可缺少的组成部分。

2. 装卸搬运是支持、保障性活动

装卸搬运的附属性不能理解成被动的,实际上,装卸搬运对其他物流活动有一定决定性。装卸搬运会影响其他物流活动的质量和速度。

3. 装卸搬运是衔接性的活动

在任何其他物流活动互相过渡时,都是以装卸搬运来衔接的,因而,装卸搬运往往成为整个物流的"瓶颈"。

4. 装卸搬运是增加物流成本的活动

由于装卸搬运反复进行的次数多,累计成本的数量是不可忽视的。

目前我国多数物流中心采用的是以人工搬运和机械化搬运相结合的手段。以信息化为前提的智能化和集成化是物流中心搬运作业的发展方向。

二、装卸搬运的作业方式

(一)单件装卸

单件装卸指的是非集装按件计的货物逐个进行装卸操作的作业方法。单件作业对机械、装备、装卸条件要求不高,因而机动性较强,可在很广泛的地域内进行而不受固定设施、设备的地域局限。

单件作业可采取人力装卸、半机械化装卸及机械装卸。由于逐件处理装卸速度慢,且装卸要逐件接触货体,因而容易出现货损,反复作业次数较多,也容易出现货差。单件作业的装卸对象主要是包装杂货,多种类、少批量货物及单件大型、笨重货物。

(二)集装作业

集装作业是对集装货载进行装卸搬运作业方法。每装卸一次是一个经组合之后的集货货载，在装卸时对集装体逐个进行装卸操作的作业方法，和单件装卸主要异同在于，都是按件处理，但集装作业“件”的单位大大高于单件作业每件的大小。

集装作业由于集装单元较大，不能进行人力手工装卸。虽然在不得已时，可用简单机械偶尔解决一次装卸，但对大量集装货载而言，只能采用机械进行装卸，同时也必须在有条件的场所进行这种作业，不但受装卸机具的限制，也受集装货载存放条件的限制。因而机动性较差。

集装作业一次作业装卸量大，装卸速度快，且在装卸时并不逐个接触货体，而仅对集装体进行作业，因而货损较小，货差也小。

集装作业的对象范围较广，一般除特大、重、长的货物和粉、粒、液、气状货物外，都可进行集装。粉、粒、液、气状货物经一定包装后，也可集合成大的集装货载；特大、重、长的货物，经适当分解处置后，也可采用集装方式进行装卸。集装作业有以下几种方法：

(1)托盘作业法。是用托盘系列集装工具将货物形成成组货物单元，以便于采用叉车等设备实现装卸作业机械化的装卸作业方法。

(2)集装箱作业法。集装箱的装卸作业通常采用垂直装卸法和水平装卸法进行，有的集装箱在货物堆场也可采用能力很大的集装箱叉车装卸。

① 垂直装卸法。垂直装卸法在港口可采用集装箱起重机，目前以跨运车应用为最广，但龙门起重机方式最有发展前途。在车站以轨行式龙门起重机方式为主，配以叉车较为经济合理，轮胎龙门起重机、跨运车方式、动臂起重机方式、侧面装卸机方式也较多采用。

② 水平装卸法。水平装卸法在港口是以挂车和叉车为主要装卸设备。在车站主要采用叉车或平移装卸机的方式，在车辆与挂车间或车辆与平移装卸机间进行换装。

(3)框架作业法。框架通常采用木制或金属材料制作，要求有一定的刚度、韧性，质量较轻，以保护商品、方便装卸、有利运输作业。

管件以及各种易碎建材，如玻璃产品等，一般适用于各种不同集装框架实现装卸机械化。

(4)货捆作业法。货捆作业法是用捆装工具将散件货物组成一个货物单元，使其在物流过程中保持不变，从而能与其他机械设备配合，实现装卸作业机械化。

木材、建材、金属之类货物最适于采用货捆作业法。

带有与各种货捆配套的专用吊具的门式起重机和悬臂式起重机是货捆作业法的主要装卸机械，叉车、侧叉车、跨车等是配套的搬运机械。

(5)滑板作业法。滑板是用纸板、纤维板、塑料板或金属板制成，与托盘尺寸一致的、带有翼板的平板，用以承放货物组成的搬运单元。

与其匹配的装卸作业机械是带推拉器的叉车。叉货时推拉器的钳口夹住滑板的冀板（又称勾百或卷边），将货物支上货叉，卸货时先对好位，然后叉车后退、推拉器前推，货物放置就位。

滑板作业法虽具有托盘作业法的优点且占用作业场地少，但带推拉器的叉车较重、机动性较差，对货物包装与规格化的要求很高，否则，不易顺利作业。

(6)网袋作业法。将粉粒状货物装入多种合成纤维和人造纤维编织成的集装袋、将各种袋装货物装入多种合成纤维或人造纤维编织成的网、将各种块状货物装入用钢丝绳编成的网，这种先集装再进行装卸作业的方法称为网袋作业法。

网袋作业法适宜于粉粒状货物、各种袋装货物、块状货物、粗杂物品的装卸作业。网袋集装工具体积小、自重轻，回送方便，可一次或多次使用。

(7)挂车作业法。挂车作业法是先将货物装到挂车里，然后将空车拖上或吊到铁路平板车上的装卸作业方法。

通常将此作业完成后形成的运输组织方式称背负式运输，是公铁联运的常用组织方式。

(三)散装作业

散装作业指对大批量粉状、粒状货物进行无包装散装、散卸的装卸方法。装卸可连续进行，也可采取间断的装卸方式。但是都需采用机械化设施、设备。在特定情况下，且批量不大时，也可采用人力装卸。散装作业方法主要有以下几种：

(1)气力输送装卸。主要设备是管道及气力输送设备，以气力运动裹挟粉状、粒状物沿管道运动而达到装、搬、卸之目的，也可采用负压抽取方法，使散货沿管道运动。管道装卸密封性好，装卸能力高，容易实现机械化、自动化。

(2)重力装卸。利用散货本身重量进行装卸方法，这种方法必须与其它方法配合，首先将散货提升到一定高度，具有一定势能之后，才能利用本身重力进行下一步装卸。

(3)机械装卸。利用能承载粉粒货物的各种机械进行装卸，有两种主要方式：

① 用吊车、叉车改换不同机具或用专用装载机，进行抓、铲、舀等形式作业，完成装卸及一定的搬运作业。

② 用皮带、刮板等各种输送设备，进行一定距离的搬运卸货作业，并与其它设备配合实现装货。

四、装卸搬运的合理化和现代化

(一)防止和消除无效作业

所谓无效作业是指在装卸作业活动中超出必要的装卸、搬运量的作业。显然，防止和消除无效作业对装卸作业的经济效益有重要作用。为了有效地防止和消除无效作业，可从以下几个方面入手：

(1)尽量减少装卸次数。

(2)提高被装卸物料的纯度。物料的纯度，指物料中含有水分、杂质与物料本身使用无关的物质的多少。物料的纯度越高则装卸作业的有效程度越高。反之，则无效作业就会增多。

(3)包装要适宜。

(4)缩短搬运作业的距离。

物料在装卸、搬运当中,要实现水平和垂直两个方向的位移,选择最短的路线完成这一活动,就可避免超越这一最短路线以上的无效劳动。

(二)提高装卸搬运的灵活性

所谓装卸、搬运的灵活性是指在装卸作业中的物料进行装卸作业的难易程度。所以,在堆放货物时,事先要考虑到物料装卸作业的方便性。装卸、搬运的灵活性,根据物料所处的状态,即物料装卸、搬运的难易程度,可分为不同的级别。

0 级——物料杂乱地堆在地面上的状态;

1 级——物料装箱或经捆扎后的状态;

2 级——箱子或被捆扎后的物料,下面放有枕木或其他衬垫后,便于叉车或其他机械作业的状态;

3 级——物料被放于台车上或用起重机吊钩钩住,即刻移动的状态;

4 级——被装卸、搬运的物料,已经被起动、直接作业的状态。

从理论上讲,活性指数越高越好,但也必须考虑到实施的可能性。例如,物料在储存阶段中,活性指数为 4 的输送带和活性指数为 3 的车辆,在一般的仓库中很少被采用,这是因为大批量的物料不可能存放在输送带和车辆上的缘故。

(三)实现装卸作业的省力化

在装卸作业中应尽可能地消除重力的不利影响。在有条件的情况下利用重力进行装卸,可减轻劳动强度和能量的消耗。将设有动力的小型运输带(板)斜放在货车、卡车或站台上进行装卸,使物料在倾斜的输送带(板)上移动,这种装卸就是靠重力的水平分力完成的。在搬运作业中,不用手搬,而是把物资放在 1 台车上,由器具承担物体的重量,人们只要克服滚动阻力,使物料水平移动,这无疑是十分省力的。

利用重力式移动货架也是一种利用重力进行省力化的装卸方式之一。重力式货架的每层格均有一定的倾斜度,利用货箱或托盘可自己沿着倾斜的货架层板自己滑到输送机械上。为了使物料滑动的阻力越小越好,通常货架表面均处理得十分光滑,或者在货架层上装有滚轮,也有在承重物资的货箱或托盘下装上滚轮,这样将滑动摩擦变为滚动摩擦,物料移动时所受到的阻力会更小。

(四)合理组织装卸搬运设备,提高装卸搬运作业的机械化水平

物资装卸搬运设备运用组织是以完成装卸任务为目的,并以提高装卸设备的生产率、装卸质量和降低装卸搬运作业成本为中心的技术组织活动。它包括下列内容:

(1)确定装卸任务量。根据物流计划、经济合同、装卸作业不均衡程度、装卸次数、装卸车时限等,来确定作业现场年度、季度、月、旬、日平均装卸任务量。装卸任务量有事先确定的因素,也有临时变动的可能。因此,要合理地运用装卸设备,就必须把计划任务量与实际

装卸作业量两者之间的差距缩小到最低水平。同时，装卸作业组织工作还要把装卸作业的物资对象的品种、数量、规格、质量指标以及搬运距离尽可能地做出详细的规划。

(2)根据装卸任务和装卸设备的生产率，确定装卸搬运设备需用的台数和技术特征。

(3)根据装卸任务、装卸设备生产率和需用台数，编制装卸作业进度计划。它通常包括：装卸搬运设备的作业时间表、作业顺序、负荷情况等详细内容。

(4)下达装卸搬运进度计划，安排劳动力和作业班次。

(5)统计和分析装卸作业成果，评价装卸搬运作业的经济效益。

随着生产力的发展，装卸搬运的机械化程度定将不断提高。此外，由于装卸搬运的机械化能把工人从繁重的体力劳动中解放出来。尤其对于危险品的装卸作业，机械化能保证人和货物的安全，也是装卸搬运机械化程度不断得以提高的动力。

(五)推广组合化装卸搬运

在装卸搬运作业过程中，根据不同物料的种类、性质、形状、重量的不同来确定不同的装卸作业方式。处理物料装卸搬运的方法有三种形式：普通包装的物料逐个进行装卸，叫做“分块处理”；将颗料状物资不加小包装而原样装卸，叫做“散装处理”；将物料以托盘、集装箱、集装袋为单位进行组合后进行装卸，叫做“集装处理”。对于包装的物料，尽可能进行“集装处理”，实现单元化装卸搬运，可以充分利用机械进行操作。

(六)合理地规划装卸搬运方式和装卸搬运作业过程

装卸搬运作业现场的平面布置是直接关系到装卸、搬运距离的关键因素，装卸搬运机械要与货场长度、货位面积等互相协调。要有足够的场地集结货场，并满足装卸搬运机械工作面的要求，场内的道路布置要为装卸搬运创造良好的条件，有利于加速货位的周转。使装卸搬运距离达到最小平面布置是减少装卸搬运距离的最理想的方法。

提高装卸搬运作业的连续性应做到：作业现场装卸搬运机械合理衔接；不同的装卸搬运作业在相互联结使用时，力求使它们的装卸搬运速率相等或接近；充分发挥装卸搬运调度人员的作用，一旦发生装卸搬运作业障碍或停滞状态，立即采取有力的措施补救。

案例分析之一

某企业在厂内新建5座综合性(普通)库房，每座库房面积为$60 \times 15 = 900\ m^2$，每座库房年吞吐量为1.9万t(与库容量和出入库频率有关)，存放物品为单件，最大单件重量为5 t。

思考：

1. 如何合理配置搬运装卸机械设备？
2. 采用传输带为主要搬运手段时，设施应如何分布？

3. 采用叉车为主要搬运手段时,设施布置应考虑什么问题?

案例分析之二

雅芳是世界上领先的美容产品直销商,年营业额为 68 亿美元。除了化妆品、护肤品、香水和人身护理用品,雅芳还生产范围广泛的礼品项目,包括珠宝、女式内衣和时尚饰品。它通过 390 万独立的销售代表向 145 个国家的消费者销售。但是,在 20 世纪 90 年代,这个区域强大的增长趋势却几乎使它的供应链组织面临崩溃。

因此,为了改变这种状态,雅芳进行了供应链的改革,比如,包装箱和包装瓶的适当设计,使每个货盘里的箱数和每个箱子里的瓶数达到最优。如果雅芳能将每辆卡车上装瓶的箱数增加 20% ,公司每年就能节约几十万美元的运费。试分析雅芳的包装设计。

技能演练

利用包装设备和相关材料,分别对不同类型的物品进行包装训练,从节约、美观、环保、可靠、方便、速度等方面进行比较评价。

知识拓展

“六不改善法”

日本物流界从工业工程的观点出发,总结出改善物流作业效率的“六不改善法”,具体内容如下:

(1) 不让等——闲置时间为零。通过正确安排作业流程和作业量,使作业人员和作业机械能连续工作,不发生闲置现象。

(2) 不让碰——与物品接触为零。通过利用机械化、自动化物流设备进行物流装卸、搬运、分拣等作业,使作业人员在从事物流装卸、搬运、分拣等作业时,尽量不直接接触物品,以减轻劳动强度。

(3) 不让动——缩短移动距离和次数。通过优化仓库内的物品放置位置和采用自动化搬运工具,减少物品和人员的移动距离和次数。

(4) 不让想——操作简便。按照专业化(Specialization)、简单化(Simplication)和标准化(Standardization)的“3S”原则进行分解作业活动和作业流程,并应用计算机等现代化手段,使物流作业的操作简便化。

(5) 不让找——整理整顿。即通过作业现场管理,使作业现场工具和物品放置在一目了然的地方。

(6)不让写——无纸化。即通过应用条形码技术、信息技术等使作业记录自动化。

本章小结

本章主要介绍了什么是流通加工、包装、装卸搬运，重点介绍了流通加工的方法，包装材料和包装技术，装卸搬运流程与合理化，使学生能够深入的理解流通加工、包装、装卸搬运在物流中的地位和作用，并熟悉在实际工作中的具体做法。

自我测试

一、判断题

1. 流通加工是销售物流中增加附加价值的活动，是一项具有广泛发展前景的工作。（　　）

2. 物流业务中的包装业属于低投资、低成本、高收入的行业。（　　）

3. 装卸搬运是一种伴生性的物流活动，它本身不具有明确的价值。（　　）

4. 装卸搬运是衔接仓储和运输的桥梁和纽带。（　　）

5. 装卸搬运虽不创造产品的价值，但却是在物流成本中占有相当大的费用。（　　）

6. 装卸搬运是提高物流系统效率的关键，物流的机械化和自动化水平很大程度上取决于装卸搬运的机械化和自动化水平。（　　）

7. 生产加工和流通加工都是创造商品的价值，只是前者是在生产过程中，而后者是在流通过程中。（　　）

二、多项选择题

1. 下列选项中不属于装卸搬运合理化原则的是（　　）。

A. 消除无效搬运　　B. 提高搬运活性

C. 尽量采用人工作业　　D. 采用集装单元化作业

2. 装卸搬运作业的构成主要有（　　）。

A. 堆放拆垛作业　　B. 分拣、配货作业

C. 搬送、移送作业　　D. 贴标签、拴卡片、分装等其他作业

3. 现代包装的功能包括（　　）。

A. 保护功能　　B. 销售功能　　C. 宣传功能

D. 方便功能　　E. 计量功能

4. 装卸作业合理化的措施不包括（　　）。

A. 装卸作业的自动化　　B. 选择适宜搬运路线　　C. 消除无效作业线

D. 提高物资装卸搬运的一致性　　E. 实现装卸作业的省力化

复习思考

1. 搬运装卸作业合理化的原则包括哪些方面？
2. 包装合理化包括哪些方面？
3. 流通加工的目的是什么？
4. 流通加工与生产加工有哪些区别？

第八章 生产物流管理

知识目标

1. 理解生产物流与生产物流系统
2. 掌握生产物流设施布置与设计，现代生产物流解决方案
3. 了解企业生产物流组织

技能目标

1. 能对生产物流案例与现实问题进行分析
2. 能与小组成员合作对给出的技能演练题目进行分析、给出解决方案
3. 能对简单的生产物流系统进行分析与设计

引导案例

丰田公司的准时制生产

丰田公司将JIT生产体制和销售网络相结合，将日本全国经销商的电脑和丰田总公司的电脑连网，销售人员可以将客户定货的内容准时通知生产线，从而形成一个大规模的信息系统，订货手续大为简化，订单当天就可以传入总公司的电脑中，交货时间就可以减少10天以上，而且经销商的库存也减少70%～80%，大幅度降低了存货成本。由于建立了“灵活销售体系”，将产品分成小批量，以更快的速度销售出去，进一步降低了产品在流通领域的费用。在运输方面，对于出口海外的产品，丰田公司所在的丰田市距海岸只有50 km，汽车可以一直由生产线开到码头，而远洋轮也准时制地等待装船。消除了由于必须凑齐一定数量的汽车才能装船的库存费用。到岸以后，由电脑分配，直接交至各经销商手中，中间不需要存储。丰田公司实施以人为本的准时制生产战略，对全体经销商进行教育培训，根据市场反馈的信息，对经销商的促销政策和经营上的问题给以适当的指导，以提高销售效率，如商品知识指导、推销员培训、经营管理或财务指导、店铺设计、广告发布指导等，并从人员

和技术上协助他们进行销售和售后服务。不景气的时期，通过协商，共同承担利润减少带来的负面影响，形成一种风险共担，利益共享的关系。

思考：

1. JIT 的核心思想是什么？它涉及到生产企业物流管理的哪些方面？
2. JIT 可以为企业带来什么好处？

第一节　生产物流与生产物流系统

一、生产物流的含义

企业生产物流是指伴随企业内部生产过程的物流活动。即按照工厂布局、产品生产过程和工艺流程的要求，实现原材料、配件、半成品等物料在工厂内部供应库与车间、车间与车间、工序与工序、车间与成品库之间流转的物流活动。

广义的生产物流涉及的内容包括厂址的选择、工厂总平面的布置、车间布置、设备布置、工艺流程设计、生产过程的时间及空间组织、物料搬运等。狭义的生产物流一般指在企业的生产过程中所发生的有关物料移动、加工成半成品、成品到最终成品入库的一系列有关原材料、配件等的空间移动的过程。

过去人们在研究生产活动时，主要关注一个又一个的生产加工过程，而忽视了将每一个生产加工过程串在一起的、并且又和每一个生产加工过程同时出现的物流活动。例如，不断离开上一工序，进入下一工序，便会不断发生搬上搬下、向前运动、暂时停止等物流活动。实际上，一个生产周期，物流活动所用的时间远多于实际加工的时间。所以，企业生产物流研究的潜力，时间节约的潜力、劳动节约的潜力是非常大的。

二、生产物流系统

企业生产系统是企业大系统中的一个子系统，是支撑企业生产过程运行的物质基础，生产系统由系统的硬件和软件两部分组成。生产系统的硬件通常是指生产机器设备、工具器具、生产场地、厂房、运输车辆、通信设施等，它构成生产系统的物质形式。生产系统的软件指的是生产组织形式、人员配备要求、工作制度、运行方式以及管理上的各种规章制度。

企业的生产系统实质上也是一个物流系统。企业的生产系统是用来支撑生产过程的，而产品生产过程是企业生产系统的核心部分。产品的生产过程就是一个典型的物流过程，它是企业物流系统的主要组成部分，同时它也导致其他的企业物流，如供应物流、销售物流和回收、废弃物流等。

例如汽车装配生产线，它是一个生产系统。这条生产线把车桥、发动机、车轮、变速箱、车厢等装配成一辆汽车，因此它是汽车的生产系统。但是，从物流的角度看，它又是一个物流系统：按着一定节拍运行前进的装配线传送带，载着汽车的骨架前行，经过各个装配工序，依次装配上发动机、车轮、变速箱、车厢等各个部件，最后变成一辆完整的汽车，下线后进入成品库暂存待售。如图 8-1 所示。

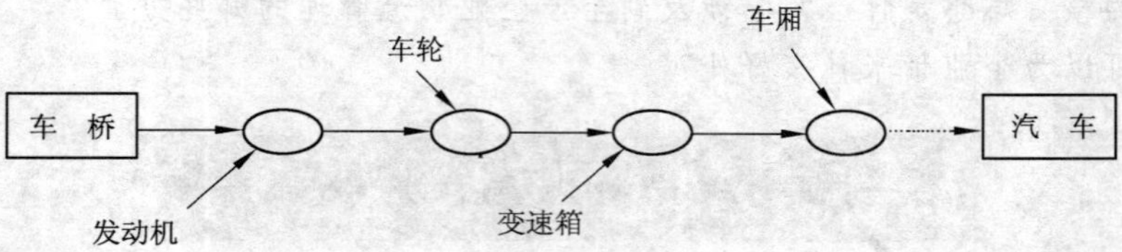

图 8-1　汽车装配示意图

三、生产物流系统设计原则

生产物流系统的设计融合在企业生产系统设计中，但强调了物流环节的整体效益。如仓储系统设计和搬运系统设计等。企业进行生产系统设计时，不仅要考虑生产系统的布置适应生产能力的需要，而且像进料、临时储存、生产系统前、中、后的搬运、调度、装箱、库存、运送等均应一并考虑。生产物流的一般设计原则是：

(1)功最小原则。物流过程中不增加任何附加的价值，徒然消耗大量人力、物力和财力，因此，物流“距离”要短，搬运“量”要小。

(2)流动性原则。良好的企业生产物流系统应使流动顺畅，消除无谓停滞，力求生产流程的连续性。当物料向成品方向前进时，应尽量避免工序或作业间的逆向、交错流动或发生与其他物料混杂的情况。

(3)高活性指数原则。采用高活性指数的搬运系统，减少二次搬运和重复搬运量。

第二节　企业生产物流组织

一、生产物流类型

企业的生产类型是生产的产品产量、品种和专业化程度在企业技术、组织和经济上的综合反映和表现。它在很大程度上决定了企业和车间的生产结构、工艺流程和工艺装备的特点、生产过程的组织形式及生产管理方法，同时也决定了与之匹配的生产物流类型。通常情况下，企业生产的产品产量越大，产品的品种则越少，生产专业化程度也越高，而物流过程的稳定性和重复性也就越大。反之，企业生产的产品产量越小，产品的品种则越多，生产的专业化程度越低，而物流过程的稳定性和重复性亦越小。可见，物流类型与决定生产类型的产品产量、产品品种和专业化程度有着内在的联系，并对生产组织产生不同的影响和要求。

按生产和物流的稳定性和重复性可以把各类生产过程分为大量生产、单件生产和成批生产。

(1)大量生产:生产品种单一,产量大,生产重复程度高,一般这类产品在一定时期内具有相对稳定的需求,生产与物流设备的专用性强。

(2)单件生产:生产品种繁多,但每种仅生产一件,生产重复度低;生产与物流设备必须采用通用设备。

(3)成批生产:介于上述两者之间。即品种不单一,每种都有一定批量,生产有一定的重复性。通常又可划分为大批生产、中批生产、小批生产。划分三种生产类型的标准,如表 8-1 所示。

表 8-1　物流生产类型

生产类型	工作地所承担的工序数目	工作地负荷系数
大量生产	1 ~ 2	0.5 以上
大批生产	2 ~ 10	0.1 ~ 0.5
中批生产	10 ~ 20	0.05 ~ 0.1
小批生产	20 ~ 40	0.025 ~ 0.05
单件生产	40 以上	0.025 以下

二、物流组织方式

生产物流的组织是相对于企业生产区域而言,目标是如何缩短物料在工艺流程中移动距离。一般有三种专业化组织形式:

(一)按工艺专业化形式组织生产物流

工艺专业化形式也叫工艺原则,就是按照生产工艺的特点来设置生产单位。在工艺专业化的生产单位内,集中着同种类型的生产设备和同工种的工人,对企业生产的各种产品或零件进行相同工艺方法的加工。如图 8-2 所示。

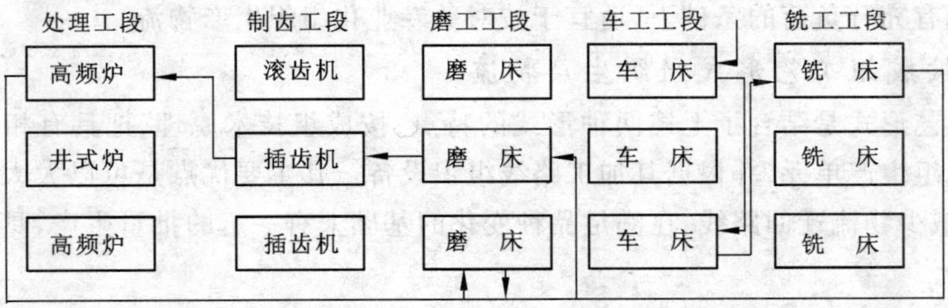

图 8-2　工艺专业化形式

工艺专业化形式的优点是对产品品种的变化和加工顺序的变化适应能力强;便于充分利用生产设备和生产面积,提高了设备的利用率;工艺及设备管理较方便。缺点是物料在加工过程中物流次数及路线复杂;产品在生产过程中停放、等待时间增多,延长了生产周期,增加了在制品,占用了流动资金;各生产单位之间的往来频繁,使计划管理、在制品管理、质量管理、以及产品的成套性等工作比较复杂。

在企业生产规模不大,生产专业化程度低,产品品种不稳定的单件小批生产条件下,则适宜于按工艺专业化组织生产物流。

(二)按对象专业化形式组织生产物流

对象专业化也叫对象原则,就是以产品(零件、部件)为对象来设置生产单位。在对象专业化的生产单位内,集中了为制造某种产品所需要的各种不同类型的生产设备和不同工种的工人,对其所负责的产品进行不同工艺方法的加工。每一个生产单位基本上能独立完成该种产品的全部或大部分工艺过程,不用跨其他的生产单位,如图 8-3 所示。

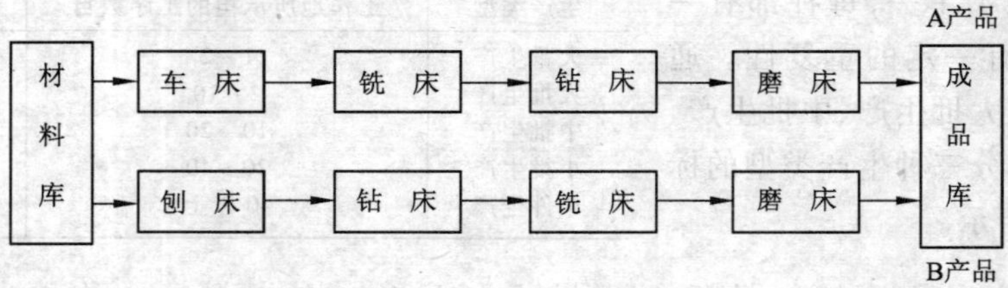

图 8-3　对象专业化形式

对象专业化的优点是可以大大缩短产品在生产过程中的运输路线,减少运输次数;减少产品在生产过程中的停放、等待时间;提高生产过程的连续性,缩短生产周期,减少生产中的在制品占用量,节约流动资金;有利于按期、按质、按量、成套的完成生产任务。其缺点是对品种的变化适应能力差;需要较多的生产设备,投资费用大,又由于分散使用,设备的利用率较低。

在企业专业方向已经确定,产品品种比较稳定,生产类型属于大量、大批生产,设备比较齐全并能有充分负荷的条件下,适宜于按对象专业化组织生产物流。

(三)按成组工艺形式组织生产物流

成组工艺形式是结合了上述两种形式的特点,按成组技术原理,把具有相似性的零件分成一个成组生产单元,并根据其加工路线组织设备。其主要优点是可以大大简化零件的加工流程,减少物流迂回路线,在满足品种变化的基础上有一定的批量生产,具有柔性和适应性。

第三节　生产物流设施布置与设计

一、车间布置

车间布置,是指对车间各基本工段、辅助工段、生产服务部门、设施、设备、仓库、通道等在空间和平面上的相互位置的统筹安排。车间布置旨在最有效地利用厂房空间,一方面方

便于工作操作,避免生产设备的过度拥挤;另一方面,注意厂房的通风和防火防爆,确保安全生产。其具体内容包括:

(1)在纵跨、横跨、高跨、露天跨建筑面积上的安排;

(2)在厂房内空间分层的安排;

(3)在多层建筑内的安排。

车间的平面布置要根据工厂的生产大纲和车间分工表、生产流程、工艺路线、生产组织形式、机器设备和起重运输设备的种类、型号、数量等多方面因素共同确定。好的车间布置应最大限度地减少搬运路程,让物料从进入车间依次流经各个工位后流出车间。

二、设备布置

设备布置有三种形式:一是工艺专业化形式,即把同类型的设备布置在一起,又称机器群;二是对象专业化形式,即把为制造某种产品所需要的各种不同类型的设备,按工艺加工顺序布置在一起;三是混合形式,即前面两种形式的结合使用。

设备布置的原则是:

(1)尽量使产品通过各设备的加工路线最短。多设备看管时,工人在设备之间的行走距离最短。

(2)便于运输。加工大型产品的设备应布置在有桥式吊车的车间里。加工长形棒料的设备尽可能布置在车间的入口处。

(3)确保安全。各设备之间、设备与墙壁、柱子之间应有一定的距离。设备的传动部分要有必要的防护装置。

(4)便于工人操作和工作地的布置。

(5)充分利用车间的生产面积。在一个车间内,可因地制宜地将设备排列成纵向、横向或斜角,不要剩下不好利用的面积。

三、成组技术

(一)成组技术的产生与概念

成组技术,是指将企业生产的多种产品、部件和零件,按照一定的相似性准则分类成组,并以这种分组为基础组织生产的全过程,从而实现产品设计、制造和生产管理的合理化及高效益。成组技术所研究的问题就是如何改善多品种、小批量生产的组织管理,以获得如同大批量那样高的经济效果。成组技术的基本原则是根据零件的结构形状特点、工艺过程和加工方法的相似性,打破多品种界限,对所有产品零件进行系统的分组,将类似的零件合并、汇集成一组,再针对不同零件的特点组织相应的机床形成不同的加工单元,对其进行加工,经过这样的重新组合可以使不同零件在同一机床上用同一个夹具和同一组刀具,稍加调整就能加工,从而变小批量生产为大批量生产,提高生产效率。如图 8-4 所示。

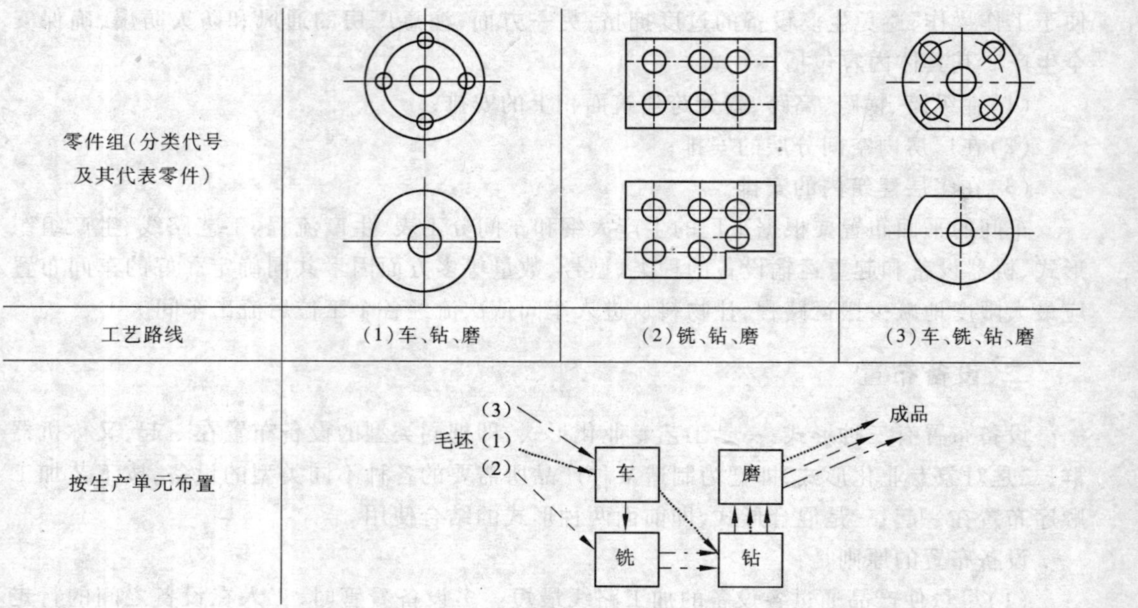

图 8-4　成组生产单元布置示意图

(二)成组技术布局

成组技术布局是将不同的机器分成单元来生产具有相似形状和工艺要求的产品。成组技术布局现在被广泛应用于金属加工、计算机芯片制造和装配作业。成组原则应用的目的是要在生产车间中获得产品原则布置的好处,这些好处包括:

(1)改善人际关系:工人组成团队来完成整个任务;

(2)提高操作技能:在一个生产周期内,工人只能加工有限数量的不同零件,重复程度高,有利于工人快速学习和熟练掌握生产技能;

(3)减少在制品和物料搬运:一个生产单元完成几个生产步骤,可以减少零件在车间之间的移动;

(4)缩短生产准备时间:加工种类的减少意味着模具的减少,因而可提高模具的更换速度。

工艺导向布局转换为成组技术布局可通过以下三个步骤来实现:

(1)将零件分类。该步骤需要建立并维护计算机化的零件分类与编码系统。尽管许多公司都已开发了简便程序来对零件进行分组,但这项支出仍然很大。

(2)识别零件组的物流类型,以此作为工艺布置和再布置的基础。

(3)将机器和工艺分组,组成工作单元。在分组过程中经常会发现,有一些零件由于与其他零件联系不明显而不能分组,还有专用设备由于在各加工单元中的普遍使用而不能具体分到任一单元中去。这些无法分组的零件和设备都放到“公用单元”中。

四、生产单元优化设计实例

优化与改善是精益生产实施中的重要基础组成部分。通过对生产单元的优化设计,可以平衡生产线,使产品在生产线上的流动更加和谐,使之更有利于满足顾客的需要。下面将以实例来说明,如何对生产单元进行优化设计。

(一)生产单元的现状及存在的问题

图 8-5 所示为箱体车间物流设施布置现状。

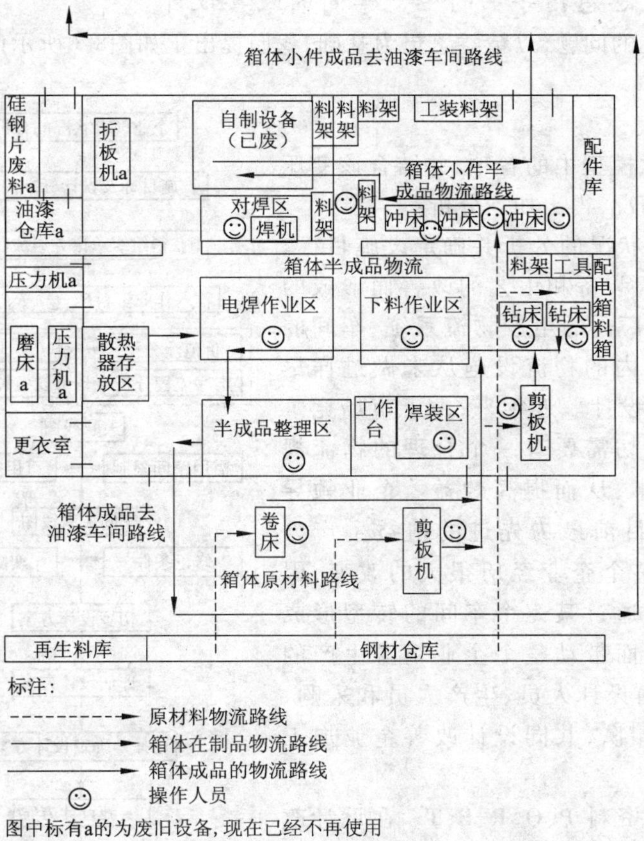

图 8-5 箱体车间物流设施布置现状

箱体车间主要生产 S9/10KVA-2000KVA 的 19 个种类变压器的箱体,箱体车间的布置现状图,如图 8-5 所示。由于每个箱体的大体结构相同,其加工工艺也十分相似,由此,该车间将箱体的生产分为大件生产区和小件生产区,其中小件工件通常是由人工搬运,而大件工件通常是由车间内部的天吊来完成。通过对箱体车间的深入分析,得出该车间存在如下几点问题：

(1)物流的路线太长(见图8-5)，造成运输时间的浪费，并且各工序之间的衔接过程存在许多浪费，造成各工序的生产效率很低；

(2)生产现场存在大量闲置不用的生产设备，占用了大量的空间，同时生产现场显得十分混乱；

(3)生产设备之间的距离较大，操作人员移动距离较大，使得操作人员每人每次只能操作一台机床，不利于操作人员工作效率的提高。

(二)在精益思想指导下的生产车间的改善设计

针对以上存在的问题，以精益思想为基础，我们提出了如图8-6所示的生产单元优化程序模型。

1. 模型分析

如图8-6所示模型中的各项，并结合该变压器厂的具体实际情况，得出如下分析：

(1)企业现有状况的分析并确定设施目标。该厂多年来虽然因装备和工艺的改善而形成的合理性积淀，但对厂内的生产物流系统、车间的总体布局、各车间内的物流设施从未做过详尽的、系统的规划和设计。近年来，由于市场竞争愈加激烈，该厂迫切需要有一个合理的物流规划系统来降低成本，从而提高效益。企业领导的目标是要应用目前最为先进的精益生产方式。这其中需要整个企业经历很大的改变，因此，公司领导决定通过某一个车间的转型形成示范带头作用，从而带动整个企业精益生产的实施。并组成了由设计人员、生产人员和采购、营销人员构成的团队，共同设计改善企业加工生产线。

(2)输入作业资料P、Q、R、S、T。在设计改善生产线之前，要明确所要生产的产品(Product)、数量(Quantity)、途程安排(Routing)、辅助劳务(Supporting Service)与时间(Time)。

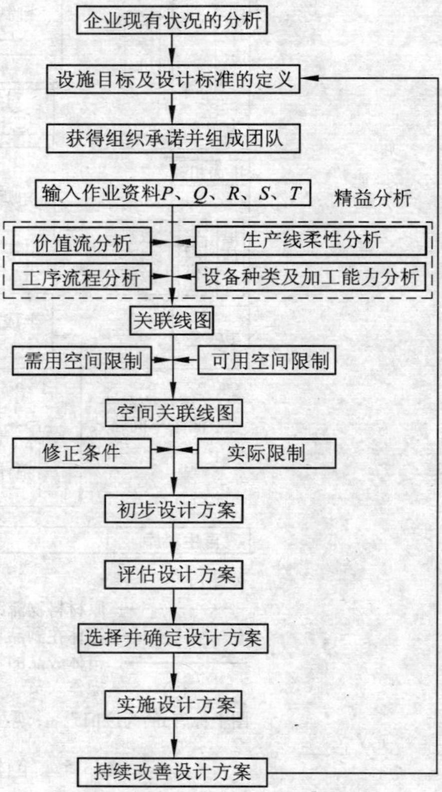

图8-6　生产单元优化程序模型

(3) 精益分析。精益分析包括价值流分析、生产线柔性分析、工序流程分析和设备种类及加工能力分析。

① 价值流分析：该车间产生价值的部分在于箱体的加工，箱体的价值流从原材料开

始,沿着整个生产加工的工序进行流动,直至流到该车间生产加工的终端。在此过程中,对于那些不产生价值但由于目前生产系统的需要,又不能马上取消的行动(通常称之为一型浪费,如原材料、在制品及产成品的流动)应尽可能的减少;而对于那些不产生价值,并且可以立即取消的行动(通常称之为二型浪费,如由于整个生产系统不能均衡,经机加后的零件在焊接工序之前需要等待的过程)则应立即取消。另外,可以看到,图 8-5 所示的车间布置中,存在大量固定的料架,其导致的直接后果是操作人员不得不自行走动去搬取货物,这有无形中出现了浪费,侧面地阻碍了产品价值的流动。考虑到供应商与箱体生产车间的关系不是十分紧密,经仔细分析,决定采用可以移动的料架来代替原有固定的料架,并按照生产看板的要求主动地为每一个生产单元供货,使生产线上每一个加工单元始终都保持有少量的库存。这样,不但可以节省大量的人力和物力,而且能够使整个产品的价值流按照“一个流”的方式移动。

② 工序流程分析:该箱体车间的改善布置是在采用原有的工序的基础上,对原有不合理的工序(如对某些不利于生产加工的零件按其性能强度的要求进行重新设计)进行了改进,从而缩短某些不合理工件的加工时间。

③ 生产线柔性分析:考虑到生产加工的柔性,并根据所要生产的箱体零件的大小、生产工艺及设备加工能力的不同,决定将改善后的生产车间设计成两条分别用于加工大小不同箱体零件的生产线(其中,生产线的布置首先应取决于所要生产产品加工过程的相似性,其次应取决于所划分的每一个基础工作单元加工时间的相近性),这样,不仅物流路线大大的缩短了,还节省了生产空间,在市场需求产品种类变化不大的时候,这些空出来的空间作为预留地,一旦市场需求产品种类发生变化,可以利用这部分空间安装设备,对特殊零部件进行生产加工。

④ 设备种类及加工能力分析:选用那些换产能力较强的设备组成具有柔性生产线,并采用快速换模技术组织实际生产。另外,通过对设备之间加工能力的分析,了解到在图 8-5 所示的各个加工设备中钻床、剪板机、冲床及卷床的加工时间较短,而电焊所用的加工时间较长,二者所用时间的比例大约是 1 : 2,由于这个原因,该厂经常出现大量在制品在电焊区排队等待加工的现象。考虑到设备加工能力的不同,决定在图 8-5 的基础上各增加一个电焊作业区,以均衡整个生产。

(4)其他分析。如图 8-6 所示,根据以上分析所得出的结论,可以发展出关联线图,以表现各项作业的相对空间位置。之后的工作是决定每项作业所分配的空间的大小,并为每一个设备制作样板,并将这些样板放入关联线图中,从而获得空间关联线图。在根据修正的考虑及实务上的限制,就可以发展出许多布局方案,并进行评估与推荐较佳的方案如图 8-7 所示。最后,需要定期对现有的方案进行改善,已达到趋近于最佳的车间布置方案的目的。

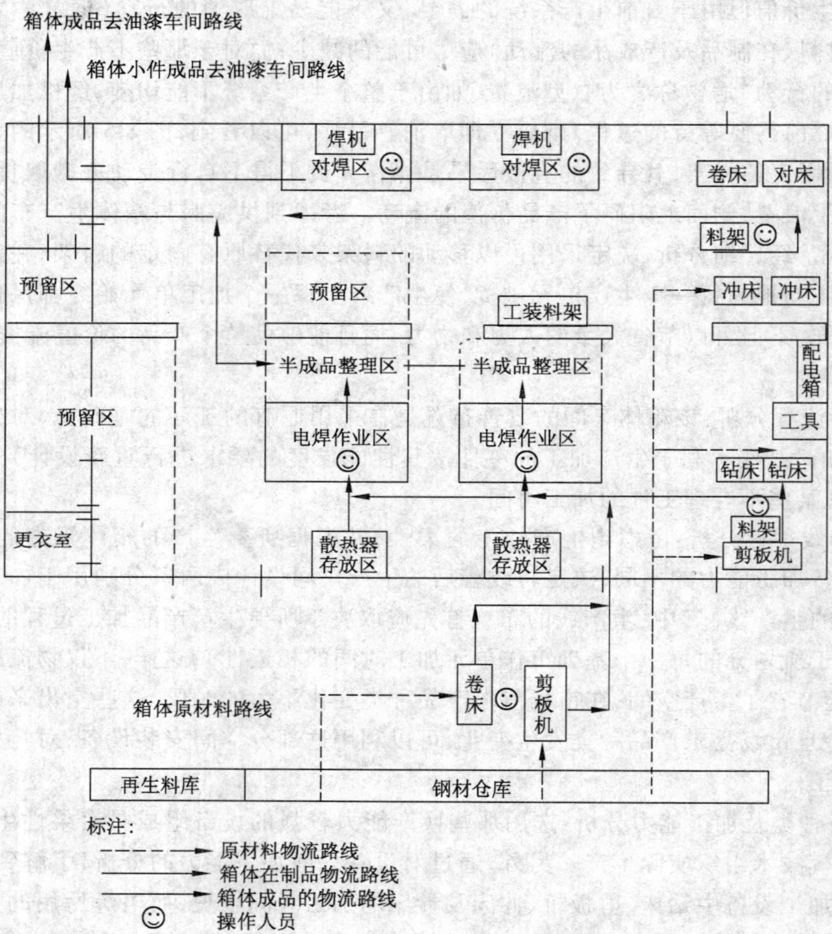

图 8-7　箱体车间物流设施重组布置图

2. 改善布置结果分析

如图 8-5 所示的车间中，几乎每一台加工设备都要有专人（车间中的直接参与操作的工人大约有 14 人）来负责管理，这样，无形中产生了人员的浪费，因为操作人员在整个加工的过程中，大多只是在装卸工件时直接参与其中，而加工中的大部分时间都是用来检查加工中工件是否存在问题（根据经验，这种问题发生的几率是很小的，而且完全可以通过经常性的检修设备予以避免）。如图 8-7 所示的改善后的生产线是根据工业工程中人机操作分析确定的，由于其均衡了整条生产线，因此，仅需要 7 人（其中每个工人都要经过培训，使之具有操作多种机床的能力）就可以完成上述工作。

根据调查，该箱体车间采取两班工作制，且每班每天工作 8 小时，车间平均每天的生产能力为 10 个箱体，由此可以计算出改善后的精益生产线的工作节拍为：

$$
\begin{aligned}
\text{节拍} &= \frac{(\text{每天工作的分钟数} \times \text{每天的班数})}{\text{每天的实际生产能力}} \\
&= \frac{(8 \times 60 \times 2)(\text{分钟})}{10(\text{件})} \\
&= 96(\text{分钟/件})
\end{aligned}
$$

由于采取了“一个流”的精益思想对车间进行了改善布置，使整个车间的生产效率提高了 30%，产品的质量问题也比往常有了较明显的下降。

（三）生产管理改善

除了进行基于精益生产的车间改善设计、实施外，还对其的生产管理进行改善，只有二者能够有机结合，相辅相成，改善设计后的车间才会达到预想的效果，其生产管理改善如下：

1. 建立持续改善的管理体系

以车间设施规划改善为契机，建立企业领导主持，车间主任及班组长和员工参与的持续改善的三级管理体系，充分发挥员工参与的积极性和热情。促使企业在保持现有改善成果的基础上，进一步完善和改进其生产组织和现场管理。

2. 5S 管理

5S 管理的五个要素是整理（Seiri）、整顿（Seiton）、清扫（Seiso）、清洁（Seiketsu）和素养（Shitsuke），既要通过全体员工的共同努力，从自己身边做起，把无用的杂物清理干净，把有用的物品按照使用频率的不同进行合理摆放，并长期加以保持。根据这个思想，在图 8-7 中去掉了图 8-5 中标有 a 的无用设备，使整个生产现场井井有条。

3. 人员管理

按照精益思想的要求，每一名现场操作员工都需要经过精益思想的培训，使之对所采用的管理模式有一个深入的了解，同时，他们还需要经过各个工种的培训，并在实际工作中经常轮换工作，只有这样，才能适应 U 形生产线的要求。

（四）结论

本案例（某变压器厂箱体车间），引入了基于精益思想的设施规划改进程序模型。通过进行价值流分析，减少或消除了一些不产生价值的部分；通过工序流程的分析，对原有的工序进行合理改善；通过进行生产线柔性的分析，节约了大量的生产空间，使工厂内部的物流路线大大缩短；通过设备种类及加工柔性分析，平衡了加工生产线。改善后的箱体车间基本上实现了“一个流”的思想，均衡了整条生产线，节约了大量的人力、物力和生产空间，提高了生产效率，产品的质量问题也比以前有了明显的下降。

技能演练

流水生产线的组织

一、问题资料

某产品流水线计划日产量为150件，采用两班制生产，每班规定有12分钟停歇时间，计划废品系数为0.04。由13道小工序组成，单位产品的总装配时间为44 min，各工序之间的装配顺序和每道工序的单件作业时间如图8-8所示。图中圆圈中的数字表示工序号；圆圈上方的数字表示该工序的单件作业时间；有箭头的连线表示装配的先后关系，没有箭头的连线表示没有先后装配关系。要求进行流水生产线的设计。

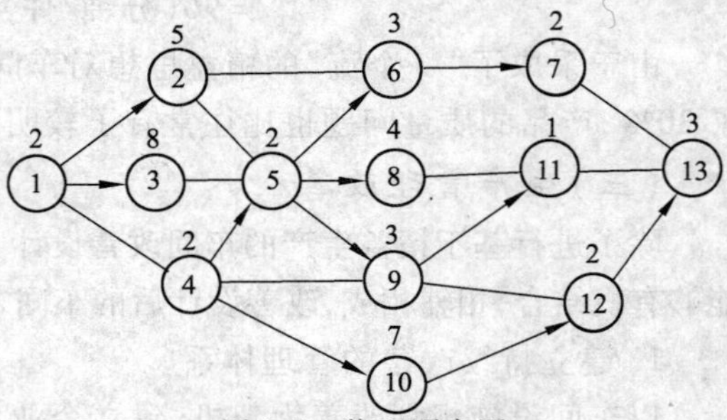

图8-8　装配顺序图

二、相关知识

1. 流水生产线的含义及特征

流水生产线是一种先进的生产物流组织形式。他是按照产品(零部件)生产的工艺顺序排列工作地，使产品(零部件)按照一定的速度，连续地和有节奏地经过各个工作第一次加工，直到生成产品。这种生产物流组织形式一般具有以下特征：

(1)流水生产线上固定生产一种或少数几种产品(零件)，其生产过程是连续的。

(2)流水生产线上各个工作地是按照产品工艺过程的顺序排列的，产品按单向运输路线移动。每个工作地只固定完成一道或少数几道工序，工作地的专业化程度很高。

(3)流水生产线按照规定的节拍进行生产。所谓节拍，就是流水生产线上前后出产两件相同产品之间的时间间隔。

(4)流水线上各工序之间的生产能力是平衡的，成比例的，即各道工序的工作地(设备)数同各道工序单件作业时间的比例相一致。

(5)流水生产线上各工序之间的运输采用传送带、辊道等传送装置，使各工序上完工的制品，能及时地同时运送到下道工序继续进行加工。

流水生产线的上述特征，决定了他有以下优点：

(1)整个生产过程平行连续，协调均衡；

(2)有利于机器设备和人力的充分利用；

(3)最大限度地缩短生产周期；

(4)缩短运输路线，工序间在制品数量很少；

(5)由于工作地专业化程度高，能采用专用设备、工具，有利于提高劳动生产率。

总之，流水生产线能满足合理组织生产物流过程的要求，使企业的许多技术经济指标得到改善。

2. 流水生产线的设计

流水生产线的设计，包括技术设计和组织设计两个方面。这里，我们主要谈流水生产线的组织设计。组织设计的内容一般有：流水线节拍的确定；组织工序同期化；计算工作地数量；流水线负荷系数；配备工人；设计运输工具；流水线的平面布置等。

(1) 确定流水生产线的节拍。计算公式为

$$节拍=\frac{计划期的有效工作时间(\text{min})}{计划期的产品产量(件)}$$

计划期的有效工作时间是指制度规定时间减去必要的停歇时间，如维修设备、更换工具、工人休息等时间。计划期的产量包括计划出产量和预计废品量。

(2) 进行工序同期化。工序同期化是使流水生产线各工序的单件时间等于节拍或节拍的整数倍。这是保证各工序按节拍进行工作的重要因素。

在手工作业中，实现工序同期化是比较容易的，一般采用的方法是，把工序分成更小的组成部分，然后按照同期化的要求把各个相邻的组成部分重新组成工序。这些工序的时间就可接近节拍或节拍的倍数。也可以合理调配劳动力，如组织相邻工序的工人协作、把熟练工人调到高负荷工序上去工作等等。

在机器作业中，实现工序同期化的方法主要是：采用更完善的设备和工具、改进工艺方法，提高工人的熟练程度以及改进劳动组织等。

(3) 计算最小工作地的数量。公式为

$$N_{\min}=\left[\frac{T}{r}\right]$$

式中：$N_{\min}$——最小工作地数；

T——单位产品总装配时间；

r——流水线的节拍；

$\left[\frac{T}{r}\right]$——大于或等于$\frac{T}{r}$的最小整数。

(4) 组织工作地。按同期化的要求，将各工序分配到工作地。所谓同期化的要求，是指向每一个工作地分配工序时必须满足下列条件：

① 保证各工序之间的先后顺序关系；

② 每个工作地分配到的工序作业时间之和不能大于节拍；

③ 各工作地的单件作业时间应尽量相等和接近节拍；

④ 应使工作地的数目最少。

(5) 计算流水线的负荷系数。流水线的负荷系数越大，表明流水线的生产效率越高。一般机器工作流水线的负荷系数不应低于 0. 75，以手工为主的装配流水线的负荷系数应在

0.85 ~0.9 以上。流水线负荷系数公式为：

$$\eta = \frac{T}{N \times r}$$

式中：η——流水线负荷系数；

T——单位产品总装配时间；

N——流水线平衡后实际采用的工作地数；

r——流水线节拍。

(6)配备工人。在以手工操作为主的流水线上，需要配备的工人总数等于流水线上所有各个工作地的工人人数之和。每个工作地需要的工人人数可按下式计算：

每个工作地需要的工人数 = 工作地上同时工作的工人数 × 工作班次

在以机器工作为主的流水线上，配备工人时要考虑工人实行多设备看管和兼作的可能性，以及配备后被公认的必要性。

(7)设计运输工具。流水线上采用的运输工具种类很多，主要取决于加工对象的重量与外形尺寸、流水线的类型和实现节拍的方法。通常在流水线上，工序间的传送大多采用传送带，这是一种比较先进的运输装置。传送带有多种形式，典型的是带式运输装置。此外，还有吊运式运输装置、旋转工作台、重力滑道、专用小车等不同方式。传送带的长度一般可按下列公式计算：

传送带长度 =2 × 流水线上各工作地长度之和 + 技术上需要的长度

(8)流水线的平面布置。流水线的平面布置应当有利于工人操作，制品运输路线最短，生产面积充分利用。同时，要考虑流水生产线之间的相互衔接，尽可能做到零件加工完毕处，恰好是部件装配开始处，部件装配完毕处，正是总装开始处，从而使所有流水生产线的布置符合产品生产过程的流程。

三、问题解析

1. 计算流水线需要的最小工作地数

$$N_{\min} = \left[\frac{T}{N}\right] = [44/8] = 6$$

2. 组织工作地

从第一道工序开始，根据工序先后顺序的要求，将能和第一道工序组合在一起的、作业时间之和等于或接近于节拍的工序编为一组，分配给一个工作地。在列举各种编组方案时，消去不合理的编组，如各工序作业时间之和超过节拍或远小于节拍，违反工序之间的先后顺序等。如发现有作业时间相同的多个编组时，则可保留一个，消去其余的。在列出第一个工作地的编组方案基础上，按上述步骤进行第二个工作地的编组。如此反复进行，直至把所有的工序都分配完为止。如表 8-2 所示。

表 8-2 流水线的组织

工作地顺序号	工序号	工序单件作业时间	工作地单件作业时间	工作地空闲时间
1	1 2	2 5	7	8 - 7 = 1
2	3	8	8	8 - 8 = 0
3	4 5 8	2 2 4	8	8 - 8 = 0
4	10	7	7	8 - 7 = 1
5	6 7 9	3 2 3	8	8 - 8 = 0
6	11 12 13	1 2 3	6	8 - 6 = 2

3. 计算流水线的负荷系数

$$\eta = \frac{T}{N \times r} = \frac{44}{6 \times 8} = 0.9167$$

第四节 现代生产物流解决方案

一、MRP

(一)MRP 的原理

MRP(Material Requirement Planning,物料需求计划),是基于产品结构的物料需求组织生产,即根据产品结构的层次从属关系,以产品零件为计划对象,以完工日期为计划基准倒排计划,按各种零件与部件的生产周期反推出它们的生产与投入时间和数量,按提前期长短区别各个物料下达订单的先后顺序,从而保证在生产需要时所有的物料都能配套齐备。不到需要的时刻不要过早积压,达到减少库存量和减少占用资金的目的。

MRP 的原理是,由主产品进度计划(MPS)和主产品的层次结构逐层逐个地求出产品所有零部件的出产时间、出产数量。如果是自己加工,就形成了加工任务单。如果是向外采购,就形成了采购任务单。因此,MRP 的基本任务是:

(1)从最终产品的生产计划(独立需求)导出相关物料(原材料、零部件等)的需求量和需求时间(相关需求);

(2)根据物料需求时间和生产(订货)周期确定其开始生产(订货)的时间。

MRP 的基本任务是编制零件的生产计划和采购计划。MRP 的依据是主产品进度计划(MPS)、物料清单(BOM)和产品库存文件(PIF)。它们之间的逻辑流程关系如图 8-9 所示。

① 主产品进度计划(Master Production Schedule,MPS)。主产品进度计划是确定每一具体的最终产品在每一具体时时间段内生产数量的计划。这里的最终产品是指企业最终完成、要出厂的完成品,它要具体到产品的品种、型号。这里的具体时间段,通常是以月为单位,在有些情况下,也可以是日、旬。主产品进度计划详细规定生产什么、什么时段应该产出,它是独立需求计划。主产品进度计划根据客户合同和市场预测,把经营计划或生产大纲中的产品系列具体化,使之成为展开物料需求计划的主要依据。

② 主产品结构清单(Bill Of Materials,BOM)。主要反映主产品的层次结构、所有零部件的结构关系和数量组成。根据这一清单,可以确定主产品及其各个零部件的需要数量、需要时间和它们相互间的装配关系。

图 8-10 表示了一个简化了的自行车的产品结构图,表 8-3 则是一张简单的与自行车产品结构相对应的物料清单。

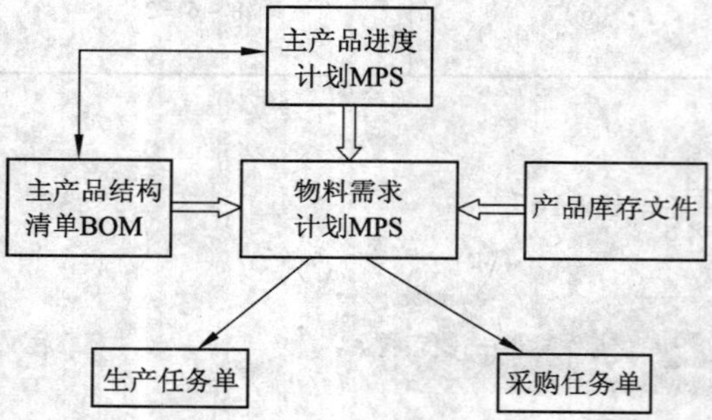

图 8-9 MRP 逻辑图

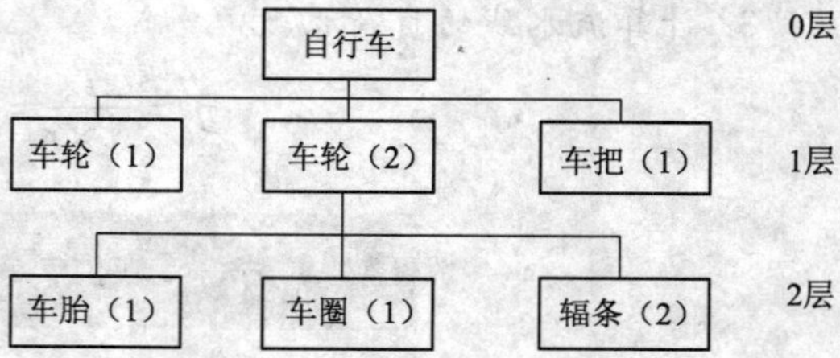

图 8-10 自行车产品结构图

表 8-3 自行车产品物料清单

层次	物料号	物料名称	单位	数量	类型	成品率	ABC 码	提前期
0	GB950	自行车	辆	1	M	1.0	A	2
1	GB120	车架	件	1	M	1.0	A	3
1	CL120	车轮	个	2	B	1.0	A	2
2	LG300	轮圈	件	1	B	1.0	A	5
2	GB890	轮胎	套	1	B	1.0	B	7
2	GBA30	辐条	根	42	B	0.9	B	4
1	113000	车把	套	1	B	1.0	A	4

说明:类型中“M”为自制件,为“B”外购件

③ 产品库存文件(Product Inventory File,PIF)。包括主产品和其所有的零部件的库存量、已订未到量和已分配但还没有提走的数量。

某项物料的净需求量可按下列公式计算:

$$净需求量 = 毛需求量 + 已分配量 - 已定未到量 - 现有库存量$$

(二)MRP 的特点

(1)需求的相关性。不仅需求之间互相相关,需求与资源也互相相关;不仅品种数量相关,而且需求时间也互相相关。

(2)需求的确定性。MRP 的需求都是根据主产品进度计划、主产品结构清单、库存文件和各种零部件的生产时间或订货进货时间精确计算出来的,其需要的时间、数量都是确切规定好了的,而且不能够改变。

(3)计划的精细性。MRP 计划有充分的根据,从主产品到零部件,从需求数量到需求时间,从出产先后到装配关系都作了明确的规定,无一遗漏或偏差。计划还全面规定和安排了所有的生产活动和采购活动。不折不扣地按照这个计划进行,能够保证主产品出产计划的如期实现。

(4)计算的复杂性。MRP 计划要根据主产品出产计划、主产品结构文件、库存文件、生产时间和采购时间,把主产品的所有零部件的需要数量、需要时间、先后关系等准确计算出来,其计算量是非常庞大的。特别当主产品复杂、零部件数量特别多时,如果用人工计算,简直望尘莫及。所以,MRP 的产生和发展,计算机技术的发展和应用是一个非常重要的原因。

(三)MRP 的主要目标

MRP 系统的主要目标是控制企业的库存水平,确定产品的生产优先顺序,满足交货期的要求,使生产运行的效率达到最高。具体可归纳为以下几点:

(1)采购恰当数量和品种的零部件。选择恰当的时间订货,尽可能维持最低的库存水平。

(2)及时取得生产所需的各种原材料及零部件,保证按时供应用户所需产品。

(3)保持计划系统负荷的均衡。

(4)规定制造活动、采购活动以及产品的交货日期。

二、ERP

(一)ERP 的含义

ERP 是由美国加特纳公司(Gartner Group)在 20 世纪 90 年代初首先提出的。所谓 ERP 是英文 Enterprise Resource Planning(企业资源计划)的简写。是指建立在信息技术基础上,以系统化的管理思想,为企业决策层及员工提供决策运行手段的管理平台。ERP 系统集中信息技术与先进的管理思想于一身,成为现代企业的运行模式,反映时代对企业合理调配资源,最大化地创造社会财富的要求,成为企业在信息时代生存、发展的基石。

(二)ERP 的功能标准

Gartner Group 提出 ERP 具备的功能标准应包括四个方面:

1. 集成功能

包括质量管理；试验室管理；流程作业管理；配方管理；产品数据管理；维护管理；管制报告和仓库管理。

2. 支持混合方式的制造环境

包括既可支持离散又可支持流程的制造环境；按照面向对象的业务模型组合业务过程的能力和国际范围内的应用。

3. 支持能动的监控能力，提高业务绩效

包括在整个企业内采用控制和工程方法、模拟功能、决策支持和用于生产及分析的图形能力。

4. 支持开放的客户机/服务器计算环境

包括客户机/服务器体系结构、图形用户界面（GUI）、计算机辅助设计工程（CASE）、面向对象技术、使用 SQL 对关系数据库查询、内部集成的工程系统、商业系统、数据采集和外部集成（EDI）。

（三）ERP 的特点及核心内容

1. ERP 系统的特点及核心内容

（1）企业内部管理所需的业务应用系统，主要是指财务、物流、人力资源等核心模块。

（2）物流管理系统采用了制造业的 MRP 管理思想；FMIS 有效地实现了预算管理、业务评估、管理会计、ABC 成本归集方法等现代基本财务管理方法；人力资源管理系统在组织机构设计、岗位管理、薪酬体系以及人力资源开发等方面同样集成了先进的理念。

（3）ERP 系统是一个在全公司范围内应用的、高度集成的系统。数据在各业务系统之间高度共享，所有源数据只需在某一个系统中输入一次，保证了数据的一致性。

（4）对公司内部业务流程和管理过程进行了优化，主要的业务流程实现了自动化。

（5）采用了计算机最新的主流技术和体系结构：B/S、Internet 体系结构，Windows 界面。在能通信的地方都可以方便地接入到系统中来。

（6）集成性、先进性、统一性、完整性、开放性。

2. ERP 核心内容的具体表述

（1）企业资源与 ERP

厂房、生产线、加工设备、检测设备、运输工具等都是企业的硬件资源，人力、管理、信誉、融资能力、组织结构、员工的劳动热情等就是企业的软件资源。企业运行发展中，这些资源相互作用，形成企业进行生产活动、完成客户订单、创造社会财富、实现企业价值的基础，反映企业在竞争发展中的地位。

ERP 系统的管理对象便是上述各种资源及生产要素，通过 ERP 的使用，使企业的生产过程能及时、高质地完成客户的订单，最大程度地发挥这些资源的作用，并根据客户订单及生产状况做出调整资源的决策。

(2)调整运用企业资源

企业发展的重要标志便是合理调整和运用上述的资源,在没有 ERP 这样的现代化管理工具时,企业资源状况及调整方向不清楚,要做调整安排是相当困难的,调整过程会相当漫长,企业的组织结构只能是金字塔形的,部门间的协作交流相对较弱,资源的运行较难把握,并做出调整。信息技术的发展,特别是针对企业资源进行管理而设计的 ERP 系统正是针对这些问题设计的,成功推行的结果必使企业能更好地运用资源。

(3)信息技术对资源管理作用的阶段发展过程

计算机技术特别是数据库技术的发展为企业建立管理信息系统,甚至对改变管理思想起着不可估量的作用,管理思想的发展与信息技术的发展是互成因果的环路。而实践证明信息技术已在企业的管理层面扮演越来越重要的角色。

现时代的 ERP,紧紧抓住企业信息流程这条主线,以生产经营为目的,提供专业性非常强的针对行业的 ERP。这种 ERP 的出现为中国各个行业的 ERP 建设做出了积极的贡献。

三、LRP

(一)LRP 的原理

LRP 实际上是把 MRP 和 DRP 结合起来应用,在生产厂系统内部实行 MRP,在生产厂外部实行 DRP,而将物流作为联系二者的纽带。物流之所以能成为联系纽带,是因为二者虽然在原理上有许多不同之处,但在物流上有共同之处,即它们都包含物资时间、空间位置的转移。LRP 的处理逻辑原理图如图 8-11 所示。

由图 8-11 可以看出,它输入社会需求主文件、产品结构文件、生产能力文件、物流能力文件、生产成本文件和供应商货源文件等,形成产品投产计划、生产能力需求计划、送货计划和订货进货计划、运输计划、物流能力需求计划等,并进行成本核算。而社会需求主文件(即社会订货)总是先由 DRP 从库存中予以供应,仓库中不够的再向 MRP 订货进货。与一般 MRP 不同之处在于,这里的 MRP 的输入是 DRP 生成的订货进货计划 $P(t)$ 的一部分,即向生产部门的订货,其输出除了一般 *MRP* 生成的产品投

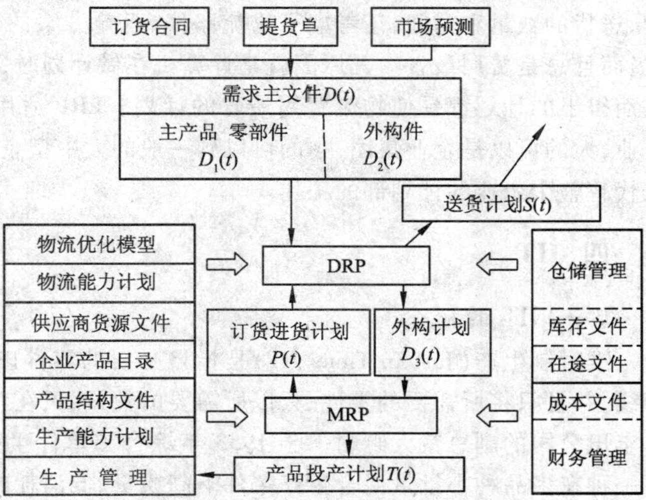

图 8-11　LRP 处理逻辑原理图

产计划 $T(t)$ 之外，还加上了向 DRP 输入的外购计划 $D_3(t)$。MRP 根据 DRP 的生产订货进货计划进行 MRP 处理，制定生产任务单、产生加工任务单交生产部门加工，外购件又加入 DRP 系统的需求文件，进入 DRP 处理。DRP 仍然先从仓库供应，仓库不够的由订货进货计划到资源市场去采购进货。

（二）LRP 的应用

LRP 的实际原型可以用图 8-12 表示。这基本上是一个企业集团的模式。它包含有多个生产厂和多个流通中心，整个企业处在市场之中，由资源市场取得资源投入企业生产过程，获得生产产品或服务去满足需求市场或流通中心的需要。企业也可以从资源市场获取资源进入流通中心去满足需求市场的需要。LRP 在其中的作用就是站在大市场的高度，打破生产和流通的界限，对整个企业的生产和流通进行资源配置，对社会需求进行资源配置。

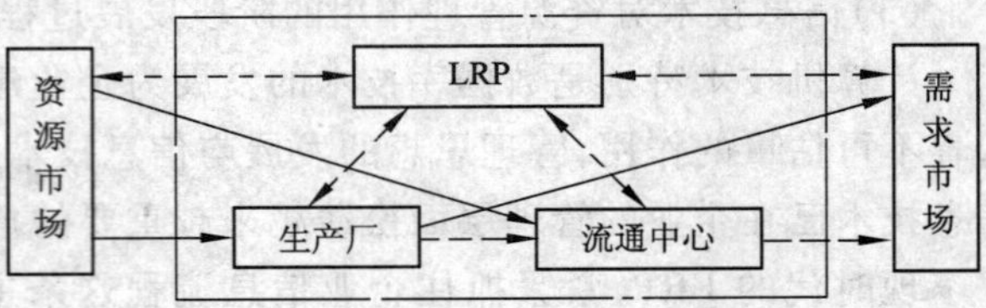

图 8-12　LRP 的实际原型
实线表示物流；虚线表示信息流

这种 LRP 应用特点在于它是一种包含企业生产、供应和销售的、完全而又精细的计划。它有产品投产计划、生产过程的物料需求计划、采购供应计划、车辆运输计划、库存计划、用户送货计划、物流能力计划（运输能力、仓储能力等）等。可以说涵盖了企业日常业务的各个方面。它们以复杂的关系相互间紧密联接，全盘规划指挥着整个企业的工作有条不紊地进行。这些计划通过计算机运行一次就产生出来，代替了整个企业各个部门许许多多计划人员繁重复杂的计划工作。不但大大节约了劳动力，而且提高了工作质量。

LRP 最显著的特点是在计划时考虑了物流的因素。即它不但考虑了物资的搬运、进货、送货的数量和时间，还考虑了物流路线、运输方案的优化，使得物资运动不但能及时到位，而且总是费用最省。其原因就是计算机在做计划时，同时运行了相应的物流优化模型，从而得出的计划都是使物流费用最省的计划。LRP 适用于所有需要兼产、供、销于一身的企业，大的可以是企业集团，小的可以到一般的大中型企业和商店。在这样的企业中，它可以代替整个企业的计划部的工作。

四、JIT

（一）JIT 的概念

准时制生产（Just In Time，JIT）是指将必要的零件以必要的数量在必要的时间送到生产线，并且只将所需要的零件、只以所需要的数量、只在正好需要的时间送到生产。它是日本丰田公司的副总裁大野耐一于 1953 年综合了单件生产和批量生产的特点和优点，创造了一种在多品种小批量混合生产条件下高质量、低消耗的生产方式。它解决了如何有效地组织多品种小批量生产，减少甚至避免生产过剩所引起的设备、人员、非必须费用等一系列的浪费,从而提升企业的生存和竞争能力。这是为适应 20 世纪 60 年代消费需要变得多样化、个性化而建立的一种生产体系及为此生产体系服务的物流体系。

(二) JIT 核心思想

准时生产方式基本思想可概括为"在需要的时候,按需要的量生产所需的产品",也就是通过生产的计划和控制及库存的管理,追求一种无库存,或库存达到最小的生产系统。准时生产方式的核心是追求一种无库存的生产系统,或使库存达到最小的生产系统。为此而开发了包括"看板"在内的一系列具体方法,并逐渐形成了一套独具特色的生产经营体系。

准时制生产方式以准时生产为出发点,首先暴露出生产过量和其他方面的浪费,然后对设备、人员等进行淘汰、调整,达到降低成本、简化计划和提高控制的目的。在生产现场控制技术方面,准时制的基本原则是在正确的时间,生产正确数量的零件或产品。它将传统生产过程中前道工序向后道工序送货,改为后道工序根据"看板"向前道工序取货,看板系统是准时制生产现场控制技术的核心,但准时制不仅仅是看板管理。

(三) JIT 对生产制造的影响

1. 生产流程化

即按生产汽车所需的工序从最后一个工序开始往前推,确定前面一个工序的类别,并依次的恰当安排生产流程,根据流程与每个环节所需库存数量和时间先后来安排库存和组织物流。尽量减少物资在生产现场的停滞与搬运,让物资在生产流程上毫无阻碍地流动。

"在需要的时候,按需要的量生产所需的产品。"对于企业来说,各种产品的产量必须能够灵活地适应市场需要量的变化。众所周知,生产过剩会引起人员、设备、库存费用等一系列的浪费。避免这些浪费的手段就是实施适时适量生产,只在市场需要的时候生产市场需要的产品。

为了实现适时适量生产,首先需要致力于生产的同步化。即工序间不设置仓库,前一工序的加工结束后,使其立即转到下一工序去,装配线与机械加工几乎平行进行。在铸造、锻造、冲压等必须成批生产的工序,则通过尽量缩短作业更换时间来尽量缩小生产批量。生产的同步化通过"后工序领取"这样的方法来实现。"后工序只在需要的时间到前工序领取所需的加工品;前工序中按照被领取的数量和品种进行生产。"这样,制造工序的最后一道即总装配线成为生产的出发点,生产计划只下达给总装配线,以装配为起点,在需要的时候,向前工序领取必要的加工品,而前工序提供该加工品后,为了补充生产被领走的量,必向再前道工序领取物料,这样把各个工序都连接起来,实现同步化生产。

这样的同步化生产还需通过采取相应的设备配置方法以及人员配置方法来实现。即不能采取通常的按照车、铣、刨等工业专业化的组织形式,而按照产品加工顺序来布置设备。这样也带来人员配置上的不同作法:弹性配置作业人数。降低劳动费用是降低成本的一个重要方面，达到这一目的的方法是“少人化”。所谓少人化，是指根据生产量的变动，弹性地增减各生产线的作业人数，以及尽量用较少的人力完成较多的生产。这里的关键在于能否将生产量减少了的生产线上的作业人员数减下来。具体方法是实施独特的设备布置，以便能够在需求减少时，将作业所减少的工时集中起来，以整顿削减人员。但这从作业人员的角度来看，意味着标准作业中的作业内容、范围、作业组合以及作业顺序等的一系列变更。因此为了适应这种变更，作业人员必须是具有多种技能的“多面手”。

2. 生产均衡化

生产均衡化是实现适时适量生产的前提条件。所谓生产的均衡化，是指总装配线在向前工序领取零部件时应均衡地使用各种零部件，生产各种产品。为此在制定生产计划时就必须加以考虑，然后将其体现于产品生产顺序计划之中。在制造阶段，均衡化通过专用设备通用化和制定标准作业来实现。所谓专用设备通用化，是指通过在专用设备上增加一些工夹具的方法使之能够加工多种不同的产品。标准作业是指将作业节拍内一个作业人员所应担当的一系列作业内容标准化。

生产中将一周或一日的生产量按分秒时间进行平均，所有生产流程都按此来组织生产，这样流水线上每个作业环节上单位时间必须完成多少何种作业就有了标准定额，所在环节都按标准定额组织生产，因此要按此生产定额均衡地组织物质的供应、安排物品的流动。因为 JIT 生产方式的生产是按周或按日平均，所以与传统的大生产、按批量生产的方式不同，JIT 的均衡化生产中无批次生产的概念。

标准化作业是实现均衡化生产和单件生产单件传送的又一重要前提。丰田公司的标准化作业主要是指每一位多技能作业员所操作的多种不同机床的作业程序，是指在标准周期时间内，把每一位多技能作业员所承担的一系列的多种作业标准化。丰田公司的标准化作业主要包括三个内容：标准周期时间、标准作业顺序、标准在制品存量，它们均用“标准作业组合表”来表示。

3. 资源配置合理化

资源配置的合理化是实现降低成本目标的最终途径，具体指在生产线内外，所有的设备、人员和零部件都得到最合理的调配和分派，在最需要的时候以最及时的方式到位。

从设备而言，设备包括相关模具实现快速装换调整，例如，丰田公司发明并采用的设备快速装换调整的方法是 SMED 法。丰田公司所有大中型设备的装换调整操作均能够在 10 分钟之内完成，这为“多品种、小批量”的均衡化生产奠定了基础。

在生产区间，需要设备和原材料的合理放置。快速装换调整为满足后工序频繁领取零部件制品的生产要求和“多品种、小批量”的均衡化生产提供了重要的基础。但是，这种频繁领取制品的方式必然增加运输作业量和运输成本，特别是如果运输不便，将会影响准时化生产的顺利进行。合理布置设备，特别是 U 型单元连结而成的“组合 U 型生产线”，可以大大简化运输作业，使得单位时间内零件制品运输次数增加，但运输费用并不增加或增加很少,为小批量频繁运输和单件生产单件传送提供了基础。

人员而言,多技能作业员(或称“多面手”)是指那些能够操作多种机床的生产作业工人。多技能作业员是与设备的单元式布置紧密联系的。在U型生产单元内,由于多种机床紧凑地组合在一起,这就要求并且便于生产作业工人能够进行多种机床的操作,同时负责多道工序的作业,如一个工人要会同时操作车床、铣床和磨床等。

五、OPT

(一)OPT 的概念

最佳化生产技术(Optimized Production Technology,OPT),是通过分析生产现场出现的“瓶颈”现象,以及装运时间、批量、优先级、随机因素对生产的影响,改善生产现场管理,以达到增加产量,减少库存,降低消耗,取得最佳经济效益的目的。经过发展这一思想成为后来的 TOC 理论。

(二)OPT 的基本原则

(1)平衡物流,而不是要求全部设备满负荷运转。维持物流通畅对于装配线和加工工业是一条有效的原则,但此原则一般不用于工艺专业化原则组织的车间和重复性生产的车间。

(2)“非瓶颈”资源的利用水平,常常不由自身来决定,而是取决于系统中其他一些约束因素。即它的利用率要受到“瓶颈”资源的制约。如果“非瓶颈”资源充分利用,它生产出的工件,“瓶颈”操作吸收不了,就会增加库存而引起浪费。

(3)机器应开动工时与机器可利用工时是不同的概念。机器应开动工时,是指机器完成系统的工作任务必须开动工时量;而机器可利用工时中,可能包括不需要开动的时间。对于“非瓶颈”资源,区别以上两个概念是很必要的,如将“非瓶颈”可利用工时100%利用(即开动工时等于可利用工时),但它的后续工序有“瓶颈”资源存在,因此它加工出来的工件后续工吸收不了。若后续工序只能吸收60%,那么其余40%就变成库存。在这个例子中,我们不希望非“瓶颈”资源利用率达100%,从系统的观点出发,只要求它的开动工时达到可利用工时的60%即可。

(4)在“瓶颈”操作上损失一个小时的能力,即是整个系统损失了一个小时的能力。为取得最大产出,应该保证“瓶颈”资源100%的利用率。

(5)在“非瓶颈”资源上节约了一个小时的能力,对整个系统来说不产生任何作用。由于系统的能力是受“瓶颈”资源制约,在“非瓶颈”资源上节约了时间,也不会对系统的产出产生影响。

(6)“瓶颈”控制着系统的产出量及库存量。创造公司认为,在制品库存之所以需要,就是为使“瓶颈”能力充分利用,“瓶颈”所在的地方,可控制在制品量。

(7)运输批量在多数情况下不等于加工批量。加工批量一般较大,而运输批量较小,有时可小到一件工件，这样可以加速物流的运动。

(8)加工批量在不同时间、不同操作、不同设备上，可采用不同值，即加工批量是可变的，而不是固定不变的。

(9)作业计划应该在考虑了整个系统所有约束条件以后，再进行安排。

六、TOC

(一)TOC概念与理论内容

约束理论(Theory Of Constraints，TOC)，是一套先进的管理策略，针对企业的大难题，提供一系列突破性的解决方法。TOC指导企业人员如何找出运作上的“瓶颈”(或称“制约”Constraints)，及如何尽量利用他们手上有限的资源(资金、设备、人员等)，令企业在极短时间内及无需大量额外投资的情况下，达到运作及盈利上的显著改善。

TOC认为，任何系统至少存在着一个约束，否则它就可能有无限的产出。因此要提高一个系统(任何企业或组织均可视为一个系统)的产出，必须要打破系统的约束。任何系统可以想象成由一连串的环所构成，环与环相扣，这个系统的强度就取决于其最弱的一环，而不是其最强的一环。相同的道理，我们也可以将我们的企业或机构视为一条链条，每一个部门是这个链条其中的一环。如果我们想达成预期的目标，我们必须从最弱的一环，也就是从瓶颈(或约束)的一环下手，才可得到显著的改善。换句话说，如果这个约束决定一个企业或组织达成目标的速率，我们必须从克服该约束着手，才可以更快速的步伐在短时间内显著地提高系统的产出。

TOC认为，对于任何一个系统来说，如果它的投入/产出过程可以按环节或者阶段进行划分，而且一个环节的产出依赖于前面一个或多个环节的产出的话，那么，这个系统最终的产出将受到系统内生产率最低的环节的限制。换言之，任何一个链条的牢固程度取决与它最薄弱的环节。在论及生产制造企业时，约束理论认为企业的目标就是取得更多的利润。为实现这一目标，可以有三条途径：增加产销率，减少库存，减少运营费用。这三条途径中，正如约束理论奠基者Dr. Goldratt所说，减少库存和减少运营费用会碰到最低减少到零的限制，而对于通过提高产销率来取得更多利润的可能性，则是无穷无尽的。此外，约束理论还发展出一系列工具，来帮助企业重新审视自己的各种行为和措施，看它们对于企业目标的实现产生了怎样的有利或不利的影响。

(二)TOC持续改善的程序

TOC有一套思考的方法和持续改善的程序，称为五大核心步骤(Five Focusing Steps)，这五大核心步骤是：

(1)找出(Identify)系统中存在哪些约束；

(2)最大限度利用(Exploit)瓶颈，即提高瓶颈利用率；

(3)使企业的所有其他活动服从于第二步中提出的各种措施；

(4)打破(Elevate)瓶颈,即设法把第一步中找出的瓶颈转移到别处,使它不再是企业的瓶颈;

(5)重返(Repeat)第一步,别让惰性成了瓶颈,即持续改善。

这个五大核心步骤可以让人们有能力以逻辑和系统的方式回答任何想作持续改善时必会问的三个问题:

(1)要改进什么?(What to change?)

(2)要改进成什么?(To what to change?)

(3)怎样使改进得以实现?(How to cause the change?)

这三个问题可以应用到各式各样的题目上,包括生产、分销、项目管理、公司战略的制定、沟通、授权、团队建设等。

一般人经过经验的累积,遇到问题时通常会通过直觉来解决问题,但往往只是针对问题的“结果”、“症状”,而不是问题根本的“原因”。因此花了许多时间、精力和成本,却没有触及问题的核心。TOC 告诉人们如何通过逻辑的程序,系统地指出问题的核心所在,再依此建构一个完整的方案,并消除可能产生的负面效应,订出导入和行动的方案。

(三)TOC 的应用范围

TOC 首先可以应用到生产管理。TOC 有一种排程的方法叫做“鼓——缓冲器——绳(Drum-Buffer-Rope, DBR)”。TOC 也应用到分销(Distribution)、供应链(Supply Chain)、项目管理等其他领域,且获得很好的成效。由于任何的改变必然会触及当事人的心理反应,因为大多数人普遍存在有拒绝改变的心态。TOC 也因此发展出一套管理技术来“针对抵制改进情绪的 6 层次剥离法”(Overcoming 6 Layers of Resistance To Change)。这些管理技术可用于“化解日常的冲突”、“授权”、“团队建设—达成挑战性目标”、“构建良好的方案—消除负面效应”等。不仅如此,目前 TOC 还推广至教育界,几所美国著名的学府还引进成为 MBA 课程。

同时,TOC 还可以应用到任何行业,包括盈利和非盈利的机构。目前已应用 TOC 的产业包括航天工业、汽车制造、半导体、钢铁、纺织、电子、机械五金、食品等行业。TOC 也可应用于学校、医院、财团法人、政府机构等。美国三大汽车厂还在 QS9000 中将 TOC 列为持续改善的一种方法。TOC 也可用于个人的决策与生涯规划上。TOC 目前已在教育界从幼儿园到大学推广应用。

中国已加入世界贸易组织(WTO),本地区的企业会遇到更多的、更强劲的、来自海外的竞争对手的挑战,因此更需要有强而有力的方法,提高竞争能力,克服无法突破传统管理思维、绩效考核机制效果不明显、各部门运作不协调、生产运营未能为企业带来预期的利润、库存过多、占用了大量现金、无法对市场变化做出快速反应、难以避免价格战、缺乏真正的竞争优势、客户订单不稳定、渠道堵塞、分销网络物流管理效果不佳、项目开支常常超出预算、战略与执行常常脱节等等难题。

知识拓展

精益物流(Lean Logistics)

以实现客户的最大价值为出发点。剔除物流过程中的一切无效和不增值作业,用尽量少的投入满足客户需要,从而获取高效益的现代物流方式。

精益物流的目标可概括为:企业在提供满意的客户服务水平的同时,把浪费降到最低程度。企业物流活动中的浪费现象很多,常见的有:不满意的客户服务、无需求造成的积压和多余的库存、实际不需要的流通加工程序、不必要的物料移动、因供应链上游不能按时交货或提供服务而等候、提供客户不需要的服务等,努力消除这些浪费现象是精益物流最重要的内容。

1. 精益物流前提:正确认识价值流

价值流是企业产生价值的所有活动过程,这些活动主要体现在三个关键的流向上:从概念设想、产品设计、工艺设计到投产的产品流;从客户订单到制定详细进度到送货的全过程信息流;从原材料制成最终产品、送到客户手中的物流。因此,认识价值流必须超出"企业"这个世界上公认的划分单位的标准,去考察创造和生产一个特定产品所必须的全部活动,弄清每一步骤和环节,并对它们进行描述和分析。

2. 精益物流的保证:价值流的顺畅流动

消除浪费的关键是让完成某一项工作所需步骤以最优的方式联接起来,形成无中断、无绕流和排除等候的连续流动,让价值流顺畅流动起来。具体实施时,首先要明确流动过程的目标,使价值流动朝向明确。其次,把沿价值流的所有参与企业集成起来,摒弃传统的各自追求利润最大化而相互对立的观点,以最终客户的需求为共同目标,共同探讨最优物流途径,消除一切不产生价值的行为。

3. 精益物流的关键:客户需求作为价值流动力

在精益物流模式中,价值流的流动要靠下游客户的拉动,而不是靠上游来推动,当客户没有发出需求指令时,上游的任何部分都不要去生产产品,而一旦客户的需求指令发出后,则快速生产产品,提供服务。当然,这不是绝对的现象,在实际操作中,要区分是哪几种类型的产品,如是需求稳定、可预测性较强的功能型产品,可以根据准确预测进行生产;而对需求波动较大、可预测性不强的创新型产品,则要采用精确反应、延迟技术,缩短反应时间,提高客户服务水平。

4. 精益物流的生命:不断改进,追求完善

精益物流对物流活动的改进和完善是不断循环的,每一次改进,消除一批浪费,形成新的价值流的流动,同时又存在新的浪费而需要不断改进,这种改进使物流总成本不断降低,提前期不断缩短而使浪费不断减少,实现这种不断改进需要全体人员的参与,上下一心,各

司其职、各尽其责,达到全面物流管理的境界。

案例分析

ERP的生活实例

一天中午,丈夫在外给家里打电话:“亲爱的老婆,晚上我想带几个同事回家吃饭可以吗?”(订货意向)

妻子:“当然可以,来几个人,几点来,想吃什么菜?”

丈夫:“6个人,我们7点左右回来,准备些酒、烤鸭、番茄炒蛋、凉菜、蛋花汤……。你看可以吗?”(商务沟通)

妻子:“没问题,我会准备好的。”(订单确认)

妻子记录下需要做的菜单(MPS计划),具体要准备的东西:鸭、酒、番茄、鸡蛋、调料……(BOM物料清单),发现需要:1只鸭蛋,5瓶酒,4个鸡蛋……(BOM展开),炒蛋需要6个鸡蛋,蛋花汤需要4个鸡蛋(共用物料)。

打开冰箱一看(库房),只剩下2个鸡蛋(缺料)。

来到自由市场,妻子:“请问鸡蛋怎么卖?”(采购询价)

小贩:“1个1元,半打5元,1打9.5元。”

妻子:“我只需要8个,但这次买1打。”(经济批量采购)

妻子:“这有一个坏的,换一个。”(验收、退料、换料)

回到家中,准备洗菜、切菜、炒菜……(工艺线路),厨房中有燃气灶、微波炉、电饭煲……(工作中心)。

妻子发现拔鸭毛最费时间(瓶颈工序,关键工艺路线),用微波炉自己做烤鸭可能来不及(产能不足),于是在楼下的餐厅里买现成的(产品委外)。

下午4点,接到儿子的电话:“妈妈,晚上几个同学想来家里吃饭,你帮忙准备一下。”(紧急订单)

“好的,你们想吃什么,爸爸晚上也有客人,你愿意和他们一起吃吗?”

“菜你看着办吧,但一定要有番茄炒鸡蛋,我们不和大人一起吃,6:30左右回来。”(不能并单处理)

“好的,肯定让你们满意。”(订单确定)

“鸡蛋又不够了,打电话叫小店送来。”(紧急采购)

6:30,一切准备就绪,可烤鸭还没送来,急忙打电话询问:“我是李太,怎么订的烤鸭还不送来?”(采购委外单跟催)

“不好意思,送货的人已经走了,可能是堵车吧,马上就会到的。”

门铃响了。

"李太太,这是您要的烤鸭。请在单上签一个字。"(验收、入库、转应付账款)

6:45,女儿的电话:"妈妈,我想现在带几个朋友回家吃饭可以吗?"(呵呵,又是紧急订购意向,要求现货)

"不行呀,女儿,今天妈已经需要准备两桌饭了,时间实在是来不及,真的非常抱歉,下次早点说,一定给你们准备好。"(哈哈,这就是 ERP 的使用局限,要有稳定的外部环境,要有一个起码的提前期)。

送走了所有客人,疲惫的妻子坐在沙发上对丈夫说:"亲爱的,现在咱们家请客的频率非常高,应该要买些厨房用品了(设备采购),最好能再雇个小保姆(连人力资源系统也有缺口了)。

丈夫:"家里你做主,需要什么你就去办吧。"(通过审核)

妻子:"还有,最近家里花销太大,用你的私房钱来补贴一下,好吗?"(最后就是应收货款的催要)

记住,每一个合格的家庭主妇都是生产厂长的有力竞争者。

但丈夫是领导者。

思考:

根据上述生活案例,总结生产企业 ERP 管理的思想是怎样的?

本章小结

本章主要学习了生产物流与生产物流系统的概念与设计原则;生产物流设施布置与设计方法;现代生产物流的主要解决方案,包括 MRP、ERP、LRP、JIT、OPT、TOC 等;学生要学会企业生产物流组织形式、设备在车间的布置方法、流水线的组织设计等,能够将这些知识运用于解决生产实际问题。

自我测试

一、单项选择题

1. MRP 是指(　　)。

A 物料需求计划　　B 制造资源计划　　C 精益生产　　D 分销需求计划

2. ERP 的中文表述为(　　)。

A. 主生产计划　　B. 制造资源计划　　C 物料需求计划　D. 企业资源计划

3. ERP 通过前馈的物流和反馈的信息流和资金流,把客户需求和企业内部的生产活动,以及供应商的制造资源整合在一起,体现完全按照用户需求制造的一种供应链管理思想的功能网链结构模式。它的基础是(　　)。

A. MRP　　B. 闭环 MRP　　C. MRPⅡ　　D. DRP

4. 在生产物流装备的主要组成部分中成为生产 JIT 的关键部分是(　　)。

A. 物流容器　　B. 垂直运输机　　C 连续运输设备　　D. 集成仓库技术

5. 核心思想在于“消除一切不必要的浪费”,在生产物流管理的实践中尽力消除不增值活动和不必要环节的管理方法是(　　)。

A. TQC　　B. BPR　　C. MRP　　D. JIT

6. 从物流的角度,MRP 实际上反映了一种(　　)的运作方式。

A. 产品流向　　B. 推动式　　C. 物料流向　　D. 物流控制

7. (　　)的基本思想是把 MRP 同其他所有与生产经营活动直接相关的工作和资源以及财务计划连成一个整体,实现企业管理的系统化。

A. ERP　　B. JIT　　C. DRP　　D. MRPⅡ

8. 运用 MRP 的原则,在配送环境下,从数量和提前期等方面来确定物料配送需求的一种动态方法是(　　)。

A. MRPⅡ　　B. ERP　　C. JIT　　D. DRP

二、多项选择题

1. 生产物流系统设计的基本原则包括(　　)。

A. 最小移动距离　　B. 综合性　　C. 适应性　　D. 经济性

E. 集装单元化

2. 物流系统设计的核心内容包括(　　)。

A. 物料　　B. 移动　　C. 成本　　D. 方法

E. 人员

3. 生产企业的物流系统化改造的目标有(　　)。

A. 可以规范供应商管理　　B. 切实提升生产效率

C. 准时化的配送　　D. 提升生产量控制的精确度

E. 降低成本的同时提升了效率,提高了企业物流服务水准

4. 著名的丰田生产方式所提出“彻底排除生产过程中的浪费”归七种浪费,下面属于在搬运与停滞过程中产生的积累浪费的是(　　)。

A. 过量生产的浪费　　B. 等待的浪费　　C 搬运的浪费　　D. 库存的浪费

E. 加工本身的浪费

5. 看板的使用规则是后工序向前工序取货和(　　)。

A. 不良品不交给下道工序　　B. 进行均衡化生产

C. 必须使生产工序合理化和设备稳定化　　D. 必须根据看板进行微调

E. 前工序只生产后工序所领取数量的产品

6. 基于约束理论 TOC 可以应用的领域包括(　　)。

A. 生产　B. 物流　C. 营销和销售　D. 项目管理

E. 企业方向的设定

三、判断题

1. 生产物流系统设计的基本原则包括四个:最小移动距离、综合性、适应性和经济性。( )

2. 在生产物流系统的各组成部分中,包装线是生产物流与配送物流的核心。( )

3. 生产车间连续输送系统的主要组成部分包括立体库系统、自动输送机系统和自动导引车系统。( )

4. 生产企业物流系统化改造是指对生产企业现有的原材料及设备采购供应阶段(即采购物流)、生产阶段、销售配送阶段(即销售物流)进行规划和布局,达到准时化模式。( )

5. MRP 主要有三种输入数据:主生产计划(MPS)、产品的物料清单(BOM)和库存记录文件。( )

6. 闭环式 MRP 系统的工作过程是一个"计划—实施—评价—反馈—计划"的封闭循环过程。它能对生产中的人力、机器和材料等各项资源进行计划与控制,把生产能力需求计划、车间作业计划等纳入 MRP,形成一个封闭的系统。( )

7. 根据 OPT 的定义,所谓瓶颈(或瓶颈资源),指的是实际生产能力小于生产负荷的资源。( )

8. OPT 中的物流原则要求批量大小应是固定的。( )

9. 根据 OPT 的观点,为了使瓶颈上的产销率达到最大,瓶颈上的加工批量必须大。( )

10. 根据 OPT 的观点,一个企业的计划与控制的目标就是寻求顾客需求与企业能力的最佳配合,一旦一个被控制的工序(即瓶颈)建立了一个动态的平衡,其余的工序应相继地与这一被控制的工序同步。( )

复习思考

1. 什么是生产物流,广义的与狭义的生产物流管理包括哪些内容?

2. 生产物流系统的原则有哪些?

3. 什么是工艺专业化形式? 什么是对象专业化形式?

4. 合理组织生产物流的基本要求是什么?

5. MRP、ERP 的基本内涵是什么?

6. 什么是准时制生产？实行准时制生产应具备哪些条件？
7. 准时制生产的特点有哪些？
8. 准时制生产的目标是什么？
9. 什么是 TOC,其基本内涵是什么？
10. 什么是精益生产？

第九章 购销物流管理

知识目标

1. 了解采购的含义、采购的方式；销售物流系统的组成；DRP 的含义
2. 理解采购决策的程序，采购合理化原则，采购管理组织的职责；DRP 工作程序
3. 掌握供应商选择的标准、步骤和方法；掌握销售物流决策的内容

技能目标

1. 能与学习小组成员合作，开展市场调查活动，写出市场调查分析报告
2. 能运用所学知识，对采购物流、销售物流案例进行分析，并提出解决方案

引导案例

沃尔玛的商品采购策略

沃尔玛的低价策略是众所周知的。沃尔玛之所以能制定低零售价并且还有相当的利润空间，主要原因是采取了以下八项措施来压低商品的进货价。

(1)直接从工厂进货。20 世纪 80 年代，沃尔玛曾采取了一项政策，要求从交易中排除厂商的销售代理，直接从工厂进货：如果厂商不同意，沃尔玛就中止与其做生意。由于沃尔玛采购量巨大，经过一番讨价还价之后，厂商纷纷派出代表赴沃尔玛总部谈具体事宜。这一举措把商品进货价压低 2% ~6%，正好相当于厂商的销售代理的佣金比例。

(2)采取总部采购制，统一进货。沃尔玛对柯达胶卷等高知名度的商品，一次性签订一年的采购合同，由于购买的数量巨大，其进货价远远低于同行，形成了别人无法比拟的价格优势。有一次，沃尔玛向可口可乐公司订购一年所需要的全部货物，条件是价格必须比给其他商家价格低 5%，并且保证不再向第二家提供这样价格的商品。一开始可口可乐公司表示无法做到，但由于购买数量巨大，经过一番谈判和周折，双方最终还是达成了协议。

(3)买断商品，定时结账。由于零售商品风险较大，很多商家为了转移商品卖不出的风

险,采取代销厂家产品的经营方式,即卖不出去的商品可以向厂家退货。但沃尔玛实施买断进货的政策,并固定时间结账,绝不拖延。这样做虽然要冒一些商品积压的风险,却可以大大降低进货价,同时也赢得了供应商的信赖。另外,沃尔玛与供应商定时结账的时间较短。美国的第三大零售商凯玛特对供应商平均45天结一次账,而沃尔玛平均29天就结一次账,这也激发了供应商与沃尔玛建立合作关系的积极性,从而进一步降低了沃尔玛的进货价。

(4)通过电脑联网。与供应商信息共享。20世纪80年代末,沃尔玛开始通过计算机联网和电子数据交换系统与供应商分享信息,让供应商随时了解其商品在沃尔玛各分店的销售和库存变动情况,以此来调整生产和发货,从而提高供应商的效率,降低了成本。以宝洁公司与沃尔玛的合作为例,1989年双方通过EDI和卫星通讯实现了电脑联网。借助这种信息系统,宝洁公司能迅速了解自己的产品在沃尔玛各种连锁店的销售量、库存量、价格等等,这使得宝洁公司能及时制定生产计划,及时补货,防止仓库中滞销品库存过多,而畅销品缺货。宝洁和沃尔玛之间的贷款结算也采用了EFT系统。通过这个系统,财务决算不再用传统的支票来进行,而是通过计算机终端等电子设备来进行无纸操作,不但提高了结算效率,降低了结算成本,而且加速了资金的周转,提高了资金使用效率。1991年宝洁公司在美国市场上销售额的11%是通过沃尔玛实现的,到1992年,这一比例上升到20%。供应商的经营效益提高了,经营成本降低了,自然比较愿意接受沃尔玛提出的最低价格。

(5)与供应商长期合作。沃尔玛尽可能与供应商保持长期合作关系,这也是它能获得最低进货价的原因之一。在商界,给予长期客户以价格上的优惠,是一种通行的做法。

(6)降低供应商的运输成本沃尔玛与供应商一旦达成交易,总部便同意厂商把货物送到沃尔玛的配送中心,再由沃尔玛的配送中心和运输车队分送到各商店。这样厂商可以省去一部分运费,降低了成本消耗,自然也比较愿意接受沃尔玛提出的最低价格。

(7)免除供应商的额外负担。沃尔玛严禁采购人员在商品采购中向对方索要回扣,采购人员不准接受供应商任何形式的免费餐或者礼物,沃尔玛也不要求供应商提供广告支持,这也是它能从供应商处获得最低进货价的原因。

(8)为供应商在商店内安排展示区。沃尔玛赢得最低进货价还有一个办法,就是在商店内为关键的供应商安排适当的展示区,让供应商根据商品的特点,布置自己的展示区,以营造一种更专业化的、更能吸引顾客的购物环境,从而卖出更多的商品,这一优惠政策也使得供应商比较愿意接受沃尔玛的最低进货价。

思考:

通过阅读本案例,调查一家你身边的流通企业的商品采购策略,并讨论购销物流的发展趋势。

第一节　采购物流管理

采购是最常见的一种活动，从人们日常生活到企业运作，从民间到政府，都离不开它。无论什么样的一个组织，只要存在，它就需要从环境获取所需的各种有形或无形的物资。

一、采购方式

（一）采购的定义

1. 采购的概念

采购，是指在一定的时间、地点条件下，通过商品交换和物流手段，从资源市场获取满足需求的资源的活动过程。它包括以下一些基本含义：

（1）采购是从资源市场取得资源的过程。采购的最基本功能，就是帮助人们从资源市场获取其所需要的各种资源。这些资源，既包括生活资料，也包括生产资料；既包括物资资料（如原材料、设备、工具等），也包括非物资资料（如信息、软件、技术、文化用品等）。能够提供这些资源的供应商就形成了一个资源市场。

（2）采购既是一个商流过程，又是一个物流过程。采购的基本作用，是将资源从供应者手中转移到用户手中的过程。在这个过程中，一方面要实现将资源的所有权从供应者手中到用户手中的转移；另一方面要实现将资源的物质实体从供应者手中到用户手中的转移。前者为商流活动，通过签订买卖合同、结算货款等形式完成；后者为物流活动，主要通过包装、运输、储存、装卸搬运等手段来实现物品空间位置和时间位置的转移，使物品能快速、准确地到达用户的手中。

（3）采购是一种经济活动，采购是企业经济活动的主要组成部分。在采购活动中，一方面，通过采购，获取了需要的资源，保证了企业的正常生产经营活动的顺利进行；另一方面，在采购过程中，采购成本是企业最大的支出部分。要追求采购经济效益最大化，就要不断降低采购成本，以最小的成本获取最大的效益。要做到这一点，关键就是要努力追求科学采购。科学采购和科学的采购物流管理是实现企业经济利益最大化的利润源泉。

（二）采购工作的重要性

近年来，越来越多的人认识到采购的重要性，采购已成为企业一项重要的管理职能，特别是随着市场经济的发展与完善，采购方式的改变，由单纯的商业买卖发展成为一种职业、一门专业，成为一种技术性、实用性和操作性很强的工作，采购已成为供应链中重要的组成部分，是获取经营利润的重要源泉。

（1）采购工作是组织商品生产和流通的主要保证。在市场经济条件下，社会再生产和生活消费都离不开市场供应。企业开展和组织采购，就是为了掌握适合生产和消费的各类货物和商品，通过生产和销售，实现商品的价值和使用价值。搞好采购工具，对于保障生产和市场供应，稳定物价水平，提高消费水平，具有举足轻重的影响。

(2)采购工作能及时反馈消息。在采购工作过程中，市场供应和销售信息经常处于动态变化中，企业必须很敏锐地及时掌握。如果生产的产品不适应市场需要，那么采购工作就处于被动状态，同时销售企业所能采购的商品在市场上卖不出去，那么采购工作也处于窘迫之地。因此采购工作不仅仅是纯粹的货物或商品采购，更重要的是伴随着信息处理，及时接受市场信息，反馈市场信息，才能有助于生产和销售系统。

(3)采购工作是企业经济效益的关键。在企业中，企业的采购资金约占产品销售额的40% ~60%，这说明了采购成本对企业利润将会产生很大的影响。如果采购工作不能为扩大生产和销售起作用，那么盈利水平一般很难提高，其影响效果远远大于在其他方面所采取的措施。虽然增加利润的因素有很多，但其中降低采购成本的效果最为明显，体现了杠杆作用原理，抓好采购工作这一环节，企业一大半的资金效用也就大大提高了。

(三)采购方式

所谓采购方式，是指企业在采购过程中运用的方法和形式的总称。依据不同的标准对采购进行分类，有不同的采购方式。

1. 按采购的主体分类

按采购的主体分类，其结构如图 9-1 所示。

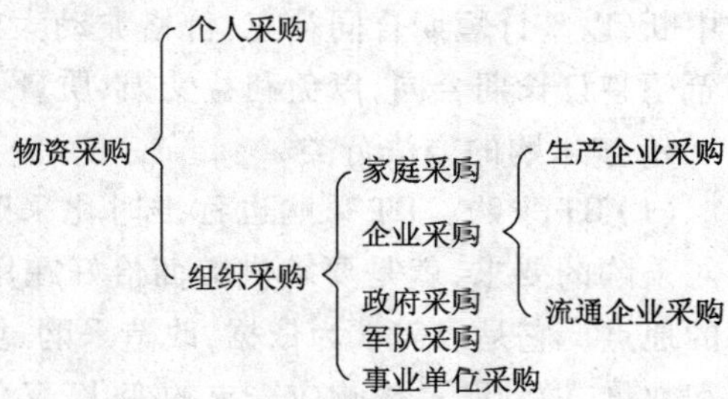

图 9-1 按采购主体分类

2. 按采购的范围分类

(1)国内采购。国内采购主要指在国内市场采购，并不是指采购的物资都一定是国内生产的，也可以是国外企业设在国内的代理商采购所需物资，只是以本国货币支付贷款，不需以外汇结算。国内采购又分为本地市场和外地市场采购两种。通常情况下，采购人员首先考虑本地市场采购，这样可以节省采购成本，节约时间，同时保障供应；在本地市场不能满足需要时，再考虑从外地市场采购。

(2)国外采购。国外采购指国内采购企业直接向国外厂商采购所需物资的一种行为。这种采购方式一般通过直接向国外厂方咨询，或者向国外厂方设在国内的代理商咨询采购，主要采购对象为成套机器设备、生产线等。国外采购的优点主要有：质量有保证；影响国内价格；可利用汇率变动获利。但也存在一些不足，主要有：交易过程复杂，影响交易效率；需要较高的库存加大了储存费用；纠纷追索困难，无法满足急需交货。尽管国外采购存在一定的风险，但由于我国在异型材料、设备等方面技术相对落后，国外采购仍然是我国企业采购的一种重要途径。

3. 按采购的时间分类

(1)长期合同采购。长期合同采购是指采购方和供应方通过合同，稳定双方交易关系的一种方法，合同期一般以一年为限。长期合同采购的优势为：有利于增强双方的信任和理解,建立稳定的供需关系;有利于降低双方洽谈价格的费用;有明确的法律保证,维护双方各自的利益。但是,这种方式也存在不足:价格调整困难,如市场供求关系变化,采购方要求供应商调整价格有一定难度;合同数量固定,采购数量调整有难度;采购方形成了对供应方的依赖,缺乏创新意识,如果在合同期内,采购方有了更好的供货渠道,也将影响采购方的选择。

长期合同采购,使供需关系稳定,主要适合于采购方需求量大并连续不断需要的情况,如企业的主要原材料、燃料、动力;主要设备及配套设备,如空调生产企业需长期采购压缩机、发电厂需签订供煤长期合同等。

(2)短期合同采购。短期合同采购是指采购方和供应方通过合同,实现一次交易,以满足生产经营活动的需要。短期采购双方之间关系不稳定,采购产品的数量、品种随时变化,对采购方而言有较大的灵活性,能够依据变化的市场环境,调整供应方。但由于这种不稳定性,也将出现价格洽谈、交易及服务等方面的不足。短期采购适用的情况有:非经常消耗品,如机器设备、车辆、计算机等;补缺产品,由于供求关系变化,为弥补长期合同造成的供货中断,以签订短期合同补充;价格波动大的产品采购,因为这种产品,供应方和采购方都不希望签订长期合同,以免利益受损;质量不稳定的产品,如农产品等。

4. 按采购的方法分类

(1)JIT 采购。JIT 采购也称准时化采购,是一种完全以满足需求为依据的采购方法。它对采购的要求,就是要求供应商恰好在用户需要的时候将合适的品种、数量送到用户需求的地点。它是以需求为依据,改造采购过程和采购方式,使其完全适合于需求的品种、时间和数量,做到既灵敏响应需求的变化,又使得库存向零库存趋近。这是一种比较科学、理想的采购模式。

(2)MRP 采购。主要应用于生产企业。它是生产企业根据主生产企业根据主生产计划和主产品的结构以及库存情况逐步推导出生产品所需要的零部件、原材料等的生产计划和采购计划的过程。这个采购计划规定了采购的品种、数量、采购时间和采购回来的时间,计划比较精细、严格。它也是以需求分析为依据,以满足库存为目的。它的市场响应灵敏度及库存水平都比较好。

(3)供应链采购。准确地说,这是一种供应链机制下的采购模式。在供应链机制下,采购不再由采购者操作,而是由供应商操作。采购者只需要把自己的需求规律信息即库存信息向供应商连续及时传递,供应商根据自己产品的消耗情况不断及时连续小批量补充库存,保证采购者既满足需要又使总库存量最小。供应链采购对信息系统、供应商操作要求都比较高。它也是一种科学的、理想的采购模式。

(4)电子商务采购。电子商务采购也称为网上采购,是在电子商务环境下的采购模式。

5. 按采购的对象分类

商品采购按其输出形态的不同分为有形采购和无形采购。

(1)有形采购。有形采购输出的结果是有形的物品,例如,一支钢笔、一台计算机、一块电路板等,像这样的采购称其为有形采购。有形采购主要采购具有实物形态的物品,例如,原料、辅料、机具及设备、事务用品等。

(2)无形采购。无形采购是相对于有形采购而言的,其采购输出结果是不具有实物形态的技术和服务等,例如,一项服务、一个软件、一项技术、保险及工程发包等称为无形采购。无形采购主要是咨询服务采购和技术采购,或是采购设备时附带的服务。

6. 按采购的实践分类

经常采用的主要有招标采购、议价采购和比价采购三种方式。

(1)招标采购。所谓招标采购,是指通过公开招标的方式进行物资和服务采购的一种行为。它是政府及企业采购中的基本方式之一。在招标采购中,其最大的特征是"公开性",凡是符合资质规定的供应商都有权参加投标。

(2)议价采购。所谓议价采购,是指由买卖双方直接讨价还价实现交易的一种采购行为,议价采购一般不进行公开竞标,仅向固定的供应商直接采购。

议价采购分两步进行:第一步,由采购商向供应商分发询价表,邀请供应商报价;第二步,如果供应商报价基本达到预期的价格标准,即可签订采购合同,完成采购活动。议价采购主要适用于需要量大、质量稳定、定期供应的大宗物资的采购。

议价采购的优点为:节省采购费用;节省采购时间;采购灵活性大,可依据环境变化,对采购规格、数量及价格作灵活的调整;有利于和供应商建立互惠关系,稳定供需关系。

议价采购的缺点为:议价往往价格较高;缺乏公开性,信息不对称;容易形成不公平竞争等。

(3)比价采购。所谓比较采购是指在买方市场条件下,在选定两家以上供应商的基础上,有供应商公开报价,最后选择报价最低的为企业供应商的一种采购方式。实质上这是一种供应商有限情况下的招标采购。这种采购方式优点为:节省采购的时间和费用;公开性和透明度较高,能够防止采购"黑洞";采购过程有规范的制度。

其不足之处表现在:供应商在有限的情况下,可能出现轮流坐庄,或是可能出现恶性抢标,使供应商在有限的情况下,可能影响生产效率的提高,并加大消耗。

二、采购决策

采购决策是企业决策中的重要组成部分,采购决策是指根据企业经营目标的要求,对采购中一些重大问题,提出各种可行方案,对方案进行评价和比较,按照满意性原则,对可行方案进行抉择并加以实施和执行的管理过程。

(一)采购决策的内容

企业采购决策的内容很多,主要包括:采购价格决策、采购数量决策、采购质量决策、采购品种、规格决策、供应商选择决策、交货期决策、采购中的运输方式选择决策、采购货款结算决策。

(二)采购决策的程序

1. 确定采购目标

根据企业的总体经营目标,确定企业的采购目标,即通过采购保证企业生产、经营活动的正常进行;与使用部门紧密配合,了解他们的需求;找到良好的供应商,并和他们加强合作,发展互利关系;正确购买物料,在保证质量符合要求的同时确保物料在需要的时间送到需要的地点,并满足其他要求,科学采购,保证合理库存,实现采购的低成本等。

2. 收集有关信息

信息是采购决策的依据,信息的可靠性决定采购决策的正确性。信息按来源不同分为外部信息和内部信息。

(1)企业外部信息:

① 宏观的法律、经济政策。了解《合同法》、《反不正当竞争法》、《商标法》等,掌握国家的价格政策、产业政策、外贸政策等。

② 货源的信息。物品的市场供求状况,有哪些采购渠道。供应商的价格、服务、质量、规格品种等资料。

③ 科技信息。了解与本企业所采购物品密切相关的科技水平发展情况,例如,是否有新材料,用新材料替代旧材料的经济性分析等。

④ 运输方面的信息。有关运输方面的新规定、各种运输方式。运输工具的费用如何。

⑤ 有相同需求的同行情况。别人从哪里采购、进价多少,是否有更经济的材料,能否联合采购以降低进价等。

(2)企业内部信息:

① 物资需求情况。根据销售计划、生产计划制定需求计划,再结合库存情况,制定采购计划。

② 库存情况。企业库存能力如何、库存费用多少、现有商品库存状况。

③ 财务情况。是否有充足的采购资金、采购资金的周转速度和筹集状况。

④ 本企业采购队伍情况。采购人员的敬业精神、综合素质、合作精神等。

3. 拟定实现目标的多个可行性方案

在收集分析企业内部各种信息的基础上,组织有关人员,集思广益,提出各种可行性的采购方案,每个采购方案应包括:采购预算、货源渠道、供应商、产品质量、价格、服务、运费、交货期、结算条件等,为采购决策者做出正确的决策提供依据。

在具体拟订的方案中应把握两点:一是尽可能地将所有可行性方案都找出来,以避免漏掉满意方案;二是各方案之间应是互斥的,相同或相似的可归为一类。

4. 选择满意方案

针对以上各种方案,综合进行分析,选择满意的方案。

(三)采购合理化

1. 适量采购

采购量多,价格就便宜,但不是采购越多越好,资金周转率、仓库储存成本都直接影响采购成本,应根据资金的周转率、储存成本、物料需求计划等综合计算出最经济的采购量。

2. 选择正确的供应商

采购部门必须向不同的供应商(通常是两家以上)索取供应物品的价格、质量标准、折扣和付款条件以及交货时间等资料。然后,根据这些资料选择最有利于企业生产和成本最低的供应商。这里所指的成本并非是由供应商的价格唯一决定,而是考虑其他各种得失、机会等多种情况来确定。同时,采购中还有一个原则就是"适地"原则,即供应商离自己越近,运输费用就越低,机动性就越高,协调沟通就越方便,成本自然就越低了。

3. 适时采购

采购计划的制定要非常准确,该进的物料不按时间入库,造成停工待料,增加管理费用,影响销售和信誉;太早采购囤积物料,又会造成资金的积压、场地的浪费、物料的变质,所以依据生产和销售适时采购,既可以保证物流顺畅,又可以节约成本,提高市场竞争力。

4. 正确方式采购

采购方式需要依据不同需求情况采取不同的策略进行,如公开招标、邀标或议标方式等。

5. 适价采购

采购的适当价格并不是采购的最低价格。若采购价格要求最低,可能采购物品的品质会较差,交货期会经常延误,配合会不太尽力等。因此采购的适当价格应为在既定物料品质、交货期或其他条件下所能得到的最低价格。

三、供应商选择

供应商选择是企业的一个重要决策,一个好的供应商是指拥有制造高质量产品的加工技术,拥有足够的生产能力,以及能够在获得利润的同时提供有竞争力的产品。同一产品在市场上的供应商数目越多,越需要一个规范的程序来操作选择供应商的工作。

(一)选择供应商应考虑的因素

选择供应商时,有许多因素需要考虑,诸如产品或服务质量以及按时运送等,另外,各因素的重要程度因企业而异,甚至因同一企业里的不同产品或服务而异。因此,管理者必须分产品或服务为各因素分配权数,然后根据这些权数选择供应商。选择供应商最基本指标应包括以下几项:

1. 技术水平

技术水平是指供应商提供商品的技术参数是否能达到要求。供应商具有一支技术队伍和有能力去制造或供应所需的产品吗?供应商有产品开发和改进的项目吗?供应商能够帮助改进产品吗?这些问题都很重要。选择具有高技术水准的供应商,对企业的长远发展是有好处的。

2. 产品质量

供应商提供的产品质量是否可靠，是一个很重要的指标。供应商的产品必须能够持续、稳定地达到产品说明书的要求，供应商必须有一个良好的质量控制体系。对供应商提供的产品除了在工厂内做质量检验以外，还要考察实际使用效果，即检查在实际环境中使用的质量情况。

3. 供应能力

供应能力即供应商的生产能力，企业需要确定供应商是否具备相当的生产规模与发展潜力，这意味着供应商的制造设备必须能够在数量上达到一定的规模，能够保证供应所需产品的数量。

4. 价格

供应商应该能够提供有竞争力的价格，这并不意味着必须是最低的价格。这个价格是考虑到要求供应商按照所需的时间，所需数量、质量和服务后确定的。供应商还应该有能力向购买方提供改进产品成本的方案。

5. 地理位置

供应商的地理位置对库存量有相当大的影响，如果物品单价较高，需求量又大，距离近的供应商有利于管理，购买方总是期望供应商多离自己近一些，或至少要求供应商在当地建立库存。地理位置近，送货时间就短，这意味着紧急缺货时，可以快速送到。

6. 可靠性(信誉)

可靠性是指供应商的信誉。在选择供应商时，应该选择一家有较高信誉、经营稳定，以及财务状况良好的供应商。同时，双方应该相互信任，讲究信誉，并能把这种关系保持下去。

7. 售后服务

良好的售后服务是建立和维护供需双方的战略合作伙伴关系的关键，同时，也能为供需双方在产品质量等其他方面的信息交流提供条件。

8. 提前期

为了应付一些紧急缺货情况的发生，不论在传统条件下还是在供应链管理条件下，供应商的供货都应当有一个合理的提前期，而在供应链管理的环境下，这种供货的提前期大大缩短了。

9. 交货准确率

由于供应双方间的信息沟通的及时、战略伙伴关系的建立，供应商供应的商品的返退率也比以往大幅度降低，交货的准确率大幅度提高。

10. 快速响应能力

随着信息技术在供应链管理中的应用，供应商对客户的需求信息的响应力比传统管理下的供应商的响应力要高许多倍，从而大大提高了供应商对客户需求变化的适应能力，所以供应商对客户信息的响应能力如何是评价供应商的一项重要因素。

(二)选择供应商的方法

选择供应商常用的方法主要有两类:一是考核选择,二是招标选择。

1. 考核选择

所谓考核选择,就是在对供应商充分调查了解的基础上,再进行认真考核、分析比较而选择供应商的方法。

首先,要调查了解供应商。供应商调查可分为初步供应商调查和深入供应商调查。每个阶段的调查对象都有一个供应商选择的问题,而且选择的目的和依据是不同的。

初步供应商调查对象的选择非常简单,选择的基本依据就是其中产品的品种规格、质量价格水平、生产能力、地理位置、运输条件等。在这些条件合适的供应商当中选择几个,就是我们初步供应商调查的对象。

深入供应商调查对象的选择,一是根据我们自己产品的 ABC 分类确定的产品重要程度,二是根据供应商企业的生产能力水平的实际情况。对于我们企业的关键产品、重要产品,我们要认真地选择供应商。我们要对这些产品的供应商进行能够深入研究、考察、考核,选择真正能够满足我们企业要求的供应商。对于那些不太重要的产品,可以不需要进行深入供应商调查。

其次,要考察、考核供应商。初步确定的供应商还要进入试运行阶段,进行考察、考核、试运行阶段的考察、考核更实际、更全面、更严格。因为这是直接面对实际生产的运作。在运作过程中,就要进行所有各个评价指标的考核评估,包括产品质量合格率、按时交货率、交货差错率、交货破损率、价格水平、进货费用水平、信用度、配合度等的考核评估。在单项考核评估的基础上,还要进行综合评估。

最后,要考核选择供应商。通过试运行阶段,得出各个供应商的综合评估成绩,基本上就可以最后地确定哪些供应商可以入选,哪些供应商被淘汰了。一般试运行阶段达到优秀级别的供应商应该入选,达到一般或较差级别的供应商,应予以淘汰。对于良好级别的供应商,可以根据情况,将其列入候补名单。候补名单中的成员可以根据情况处理,可以入选,也可以落选。

现在一些企业为了制造供应商之间的竞争机制,创造了一些做法,就是故意选两个或三个供应商,称作 AB 角或 ABC 角。A 角作为主供应商,分配较大的供应量;B 角(或再加上 C 角)作为副供应商,分配较小的供应量。综合成绩为优的中选供应商担任 A 角,候补供应商担任 B 角。在运行一段时间以后,如果 A 角的表现有所退步,而 B 角的的表现有所进步的话,则可以把 B 角作为主供应商,这样形成了 AB 角之间的竞争,促使他们竞相改进产品和服务,使得采购企业获得更大的好处。

总之,考核选择供应商是一个较长时间的深入细致的工作。这个工作需要采购管理部门牵头负责、全厂各个部门的人员共同协调才能完成。当供应商选定之后,应当终止试运作期，签订正式的供应商关系合同，进入正式运作期后，就开始了比较稳定正常的物资供需关系运作。

2. 招标选择

选择供应商也可以通过招标的方式。招标选择是采购企业采用招标的方式，吸引多个有实力的供应商来投标竞争，然后经过评标小组分析评比而选择最优供应商的方法。

招标选择的主要工作，一是要准备一份合适的招标书，二是要建立一个合适的评标小组和评标规则，三是要组织好整个招标、投标活动。

当前，公开招标和邀请招标是企业采购中选择供应商两种主要的招标形式。由于公开招标周期长，采购成本高，而且参与投标的供应商数量不易掌握。因而在日常采购中，邀请招标这种招标方式被较多的采购机构所采用。通过近年来的实践，邀请招标既较好地体现了采购的“公开、公平、公正”原则，同时在降低采购成本，提高工作效率等方面发挥了较好的作用。但是，邀请招标的选择范围较窄且需要大量的供应商信息做支撑，因而在邀请招标中，特别是在供应商选择方面还存在着不少的困难，影响了采购工作的开展。

（三）供应商选择的步骤

供应商的选择可以归纳为以下几个步骤，企业必须确定各个步骤的开始时间，每一个步骤对企业来说都是动态的（企业可自行决定先后和开始时间），并且每一个步骤对于企业来说都是一次改善业务的过程。

1. 分析市场竞争环境（需求、必要性）

供应商的选择建立基于信任、合作、开放性交流的供应链采购长期合作关系，必须首先分析市场竞争环境。目的在于找到针对哪些产品市场开发供应链采购合作关系才有效，必须知道现在的产品需求是什么，产品的类型和特征是什么，以确认用户的需求，确认是否有建立供应链采购合作关系的必要，如果已建立供应链采购合作关系，则根据需求的变化确认供应链采购合作关系变化的必要性，从而确认供应商价选择的必要性。同时分析现有供应商的现状，分析、总结企业存在的问题。

2. 建立供应商选择目标

企业必须确定供应商评价选择程序如何实施？信息流程如何？谁负责？而且必须建立实质性、实际的目标。其中产品质量、降低成本是主要目标之一，供应商评价、选择不仅仅就是一个简单的评价、选择过程，它本身也是企业自身和企业与企业之间的一次业务流程重构过程，实施得好，它本身就可带来一系列的利益。

3. 建立供应商评价选择标准

供应商评价选择的指标体系是企业对供应商进行选择的依据和标准，是反映企业本身和环境所构成的复杂系统不用属性的指标，是按隶属关系、层次结构有序组成的集合。根据系统全面性、简明科学性、稳定可比性、灵活可操作性的原则，建立供应商的评价指标体系。不同行业、企业、产品需求、不同环境下的供应商评价应是不一样的。但不外乎都涉及供应商的业绩、设备管理、人力资源开发、质量控制、价格、成本控制、技术开发、用户满意度、交货协议等可能影响供应链合作关系的方面。

4. 建立评价小组

企业必须建立一个小组来控制和实施供应商的评价与选择。组员以来自采购、质量、生产、工程、财务等与供应链采购合作关系密切的部门为主，组员必须有团队合作精神、具有一定的专业技能。评价小组必须同时得到制造商企业和供应商企业最高领导层的支持。

5. 供应商参与

一旦企业决定实施供应商评价，评价小组必须与初步选定的供应商取得联系，以确认他们是否愿意与企业建立供应链采购合作关系，是否有获得更高业绩水平的愿望。企业应尽可能早地让供应商参与到评价的设计过程中来。然而，往往因为企业的力量和资源有限，企业只能与少数的、关键的供应商保持紧密地合作，所以参与的供应商应是尽量少的。

6. 选择供应商

选择供应商的一个主要工作是调查、收集有关供应商的生产运作等全方面的信息。在收集供应商信息的基础上，就可以利用一定的工具和技术方法进行供应商的评价，并可根据供应商的评价结果，采用一定的技术方法来选择合适的供应商。如果选择成功，则可开始与供应商实施供应链采购合作关系，如果没有合适的供应商可选，则返回重新开始评价选择。

7. 实施供应链采购合作关系

在实施供应链采购合作关系的过程中，市场需求将不断变化，可以根据实际情况的需要及时修改供应商评价标准，或重新开始供应商评价选择。在重新选择供应商的时候，应给予旧供应商以足够的时间适应变化。

四、采购管理组织

（一）采购管理组织的含义

采购管理组织是指为了完成企业的采购任务，保证生产经营活动的顺利进行，由采购人员按照一定的规则组建的一种采购团体。无论是生产还是商品流通企业，都需要建立一支高效的采购团队，通过科学采购，降低采购成本，保证企业生产经营活动的正常进行。

（二）采购组织结构形式

企业管理组织的形式没有固定的、统一的模式，经常随着企业、企业规模和企业生产特点的不同而有所改变。同一企业在不同时期也会有不同的形式。组织机构的确定首先是为了管理的方便，主要有以下几种组织结构：

1. 直线制的采购组织结构

直线制是最早、最简单的一种组织结构。企业组织形式是由一个上级主管直接管理多个下级的一种组织结构形式，如图9-2所示：

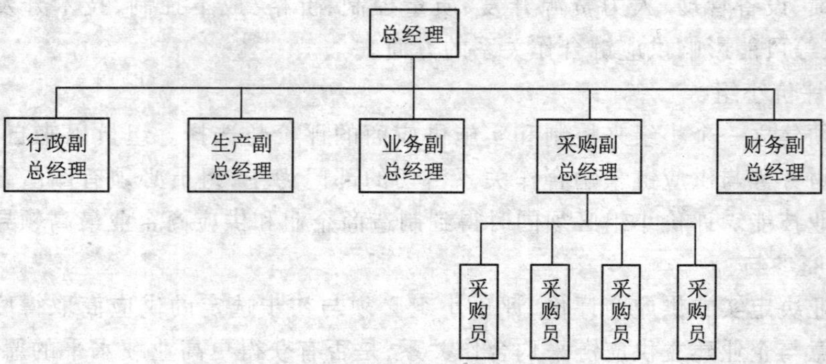

图 9-2　直线制的组织结构示意图

直线制采购组织形式的优点是:指挥和被指挥的关系简单,权利集中,责权分明,联系方便,指挥和命令统一,决策速度快,容易维持管理秩序。有利于加强管理控制和责任的力度,实现有效的交流沟通,使管理符合实际,能够实现个性化管理。

该组织形式的缺点是:由于采购主管对下级的所有业务进行指挥和监督,因此,采购主管必须具备多方面的采购知识和技能,是一个"万能管理者"。这种要求在实行多种经营的现代大企业中是很难满足的。因此,这种结构适合于中小型企业的采购管理。

2. 直线职能制的采购组织结构

这种组织形式是在直线制的基础上,再加上相应的职能管理部门,参与采购决策,并承担管理的职能,在该组织形式中,只有直线机构的行政领导才有权对下发布命令,职能部门是直线指挥人员的参谋,一般无权对下级直接下达命令或进行指挥,只能对下级机构实行业务指导。直线职能制组织形式的优点是:集中领导,统一指挥,便于调配人、财、物力;职责清楚,有利于提高办事效率;秩序井然,使整个企业有较高的稳定性。如图 9-3 所示。

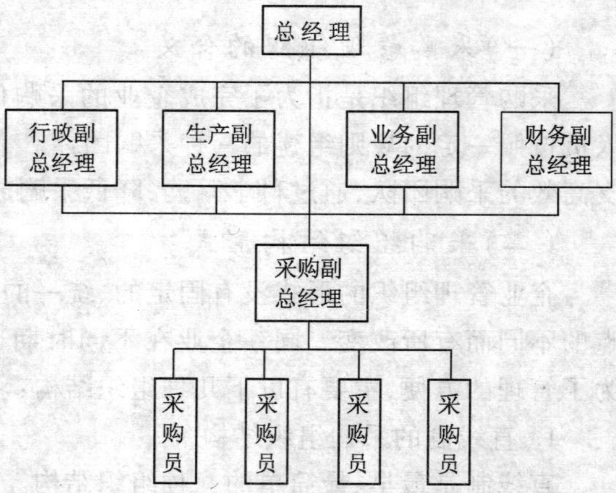

图 9-3　直线职能制的采购组织结构示意图

该组织形式的缺点是:各职能部门和直线指挥部门之间更容易产生矛盾,加大最高领导的协调工作量,难以培养熟悉企业内部全面业务的管理人才,信息传递线路较长,整个组织系统的适应性较差,对复杂的情况不能及时做出反应。

直线职能制组织形式虽然存在一些不足,但他具有较大的优越性,因此它是我国目前广泛采用的基本组织机构形式。

3. 采购事业部制

采购事业部制又称为分权结构或部门

化结构，首创于美国通用汽车公司，由通用汽车公司副总裁斯隆研究设计。它是将企业的各种活动，按产品、地区或顾客分类，分别设置事业部，并赋予事业部的最高负责人以经营该部的最高权限。这种采购组织是一种集中化与分散化相结合的组织机构，各事业部实行的是集中化采购，而从总公司的角度分析则实行分散化采购，即将采购权分散到各部。如图 9-4 所示。

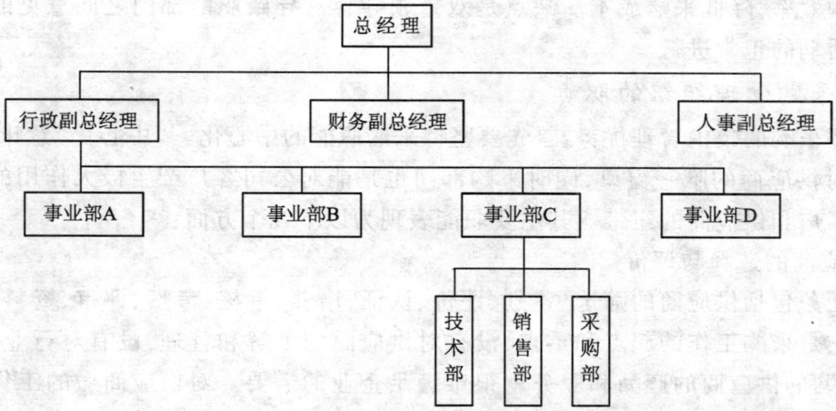

图 9-4　采购事业部制组织形式示意图

事业部组织形式的特点是：

(1)构成事业部的产品、地区或顾客，具有各自独立的市场。

(2)每个事业部都是一个利润中心。

(3)具有全企业综合经营的一部分管理权限。简单的说，事业部具有三个基本要素，即对相独立的市场；相对独立的利益；相对独立的自主权。

事业部制组织形式具有以下优点：

(1)有利于实现企业内部的协作，提高劳动效率。

(2)最高管理部门可以摆脱日常行政事务，成为坚强有力的决策机构。同时，各事业部自成体系、独立经营、独立核算，在分权范围内可以发挥灵活性和主动性。

(3)各事业部之间有比较、有竞争，通过比较和竞争促进企业发展。

事业部制组织形式的缺点是：

(1)由于机构重复，造成管理人员浪费。

(2)由于各事业部独立经营，使事业部之间人员互换困难。相互支援能力较差。各事业部经理往往忽视企业的整体利益，仅仅从本部门利益出发考虑问题。采购事业部组织结构适用于采购规模大且品种多、需求复杂、市场多变的企业。企业采购管理组织的岗位设置要依据采购管理的职能、任务和管理机制。岗位的设置不是一成不变的，既要遵循精简、科学、合理的原则，还要根据本企业管理的实际情况。

4. 矩阵制采购组织结构

矩阵制是指为了完成指定任务(项目),由各个方面的人员组成一个临时的采购团队,当任务完成后,人员各自回原部门工作。这种组织结构突破了一名采购人员只受一个主管领导的管理原则,而是同时接受两个部门的领导。主要使用于生产工序复杂的企业,由于新产品多,需要采购多种物料。优点是采购的目的性强,组织具有柔性化的特点,能够提高企业的采购效率,降低采购成本。缺点是双重领导容易导致职能部门之间意见的不一致,影响业务活动的正常进行。

(三)采购管理组织的职责

要发挥采购的集中管理优势,首先要坚持采购职能的中心化。"中心化"意味着采购部门是公司对供应商的唯一窗口,同时采购部门也是能对公司客户产生极大作用的组织,是连接公司客户和供应商的纽带。其主要职能表现为以下几个方面:

1. 供应商的选择与评价

这一任务包括供应商的筛选、鉴别、评价、认证、培养、审核、考察、评审、资料备案等具体工作。它是采购工作的起点和重点,没有对供应商的了解和管理,没有对行业的专业性了解,所采购的供应商的产品和服务就很难满足企业的需要。对供应商做的工作越多,采购工作就越有效率,管理问题就会越少。

2. 保证公司在采购价格上的优势

采购部门应对市场(国际/国内)的行情有及时地了解,保证公司在采购价格上的优势。在市场状况发生明显变化时能够妥善利用供应商资源,采取适当战略降低风险,取得竞争优势。企业采购人员要在市场价格下降时,重新与供应商谈判,保持价格走势跟上市场的变化;在市场价格上升时,保证自己的价格上升幅度小于市场整体的上升幅度甚至不升反降,这样一来就达到了"价格竞争优势"。同时,采购部门能够站在全球供应链的角度,及时根据市场的价格变化趋势,调整自己的供应战略,使整体的供应成本有效地得到控制。

3. 制定采购制度和设计合理的采购流程

采购部门应制定符合本公司规章的制度,同时满足质量控制和财务制度的采购流程,确保公司的采购活动能够满足来自生产部门、市场部门、公司内部的各种采购要求。采购活动是公司中资金占用最多的活动,它的合理运作依靠公司各个部门的大力支持。采购活动的整个流程反映了公司各个方面的规定,如财务制度、人力资源管理制度、生产管理、工具管理、设备管理、仓库管理、维修管理、IT 技术管理、信息管理等诸多方面。

4. 提高采购效率

采购部门应通过不懈努力,降低采购运作的成本,提高采购效率,提高客户满意度。

5. 控制采购风险

采购部门应通过人员培训和组织调整,控制采购的合同风险和法律风险,杜绝来自公司内部对采购流程的侵犯,提高采购部门的纯洁性。

第二节 销售物流管理

销售物流是伴随销售活动,将产品实体转给用户的物流活动。它是企业物流系统的最后一个环节。企业在产品制造完成后,需要及时组织销售物流,使产品能够及时、准确、完好地送达客户指定的地点。为了保证销售物流的顺利完成,实现企业以最少的物流成本满足客户需要的目标,企业需要通过包装、储存、运输、配送等一系列物流活动实现销售,这就需要研究送货方式、包装方式、运输路线等,并采取各种方法,例如少批量、多批次及定时定量等特殊的物流方式达到目的。

一、销售物流系统

企业销售物流系统由以下部分组成:

(1)产成品包装。包装是企业生产物流系统的终点,也是销售系统的起点。产品包装,尤其是产成品的运输包装在销售物流过程中将起到便于产成品的保护,仓储,运输,装卸搬运的作用。因此,在包装材料、包装形式上,既要考虑存储,运输等环节的方便,又要考虑材料及工艺的成本费用。

(2)产成品储存。保持合理库存水平,及时满足客户需要,是产成品仓储最重要的内容。客户对企业产成品的可得性非常敏感,缺货不仅使客户需要得不到满足,而且还会提高企业进行销售服务的物流成本。产成品的可得性是衡量企业销售物流系统服务水平的一个重要参数。为了避免缺货,企业一方面可以提高自己的存货水平,另一方面可以帮助客户进行库存管理。当一个客户的生产线上需要流进成百甚至上千种不同的零部件时,其供应阶段的库存任务是非常复杂的,在这种情况下,企业帮助客户管理库存不仅十分必要,而且还能够稳定客源,便于与客户的长期合作。随着计算机及通信设备能力的提高,许多供货商为客户提供库存控制自动化方面的规划,其中包括计算机化的订单处理和库存监控。另外,客户希望供应商持一定数量的库存以降低自己的存储空间需求。有时候,客户希望完全取消库存,让供应商从客户的客户那里得到订单,然后供应商直接把货物运送给他们的客户。

(3)订单及信息处理。为使库存保持最低水平,客户会在考虑批量折扣,订货费用和存货成本的基础上,合理频繁地订货。企业为客户提供的定货方式越方便,越经济,越能够影响客户,如免费电话服务,预先打印好的订货表,甚至为客户提供远程通信设备。客户非常关心交货日期,希望供货方能够将订单处理与货物装运的进程及时通知客户,特别当与预期的服务水平已经或将要发生偏差时,更是这样。随着计算机和现代化通信设备的广泛采纳,企业跟踪订货状态的能力也大大提高,使得客户与供应商的联系更加密切。对于购买生产线产品的工业客户来说，了解订货与装运状态虽然重要，但他们最关心的还是保持生产原料的可靠的连续供应，因此他们更关心交货日期的可靠性。

(4)发送运输。不论销售渠道如何，也不论是消费者直接取货，还是生产者或供应商直接发货给客户，企业的产成品都要通过运输才能到达客户指定的地点。而运输方式的确定需要参考产成品的批量，运送距离、地理等条件。对于由生产者或供应者送货的情况，应考虑发货批量大小的问题，它将直接影响到物流成本费用，因为配送是一种较先进的形式，在保证客户需要的前提下，不仅可以提高运输设备的利用率，降低运输成本，还可以缓解交通拥堵，减少车辆废气对环境的污染。运输方面的服务包括：运输速度快，及时满足客户需要；运输手段先进，减少运输途中商品的损坏率；运输途径合理组织，尽可能缩短商品运输里程；运输线路选择合理，减少重复装卸和中间环节；运输工具使用适应，根据商品的特性选择最佳运输工具；运输时间合理，保证按时将商品送到指定地点或客户手中；运输安全系数高，避免丢失、损坏等情况发生。

(5)装卸搬运。运输和仓储都离不开装卸、搬运，其内容包括商品的装上、卸下、移动、分类、堆码等。装卸次数的多少，装卸质量的好坏对销售成本影响很大。

二、销售物流决策

企业销售物流的特点就是通过产品的包装、储存、运输、配送等一系列物流服务来协助企业实现产品的销售工作，因此企业销售物流运作的过程中就会涉及包括销售渠道设计与选择、客户服务水平、产品的包装形式、运输的最佳路线等问题在内的一系列的决策工作。

(一)物流企业销售渠道设计与选择

1. 物流企业销售渠道的概念

商品或服务要从生产企业通过销售环节转移到消费者手中，并最终满足消费者的需要，必须借助一定的渠道。它是由一系列的中介机构和个人组成，而这些中介机构或个人在销售渠道中的位置以及发挥的作用各不相同，使得销售渠道表现为不同的结构层次，这些中介机构或个人也表现为不同的类型。而物流企业为生产型企业的产品销售和为物流企业、甚至个人的产品配送服务的物流活动，也需要通过销售渠道来实现物品的转移。销售渠道有长短、宽窄之分。

2. 物流企业销售渠道的类型

物流企业的销售渠道可以按不同的标志划分为不同的类型。

(1)按物流企业的销售活动是否有中间商参与来划分，分为直接渠道与间接渠道。

直接渠道是目前绝大多数物流企业首选的渠道模式。物流企业通过推销人员、广告、邮购、电话及电视销售和互联网销售方式拓展业务，大大促进了直销模式的发展。例如，美国的联邦快递公司(FedEx)在1994年架设了自己的网站，与顾客之间进行互动，其中包括了顾客服务在线作业系统数据库，还在亚太地区推出其首项 WAP 功能货件追踪服务。用户可突破时间及地域限制，于一年 365 日、一日 24 h，透过其架设 WAP 的流动电话合作此项服务，在亚洲快捷方便地阅览大量有关联邦快递的资讯，并借此使用各项不同服务。服务内容包括追踪付运的货件、联络服务热线、查询收件箱地点及服务中心地位、阅览有关联邦快递的最新消息等。

传统的物流中间环节多。在国外从产品生产到销售的环节很多是由专业物流公司帮助厂家解决，工厂只负责生产、销售产品，中间的配货、运货、实施等环节都交给物流公司。物流外包方式能够减少企业负担，这样厂家可以更加关注企业，关注核心竞争力，把核心业务做得更好。目前，国内有一部分企业通过资源整合，成立了自己的物流企业，如海尔集团将原来发散在 28 个产品事业部的采购、原材料仓储配送、成品仓储配送的职能统一整合，成立独立运作的专业物流公司。2002 年，海尔物流的营业额已超过 200 亿元。海尔通过企业物流的运作，拥有了优质的全球供应商资源，积累了丰富的实践经验，运用了世界上最先进的信息技术与物流技术，使海尔物流具备了联合采购、第三方物流与第四方物流的能力。

(2) 按中间环节的多少来划分，分为长渠道和短渠道。

零级渠道最短、三级渠道最长。所谓零级渠道是没有中间机构，由物流企业→顾客(用户)，也称为直接分销渠道；一级渠道是含有一个中间机构，即由物流企业→中间商→顾客(用户)；二级渠道是含有二个中间机构，即有物流企业→中间商 1→中间商 2→顾客(用户)；三级渠道是含有三个中间机构，物流企业→中间商 1→中间商 2→中间商 3→顾客(用户)。更高层次的销售渠道较少见。

(3) 按渠道中每个层次的同类中间商数目的多少来划分，分为宽渠道与窄渠道。

宽渠道是指物流企业同时选择两个以上的同类中间商向顾客实施物品销售服务；窄渠道是指物流企业在某一地区或某一产品门类中只选择一个中间商为自己实施物品独家销售服务。

3. 销售渠道功能

销售渠道的功能主要包括 5 个方面：

(1) 整理。由中间商负责完成的整理功能是指中间商要将不同产品分类、集合、分配、组合的活动，使所提供的成品能够配合顾客的需要。

(2) 大量分销。大量分销可以达到成本的规模经济效益，从而才有可能盈利。

(3) 联系顾客。是指与消费者的接触和沟通，可发生在销售前、销售中及销售后。

(4) 信用。是指资金的取得及周转，以满足销售工作的各项成本。

(5) 市场调查。是指搜集与传递有关市场环境的各种信息，以供规划和促成交易。

4. 销售渠道设计

正确选择和运用销售渠道，合理组织销售物流，可使企业迅速及时地将产品传送到用户手中，达到扩大商品销售，加速资金周转、降低流通费用的目的。每一个物流企业都需要设计和选择自己的销售渠道，如果没有物流销售渠道的策划和设计，盲目的地开拓市场，结果市场是有了，但原材料供应不上，产品供应不上，或者供应上却成本很高。所以，企业在设计和选择销售渠道时，必须要综合分析多方面的因素，以便做出科学的决策。

销售渠道设计是指物流企业为实现销售目标，对各种备选渠道结构进行评估和选择，从而开发新型的销售渠道或改进现有销售渠道的过程。

销售渠道设计决策的基本步骤是分析市场上消费者的服务需求，设定渠道的目标和限制，然后找出可能的渠道方案，评估主要的备选销售渠道。

5. 销售渠道选择

(1)综合分析各种影响渠道的因素。

1)产品因素：

物流服务主要是借助运输工具和信息技术帮助顾客实现货物在空间上的位移。不同种类、不同品种、不同包装的产品以及生命周期的不同阶段，都需要给予不同的物流服务。物流服务一般采用直销的方式，许多时候也会采用中介机构。常见的有代理、代销、经纪等形式。

物流企业要根据所运产品的特性来选择销售渠道，主要考虑几个方面因素。

① 产品的大小和重量。体积过大或过重的产品应选择直接渠道或中间商较少的间接渠道。

② 产品的单个价值。一般而言，产品单个价值越小，渠道越多，路线越长；反之，单价越高，渠道越少，路线越短。

③ 产品的耐腐性。对式样、款式变化快或容易腐烂、容易损坏的产品，应多利用直接销售渠道，避免不必要的损失。

④ 技术性和售后服务。具有高度技术性或需要经常服务与保养的产品，如大型机电设备、现代办公用品等，销售渠道要短。

⑤ 产品的数量。产品数量大往往要通过中间商销售，以扩大销售面。

⑥ 产品生命周期。产品在生命周期的不同阶段，对销售渠道的选择是不同的。如新产品，为了较快地把新产品投入市场、占领市场，应采用直接渠道或利用原有渠道，而在衰退期的产品就要压缩销售渠道。

2)市场因素：

① 目标市场的分布。任何企业的资源都是有限的，如何使用有限的资源进行有效组合，为顾客提供服务，关系到物流企业经营的成败。通过市场细分，物流企业可以认识到每个，细分市场上物流需求的差异，物流需求被满足的程度以及物流市场的竞争状况。物流市场在我国的发展，方兴未艾，需要整合和完善的问题还很多，那些未得到满足或满足程度较低、竞争者未进入或竞争对手很少的市场是客观存在的市场机会。抓住这样的市场机

会,结合企业资源状况,从中形成并确立适合自身发展和壮大的目标市场,并以此为出发点设计相应的销售组合策略,就可以夺取竞争优势,在市场占有较大的份额,为下一步的发展打下良好的基础。如果目标市场规模较大且分布集中,则适宜采用直接渠道;反之,则利用直接渠道和间接渠道相结合,以间接渠道为主。

② 目标顾客的习惯。顾客是物流企业服务的对象,是物流企业一切销售活动的出发点和最终归宿。物流必须坚持以顾客为中心,识别当今物流市场上各种顾客的特征,以便为顾客提供优质、高效、便捷的物流服务。在设计销售渠道时,必须要了解所选定的目标顾客购买什么产品、在什么地方购买、为何买、何时买及如何买,同时还要弄清楚顾客在购买产品时想要和所期望的服务类型和水平。

③ 销售的季节性。物流服务会随着某些产品生产和消费的季节性,而出现淡季和旺季之分,如水果、冰淇淋等。一般来说,在销售的旺季,物流企业可采取间接渠道,而在销售淡季,则可采用直接渠道。

④ 竞争者的渠道选择。一般来说,物流企业要尽量避免和竞争者使用一样的销售渠道,或不得已使用和竞争者一样的渠道模式,但也要创造出自己的服务特色,以在竞争中获胜。

3)物流企业自身因素:

① 经营实力。物流企业如果拥有雄厚的资金实力和良好的声誉,就可以根据自身发展的要求,自由地选择销售渠道,采用间接渠道或建立直销渠道。而资金实力比较弱、名声不大的物流企业,则适宜采用间接渠道,依靠中间商的力量来开拓市场。

② 营销能力。物流企业的营销能力强,营销人员的经验丰富,就可以依靠自身的实力,采用直接渠道;反之,则利用间接渠道。

③ 对渠道控制的愿望。物流企业如果希望加强对销售渠道的有效控制,就应建立直接渠道,但是这对物流企业的要求较高;如果不具备控制渠道能力的物流企业,则适合采用间接渠道。例如:自建配送中心可以从批发商手上夺回配送的主动权,能随时掌握在途商品、库存货物等数据,对财务信息和供应商的其他信息也能掌握。

4)环境因素:

对于物流企业而言,其市场营销环境一般可分为宏观环境与微观环境。微观环境是指物流企业在目标市场上开展营销活动的因素,包括物流企业、供应商、营销中介、竞争者、顾客和社会公众等。这些因素与物流企业紧密相连,直接影响物流企业为顾客服务的能力。宏观环境是指给物流企业造成市场机会和环境威胁的主要社会力量,包括政治法律环境、经济环境、社会文化环境、科技环境和自然环境等。宏观环境的变化非物流企业所能控制,它常常给企业带来机遇和挑战。影响渠道的环境因素既多又复杂,但可概括为社会文化环境、经济环境、法律环境等。

(2)明确渠道目标,确定中间商的数目。

明确渠道目标是物流企业选择中间商的前提之一，主要有两个层次的目标：① 基本目标，即选择中间商，建立销售渠道要达到什么销售效果。② 手段目标，即要建立怎样的销售渠道，它在实现第一层目标的过程中应当发挥什么作用。物流企业明确了渠道目标，就要根据目标决定中间商的数目。物流企业销售渠道中的不同层次使用中间商数目的多少就决定了销售渠道的宽度。物流企业按在每一渠道层次中使用中间商数目的多少可以形成三种可供选择的销售渠道策略：集中性销售渠道、选择性销售渠道和密集性销售渠道。

(3)明确各渠道成员的合作方式及权责。

物流企业把中间商作为销售渠道的成员，各成员之间是通过一定的方式联系在一起，这就形成了物流企业的销售渠道系统。销售渠道系统是指渠道各成员之间相互联系形成的一种体系。物流企业渠道成员是指为物流企业推销服务产品的中间商。目前，物流企业的销售系统大致有以下几种结构，即垂直营销系统、水平营销系统、多渠道营销系统。

(4)评估各种备选渠道方案。

物流企业如果有几种渠道方案可供选择，就必须根据某些标准来评价每一个渠道方案，从中选出最佳方案。一般来说，渠道方案的评价标准有三个，即经济性标准、可控性标准和适应性标准。

(二)客户服务水平的决策

企业进行产品销售工作的时候，是与客户层近距离接触地。而企业与客户接触、沟通的目的就是要进行企业产品(或服务)的销售，因此企业的客户服务水平会直接影响到企业产品销售的实现状况。另一方面，企业经营管理的主要目标就是获取利润，成本——收益核算是企业经营决策的主要环节，而企业所确定的客户水平的决策在企业经营过程中占据着重要的位置。

1. 客户服务的内容

客户服务的范围十分广泛。只要是能够促进企业销售工作进行的一切服务性活动都可以被认为是客户服务，他们贯穿于企业销售工作的始终。这里将客户服务分为三部分，即销售前的客户服务、销售中的客户服务和销售后的客户服务。

销售前的客户服务不是直接面对客户服务，而是按照客户对企业销售服务的活动。销售前的客户服务主要是企业对销售过程中需要向客户提供的服务进行前期的准备工作，其中包括确定客户服务水平和政策、企业现有资源的安排和利用、销售人员的组织以及技术等辅助设施的准备。

销售中的客户服务是促成企业产品销售的关键性活动，包括企业销售工作中的产品送到消费者手中的一系列的服务活动，如企业生产的产品进行流通前的包装、在工厂、仓库、销售商之间的运输和储存等，这些活动与企业的物流决策有着紧密的关系。如果企业保有的现货库存水平比较高，企业就可以直接从成品库向客户发送货物，提高交货效率，缩短交货周期;如果企业的现货库存不足以供货就可能延长交货的周期,而且有可能影响企业销售量的增加。

销售后的客户服务也就是我们通常所说的售后服务。企业提供售后服务的主要目的是增强客户对其产品的忠诚度,保持现有客户对企业产品的偏好,同时利用这些客户对产品的忠诚来影响潜在客户,进而达到宣传产品的目的,帮助扩大产品的销售。销售后的客户服务主要包括帮助客户进行产品的安装、试用,残次产品的更换,以及产品的维修等等。

2. 销售物流服务的要素

销售物流服务有四个要素,即时间、可靠性、通信和方便性。这些要素对买卖双方都有影响。

(1)时间。时间要素通常是指订货周期。订货周期(Order Cycle)是指从客户确定对某种产品有需求到需求被满足之间的时间间隔,也称为提前期(Lead Time)。时间要素主要受以下几个变量这些活动,才能保证订货周期的合理性和可靠性,才能提高企业的客户服务水平。

① 订单传送时间:订单传送时间是指从客户发出订单到卖方收到订单的时间间隔。订单传送时间可以从电话的几分钟到邮寄的天数。随着卖方订单传送速度的提高,提前期缩短了,但是订单传送成本提高了。

客户可以通过供应商的销售代表、直接邮寄、打电话或利用电子设备,如从计算机到计算机,一般是指 EDI(电子数据交换),向供货方式订货。向供货方的销售人员订货和直接邮寄订货,速度较慢且可靠性差;电话订货速度较快,但可靠性也较差,其错误往往造成一系列错误;许多企业利用传真进行订货,这种方式速度较快且可靠性较高。

计算机与通信技术的迅速发展使得订单传送方式发生了变革,供求双方的联系非常紧密,买方可以直接登录到卖方计算机、根据卖方所提供的产品及其他信息有针对性地订货,或者通过互联网直接订货,这种方式大大提高了订货效率,逐渐被更多的企业所采纳。

② 订单处理时间:订单处理时间是指处理客户订单并准备装运的时间。这一功能涉及客户资信调查、销售记录的处理、订单移交到仓库以及装运文件的准备等。订单处理可以通过有效地利用电子数据处理设备来同时进行其中各项工作。一般来说,运行成本的节约总量要超过利用现代技术设备的资本投资。

③ 订货准备时间:订货准备时间是指挑选订货并包装以备装运的时间。从简单的人工系统到高度自动化系统,不同的物料搬运系统对订货的准备有不同的影响,准备时间会有很大变化,企业的物流管理者需要考虑各项成本与效益。

④ 订货装运时间:订货装运时间是指从将订货装上运输工具到买方在目的地收到订货的时间间隔。运输时间的长短与下列因素有关:装运规模;运输方式;运输距离等。货物

的全部运输时间对距离的依赖性要比对运输方式的依赖性小。

(2)可靠性。可靠性是指根据客户订单的要求,按照预定的提前期,安全地将订货送达客户指定地方。对客户来说,在许多情况下可靠性比提前期更重要。如果提前期是固定的,客户可将其库存调整到最低水平,不需要保险存货来避免由波动的提前期而造成的缺货。

① 提前期的可靠性:提前期的可靠性对于客户的库存水平和缺货损失有直接影响。可靠的提前期可以减少客户面临的供应不确定性。如果生产企业能向客户保证预计的提前期,加上少许偏差,那么该企业就使其产品与竞争者的产品明显区别开来,企业提供可靠性提前期能使客户的库存、缺货、订单处里和生产计划的总成本最小化。

② 安全交货的可靠性:安全交货是销售物流系统的最终目的,如果货物破损或丢失,客户不能如期使用这些产品,还会增加库存、生产和销售成本。收到破损货物意味着客户不能将破损的货物用于生产或销售,这就增加了缺货损失。为了避免这种情况,客户就必须提高库存水平。这样,不安全交货使得买方提高了库存成本。这种情况对于采用准时生产方法的企业来说是绝对不允许的。另外,不安全交货还会使客户承担向承运人提出索赔或向卖方提出退货的费用。

③ 正确供货的可靠性:可靠性还包括正确供货的可靠性。当客户收到的订货与所订货物不符,将给客户造成失销或停工待料的损失。销售物流领域中订货信息的传送和订货挑选会影响企业的正确供货。在订货信息传递阶段,适用 EDI 可以大大降低出错率;产品标识记及条形码的标准化,可以减少订货挑选过程中的差错。另外,EDI 与条形码结合起来还能够提高存货周转率、降低成本、提高销售物流系统的服务水平。管理者必须连续监控以上三个方面的可靠性,这包括认真做好信息反馈工作,了解客户的反应及要求,提高客户服务系统的可靠性。

(3)通信。设计客户服务水平必须考虑与客户通信的因素。因为,与客户通信是监控服务可靠性的关键手段。通信渠道对所有客户开放并准入,因为这是销售物流外部约束的信息来源。没有与客户的联系,管理者就不能提供有效的服务。然而,通信必须是双向的。卖方必须能把关键的服务信息传递给客户。例如,供应方应该把降低服务水平的信息及时通知客户,使买方能够作出必要的调整。另外,许多客户需要了解装运状态的信息,询问有关装运时间、运输路线等情况,因为这些信息对客户的运行计划是非常必要的。

(4)方便性。由于消费者的需求千差万别,一个企业无论规模多么大,都不能满足全部消费者的所有需求的变化,而仅能满足市场上一部分消费者的需求,企业可以有针对性地提供不同的产品,这就需要企业进行市场细分。具体地说,市场细分就是根据消费者之间需求的差异性,把一个整体市场划分为两个或更多的消费者群体,从而确定企业目标市场的活动过程。细分的标准包括地理环境、客户状况、需求特点、购买行为等因素。企业销售物流管理也需要将客户细分，方便性就是指服务水平必须灵活。从销售物流服务的观点来看，所有客户对企业有相同要求，有一个或几个标准的服务水平适用于所有客户是最理想的，但却是不现实的。例如，某个客户要求所有货物用托盘装运并由铁路运输，另一个客户可能要求汽车运输，不使用托盘，或者个别客户要求特定的交货时间。因此，客户在包装、运输方式及承运人、运输路线及交货时间等方面的需求都不尽相同。为了更好地满足客户需求，就必须确认客户的不同要求，根据客户规模、市场区域、购买的产品及其他因素将客户需求细分，为不同客户提供适宜的服务。

管理者必须将方便性因素摆在适当的位置，销售物流功能会由于过多地服务水平决策而不能实现最优化。服务水平决策需要具有灵活性，但是必须限制在容易识别客户的范围内，在每一个特定情况下，都必须要考虑服务与成本之间的关系。

3. 服务成本与服务水平

一般来说，企业销售利润可以通过销售收入与销售成本的差额来衡量，而销售成本按照广义的客户服务水平来看企业向客户提供服务而产生的成本就是企业销售成本的一部分。

如图 9-5 所示描述了服务成本与服务水平之间的变化情况。随着企业所确定的客户服务水平的提高，服务成本总体上呈现增长的趋势。但是，在开始阶段，服务成本是随着服务水平的增加而以递减的速度增加，达到一定水平以后服务水平的增加将引起服务成本以递增速度增加。企业销售收入与服务成本一样随着服务水平的提高而增加，但是增速的变化趋势却与服务成本增速的变化趋势相反，即随着服务水平的增加，初期销售收入以递增的速度增加，而达到一定水平以后销售收入就随着服务水平的增加而以递减的速度增加。正是由于企业销售收入和服务成本具有这样的变化趋势，我们可以利用成本核算方法来进行服务水平的决策。我们综合销售收入和服务成本的变化，而不是仅针对其中一个因素进行分析、决策，我们把两者的差额作为决策的关键变量，这样就有效地将销售收入和服务成本联系起来。我们取销售收入与服务成本的最大差额，即将利润最大所对应的客户服务水平作为经营运作的客户服务水平。如图 9-5 中点 A 处就是利润所对应的服务水平。

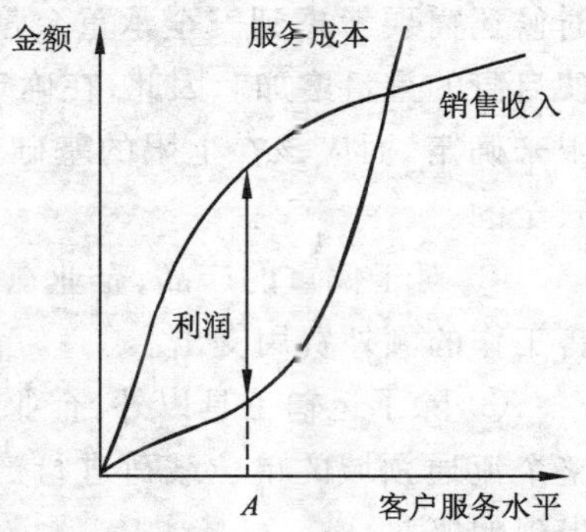

图 9-5　服务成本与服务水平的关系

（三）产品包装材料、包装形式的决策

产品的包装活动预示着企业生产环节的结束和企业销售工作的开始。由于当今产品的开发研制速度越来越快，产品包装的设计开发也随之展开，新的包装材料、新的包装技术、新的包装形式广泛出现，这就为企业产品包装的开发开拓了广阔的前景。

1. 产品包装对材料的选择

包装材料与包装功能存在着不可分割的联系。无论包装材质的选择，还是包装技术的实施，都是为了保证和实现包装的保护性、方便性等。包装材料在产品包装中占有重要的地位，所以我们必须慎重考虑包装材料的性能，合理选择包装材料。

包装材料的性能，一方面决定于包装材料本身的性能，另一方面还取决于各种材料的加工技术。随着科学技术的发展，新材料、新技术的不断出现，包装材料满足商品包装的性能会不断地完善。包装材料的选择主要取决于产品的类型、所需的运输和保护要求，应综合考虑多方面因素。

2. 产品包装对尺寸的选择

产品包装的尺寸影响着运输包装的尺寸，而运输包装又要根据企业选择的运输方式、运输工具等因素来调整其尺寸。企业进行如此复杂烦琐的决策工作，无非是通过物流运作的成组化来提高企业产品销售物流的工作效率。托盘、集装箱等集运容器的使用也迫使企业进行产品包装尺寸的选择，进而更有效地利用空间，降低企业运输费的支出。

产品包装尺寸的选择同时也促使企业对产品销售包装进行革新，从而实现多方位的成本节省；改变原有运输包装的尺寸，使其与企业所选用的运输工具能够提供的空间无缝隙装运，同样节省产品的运输、仓储空间，节约运输、仓储等相关费用。此外，企业在决定产品包装尺寸的时候也必须考虑一些安全因素。

① 包装材料的承重能力，是指包装内所装产品的总重量不应该超过材料允许的重量限制，否则容易造成产品的损坏。通常产品的单位重量是不变的，根据包装材料承重能力的限制决定产品包装的尺寸也就是决定包装内的最佳产品数量。同时，企业在确定数量的时候还需要考虑到安全承重余量，也就是说产品可能会由于受潮、发生化学反应等原因而使自身的重量增加。因此，在确定包装内产品数量的时候，不应该按照包装承重能力的上限来确定，而应该在上限的基础上减去一个安全余量，这样确定的产品数量才是最佳的和安全的。

② 对于偏重的产品，企业在组合产品时还需要考虑到卸货的方便性，以免造成企业销售工作的额外费用支出。

③ 除了运输工具以外，企业还需要考虑产品仓库的堆垛。因此，企业可以根据产品在整个流通领域的单位载荷进行产品包装的决定，这样可以方便产品的搬运，同时降低货损出现的概率。

（四）销售运输决策

销售运输是产品增加空间价值的主要手段。因此，产品的运输在企业经营管理中也是很重要的环节，需要企业对其进行详细地研究和分析，最后作出决策。其中，决策的内容包括对运输方式的选择、运输承运人的选择和运输策略问题。

1. 运输方式的选择

运输方式的选择对于销售物流系统的运作效率和成本控制起着十分关键的作用。管理者首先要根据销售系统的要求从铁路、公路、航空、水路、管道运输等方式或联合运输中做出选择,其中包括对不同方式的运价和服务水平的评价。

由于运输成本在总物流成本中占有重要比例,而且,不同运输方式的运价相差很大,因此,运价是选择运输方式的一个非常重要的因素。但是,运输成本最低的运输方式通常会导致物流系统中其他部分成本的上升,难以保证整个物流系统的成本最低。由此看来,尽管运价是影响决策的一个因素,但它绝不是唯一的因素,企业必须考虑运输服务的质量以及这种服务带来的对整个销售物流系统运作成本的影响。不同运输方式下的运输时间将对物流系统各节点所要求的存货水平造成不同的影响,即较长的运输时间需要较高的存货水平。运输方式的可靠性和安全交货的程度也会影响各结点的存货水平、物料搬运设备和劳动力的使用、货损赔偿以及通信的时间与成本。运输方式的选择要根据物流系统的总体要求,结合不同运输方式的成本与服务特点进行。

2. 承运人的选择

在选定了运输方式以后,就要选择具体的承运人。尽管某一运输方式下大多数承运人的运价和服务是相似的,但其服务水平会存在很大差异。同一运输方式下承运人的成本结果相同,则同一运输行为的运价也十分相似,所以,运输价格并不是选择具体承运人的最重要标准,而承运人的服务质量将成为同一运输方式下选择具体承运人的决定因素。因此,当从一种运输方式中选择承运人时,承运人服务水平的高低是企业进行选择的最重要因素。服务水平是指运输时间与可靠性、运输能力与可接近性、安全性。

3. 运输策略选择

(1)影响企业产品销售运输策略的主要因素:

① 外部环境:企业的销售运输策略要受到企业外部运输环境的影响,企业所处的地理环境、运输条件、国家的运输政策都直接影响企业的运输策略。例如,在运输业受到垄断和管制的环境下,基本不需要太多的运输策略,不需要与承运人进行价格的谈判,重要的是适应运输业的各种政策规定。而在运输业放松管制的环境下,由于各运输方式之间、各承运人之间相互竞争,运价更多地受到市场的调节,因此,与承运人签订合同、协议就显得尤为重要。

② 库存水平:企业的销售运输策略还受到库存水平的影响。随着生产方式的转变,许多企业由大批量生产转为小批量、多品种生产,有的企业甚至采用准时生产方式。这种生产方式导致库存水平大大降低,但对运输质量的要求大大提高了。对于企业整体而言,低存货和高服务的企业策略与低运输成本策略发生了矛盾。为了防止低库存水平下的缺货,必须改变运输策略,采用频繁的小批量、快速运输,才能满足企业的需要,但这将导致运输成本的提高。

(2)提高企业销售物流中的运输效率和效益的方法:

① 实行集约化管理;

② 减少承运人数量;

③ 使用自有车辆运输；

④ 订立运输合同等。

三、分销需求计划(DRP)

对于产销一体化的企业和流通型企业来说，DRP 是不可或缺的。DRP 的应用，一方面，可预测未来的库存和订货需求，控制销售费用，减少渠道营销费用，加强对应收账款的控制；另一方面，可大大提高营销方面的业务处理效率，降低员工工作强度，提高信息传递的效率和准确性。

(一)DRP 系统的概念

DRP(Distribution Resource Planning，分销资源计划)的狭义含义，是指对分销网络上的库存进行计划和管理。DRP 的管理对象主要包括订单、库存、财务往来等方面。广义的 DRP 系统，在对分销链上的库存、销售订单进行管理的基础上，还加入了财务管理、客户关系管理、物流管理等方面的功能。DRP 与 ERP、CRM(客户关系管理)、PRM(合作伙伴关系管理)等有着密切的关系。首先，虽然 DRP 和 CRM 供应商都声称它们具有销售管理的功能，但含义却不尽相同。应用 CRM 销售管理的目的，是提高销售人员的工作效率和知识共享程度，从而提高客户的满意度。CRM 中的销售管理主要提供销售员、销售队伍、销售佣金、客户信息、联系人信息、销售机会(项目)、竞争对手信息、客户交互过程等功能，它主要是给销售员用的，而不是给销售订单处理人员和财务人员使用。其次，DRP 是 ERP 系统销售订单管理、库存管理和产品管理的一个扩展，二者之间，有着千丝万缕的联系。ERP 主要关注于企业内部信息化，而 DRP 则将管理范围扩展到外部的分销渠道上。在大多数 ERP 产品中，DRP 更多地是进销存，在需求预测、库存预测和优化、多业务单元处理等方面，功能比较薄弱，难以适应连锁店、办事处、分销商这样的经营模式对分销管理的要求。最后，DRP 同 PRM 有密切的关联。PRM 所特有的管理功能主要是合作伙伴活动管理。PRM 具有合作伙伴资格的跟踪、合作伙伴额度的跟踪、合作伙伴激励活动等功能。在 DRP 系统中，没有招募合作伙伴、激励基金管理的功能。目前，已经有一些管理软件将 PRM 融入到 DRP 中。

(二)DRP 系统的原理

DRP 在两类企业中可以得到应用。一类是流通企业，如储运公司、配送中心、物流中心、流通中心等。这些企业的基本特征是，不一定搞销售，但一定有储存和运输的业务，它们的目标是在满足用户需要的原则下，追求有效利用资源(如车辆等)，达到总费用最省；另一类是一部分较大型的生产企业，它们有自己的销售网络和储运设施，这样企业既搞生产又搞流通，产品全部或一部分自己销售。企业中有流通部门承担分销业务，具体组织储、运、销活动。这两类企业的共同之处：以满足社会需求为自己的宗旨；依靠一定的物流能力(储、运、包装、搬运能力等)来满足社会的需求；从制造企业或物资资源市场组织物资资源。

DRP 的原理如图 9-6 所示，输入三个文件，输出两个计划。

输入文件：

(1)社会需求文件，包括所有用户的订货单、提货单和供货合同，以及下属子公司、企业的订货单，此外还要进行市场预测，确定一部分需求量。所有需求按品种和需求时间进行统计，整理成社会需求文件。

(2)库存文件，对自有库存物资进行统计表。以便针对社会需求量确定必要的进货量。

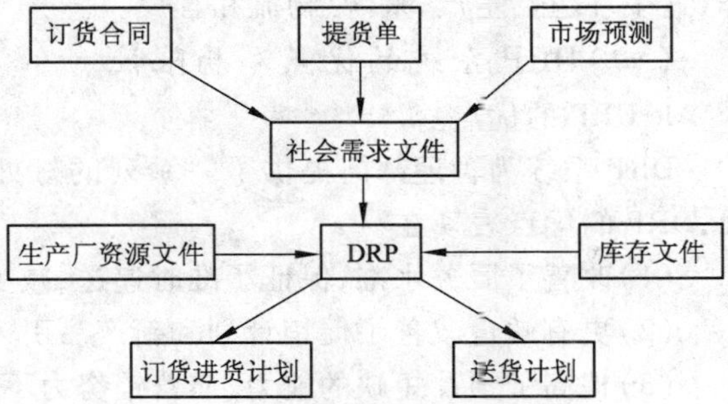

图 9-6　DRP 系统的原理

(3)生产厂资源文件，包括可供应的物资品种和生产厂的地理位置等，地理位置和订货提前期有关。

输出文件：

(1)送货计划，对用户的送货计划，为了保证按时送达，要考虑作业时间和路程远近，提前一定时间开始作业，对于大批量需求可实行直送，而对于数量众多的小批量需求可以进行配送。

(2)订货进货计划，是指从生产厂订货的计划，对于需求物资，如果仓库内无货或者库存不足，则需要向生产厂订货。当然，也要考虑一定的订货提前期。以上两个文件是 DRP 的输出结果，是组织物流的指导文件。

(三)DRP 系统工作程序

DRP 系统工作程序包括三个主要的工作阶段：

1. 相关信息搜集

DRP 系统所需要的信息主要来自：销售预测；现在以及未来需要交付的客户订单；可供销售的库存量；生产需要的未完成的采购订单、制造订单；运输、采购和制造的提前期；运输方式和运输频率；企业的安全库存；要购买、生产和配送产品的正常最小量。

2. 时间模式生成

一旦所有有用的信息收集工作完成，DRP 就会生成一个资源需求的时间阶段模式来支持物流策略：包括需求产品的种类、需求产生的地点、时间和需求的程度；各种运输方式的运输容量，即可提供的运力；需要的空间、人力和设备的容量；要求的库存投资；产品或供应物资需要的生产或采购水平。

3. 提供配送计划

DRP 系统将配送中心可提供的供应物资和需要物资进行比较，确定未来可获得的物资，然后 DRP 系统建议企业应采取的经营行动——加快或推迟采购，以达到供给与需求平衡的目的。第三阶段要求信息的汇总子系统和反馈子系统进行支持,从而实现封闭环形运作,这个环包括生产、采购、物流和客户。

(四)DRP 系统的优点和局限性

1. DRP 的优点

DRP 系统为管理部门提供了一系列的好处,主要表现在营销和物流方面。在营销方面,DRP 的优点表现在:

(1)改善了服务水准,保证了准时递送,减少了顾客的抱怨;

(2)更有效地改善了促销计划和新产品引入计划;

(3)提高了预计短缺的能力,使营销努力不花费在低储备的产品上;

(4)改善了与其他企业的协调功能,因为 DRP 有助于共用一套计划数字;

(5)提高了向顾客提供存货管理服务的能力。

在物流方面,DRP 优点表现在:

(1)由于实行了协调装运,降低了配送中心的运输费用;

(2)能准确确定何时需要何种产品,降低了存货水平和仓库空间需求;

(3)减少了延迟供货现象,降低了顾客的运输成本;

(4)改善了物流与制造之间的存货可视性和协调性;

(5)能有效地模拟存货和运输需求,提高了企业的预算能力。

2. DRP 的局限性

尽管 DRP 有很多优点,但是它本身还有诸多限制,在实际应用时要加以注意。

(1)DRP 系统需要每一个配送中心具有精确的、经过协调的预测数。而在实际情况中,预测的误差是不可避免的,这可能成为一个大问题。

(2)DRP 系统要求配送设施之间的运输具有固定而又可靠的完成周期。虽然完成周期可以通过各种安全的前置时间加以调整,但是完成周期的不确定因素则会降低 DRP 系统的效率。

(3)由于生产故障或递送延迟,综合计划会经常受系统故障或频繁改动的影响,尤其是补货运输周期和卖主递送可靠性等方面的不确定因素可能会使 DRP 系统在实际应用中有一定的局限性。

第三节　物流供销管理实训

一、销售企业调研实训及其要求

分组到销售企业(百货公司或超市)进行调研,就以下问题写出调研报告,并由各组代表通过幻灯片的形式在班内进行交流。(1)本销售企业的基本情况;(2)该企业的商品线(商品大类)的情况及其来源;(3)该企业的采购方式;(4)存在的问题与建议。

二、供应商选择训练

参考以下步骤，在调查的基础上，根据反馈信息及供应商资料卡，对生产厂家及经营商进行多项审定和考核，为某企业选出合适的供应商。

1. 审定供应商

采购前的审核包括以下几方面的内容：

(1)有国家主管部门核发的生产许可证、工商部门核发的营业执照，有一般纳税人资格，能按时开具增值税发票；

(2)产品质量符合国家标准或行业标准；

(3)价格适中，批量采购有优惠政策，重合同守信用；

(4)有售后服务部门，通过 ISO9000 认证。

采购前对商家的审核包括以下几个方面：

(1)具有工商部门核发的营业执照中允许经营生产资料的资格；

(2)具有一般纳税人资格，能按时开具增值税发票；

(3)保证出具符合国家标准或行业标准的正规质量证明书；

(4)在资金状况及诚信度上无不良劣迹。

2. 审定合格的供应商进行考核

(1)填写供应商评价表，如表 9-1 所示。

(2)统计得分情况，80 分以上为 A，60～79 分为 B，51～59 分为 C，50 分以下为 D。

表 9-1　供应商评价表　　编号：

项目	评价				
	A	B	C	D	得分/分
商品畅销程度	非常畅销(10)	畅销(8)	普通(6)	滞销(4)	
运输方式	送货上门(15)	代办托运(10)	提供方便(8)	自提(6)	
交货期	准时(15)	偶误(10)	有误(7)	常误(4)	
供应价格	优惠(20)	适中(15)	较高(10)	高(4)	
促销配合	极佳(10)	佳(8)	较差(6)	差(4)	
商品品质	佳(10)	可(8)	较差(6)	差(4)	
售后服务	准时(10)	偶误(8)	常误(6)	级差(4)	
厂商经营潜能	极佳(10)	佳(8)	普通(6)	小(4)	

3. 筛选供应商

(1)对于得分在 50 分以下的供应商，应予以淘汰；

(2)对于得分在 51～59 分的供应商，应予以减少采购量；

(3)对于得分在80分以上的供应商,应加大采购量。

三、案例分析

案例分析之一

俄亥俄工具公司对供应商的选择

俄亥俄工具公司设计出了一种新机器,估计投产后年销售额约20万美元,其最大优点在于一个独特的凸轮部件,使操作者能够快速调整设备。

为了实现机器设计方案的优势,每台机器需要的两个凸轮的制造公差要求很小。因为几个不同圆心的表面加工困难,并且在中央的直径上需要一个完整的定位键,所以不容易由实心棒料加工该零件。加工的可能方法限定了铸件的类型。可以考虑的铸造材料是铝、锌和铁。铝和铁的砂型铸造肯定不行,因为砂型铸造满足不了凸轮的精度要求,而且对该铸件进行机械和加工提高精度非常困难。铝和铁的模型铸造也不能采用,因为要使模型铸件与模具分离,铸件表面必须有一定的斜度。这样,需要通过机械加工来提供所需要的表面,同样面临着加工困难的问题。生产该零件的另一个可能的办法是粉末冶金。这是一种先将金属颗粒利用高压在金属模具中成型,然后在高温下熔合成实心金属零件的一种工艺。

俄亥俄工具公司确定了三个可能的供应商。

供应商A:位于1 000英里以外,是粉末冶金领域的巨头之一。俄亥俄工具公司去年向该供应商采购过另一产品的零件,但该供应商不能按时交货。供应商A经长途电话多次许下交货承诺,但直到采购经理跑到该厂催货之后,零件晚了三个月才到货。由于该零件交货延误,产品的其他零件不得不搁置一旁,一些工人也被暂时解雇。此外,该延误致使俄亥俄工具公司向顾客赔偿了违约金,这也是一笔不小的损失。供应商A提出的报价,如表9-2所示。

表9-2 供应商A的报价

数量(件)	单价(美元/件)	备注
5 000	0.186	模具成本1986美元,交货期约10周,具体时间取决与作业排序。以上报价不包括单位运输成本0.012美元,也不包括俄亥俄工具公司对凸轮的单位机加工成本0.05美元
10 000	0.185	
20 000	0.184	

供应商B:距俄亥俄工具公司300英里,相对来说,是粉末冶金领域的新手。公司经理任职时间不长,但曾在一家老公司积累了丰富经验。俄亥俄工具公司过去与供应商B合作很愉快。作为对报价要求的答复,供应商B建议放宽几个尺寸的公差要求,因为其工人不能按指定的公差加工。但是,俄亥俄工具公司的工程部认为要发挥凸轮的关键作用就必须

按原定公差制造。该信息反馈给供应商B后，供应商B表示退出报价。

供应商C：距俄亥俄工具公司900英里。俄亥俄工具公司以前没有同它做过生意，但这次也希望它能就凸轮报价。供应商C是一家大型汽车公司的一个附属公司，在技术上有很好的声誉。该汽车公司正考虑在汽车生产线上采用几个粉末金属零件。供应商C报价如表9-3所示。

表9-3　供应商C的报价

数量(件)	单价(美元/件)	备　　注
5 000 10 000 20 000	0.186 0.185 0.183	模具成本890美元，交货期约10周。以上报价不包括单位运输成本0.012美元

供应商C的报价方案中，所交凸轮的一个表面有一个凸起，需要俄亥俄工具公司进行机加工才能保证零件性能。尽管在这种情况下需要专业加工技术，但是俄亥俄工具公司估计每超过5 000件的时候，每件再花0.06美元就能去掉这个凸起。

俄亥俄工具公司考虑到供应商B的供货情况一直很好，采购经理觉得有必要努力再次争取供应商B的报价。因此，采购经理亲临该厂讨论这一问题，并且了解到该厂能够进一步提高中心孔的精度，这样几乎可以保证凸轮外径表面的累积误差满足指定公差要求。工程部同意相应修改零件图，允许凸轮表面适当放宽公差要求。在这个基础上，供应商B提出新一轮报价。如表9-4所示。

表9-4　供应商B的报价

数量(件)	单价(美元/件)	备　　注
5 000 10 000 20 000 50 000	0.5 0.4 0.32 0.275	模具成本1 350美元，交货期10~12周。以上报价不包括单位运输成本0.005美元

该报价包含了对零件图的相应修改，也就是供应商B负责对零件的机加工，加工成本已经含在报价中。至此，报价全部收到，机器其他零件的制造也都有了保证，最终装配安排在12周之后。

评审以上三个报价，很明显供应商B的成本相对较高。采购经理电话通知供应商B要求对其成本进行复审。修改后的报价单如表9-5所示。

表9-5　供应商B修改后的报价

数量(件)	单价(美元/件)	备　　注
5 000 10 000 20 000 50 000	0.45 0.37 0.32 0.275	模具成本1 350美元，交货期10~12周。以上报价不包括单位运输成本0.005美元

俄亥俄工具公司综合三家供应商的报价及其他条件,最终选择了供应商 B。

案例分析之二

三个"采购案例"的对比分析

从 20 世纪 80 年代开始,为了顺应国际贸易高速发展的趋势,以及满足客户对服务水平提出的更高要求,企业开始将采购环节视为供应链管理的一个重要组成部分,通过对供应链的管理,同时对采购手段进行优化。在当前全球经济一体化的大环境下,采购管理作为企业提高经济效益和市场竞争能力的重要手段之一,它在企业管理中的战略性地位日益受到国内企业的关注,但现代采购理念在中国的发展过程中,由于遭遇的"阻力来源"不同,企业解决问题的方法各异等原因,就被予以不同的诠释。

1. 胜利油田

在采购体系改革方面,许多国有企业和胜利油田境遇相似,虽然集团购买、市场招标的意识慢慢培养起来,但企业内部组织结构却给革新的实施带来了极大的阻碍。

胜利油田每年的物资采购总量约 85 亿人民币,涉及钢材、木材、水泥、机电设备、仪器仪表等 56 个大类,12 万项物资。行业特性的客观条件给企业采购的管理造成了一定的难度,然而最让其头痛的却是其他问题。

胜利油田目前有 9 000 多人在作物资供应管理,庞大的体系给采购管理造成了许多困难。胜利油田每年采购资金的 85 个亿中,有 45 个亿的产品由与胜利油田有各种隶属和姻亲关系的工厂生产,很难将其产品的质量和市场同类产品比较,而且价格一般要比市场价高。例如供电器这一产品,价格比市场价贵 20%,但由于这是一家由胜利油田长期养活的残疾人福利工厂,只能是本着人道主义精神接受他们的供货,强烈的社会责任感让企业背上了沉重的包袱。同样,胜利油田使用的大多数涂料也是由下属工厂生产,一般只能使用 3 年左右,而市面上一般的同类型涂料可以用 10 年。还有上级单位指定的产品,只要符合油田使用标准、价格差不多,就必须购买指定产品。

在这样的压力下,胜利油田目前能做到就是逐步过渡,拿出一部分采购商品来实行市场招标,一步到位是不可能的。

胜利油田的现象说明,封闭的体制是中国国有企业更新采购理念的严重阻碍。中国的大多数企业,尤其是国有企业采购管理薄弱,计划经济、短缺经济下粗放的采购管理模式依然具有强大的惯性。采购环节漏洞带来的阻力难以消除。

统计数据显示,在目前中国工业企业的产品销售成本中,采购成本占到 60% 左右,可见,采购环节管理水平的高低对企业的成本和效益影响巨大。一些企业采购行为在表面上认可和接纳了物流的形式,但在封闭的市场竞争中,在操作中没有质的改变。一些采购只是利用了物流的技术与形式。但经常是为库存而采购,而大量库存实质上是企业或部门之间没有实现无缝连接的结果，库存积压的又是企业最宝贵的流动资金。这一系列的连锁反应正是造成许多企业资金紧张、效益低下的局面没有本质改观的主要原因。

2. 海尔

与大型国有企业相比，一些已经克服了体制问题，全面融入国际市场竞争的企业，比较容易接受全新的采购理念，这类型的企业中，海尔走在最前沿。

海尔采取的采购策略是利用全球化网络，集中购买，以规模优势降低采购成本，同时精简供应队伍。据统计，海尔的全球供应商数量由原先的2 336家降至840家，其中国际化供应商的比例达到了71%，目前世界前500强中有44家是海尔的供应商。

对于供应商关系的管理方面，海尔采用的是SBD模式：共同发展供应业务。海尔有很多产品的设计方案直接交给厂商来做，很多零部件是由供应商提供今后两个月市场的产品预测并将待开发的产品形成图纸，这样一来，供应商就真正成为了海尔的设计部和工厂，加快了开发速度。许多供应商的厂房和海尔的仓库之间甚至不需要汽车运输，工厂的叉车直接开到海尔的仓库，大大节约运输成本，海尔本身则侧重于核心的买卖和结算业务。这与传统的企业与供应商关系的不同在于，它从供需双方简单的买卖关系，成功转型为战略合作伙伴关系，是一种共同发展的双赢策略。

1999年海尔的采购成本为5亿元，由于业务的发展，到2000年，采购成本为7亿元，但通过对供应链管理优化整合，供应商数量也从最初的2 330余家一度降至2002年的700余家（随着企业规模的不断扩大，现在海尔的供应商数量保持在1 000家左右）。采购成本大大降低。可见，利益的获得是一切企业行为的原动力，成本降低、与供应商双赢关系的稳定发展带来的经济效益，促使众多企业以积极的态度引进和探索先进、合理的采购管理方式。

与胜利油田相似，由于企业内部尤其是大集团企业内部采购权的集中，使海尔在进行采购环节的更新时，也遇到了涉及“人”的观念转变和既得利益调整的问题。然而与胜利油田不同的是，海尔在管理中已经建立起适应现代采购和物流需求的扁平化模式，在市场竞争的自我施压过程中，海尔已经有足够的能力去解决有关人的两个基本问题：一是企业首席执行官对现代采购观念的接受和推行力度，二是示范模式的层层贯彻与执行，彻底清除采购过程中的“暗箱”。

3. 通用

与从计划艰难蜕变出来的大型国有企业相比，通用的采购体系则没有必要经历体制、机构改革后的阵痛，全球集团采购策略和市场竞标体系自公司诞生之日起，就自然而然地融入了世界上最大的汽车集团——通用汽车的全球采购联盟系统中。相对于尚在理论层次彷徨的众多国有企业和民营企业而言，通用的采购已经完全上升到企业经营策略的高度，并与企业的供应链管理密切结合在一起。

据统计，通用在美国的采购量每年为580亿美元，全球采购金额总共达到1 400~1 500

亿美元。1993 年,通用汽车提出了全球化采购的思想,并逐步将各分部的采购权集中到总部统一管理。目前,通用下设四个地区的采购部门:北美采购委员会、亚太采购委员会、非洲采购委员会、欧洲采购委员会,四个区域的采购部门定时召开电视会议,把采购信息放到全球化的平台上来共享,在采购行为中充分利用联合采购组织的优势,协同杀价,并及时通报各地供应商的情况,把某些供应商的不良行为在全球采购系统中备案。

在资源得到合理配置的基础上,通用开发了一整套供应商关系管理程序,对供应商进行评估。对好的供应商,采取持续发展的合作策略,并针对采购中出现的技术问题与供应商一起协商,寻找解决问题的最佳方案;而在评估中表现糟糕的供应商,则请其离开通用的业务体系。同时,通过对全球物流路线的整合,通用将各个公司原来自行拟订的繁杂的海运路线集成为简单的洲际物流线路。采购和海运路线经过整合后,不仅是总体采购成本大大降低,而且使各个公司与供应商的谈判能力也得到了质地提升。

三种在中国市场并存的"采购现象"直接反映出在不同的市场机制和管理模式下,企业变革需要面对的一些现实问题。但从另一个角度看,我们就会发现采购在整个企业物流管理中的重要地位已经被绝大多数的企业所认可。更多的生产企业专注于自己的核心任务,把采购物流业务外包。建立在合作基础上的现代供应链管理,无疑是对传统的采购管理模式的一次革命性的挑战。

从不同"采购现象"背后,可以看到"采购理念"在中国发展遇到的现实问题,不仅在于企业对先进思维方式的消化能力,更重要的是在不同的体制和文化背景下的执行是否通畅。而在落实理念的过程中,必须革新中国的企业文化,要求高层决策人员和中层的管理人员应具备解决系统设计问题的能力,底层的运作人员应该能够解决系统操作的问题,同时必须有发现问题的能力和正确理解问题的能力。从这个角度上讲,是否"以人为本"已成为采购进入中国市场所必须解决的重大课题。

思考:

1. 分析案例中三种采购现象的优缺点。
2. 这三种策略中,你倾向于哪一种策略?
3. 哪些因素对采购策略的选择和运用影响最大?

本章小结

本章内容主要介绍了采购物流、销售物流的含义;供应商选择的标准、步骤和方法;采购物流、销售物流决策等相关内容。安排学生通过市场调查了解物流企业的需求,并通过案例的分析,提高学生提出问题、分析问题和解决问题的能力。

自我测试

一、单项选择题

1. 在一定的时间、地点条件下，通过商品交换和物流手段，从资源市场获取资源的过程称为(　　)。

A. 采购　　B. 运输　　C. 仓储　　D. 购买

2. 无论从生产企业的角度，还是从企业的角度分析，采购物流均是企业物流过程的(　　)环节。

A. 起始　　B. 中间　　C. 过渡　　D. 最终

3. 国内采购和国外采购是按采购的(　　)进行分类的结果。

A. 对象　　B. 时间　　C. 主体　　D. 范围

4. 关于采购的要求，以下说法正确的是(　　)。

A. 质量最好　　B. 数量最大　　C. 价格最低　　D. 就地就近

5. 以下关于选择供应商的步骤中，正确的顺序是(　　)。

A. 分析环境—确立选择目标—建立评价标准—评选供应商

B. 建立评价标准—确立选择目标—评选供应商—选择供应商

C. 建立评价标准—确立选择目标—选择供应商—评选供应商

D. 确立选择目标—分析环境—建立评价标准—评选供应商

6. 销售物流的起点，一般情况下是生产企业的(　　)，经过分销物流，完成长距离干线的物流活动，再经过配送完成市内和区域范围的物流活动，到达企业、商业用户或最终消费者。

A. 生产车间　　B. 运输车辆　　C. 原材料仓库　　D. 产成品仓库

7. (　　)是企业生产物流系统的终点，也是销售物流系统的起点。

A. 产品储存　　B. 订单处理　　C. 货物运输　　D. 产品包装

8. 采购管理组织结构形式一般不采用(　　)的形式。

A. 直线制　　B. 公司制　　C. 直线职能制　　D. 事业部制和矩阵制

二、多项选择题

1. 关于采购的概念与含义，下列说法正确的有(　　)。

A. 在一定的时间、地点条件下，通过商品交换和物流手段，从资源市场获取资源的过程

B. 将资源从供应者手中转移到用户手中的过程

C. 采购既是一个商流的过程，又是一个物流过程

D. 采购是一种经济活动

E. 采购是企业经济活动的主要组成部分

2. 现代采购技术和方法主要有(　　)。

A. 订货地点采购　B. MRP 采购　C. JIT 采购　D. 供应链采购

E. 电子商务采购

3. 采购的要求有(　　)。

A. 适用　B. 适量　C. 适价　D. 适时

E. 适地

4. 销售物流的顺畅将使企业迅速及时地将产品传送到用户或消费者手中,达到(　　)的目的。

A. 满足用户需求　B. 扩大商品销售　C. 加速资金周转　D. 降低流通费用

5. 采购部门的主要职责是(　　)。

A. 确定合适的供货来源　B. 确定经营目标

C. 与供应商商谈价格　D. 确定经营方向和经营策略

6. 影响销售渠道选择的因素有(　　)和生产企业本身因素。

A. 经济因素　B. 政策性因素　C. 产品因素　D. 市场因素

7. 对于货主来说,选择运输方式的判断标准主要包括以下要素(　　)。

A. 运输的安全性　B. 运输的准确性

C. 运输费用的低廉性　D. 缩短运输时间

8. 于整体性好的产品和有内装容器的产品,仅在产品或内包装的拐角或局部地方使用防震材料进行衬垫. 所用的包装材料主要有(　　)。

A. 泡沫塑料防震垫　B. 充气型塑料薄膜防震垫

C. 橡胶弹簧　D. 气相缓蚀剂

三、判断题

1. 采购是最基本的功能就是帮助人们从资源市场获取其所需要的各种资源。(　　)

2. 从采购的立场来看,通常是要求"最好"的品质,而不是"最适"的品质。(　　)

3. 确定商品采购的时间、地点、方式、数量、品种等,都要充分考虑企业对有关市场机会的利用问题。(　　)

4. 采购量多,价格就便宜,所以采购越多越好。(　　)

5. 木材是应用广泛的传统包装材料。(　　)

6. 复合材料在包装领域被广泛的应用,现在使用较多的是胶合板材料,主要有纤维板、刨花板材料等。(　　)

7. 包装盒容量较小,一般小于 1 L,有开闭装置。(　　)

8. 包装箱的刚性好,容积一般大于 100 L。(　　)

复习思考

1. 为什么采购物流是企业物流过程中的起始环节？
2. 简述选择供应商的基本步骤。
3. 举例说明适时、适量、适价采购的现实意义。
4. 试举例说明应该如何选择运输手段。
5. 简述企业销售渠道的功能和种类。
6. 简述客户服务水平的决策法。
7. 简述配送需求计划。
8. 如何选择运输方式，承运人和运输策略？

第十章 物流业务外包管理

知识目标

1. 理解并掌握核心竞争力，服务外包，物流外包的概念、成因、发展趋势，物流外包的战略选择
2. 第三方物流的特征、管理模式
3. 第四方物流的概念、特征、条件、运作模式

技能目标

1. 掌握物流外包及其战略选择
2. 能对物流外包案例进行分析，能与小组成员合作对给出的技能演练题目进行分析、给出解决方案

引导案例

某集团由于长期计划经济体制造成运输配送效率低下，出现淡季运力空放，旺季忙不过来的现象，加上车辆的维修更新，每年维持车队运行的成本费用要上百万元。另外，在非生产性的后道工序如包装、运输、仓储、处理配送中等环节出现的问题上花费了很多精力。

集团某下属企业率先做出探索，将公司产品配送运输全部外包第三方物流。第三方物流企业根据配送数据，制订出货最佳搭配装车作业图，安排准时、合理的车流路线，货物不管多少，就是二三箱也送。此外按照签约要求，遇到货物损坏，按规定赔偿。自委托第三方物流以来，产品的流通速度加快，原来需7天的送货时间，现在只需2～3天，而且实行的是门对门的配送服务。由于第三方物流配送及时周到、保质保量，使商品的流通速度加快，使集团的销售额有了较大增长。

思考：

请你说一说采用物流外包的意义，该企业的做法可以在集团推广吗？你还能举出一些实例吗？

第一节　物流外包概述

一、外包

外包(Outsourcing),意为“外部寻源”,是授权一家合作伙伴管理自己的部分业务或提供服务,进一步说是把非核心的业务及服务交给更专业的公司去做,企业在充分发展自身核心业务的基础上,整合、利用外部最优秀的专业化资源,从而达到降低成本、提高生产效率、增加资金运用效率和增强企业对环境的迅速应变能力的一种经营管理模式。

外包的必要性首先基于经济全球化的发展趋势,世界经济形成了从资源配置、生产到流通和消费多层次、多形式的交织和融合,全球经济形成一个分割的有机整体。其次,外包赋予了企业管理高度的灵活性,降低了经营成本和风险,主要体现在成本、人力资源、技术开发与创新、市场推广等方面。从某种意义上讲,外包是整个社会范围内合作与分工的产物,外包可以减少用户自身在发展过程中的一些风险,集中经历发展核心业务,而不必为一些非核心业务或重复性工作付出大量的人力和物力;对整个社会而言,外包可以避免重复的开发和劳动,是节约社会资源的重要途径。例如戴尔(Dell)公司就把自己非常有限的资源集中于一个特定的领域,即按照客户的特定需求,为客户最快地订制、提供系统的解决方案,而把生产、运送和售后服务外包,从而迅速成为全球 PC 市场的最大供应商;耐克作为世界上最大的运动鞋制造商,自己却没有生产过一双完整的运动鞋;波音作为世界上最大的飞机制造公司之一,自己只生产座机和翼尖,波音 747 飞机的 450 万个零配件,大多是由世界上各个国家的相关企业提供;通用汽车公司居世界 500 强之首,仍坚持其“做整车”的定位,把零部件的生产分离出去。可以看出,这些企业利用外部的最优秀的资源,形成优势结构,取得了更大的竞争优势。

外包行业的兴起应该得益于提高“企业核心竞争力”这个管理理念的普及,从 20 世纪 80 年代后期开始,由美国逐渐蔓延到日本、欧洲,成为全球企业界的一股潮流。核心竞争力的概念是由普拉哈德和哈默尔在 1990 年的《哈佛商业评论》一篇论文 *The Core Competence Of The Corporation* 中提出的。他们认为:核心竞争力是能使企业为顾客带来特别利益的一类独特技能和技术,是企业可持续竞争优势的源泉和基础。此后,众多学者从知识、资源、技术、组织、文化等不同角度做了拓展研究,逐渐形成判断企业核心竞争力的共识:核心竞争力内化于企业组织,其他竞争对手难以模仿,难以替代;核心竞争力能够为企业提供进入多个现实和潜在市场的途径,能够在较大范围内实现企业的价值;核心竞争力能够给顾客带来特殊的价值,使企业在市场竞争中占有独特的相对优势。可见,企业核心竞争力是企业赖以生存的关键要素,可以是某项技术、技能或管理机制。它可表达为,企业核心竞争力企业长期形成的,蕴涵于企业内质中的,企业独具的,支撑企业的过去、现在和未来竞争优势,并使企业长时间内在竞争环境中能取得主动的核心能力。

外包的范围按工作性质可分为“蓝领外包”和“白领外包”。“蓝领外包”指产品制造过程外包。“白领外包”亦称“服务外包”，指技术开发与支持其他服务活动的外包。其中技术开发与支持的外包一般采用一次性项目合同的方式寻求第三方专业公司的服务，称为“合同外包”；其他服务活动的外包多通过签定长期合同的方式交由专业外包提供商进行，称为“职能外包”。

目前，服务外包广泛应用于IT服务、人力资源管理、金融、会计、客户服务、研发、产品设计等众多领域，服务层次不断提高，服务附加值明显增大。服务外包的分类如表10-1所示，根据美国邓百氏公司的调查，全球的企业外包领域中扩张最快速的是IT服务、人力资源管理、媒体公关管理、客户服务、市场营销。

表10-1　关于服务外包的分类

类　别	适　用　范　围	
信息技术外包服务	系统操作服务	银行数据、信用卡数据、各类保险数据、保险理赔数据、医疗/体检数据、税务数据、法律数据等数据（包括信息）的处理及整合
	系统应用服务	信息工程及流程设计、管理信息系统服务、远程维护等
	基础技术服务	承接技术研发、软件开发设计、基础技术或基础管理平台整合或管理整合等外包
业务流程外包服务	企业内部管理服务	为客户企业提供企业各类内部管理服务，包括后勤服务、人力资源服务、工资福利服务、会计服务、财务中心、数据中心及其他内部管理服务等
	企业业务运作服务	为客户企业提供技术研发服务、销售及批发服务、产品售后服务（售后电话指导、维修服务）及其他业务流程环节的服务等
	供应链管理服务	为客户企业提供采购、运输、仓库/库存整体方案服务等

二、物流业务外包

（一）物流外包的概念

物流首先是货主企业方面的概念，货主企业是物流的需求者。在社会分工的基础上，为满足货主企业的物流需求出现了作为物流服务提供者的专业物流企业。企业为了提高物流效率和服务水平，物流管理成为生产经营管理活动中的一项重要内容。物流外包一般叫做第三方物流，也称合同物流、契约物流、物流联盟或物流外部化，指物流经营者借助现代信息技术，在约定的时间、空间位置按约定的价格向物流需求者提供约定的个性化、专业化、系列化的服务，也就是借助于外部的力量完成本该由其自身完成的物流功能。

（二）物流业务外包的成因

企业物流业务外包是增强企业核心竞争力的有力手段，自从20世纪80年代以来，外包已成为商业领域中的一大趋势。企业越来越重视集中自己的主要资源与主业，而把辅助性功能外包给其他企业。在供应链管理环境下，企业如何做好资源配置是至关重要的，如果企业要以更低的成本获得比自制价值更高的资源，那么企业就可以选择业务外包。

对比发达国家的物流业务外包规模，中国的物流业务外包市场依然处于初级阶段。在我国，企业“大而全、小而全”的管理模式还普遍存在。在很多企业，物流服务效率很低，创造的经济效益也很低。例如有的企业自有运输车队的服务质量差、空载率大，但考虑本企业职工的就业也就不考虑把物流业务外包出去；企业担心对货物失控的潜在风险；有些企业还认为自营物流可以避免第三方赚取利润等，这些制约了企业的发展。企业要提高物流效率必须实现新的改善，一个重要途径就是外包物流服务。其动因体现在：

1. 集中精力发展核心业务

企业物流业务外包最主要的目的是强化企业核心竞争力。通过优化资源配置，集中时间、资金与资源发展自身的核心产业。

2. 加快企业重组

物流业务外包后，企业可以加快内部组织结构与流程的重组优化，从而提高管理效率，进而降低外部经营环境变化所带来的系统风险。

3. 降低企业成本

企业选择物流业务外包，另一个重要原因是第三方物流供应商拥有比本企业更便宜、更有效完成业务的服务系统和服务网络。企业通过外向资源配置避免在资金、设备上的大额投资。

4. 利用外部资源

如果企业没有能力有效完成物流业务的资源，企业可以选择物流业务外包，从而弥补自身资源和能力的不足，最终加强核心产品的竞争力。

5. 实现信息共享与风险分担

企业通过与第三方物流供应商合作，能够实现信息共享，并共同分担风险从而能够对市场的风云变幻做出敏捷地反应。

（三）企业物流外包的形式

1. 物流业务完全外包

物流业务完全外包是最彻底的外包形式。如果企业不具有自营物流的能力，就会采取这种形式。企业具有自营物流能力的情况，则需进行物流系统评价，如评价的结果倾向于外包，企业就会关闭自己的物流系统，将所有的物流业务外包给第三方物流供应商。

2. 物流业务部分外包

企业将物流业务分成两部分，一类是可以自营的业务，一类是非自营业务。企业将非自营业务或者低效的自营业务外包给第三方物流供应商。

3. 物流系统接管

物流系统接管是企业将物流系统全部卖给或承包给第三方物流供应商,也叫物流社会化。第三方物流供应商接管企业的物流系统并继续聘用原来的员工。

4. 战略联盟

企业与第三方物流供应商或其他企业合资,企业保留物流设施的部分产权,并在物流作业中保持参与。同时,物流供应商提供了部分资本和专业服务,企业也为合资者提供特色服务,达到资源共享的目的。

5. 物流系统剥离

物流系统剥离是指企业将物流部门分离出去,使其成为一个独立的子公司,允许其承担其他企业的物流业务。

6. 物流业务管理外包

物流业务管理外包是指企业拥有物流设施的产权,将管理职能外包出去。

(四)物流外包的战略选择

(1)企业战略是市场竞争中企业生存和发展的总纲领,是企业发展中带有全局性、长远性和根本性的问题,也是企业经营思想、经营方针的集中表现。它是对"我们要成为什么样的组织"的正确回答。中国很多企业由于受传统的经营理念的影响,在决策过程中,自给自足的自豪感产生了很多问题。而实际上即使是大公司也不可能完全实现自给自足。比如福特曾希望能在他的纵向一体化程度最高的生产厂里制造所有所需零件,并建立包括内陆港口和一个错综复杂的铁路与公路网络。但如今的福特汽车公司早就不是那样了,它50%的零部件需从外部购买,并且根据各分公司的不同情况来确定其物流能力是自建还是外包。企业越追求自给自足,企业的规模会越大,从而管理任务也越复杂和多元化。这样很可能导致管理层由于过度分散而无法有效管理。所以企业在决定"自建还是外包"时,要把这种自给自足的情感因素剔除。

在企业的战略决策中,核心竞争力是重要的因素。成功的企业都通过将资源集中在一个或有限的几个核心能力去超过竞争者,发掘与众不同的竞争优势。并且这些企业都会将其所需要的核心能力建立在行业平均水平以上,围绕其竞争优势,很少将资源投向非核心能力。物流能力无疑是形成企业竞争优势的一个重要基石。企业必须通过物流来实现其业务目标,同时满足企业自身的需求和顾客的需求。

(2)企业规模大小体现了企业的资金实力以及企业生产的复杂程度,对于中小型企业来说,资金的规模小,生产的变动性大,一方面无力投入大量的资金进行自有物流设施的建设,而且由于企业内部业务流程重组风险的存在,还可能受到企业内部员工的抵制和资源的浪费。因此,可以利用物流能力外包来突破资源"瓶颈",使企业的发展获得较高的增长速度。

(3)"如何使总成本最低"是企业在制定物流战略时首先要考虑的问题,也是企业追求的目标之一。当然,这里所要降低的成本并不是物流的功能成本,而是整个企业的运营总成本。企业需要对物流成本的构成有一个全面地了解,并具有对需要展开的功能成本进行分析和动态成本计算的能力。当然,在实际中对有效的物流过程进行总成本计算,还是比较困难的。但是,企业可以对自营的成本与外包后潜在的成本进行分析比较,这是目前一个比较有效的能够证明外包是否对企业有益的方法。

(4)在现今的经营环境中,如果企业愿意承担必须的资源,几乎任何想要的物流服务都是能达到的。例如,在靠近顾客的地理位置建立一个专用仓库,可以使一支车队保持随时待运的状态等。这种物流服务在顾客下单后几乎可以即时响应顾客需求,但是代价是高昂的。物流服务在本质上是服务优势和服务成本的一种平衡。企业需要了解物流服务供应商的管理深度和幅度、战略导向,看供应商的服务是否能满足本企业的需求,尤其是供应商的发展战略要与需求企业相匹配或类似。

(五)物流外包发展趋势

物流外包是未来物流业发展的一大趋势。以美国市场为例,生产企业的仓储外包率和运输的外包率显著上升。物流外包的发展和企业物流外包率的上升给各个行业带来了很大的利益,各个行业通过改善供应链管理能够很好地提高生产效率。汽车业中的物流外包是一个很明显的例子,如通用汽车和美国的 CNF 物流公司建立了一个合资企业,通用公司价值 10 亿美元的物流活动完全由这个合资公司来完成。

中国仓储协会一项调查表明,很多企业拟将所有的物流业务外包给第三方,物流经营有社会化、专业化的物流公司来做,比生产企业自己解决更具优势。从目前来看,最有条件从事专业化物流服务的是运输与邮政部门,强大的运输网络与配送体系是他们发展物流业的最大优势。从中国邮政的特快专递到中国铁路小件货物特快专递运输公司(中铁快运),再到民航的中国货运航空公司(中货航),纷纷打起“物流”大旗,欲作中国物流业的“排头兵”。

欧洲 IDC 公司发表的报告称,欧洲物流业中的领先者和后起之秀正在努力增强他们的外包能力,从而应对欧洲市场上对物流业务外包的不断增长的需求。欧洲市场上的大型物流服务供应商改变了以往在邮政、运输和仓储领域中提供分散服务的方式,正通过提供全套供应链管理服务来提升其价值链。IDC 公司调查了欧洲七家大型物流企业,发现这些企业大多数正在努力把自己发展成为领先的物流服务供应商。要想成为领先的物流服务供应商必须具备通过与客户、供应商和第三方公司整合内部资源、管理整套供应链的能力,尤其能够使用信息技术和互联网技术。在所调查的公司中,大多都在提供增值服务,包括订单管理、支付管理、采购和供应商管理、呼叫中心管理和咨询服务,从而巩固其作为领先物流服务供应商的地位。电子商务的发展也推动了物流外包地扩大,越来越多的公司意识到,良好的物流和履单能力是电子商务的基础,出现了专为在线交易商服务的电子履单公司,那些领先的物流公司也开始进入这一领域。

第二节　第三方物流

一、第三方物流的概念

现代物流的形式按照提供物流服务的主体不同分为自营物流和第三方物流。自营物流是指企业为了自己的方便而使用自己的物流设施和工具来完成物流业务。它包括自营运输、自营保管和自营包装等。我国2001年颁布的国家标准《物流术语》中,将第三方物流定义为"供方与需方以外的物流企业提供物流服务的业务模式"。第三方物流(Third Party Logistics,TPL),是由物流业务的供方和需方之外的第三方物流服务提供者在特定的时间段内按照特定的价格向使用者提供的个性化的系列物流服务。这种物流服务是建立在现代电子信息技术基础上的,企业之间是联盟关系。第三方物流服务业这一称呼中的所谓"第三方",是相对于"第一方"托运人和"第二方"收货人而言的。它是通过与第一方或第二方,或者与这两方合作,承包提供其专业化的物流服务。第三方物流因为它常常以物流外包合同的形式进行操作,因此有时又被称作合同物流、物流外包。又因为第三方物流公司是比较专业化的物流公司,能够承担全部的物流服务,所以有时又被称之为全方位物流公司、物流联盟。

在美国的有关专业著作中将第三方物流定义为:通过合同的方式确定回报,承担货主企业全部或一部分物流活动。所提供的服务包括与运营相关的服务、与管理相关的服务以及两者兼而有之的服务。无论哪种服务形式都必须高于过去的公共运输业者和契约运输业者所提供的服务。在日本对第三方物流的理解:供方和需方以外、不持有商品所有权的第三方向货主企业提供物流系统,为货主企业全方位代理物流业务。

从对外委托的角度来理解,第三方物流与传统的对外委托的不同之处在于,传统的对外委托只是将企业物流活动的一部分,主要是物流作业活动,如货物运输、货物保管交有外部的货运企业或仓储企业去做,而库存管理、物流系统设计等物流管理活动以及一部分企业内部物流活动仍然保留在本企业。有些能够提供物流系统的物流企业并非以货主企业物流合理化为目标设计为其设计物流系统。而第三方物流企业则是站在货主的角度,以货主企业物流系统和运营管理合理化为设计目标。第三方物流企业不一定具有物流作业能力,也就是说可以没有物流设施和运输工具,不直接从事运输、保管等作业活动,只是负责物流系统设计并对物流系统运营承担责任。具体的作业活动可以采取对外委托的方式,交给专业的运输企业、仓储企业去完成。

二、第三方物流的产生与发展

(一)第三方物流产生是社会分工的结果

在外包等新型管理理念的影响下,各企业为增强市场竞争力,而将企业的资金、人力、物力投入到其核心业务上去,寻求社会化分工协作带来的效率和效益的最大化。专业化分工的结果导致许多非核心业务从企业生产经营活动中分离出来，其中包括物流业务。将物流业务委托给第三方专业物流公司负责，可降低物流成本，完善物流活动的服务功能。

（二）第三方物流的产生是新型管理理念的要求

进入20世纪90年代后，信息技术特别是计算机技术的高速发展与社会分工的进一步细化，推动着管理技术和思想的迅速更新，由此产生了供应链、虚拟企业等一系列强调外部协调和合作的新型管理理念，既增加了物流活动的复杂性，又对物流活动提出了零库存、准时制、快速反应、有效的顾客反应等更高的要求，使一般企业很难承担此类业务，由此产生了专业化物流服务的需求。第三方物流的思想正是为满足这种需求而产生的。它的出现一方面迎合了个性需求企业间专业合作（资源配置）不断变化的要求，另一方面实现了进出物流的整合，提高了物流服务质量，加强了对供应链的全面控制和协调，促进供应链达到整体最佳。

（三）改善物流与强化竞争力相结合意识的萌芽

物流研究与物流实践经历了成本导向、利润导向、竞争力导向等几个阶段。将物流改善与竞争力提高的目标相结合是物流理论与技术成熟的标志。这是第三方物流概念出现的逻辑基础。

（四）物流领域的竞争激化导致综合物流业务的发展

随着经济自由化和贸易全球化的发展，物流领域的政策不断放宽，同时也导致物流企业自身竞争的激化，物流企业不断地拓展服务内涵和外延，从而导致第三方物流的出现。

三、第三方物流的基本特征

（一）合同导向物流服务

第三方物流有别于传统的外协，外协只限于一项或一系列分散的物流功能，如运输公司提供运输服务、仓储公司提供仓储服务等。第三方物流虽然也包括单项服务，但更多的是提供多功能、甚至全方位的物流服务，它注重的是客户物流体系的整体运作效率与效益。企业在选择第三方物流服务时一般都签订专门的合同，规定服务项目和目标。

（二）个性化物流服务

第三方物流服务因为面向一个一个的具体企业承包物流业务，企业不同，业务的具体内容就不同。因此要求第三方物流服务应按客户的业务流程来定制，努力采用“一企一策”的方式为企业提供特殊的、个性化的专属服务，体现个性化的物流服务理念。

（三）第三方物流企业与客户之间建立长期的战略合作伙伴关系

在西方的物流理论中，非常强调企业之间的“相互依赖”关系。也就是说，一个企业的迅速发展光靠自身的资源、力量是远远不够的．必须寻找战略合作伙伴，通过同盟的力量获得竞争优势。而第三方物流企业扮演的就是这种同盟者的角色，与客户形成的是相互依赖的市场共生关系。客户通过信息系统对物流全程进行管理控制，物流服务企业则对客户的长期物流活动负责。

(四)以现代信息技术为基础

在网络经济时代和信息技术高度发展的今天,市场竞争非常激烈,第三方物流企业只有运用现代信息技术及时地与客户交流和协作,才能够赢得客户、赢得市场,才能生存和发展。许多信息技术,如GIS(地理信息系统)、GPS(全球卫星定位系统)、EDI(电子数据交换)、Bar Code(条码制)等实现了数据快速准确地传递,使企业之间的及时协调、合作成为可能,并促使MRP、ERP、DRP等物流计划方法的产生和发展,提高了第三方物流服务水平。

四、第三方物流企业的类型

(一)按第三方物流企业来源分类

1. 传统仓储、运输、货代等企业基础上改造转型而来的第三方物流

这些物流企业目前在我国占据较大市场份额,凭借原有的物流业务基础和在市场、经营网络、设施、企业规模等方面的优势,不断拓展和延伸其物流服务,逐步转化为现代物流企业。

2. 工商企业原有物流服务职能的剥离

传统工商企业对物流的控制方式是自建的物流系统,所有的物流资源属于企业拥有。随着核心竞争力管理理念的普及,一些企业将物流业务剥离,由原来的子公司逐步独立并社会化。

3. 不同企业、部门间物流资源互补式联营

一种是企业与第三方物流公司联营设立第三方物流公司,一种是能够资源互补的不同部门共同出资成立股份有限公司,形成利益共同体,以提高核心竞争力。

4. 新创办的第三方物流公司

随着经济的发展新创立的物流公司不断涌现。

(二)按第三方物流企业资本归属分类

1. 中外合资物流企业

这些企业具有丰富的行业知识和运营经验,有良好的客户关系、先进的系统及来自总部的强有力的财务支持。它们一方面为原有客户进入中国市场提供延伸服务,另一方面运用自身的经营理念、经营模式和优质服务吸引中国企业。

2. 民营物流企业

我国民营物流企业多产生于20世纪90年代以后,业务地域、服务、客户相对集中,发展迅速。但是只拥有有限的固定资产,对市场的扩张缺乏强有力的财务支持。

3. 国有物流企业

多数国有物流企业是借助于原有物流资源发展而来的。它们拥有全国性的网络和许多运输、仓储资产及良好的关系网,注重内部文化,效率较低。

(三)按第三方物流企业的服务功能分类

1. 运输型物流企业

主要业务活动以为客户提供门到门运输、门到站运输、站到门运输、站到站运输等一体化运输服务,以实现货物运输为主。

2. 仓储型物流企业

仓储型物流企业以从事区域性仓储为主,为客户提供货物储存、保管、中转等仓储服务及配送服务,还可以提供其他增值服务,如流通加工、商品经销等。

3. 综合服务型物流企业

综合服务型物流企业从事多种物流服务活动,可以为客户制定整合物流资源的解决方案,提供物流咨询服务,根据客户需求提供物流一体化服务。

(四)按第三方物流企业资源占有情况分类

1. 资产型第三方物流

这类企业拥有自己的运输、仓储设施设备,为各个行业提供标准的运输或仓储服务。

2. 非资产型第三方物流

这类企业是一种物流管理公司,运用自己的物流专业知识和管理系统专门管理客户的各种物流功能,为客户提供第三方物流服务。它们不拥有自己的运输、仓储设施和设备,如有需要可以租赁取得。

五、第三方物流的管理模式

(一)信息化管理模式

飞速发展的计算机网络,日益开放的全球技术经济市场,使公司不可能再固守一隅以求得生存,这是一个生死攸关的战略转折点。随之而来的全球电子商务的发展把第三方物流推向了技术化、科技化、信息化,第三方物流公司从出世开始即注定了是信息时代的信息化产物。信息化管理在传统公司的成功证实了第三方物流公司对信息化管理推崇的正确性。

(二)系统化管理模式

第三方物流公司的管理需要有一个系统来支持,管理技术与管理手段都要有系统作保证,物流的系统化将是第三方物流公司"取之不尽"的源泉。

良好的物流系统将使物流系统的作用发挥到最好水平,使物流系统的各方面作用大于各个单独的作用的散漫组合。如果物流系统建立得不合理,不仅降低作用合力,还将有可能产生由于相互抵消作用而导致公司走入恶性循环的恶果。

(三)后勤管理模式

物流的目标是管理供应链,即从供应商到最终用户的价值增加的流程。因此后勤工作的任务是协调供应商、采购代理、市场营销人员、渠道成员和顾客的活动。对第三物流公司来讲,后勤工作成为公司正常运行的有力支持。通过后勤工作的协调活动,第三方物流公司能合理安排代理配送业务活动过程中的各个环节，对于公司协调与厂商、消费者之间以及协调公司自身运作有着不可估量的作用。随着电子商务地发展，顾客的需求不断升级，后勤工作也必须作出相应地调整以获取市场份额。

（四）全过程管理解决方案

全过程控制是物流管理的核心问题。供应商必须全面、准确、动态地把握散布在全球（或全国）各个中转仓库、经销商、零售商以及汽车、火车、飞机、轮船等各种运输环节之中的产品流动状况，并以此为根据随时发出调度指令，制定生产和销售计划，调整市场策略。对于大型商业机构而言，没有全过程的物流管理就根本谈不上建立有效的分销网络和供应配送体系。信息系统是支撑全过程物流管理最重要的基础之一。

六、第三方物流的选择及其业绩考评

作为物流服务需求方的企业，在选择第三方物流服务之前，应考虑以下几个方面的问题：使用第三方物流后产品和服务质量是否会更好；是否可以改善现金流和降低库存水平；是否对企业和客户都有利；一般要进行外包风险的分析，才能作出购买物流服务的决策。

（一）第三方物流的选择步骤

第三方物流的选择步骤一般包括：

（1）组成跨职能的团队；

（2）设定目标；

（3）确定客户服务需求；

（4）制定选择标准；

（5）列出候选名单；

（6）候选者征询；

（7）发出招标书；

（8）现场考察；

（9）候选者资格评审；

（10）利用分析工具选择第三方物流。

（二）第三方物流的业绩评价考评，主要依据以下指标

第三方物流的业绩评价考评，主要依据以下指标：

（1）准时发货率；

（2）准时交付率；

（3）提货准确率；

（4）订货完成率；

（5）产品线完成率；

（6）库存准确率；

(7)缺货损失;

(8)每千米成本;

(9)货物进库时间;

(10)仓储运营成本。

七、第三方物流的发展趋势

第三方物流的发展趋势将主要表现在两个方面:一是第三方物流将进一步发展壮大、成熟完善,所涉及的层面将更加广泛,这主要是指第三方物流服务业将会优化整条物流供应链,大力发展信息技术和通信技术,建立战略联盟合作伙伴关系,组织高效率的物流作业网络,以及吸引高素质的物流专业人才;二是随着第三方物流的逐步发展,其系统复杂性也将逐步提高,这将会导致第三方物流的某些领域的分化,但是这种分化不是第三方物流的灭亡,而是第三方物流成熟的标志。

第三节　第四方物流

一、第四方物流的含义

第四方物流的概念是由美国安盛咨询公司在1998年率先提出并注册的,它的定义是"物流服务提供者是一个供应链的集成商,它对公司内部和具有互补性的服务提供者所拥有的不同资源、能力和技术进行整合和管理,提供一整套供应链解决方案,称为第四方物流(Fourth Party Logistics,FPL)"。

第四方物流主要为货主服务,以整合整个供应链的职能为重点。寻找每个领域的行业最佳供货商或者最佳的服务提供商,把这些不同的物流服务进行整合以形成最优方案。依靠业内最出色的供货商、IT技术服务提供商、管理咨询顾问、第三方物流服务提供商和其他增值服务提供商,为客户提供最优的供应链解决方案,并对现有资源进行有效地整合和重新配置,从而达到从整个供应链的角度提高运作效率、降低运作成本、为客户提供跨功能作业一体化的运作空间的目的。第四方物流,它不是一个另类的物流组织,同第三方物流一样,是一个物流服务提供商,只不过是作为服务某一个性化、复杂化的物流客户,将相关的物流组织协调整合在一起的核心物流组织或各相关物流活动的集成者。从战略联盟的角度来看,第四方物流服务商,是物流企业战略联盟的组织者和推动者,其目的是通过组织、协作各相关物流服务企业,更好的为顾客提供一流的物流服务。

二、第四方物流的特点

(一)第四方物流提供一整套完善的供应链解决方案

第四方物流集成了管理咨询和第三方物流服务提供者的能力。更重要的是,一个前所未有的、使客户价值最大化的统一的技术方案的设计、实施和运作，只有通过咨询公司、技术公司和物流公司的齐心协力才能够实现。

1. 再造

供应链过程协作和供应链过程的再设计。第四方物流最高层次的方案就是再造。供应链过程中真正的显著改善，要么是通过各个环节计划和运作的协调一致来实现，要么是通过各个参与方的通力协作来实现的。再造过程就是基于传统的供应链管理咨询技巧，使得公司的业务策略和供应链策略协调一致；同时，技术在这一过程中又起到了催化剂的作用，整合和优化了供应链内部和与之交叉的供应链的运作。

2. 变革

通过新技术实现各个供应链职能的加强。变革的努力集中在改善某一具体的供应链职能，包括销售和运作计划、分销管理、采购策略和客户支持。在这一层次上，供应链管理技术对方案的成败变得至关重要。领先和高明的技术，加上战略思维、流程再造和卓越的组织变革管理，共同组成最佳方案，对供应链活动和流程进行整合和改善。

3. 实施

流程一体化，系统集成和运作交接。一个第四方物流服务提供者帮助客户实施新的业务方案，包括业务流程优化，客户公司和服务提供者之间的系统集成，以及将业务运作转交给第四方物流的项目运作小组。项目实施过程中应该对组织变革多加小心，因为“人”的因素往往是把业务转给 FPL 管理成败的关键。最大的目标是避免把一个设计得非常好的策略和流程实施得非常无效，因而局限了方案的有效性，影响了项目的预期成果。

4. 执行

承担多个供应链职能和流程的运作。第四方物流开始承接多个供应链职能和流程的运作责任。其工作范围远远超越了传统的第三方物流的运输管理和仓储管理的运作，包括：制造、采购、库存管理、供应链信息技术、需求预测、网络管理、客户服务管理和行政管理，尽管一家公司可以把所有的供应链活动外包给第四方物流，通常的第四方物流只是从事供应链功能和流程的一些关键部分。

（二）第四方物流通过其对整个供应链产生影响的能力来增加价值

第四方物流充分利用了一批服务提供者的能力，包括第三方物流、信息技术供应商，合同物流供应商、呼叫中心、电信增值服务商等，再加上客户的能力和第四方物流自身的能力。总之，第四方物流通过提供一个全方位的供应链解决方案来满足今天的公司所面临的广泛而又复杂的需求。这个方案关注供应链管理的各个方面，既提供持续更新和优化的技术方案，同时又能满足客户的独特需求。

三、成为第四方物流的前提条件

第四方物流的前景非常诱人，但是成为第四方物流的门槛也非常高。美国和欧洲的经验表明,要想进入第四方物流领域,企业必须在某一个或几个方面具备很强的核心能力,并且有能力通过战略合作伙伴关系很容易地进入其他领域。专家列出了一些成为第四方物流的前提条件:

(1)世界水平的供应链策略制定,业务流程再造,技术集成和人力资源管理能力;

(2)在集成供应链技术和外包能力方面处于领先地位;

(3)在业务流程管理和外包的实施方面有一大批富有经验的供应链管理专业人员;

(4)能够同时管理多个不同的供应商,具有良好的关系管理组织能力;

(5)全球化的地域覆盖能力和支持能力;

(6)对组织变革问题的深刻理解和管理能力。

第四方物流不仅控制和管理特定的物流服务,而且对整个物流过程提出策划方案,并通过电子商务将这个过程集成起来。预测表明,作为能与客户的制造、市场及分销数据进行全面、在线连接的一个战略伙伴,第四方物流与第三方物流一样,它是可以在可预见的将来得到广泛应用的。

四、第四方物流的运作模型

(一)协同运作模型

第四方物流和第三方物流共同开发市场,第四方物流向第三方物流提供一系列的服务,包括:技术、供应链策略、进入市场的能力和项目管理的能力。第四方物流在第三方物流公司内部工作,其思想和策略通过第三方物流这样一个具体实施者来实现,以达到为客户服务的目的。第四方物流和第三方物流一般会采用商业合同的方式或者战略联盟的方式合作。

(二)方案集成商模型

在这种模式中,第四方物流为客户提供运作和管理整个供应链的解决方案。第四方物流对本身和第三方物流的资源、能力和技术进行综合管理,借助第三方物流为客户提供全面的、集成的供应链方案。第三方物流通过第四方物流的方案为客户提供服务,第四方物流作为一个枢纽,可以集成多个服务供应商的能力和客户的能力。

(三)行业创新者模型

在行业创新者模型中,第四方物流为多个行业的客户开发和提供供应链解决方案,以整合整个供应链的职能为重点,第四方物流将第三方物流加以集成,向下游的客户提供解决方案。在这里,第四方物流的责任非常重要,因为它是上游第三方物流的集群和下游客户集群的纽带,行业解决方案会给整个行业带来最大的利益,提高整个行业的效率。

第四方物流无论采取哪一种模式,都突破了单纯发展第三方物流的局限性,能真正的低成本运作,实现最大范围的资源整合。因为第三方物流缺乏跨越整个供应链运作以及真正整合供应链流程所需的战略专业技术。第四方物流可以不受约束地去寻找每个领域的

"行业最佳"提供商,把这些不同的物流服务整合,以形成最优方案。第四方物流的成功关键是以"行业最佳"的方案为客户提供服务与技术。第四方物流方案的开发对第三方物流提供商、技术服务提供商和业务流程管理者的能力进行了平衡,通过一个集中的接触点,提供了全面的供应链解决方案。第四方物流将客户的供应链活动和贯穿于这些"行业最佳"的服务商中的支持技术,以及他们自己组织的能力集成到一起。随着联盟与团队关系不断发展壮大,一种新的外包选择开始出现。企业正在向单一的机构包其整个供应链流程,由它们评估、设计、制定及运作全面的供应链集成方案,这正是第四方物流。因此,第四方物流是我国物流业发展和提升的助力器。

案例分析之一

安利降低物流成本的秘诀

1959 年,年仅 30 岁的杰·温安洛和理查．狄维士在家中的地下室迈出了安利(Amway)事业的第一步。开业时公司只有 5 名员工,办公面积仅 223 m^2。时至今日,安利已发展成为世界知名的大型日用消费品生产及销售商,总部位于美国密执安州的亚达城,业务遍及 80 多个国家和地区。安利生产的产品有 450 余种,包括营养保健食品、美容化妆品、个人护理用品、家居护理用品和家居耐用品等。1982 年,安利(中国)日用品有限公司在广州经济技术开发区成立,成为国家工商行政管理局批准的首批直销公司之一。经过十载辛勤耕耘,安利(中国)公司已发展成为安利全球最大的市场,荣登"2003—2004 年度中国外资企业 500 强"的第 33 位,"2004 中国最具影响跨国企业"、"2004 年度影响中国的十大品牌"。2004 年,安利(中国)销售额达 170 亿元人民币。

安利在中国的物流运作如何呢? 同样面临物流资讯奇缺、物流基建落后、第三方物流公司资质参差不齐的实际情况,国内同行物流成本高居高不下,而安利(中国)的储运成本仅占全部经营成本的 4.6% 。安利降低物流成本的秘诀是全方位物流战略的成功运用:

一、非核心环节通过外包完成

安利的"店铺 + 推销员"的销售方式对物流储运有非常高的要求。安利的物流储运系统,其主要功能是将安利工厂生产的产品及向其他供应商采购的印刷品、辅销产品等先转运到位于广州的储运中心,然后通过不同的运输方式运抵各地的区域仓库(主要包括沈阳、北京及上海外仓)暂时储存,再根据需求转运至设在各省市的店铺,并通过家居送货或店铺等销售渠道推向市场。与其他公司所不同的是,安利储运部同时还兼管着全国近百家店铺的营运、家居送货及电话订货等服务。所以,物流系统的完善与效率,在很大程度上影响着整个市场的有效运作。但是,由于目前国内的物流资讯极为短缺,他们很难获得物流企业的详细信息,如从业公司的数量、资质和信用等,而国内的第三方物流供应商在专业化方面也有所欠缺,很难达到企业的要求。在这样的状况下,安利采用了适应中国国情的"安利团队+第三方物流供应商”的全方位运作模式。核心业务如库存控制等由安利统筹管理，实施信息资源最大范围的共享，使企业价值链发挥最大的效益。而非核心环节，则通过外包形式完成。如以广州为中心的珠三角地区主要由安利的车队运输，其他绝大部分货物运输都是由第三方物流公司来承担。另外，全国几乎所有的仓库均为外租第三方物流公司的仓库，而核心业务，如库存设计、调配指令及储运中心的主体设施与运作则主要由安利本身的团队统筹管理。目前已有多家大型第三方物流公司承担安利公司大部分的配送业务。公司会派人员定期监督和进行市场调查，以评估服务供货商是否提供具竞争力的价格，并符合公司要求的服务标准。这样，既能整合第三方物流的资源优势，与其建立坚固的合作伙伴关系，同时又通过对企业供应链的核心环节——管理系统、设施和团队的掌控，保持安利的自身优势。

二、仓库半租半建

在美国，安利仓库的自动化程度相当高，而在中国，很多现代化的物流设备并没有被采用，因为美国土地和人工成本非常高，而中国这方面的成本比较低。两相权衡，安利弃高就低。“如果安利在中国的销售上去了，有了需要，我们才考虑引进自动化仓库。”许绍明说。刚刚启用的安利新的物流中心也很好地反映出安利的“实用”哲学。新物流中心占地面积达 40 000 m^2，是原来仓库的 4 倍，而建筑面积达 16 000 m^2。这样大的物流中心如果全部自建的话，仅土地和库房等基础设施方面的投资就需要数千万元。安利采取和另一物业发展商合作的模式，合作方提供土地和库房，安利租用仓库并负责内部的设施投入。只用了 1 年时间，投入 1 500 万元，安利就拥有了一个面积充足、设备先进的新物流中心。而国内不少企业，在建自己的物流中心时将主要精力都放在了基建上，不仅占用了企业大量的周转资金，而且费时费力，效果并不明显。

三、核心环节大手笔投入

安利公在信息管理系统上就投资了 9 000 多万，其中主要的部分之一，就是用于物流、库存管理的 AS400 系统，它使公司的物流配送运作效率得到了很大地提升，同时大大地降低了各种成本。安利先进的计算机系统将全球各个分公司的存货数据联系在一起，各分公司与美国总部直接联机，详细储存每项产品的生产日期、销售数量、库存状态、有效日期、存放位置、销售价值、成本等数据。有关数据通过数据专线与各批发中心直接联机，使总部及仓库能及时了解各地区、各地店铺的销售和存货状况，并按各店铺的实际情况及时安排补货。在仓库库存不足时，公司的库存及生产系统亦会实时安排生产，并预定补给计划，以避免个别产品出现断货情况。

案例评析：

企业物流的运作模式有物流自营、物流内包、物流外包、战略联盟、市场采购等形式。在不同背景下，企业物流的选择模式不同。但无论如何，企业在选择物流是否外包时，应首先考虑物流是不是企业的核心业务，物流在企业的战略重要性如何，然后再考虑成本等因素。安利采取核心业务如库存设计、调配指令及储运中心的主体设施与运作主要由安利本身的团队统筹管理;非核心业务采取整合、外包的形式,由此节省的资金大笔投入在核心环节——信息管理系统上。

思考:

1. 安利物流外包的成本、费用、效率如何?
2. 什么情况下企业可以选择物流自营或者物流外包?
3. 安利的物流运作模式对我国"大而全"或"小而全"的生产企业有何启示?

案例分析之二

第三方物流在中国的成功应用

三峡工程是举世瞩目的特大型工程,民爆器材又是极易引发重大事故的特殊材料。其在采购、储存、运输、使用等物流环节都有特殊的要求,因为,稍有不慎,就会影响整个工程的质量、安全与进度。

1995 年 4 月,宜昌京昌民用爆破器材公司(简称京昌公司)与三峡工程业主单位正式签约,独家代理三峡工程所需民爆器材的供应管理业务。几年来,已累计供应炸药 3 万余 t、雷管 850 万发、索类 1 200 万 m,及时满足了工程需要,杜绝了因产品质量或管理不善出现的安全事故。作为甲乙方之外的第三方,京昌公司的工作得到了甲乙双方及库区安全管理部门的肯定,取得了较好的社会经济效益。京昌公司的解决方案,被业主单位称为"京昌模式"。其作业要点如下:

1. 签约

三峡工程开工初期,民爆器材供应无序竞争,管理分散,致使多头进货,产品质量无法保证,价格差距拉大,事故隐患增多,给工程进度和库区安全造成了直接的影响。为了克服旧体制的弊端,探索市场经济条件下的重点工程物资供应管理的解决方案,在原内贸部民爆办的协调下,业主单位经过多方比较、论证,最后选定京昌公司,双方签订了《三峡工程民爆器材供应管理协议》,具体规定了双方业务范围、工作内容和相应的权利和义务。这样,就以合同契约的形式,把以"甲方监管,乙方使用,第三方独家代理、全程负责供应管理"为基本框架的"京昌模式"固定下来。

2. 进货

三峡工程所需民爆器材数量大、品种多、质量要求高。由多头进货改为独家代理后,京昌公司发挥专业经营的优势,根据业主要求和国家有关质量方面的法规,认真筛选进货厂家,实现了择优定点进货。公司在与厂家签订供货合同的同时,签订质量保证合同并按供货量建立质量保证基金。产品到货后,由京昌公司设立的质量检测站进行抽检,并全部加贴盖有京昌公司安全管理专用章的封签。否则，不准进入三峡工程施工区域。这样，就从源头上彻底堵住了假冒伪劣产品的进入。

3. 储存

民爆器材作为三峡工程建设六大主材之一，不仅是重要的施工材料，更是易爆易燃的危险物品，如何保证储存与使用的绝对安全，是供应管理工作的首要任务。京昌公司独家代理后，业主将三峡工程施工区域唯一的爆破器材仓库委托其管理。按照公安治安、消防部门的要求，京昌公司投资对仓库进行了改造，配备安全设施，聘请武警战士 24 小时值守，制定并严格执行了一整套入库、运输、安检制度，使在途、在库、在用的爆破器材始终处于严密的监控之下。凡三峡工程使用的民用爆炸物品，只能由这个仓库独家储存、出入、管理，除此之外，不论甲方、乙方，或是其他生产经营单位，都不准设立仓库和储存爆炸物品，这就为安全供应无事故创造了条件。

4. 配送

在三峡工程爆破施工的高峰期，不同施工区域或同一施工区域，有数家施工单位实施爆破作业，而施工现场不准设立临时仓库，所需爆破器材全部由京昌公司按需配送供应。施工单位需向业主提报使用计划，经批准后由京昌公司负责配送到爆破现场。为了保证众多施工单位的正常需要和施工安全，公司员工深入工地调查研究，掌握情况，听取意见；组织生产企业成立爆破服务队，进行技术指导和爆破设计；根据施工进度要求，对各爆破器材进行拆包、配装和封签，坚持 24 小时送货到现场；随时收回工程余料，防止爆破器材流入社会；及时向生产厂家反馈施工单位的特殊要求，组织定制生产供应。

5. 结算

由京昌公司垫付采购资金，按照双方签约价格定期滚动结算。这样，不仅减少了业主单位的资金占用，还节省了管理费用，直接降低了工程造价。

6. 第三方代理制的成功实施，取得了一系列的效果

(1)体现了物流主体的专业性。从我国现行的重点工程材料供应体制来看，承担物流主体业务的有业主供应制、施工单位包工包料制和生产厂家直接供制等。与这些体制相比，第三方代理制更体现了物流主体的专业性。重点工程所需材料设备的供应，是十分复杂而又有机配合的系统工程，客观上要求训练有素的专业组织来承担。专业性的物流公司，具有专业网络、专业设施、专业人才和专业经验，由它们代理工程所需材料的供应管理业务，有着其他主体不可比拟的优越性：与生产单位直供制比，物流企业可以通过代理、配送等现代营销方式，发挥集零为整的作用，免除了业主单位面对千家万户的烦恼，业主单位可以从具体的物流业务中解脱出来，站在更高的层次上实施监控。第三方代理供管制的推行，可以使业主、施工单位、物流企业和生产厂家在各自熟悉的领域，按照合同契约的规定，在各自的范围内，从不同角度为工程服务。

(2)实现了供应链的完整性。工程材料从出厂、运输、储存、加工到使用，是一个完整的

供应链,这个链如果不能整体运作,势必降低物流效果,影响工程需要。第三方代理为供应链完整而有机地运作创造了条件。在这里,物流企业承担的不仅仅是某一环节、某一部分的任务,而是要全权负责物流运动的全过程:合理选择进货渠道,确定最佳运输路线;检测产品质量确保产品质量符合工程施工要求;进行合理库存和科学保管;对产品进行分类、包装、整理和流通加工;开展及时配送;并根据业主要求和产品特点提供诸如安全管理、技术指导和信息反馈等多项服务。由此所带来的流通经济效益是其他传统物资供应体制无法比拟的。

(3)提高了流通效益的经济性。物流主体的专业性和供应链的完整性,势必带来流通效益的经济性。第一,第三方的全程服务,有利于减少中转环节,为节约采购、运输、储存费用创造了条件;第二,中转环节地减少,必然缩短流通时间,不仅可以保证及时供应,而且可以减少资金占用;第三,把物流服务延伸到供、管、用各个环节,有利于材料的安全、合理使用,使提供全方位的服务成为可能;第四,相对稳定的供需关系,有利于价格上的批量优惠,质量上的相对稳定,资金上的互相融通和信息上的及时交流,使供需双方都能从中得到好处。此外,第三方物流方式的推行,有利于现代物流方式的建立,对于减少不合理的运输和环境污染,提升经济运行的质量,保障可持续发展战略的实现,同样具有积极意义。

通过此案例分析,进一步说明了第三方物流发展的客观必然性。

案例分析之三

"大众包餐"的外包问题

"大众包餐"是一家提供全方位包餐服务的公司,服务分为:递送盒饭和套餐服务。

通常每天都有顾客打电话来订购盒饭,但由于设施等原因,"大众包餐"要求顾客只能在上午10点前电话预订,以便确保当天递送到位。

在套餐服务方面,该公司的核心能力是为企事业单位提供冷餐会、大型聚会,以及一般家庭的家宴和喜庆宴会。客户所需的各种菜肴和服务可以事先预约,但由于这项服务的季节性很强,又与各种社会节日和国定假日相关,需求量忽高忽低,有旺季和淡季之分,因此要求顾客提前几周甚至一个月前来预定。

包餐行业的竞争是十分激烈的,高质量的食品、可靠的递送、灵活的服务以及低成本的运营等都是这一行求生存谋发展的根本。近来,大众包餐公司已经开始感觉到来自愈来愈挑剔的顾客和几位新来的专业包餐商的竞争压力。顾客们愈来愈需要菜单的多样化、服务的柔性化,以及响应的及时化。

公司老板最近参加了现代物流知识培训班,对准时化运作和第三方物流服务的概念印象很深,他们认为这些理念正是大众包餐公司要保持其竞争能力所需要的东西。但是他们感到疑惑的是大众包餐公司能否借助第三方的物流服务。

思考：

1. 大众包餐公司的经营活动可否引入第三方物流服务，并请说明理由。
2. 大众包餐公司实施准时化服务有无困难，请加以解释。
3. 在引入第三方物流服务中你有何建议？

本章小结

本章主要介绍了服务外包；物流外包的概念、成因、发展趋势，物流外包的战略选择；第三方物流的特征、管理模式；第四方物流的概念、特征、条件、运作模式。

自我测试

一、单项选择题

1. 第三方物流是由(　　)承担的物流。

A. 供方　　B. 需方　　C. 第三方　　D. 任何一方

2. (　　)第三方物流公司主要提供物流规划与策划、物流管理咨询服务等。

A. 资产型　　B. 管理型　　C. 综合型　　D. 专业型

3. (　　)是第三方物流出现的必要条件。

A. 信息技术的发展　　B. 供应链管理的出现

C. 第四方物流的出现　　D. 个性化服务的出现

4. 以下不属于第三方物流特征的是(　　)。

A. 个性化服务　　B. 以合同为导向　　C. 闭环系统　　D. 现代信息技术为基础

5. 企业与第三方物流供应商或其他企业合资，企业保留物流设施的部分产权，并在物流作业中保持参与的物流外包形式称为(　　)。

A. 物流业务部分外包　　B. 物流系统接管

C. 物流战略联盟　　D. 物流系统剥离

二、多项选择题

1. 第三方物流产生的原因(　　)。

A. 社会分工　　B. 信息技术的发展

C. 经济自由化和贸易全球化　　D. 看板管理

2. 第四方物流公司的运作方式(　　)。

A. 超能力组合　　B. 方案集成商　　C. 行业创新者　　D. 供应链管理

3. 第四方物流提供供应链解决方案的(　　)。

A. 再造　　B. 变革　　C. 实施　　D. 执行

4. 有人认为第三方物流需遵循“游戏规则”为(　　)。

A. 以合作双赢为宗旨　　B. 以客户满意为主导

C. 以现代信息技术为支撑　　D. 以网络资源为基础

三、判断题

1. 外包行业的兴起得益于提高“企业核心竞争力”这个管理理念的普及。(　　)

2. 第四方物流提供一整套完善的供应链解决方案。(　　)

3. 生产企业的核心竞争力是物流管理和操作。(　　)

4. 第三方物流服务商对不同客户的服务都是相同的。(　　)

5. 第三方物流企业因为拥有多家客户,所以具有更大的议价能力并获得更加优惠的价格。(　　)

复习思考

1. 物流业务外包主要考虑哪些因素?

1. 什么是第三方物流? 第三方物流的优势是什么?

3. 你认为第三方物流的发展趋势如何?

4. 什么是第四方物流? 其主要特征表现在哪里?

第十一章 供应链管理

知识目标

1. 理解供应链管理的概念与基本思想
2. 掌握供应链管理优化的基本方法；供应链绩效评估的指标和原则

技能目标

1. 能对供应链管理案例与现实问题进行分析
2. 能对简单的供应链管理系统进行分析与优化设计
3. 能掌握基本的供应链绩效评估的方法

引导案例

麦当劳的供应链网络

麦当劳在116个国家和地区开设了25 000家餐厅，在每个国家都是本土化的企业。麦当劳在中国仅原材料国内采购每年就达10亿人民币，所有的原材料最初有一大部分从中国境外进口，现在97%以上在本地采购。中国麦当劳的供应商所生产的食品半成品，还出口亚太地区。每年在中国购买的玩具达13亿个，一部分还出口到世界其他麦当劳市场。这些都得益于麦当劳在本地建立了完善的供应链网络。在中国先后建立了52间工厂，实际投资额近1.65亿元。麦当劳有一套久经考验的运转机制。其鸡、牛、生菜的养（种）殖，鸡（牛、猪、鱼）肉饼的加工，以及餐厅桌椅、厨房设备、专用招牌等分别有固定的供应链，有的已合作了40多年，麦当劳连锁店开在哪里，这些供应商就把厂建到哪里。麦当劳和各个供应链之间在财务、会计、人事和管理上完全独立，各自向公司董事会负责。麦当劳只在品质监控方面对供应商提出严格的要求，没有任何利益上的关系。

比如，麦当劳的薯条主要供应商在北京成立合资公司，年产量1万t以上。引进选定的美国品种"夏波蒂"试种，同时引进美国先进的种植技术，标准统一到包括施肥、灌溉、行距、株距及试管育苗等。肉类产品供应商美国福喜公司与麦当劳有了40多年的亲密合作，该公司有一套完整的产品质量保证体系，每个工序均有标准的操作程序。比如生产过程，就采用统计工艺管理法；关键质量控制点，则采用现场控制图法。每种产品都有几十个质量控制指标，以确保食品的安全和高质量。除此之外，麦当劳的专用面包、生菜、调味料等也都有长期合作的公司专门负责，并制定严格的标准确保生产状况和卫生标准达到一定的水平。

麦当劳的市场推广计划也是出自专业的合作公司。总部设于美国的西门商业拓展公司，策划成效显著的市场推广计划，供应礼品、游戏、玩具、文具以及日用品。

思考：

试从此案例出发，谈谈麦当劳供应链的成功之处。由此，你能否描述一下你所理解的供应链管理思想？

第一节　供应链管理概述

一、供应链

根据国家标准化协会出版的《物流术语》对供应链的定义，供应链是指生产及流通过程中，涉及将产品和服务提供给最终客户的上游或下游企业所形成的网络结构。

通常，一条完整的供应链包括供应商（原材料供应商和零配件供应商）、制造商（加工厂或装配厂）、分销商（代理商或批发商）、第三方物流公司（储运公司或配送中心）、零售商（百货商场、超市、专卖店、便利店和杂货店等）以及消费者。任何一个企业都必然处于某条供应链当中，如图11-1所示。

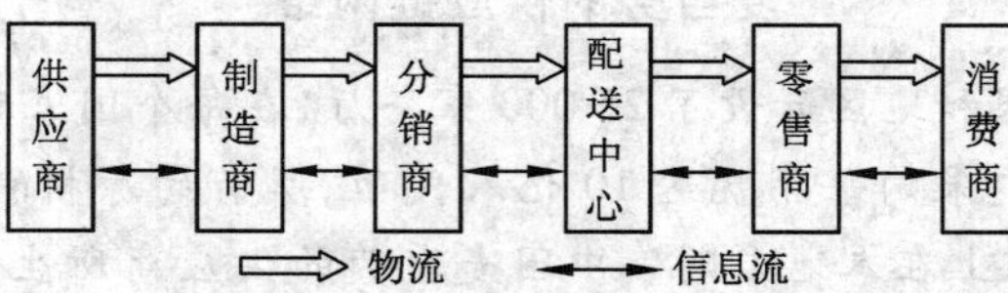

图11-1　供应链示意图

一般地，供应链模式可以如图11-2所示。

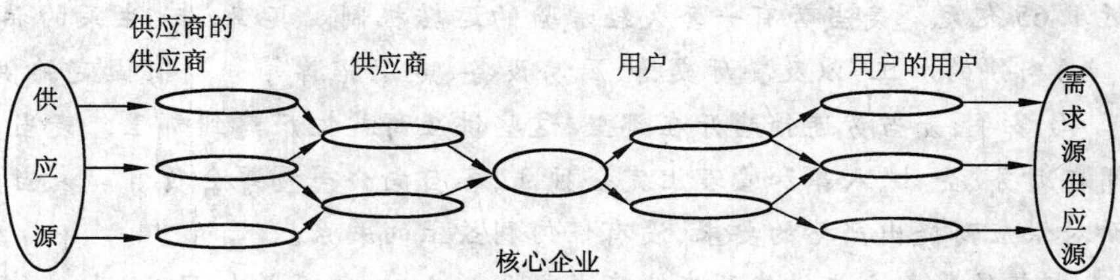

图11-2　供应链模式

二、供应链管理

(一)供应链管理的概念

所谓供应链管理,是在满足服务水平前提下,为了使系统成本最小而采用的把供应商、制造商、仓库、商店有效地结合成一体来生产商品,并把正确数量的商品在正确的时间内配送到正确的地点的方法。

现代企业的业务越来越趋向于国际化,优秀的企业都把主要精力放在企业的关键业务上,并与世界上优秀的企业建立战略合作关系,将非关键业务转由这些企业完成。现在行业的领头企业在越来越清楚地认识到保持长远领先地位的优势和重要性的同时,也意识到竞争优势的关键在于战略伙伴关系的建立。而供应链管理所强调的快速反应市场需求、战略管理、高柔韧性、低风险、低成本、高效益目标等优势,吸引了许多学者和企业界人士研究和实践它,国际上一些著名的企业,如惠普公司、IBM 公司、戴尔计算机公司等在供应链管理实践中取得的巨大成就,使人更加坚信供应链管理是进入 21 世纪后企业适应全球竞争的一种有效途径。

(二)供应链管理涉及的内容

供应链管理主要涉及四个主要领域:供应(Supply)、生产计划(Schedule Plan)、物流(Logistics)、需求(Demand)。供应链管理是以同步化、集成化生产计划为指导,以各种技术为支持,尤其以 Internet/Intranet 为依托,围绕供应、生产作业、物流、满足需求来实施的。供应链管理主要包括计划、合作、控制从供应商到用户的物料和信息。供应链管理的目标在于提高用户服务水平和降低总的交易成本,并且寻求两个目标之间的平衡。

在以上四个领域的基础上,我们可以将供应链管理细分为职能领域和辅助领域。职能领域主要包括产品工程、产品技术保证、采购、生产控制、库存控制、仓储管理、分销管理。而辅助领域主要包括客户服务、制造、设计工程、会计核算、人力资源、市场营销。

由此可见,供应链管理关心的并不仅仅是物料实体在供应链中的流动,除了企业内部与企业之间的运输问题和实物分销以外,供应链管理还包括以下主要内容:

(1)战略性供应商和用户合作伙伴关系管理;

(2)供应链产品需求预测和计划;

(3)供应链的设计(全球节点企业、资源、设备等的评价、选择和定位);

(4)企业内部与企业之间物料供应与需求管理;

(5)基于供应链管理的产品设计与制造管理、生产集成化计划、跟踪和控制;

(6)基于供应链的用户服务和物流(运输、库存、包装等)管理;

(7)企业间资金流管理(汇率、成本等问题);

(8)基于 Internet/Intranet 的供应链交互信息管理等。

供应链管理注重总的物流成本与用户服务水平之间的关系,为此要把供应链各个职能部门有机地结合在一起，从而最大限度地发挥出供应链整体的力量，达到供应链企业群体获益的目的。

（三）供应链管理与传统管理模式的区别

供应链管理与传统的物料管理和控制有着明显的区别，主要体现在以下几个方面：

（1）供应链管理把供应链中所有节点企业看作一个整体，供应链管理涵盖整个物流的、从供应商到最终用户的采购、制造、分销、零售等职能领域过程。

（2）供应链管理强调和依赖战略管理。供应链管理是整个供应链中节点企业之间事实上共享的一个概念，任两节点之间都是供应与需求关系，同时它又是一个有重要战略意义的概念，因为它影响或者可以认为它决定了整个供应链的成本和市场占有份额。

（3）供应链管理最关键的是需要采用集成的思想和方法，而不仅仅是节点企业、技术方法等资源简单的连接。

（4）供应链管理具有更高的目标，通过管理库存和合作关系去达到高水平的服务，而不是仅仅完成一定的市场目标。

三、供应链物流管理方法

（一）快速反应（QR）方法

1. 快速反应（QR）方法的概念

快速反应系统（QR）是指通过零售商和生产厂家建立良好的伙伴关系，利用 EDI 等信息技术，进行销售时以及订货补充等经营信息的交换，用多频度、小数量配送方式连续补充商品，用来实现销售额增长、客户服务的最佳化以及库存量、商品缺货、商品风险和减价最小化的目标的一个物流管理系统模式。

2. 快速反应系统（QR）的特点

（1）将时间列为重要的管理和战略指标；

（2）利用快速反应贴近客户，增强客户对公司的依赖性；

（3）快速将产品或服务转向最有利可图的客户，迫使竞争者转向不太有利的客户；

（4）比竞争者成长得更快，获利更多。

3. QR 实施的三个阶段

（1）对所有的商品单元条码化，利用 EDI 传输订购单文档和发票文档；

（2）增加内部业务处理功能，采用 EDI 传输更多的文档，如发货通知、收货通知等；

（3）与贸易伙伴密切合作，采用更高级的策略，如联合补库系统等，以对客户的需求作出迅速的反映。

4. 快速反应系统的作用与优点

快速反应关系到一个厂商是否能及时满足顾客的服务需求的能力。信息技术提高了在最近的可能时间内完成物流作业和尽快地交付所需存货的能力。这样就可减少传统上按预期的顾客需求过度地储备存货的情况。快速反应的能力把作业的重点从根据预测和对存货储备的预期,转移到以从装运到装运的方式对顾客需求作出反应方面上来。不过,由于在还不知道货主需求和尚未承担任务之前,存货实际上并没有发生移动,因此,必须仔细安排作业,不能存在任何缺陷。

对厂商而言,快速反应系统可以更好的为顾客服务,降低了流通费用,降低了管理费用,使生产计划更加准确。对零售商而言,快速反应系统可以准确地跟踪存货情况,在库存真正降低时才订货,缩短了订货周期。实施自动补货系统,使用库存模型来确定什么情况下需要采购,以保证顾客再需要商品时可以得到现货。因此,提高了销售额。

同时,快速反应系统还可以减少了削价的损失,顾客需求信息更准确,降低了采购成本、流通费用和管理成本,加快了库存周转。

这里需要指出的是虽然应用 QR 的初衷是为了对抗进口商品,但是实际上并没有出现这样的结果。相反,随着竞争的全球化和企业经营全球化,QR 系统管理迅速在各国企业界扩展。航空运输为国际间的快速供应提供了保证。现在,QR 方法成为零售商实现竞争优势的工具。同时随着零售商和供应商结成战略联盟,竞争方式也从企业与企业间的竞争转变为战略联盟与战略联盟之间的竞争。

5. QR 成功的条件

(1)必须改变传统的经营方式,革新企业的经营意识和组织;

(2)必须开发和应用现代信息处理技术,这是成功进行 QR 活动的前提条件;

(3)必须与供应链各方建立战略伙伴关系;

(4)必须改变传统的企业商业信息保密的做法,将销售信息,库存信息,成本信息等与合作伙伴交流分享,并在此基础上要求各方在一起发现问题,分析问题和解决问题;

(5)供应方必须缩短生产周期,降低商品库存。

(二)有效客户反应—ECR 方法

1. 有效客户反应(ECR)的概念

ECR(Efficient Consumer Response)是一种观念,而不是一种新技术。主要目的是为了剔除整个供应链动作流程中没有为消费者增值的成本,将效率化的成果反馈给消费者。它重新检讨上、中、下游企业间生产、物流、销售的流程,其主要目的在于消除整个供应链(Supply Chain)运作流程中没有为消费者加值的成本,将供给推动的“push”(推)式系统,转变成更有效率的需求拉动的“pull”(拉)式系统,并将这些效率化的成果回馈给消费者,期望能以更快、更好、更经济的方式把商品送到消费者的手中,满足消费者的需求。因此 ECR 的实施重点包括需求面的品类管理改善、供给面的物流配送方式改进等。

目前,ECR 的推广对象主要以快速移转消费产品(FMCG)以及食品杂货(Grocery)为主,而其实施重点包括需求面的品类管理改善、供给面的物流配送方式的改进等,未来,我们期望 ECR 概念能够推广到其他产业体系。

ECR 战略主要集中在四个领域:效率的店铺空间安排、效率的商品补充,效率的促销活动和效率的新商品开发与市场投入。

2. 实施 ECR 的关键因素

(1)信息完整。供应链的信息库要具有完整的信息,包括需求、供应、技术和市场等方面的信息。

(2)标准化。为了快速响应客户的需求,供应链上的各项信息、数据的收集和传输应加以标准化。

(3)互信、互利、共识的建立。实施有效客户反应的重点在于供应链企业体系内的上、下游之间彼此分享信息,打破以往互相对立的角色,建立相互信任、荣辱共存、共同发展的新型伙伴关系。

(4)完善的物流系统。建立一个高效率、功能完备、低成本的物流系统,是确保整个有效客户反应体系成功实施的重要条件。

3. ECR 预期效益(Benefits of ECR)

(1)减少存货成本:通过 ECR 实施方案技巧的运用,如计算机自动订货系统(Computer Assisted Ordering)、自动补货程序(Continuous Replenishment Programme,CRP)、供货商库存管理系统(Vendor Management Inventory,VMI)、接驳式运转(Cross Docking)等。

(2)较低的商品售价:整个供应链的作业成本因效率的提升而降低。

(3)降低缺货率:因为供货商以及零售商能够通过系统间的整合快速提供商品满足消费者。

(4)销售额(量)提升:因为卖场内服务质量的改善以及合理的商品售价,提升消费者对卖场的信任度。

(三)基于活动的成本控制—ABC 方法

ABC 方法是一个过程,也是进行价值链分析法(VCA)的前提,它超越了传统成本会计的界限,将企业的直接成本与间接成本分配到各个主要活动中去,然后将这些活动分配给相关的产品和服务。通过把企业主要活动和特定的产品或服务联系起来,帮助管理者了解耗费资源的真正原因和每项产品与服务的真实成本。作为一种现代战略管理工具,ABC 方法克服了传统的成本会计过程中的许多不足。它的出现,是基于这样一个概念,即活动消耗资源,产品和服务消耗活动。

传统的成本会计制度与 ABC 之间的差异可以用下面的例子来说明:传统的简单费用核算就好比面包片上抹花生酱,每一片面包上的花生酱都一样多。相反,ABC 的成本估算要考虑面包和吃面包的人不同,然后相应地抹上不同量的花生酱。

社会上任何复杂事物,都存在着“关键的少数和一般的多数”这样一种规律。所以,我们可以通过 ABC 方法,将“成本放入合适的容器中”。

ABC 分析法的实施步骤一般包括以下几点:

(1)设定作业成本法实施的目标、范围,组成实施小组;

(2)了解企业的运作流程,收集相关信息;

(3)建立企业的作业成本核算模型;

(4)选择/开发作业成本实施工具系统;

(5)作业成本运行;

(6)分析解释作业成本运行结果;

(7)采取行动。

(四)价值链分析(VCA)方法

价值链分析方法视企业为一系列的输入、转换与输出的活动序列集合,每个活动都有可能相对于最终产品产生增值行为,从而增强企业的竞争地位。企业通过信息技术和关键业务流程的优化是实现企业战略的关键。企业通过在价值链过程中灵活应用信息技术,发挥信息技术的使能作用、杠杆作用和乘数效应,可以增强企业的竞争能力。

价值链是一种高层次的物流模式,由原材料作为投入资产开始,直至原料通过不同过程售给顾客为止,其中做出的所有价值增值活动都可作为价值链的组成部分。价值链的范畴从核心企业内部向前延伸到了供应商,向后延伸到了分销商、服务商和客户。这也形成了价值链中的作业之间、公司内部各部门之间、公司和客户以及公司和供应商之间的各种关联,使价值链中作业之间、核心企业内部部门之间、核心企业与节点企业之间以及节点企业之间存在着相互依赖关系,进而影响价值链的业绩。因此,协调、管理和控制价值链中节点企业之间的相互依赖关系,提高价值链中各节点企业的作业效率和绩效非常重要。价值链中作业之间的依赖程度越高(即它们的联系越强),就越需要协调和管理价值链中节点企业之间的关系。协调价值链中各节点企业之间的关系,就是要在各方相互信任的基础上,利用共享的有关信息,对整个价值链中相互依赖的作业进行定位、协调和优化,把生产资源的分工协作和物流过程组织成为总成本最低、效率最高的供应链,使处在价值链上的各节点企业具有共同的价值取向,取得最大的价值增值,从而实现"多赢"的目的。

公司的价值链是一个跨越公司边界的供应链中各节点企业所有相关作业的一系列组合。价值链分析就是核心企业将其自身的作业成本和成本动因信息与供应链中节点企业的作业成本和成本动因信息联系起来共同进行价值链分析。

具体来说,价值链分析的步骤如下:

(1)把整个价值链分解为与战略相关的作业、成本、收入和资产,并把它们分配到"有价值的作业"中;

(2)确定引起价值变动的各项作业,并根据这些作业,分析形成作业成本及其差异的原因;

(3)分析整个价值链中各节点企业之间的关系,确定核心企业与顾客和供应商之间作业的相关性;

(4)利用分析结果,重新组合或改进价值链,以更好地控制成本动因,产生可持续的竞争优势,使价值链中各节点企业在激烈的市场竞争中获得优势。

公司通过实施价值链的分析,关注供应链的分布网络进入公司不同成本库时的资源要素即作业成本,不仅可以及时取得供应链中有关作业成本和成本动因的信息,还可以利用该数据对不同类型、不同网络的成本库进行作业成本分析。

公司对参与价值链分析项目的供应商,提供包括公司作业成本在内的部分成本分析结果,如公司与某供应商作业有关的作业成本、他们所在供应商网络的平均作业成本等等。依此,供应商可以进行基准分析,用自己的成本加上网络平均费用与网络内平均成本进行对比,了解自己在整个供应链中所处的位置,知道自己是否需要改进作业,控制成本。另外公司储运部门也可以利用供应链中节点企业成本信息的分析结果,与有关供应商就供应链成本业绩及其过程中可能存在的问题进行讨论,寻找改进作业、降低成本的方法,最终提高整个供应链运营效率,实现价值链的增值。

(五)联合库存管理

联合库存管理就是建立起整个供应链以核心企业为核心的库存系统。是一种供应商与客户同时参与,共同制定库存计划,利益共享、风险分担的库存管理策略。具体来说,一是要建立起一个合理分布的库存点体系,二是要建立起一个联合库存控制系统。

传统的库存设置是每个企业都自设仓库,自发库存,不考虑共享的问题,所以物资要从一个生产过程产出以后,必须经过几个仓库的出入库和储存的处理过程才能够到达另一个生产过程的需求点。

而联合库存分布一般是供应商企业取消自己的成品库存,而将自己的成品的库存直接设置到核心企业的原材料仓库中,或者直接送到核心企业的生产线。有两种模式:

第一种模式是集中库存模式,即是变各个供应商的分散库存为核心企业的集中库存。各个供应商的货物都直接存入核心企业的原材料库,变各个供应商的分散库存为核心企业的集中库存。

第二种模式是无库存模式,核心企业也不设原材料库存,实行无库存生产。这个时候供应商的成品库和核心企业的原材料库都取消,供应商与核心企业实行同步生产、同步供货,直接将供应商的产成品送到核心企业的生产线,这就是准时化供货模式。准时化供货模式,由于完全取消了库存,所以效率最高、成本最低。但是对供应商和核心企业的运作标准化、配合程度、协作精神则也要求很高,操作过程也要求很严格。

库存控制也有两种模式:第一种是合理库存量控制模式;第二种是无库存控制模式。合理库存量控制模式主要适用于核心企业设有原材料库存的情况,无库存控制模式主要适用于核心企业实行无库存生产的情况。

合理库存量控制,就是要根据企业生产的需要,对仓库的库存量进行控制,控制的目的,就是要保持仓库的合理库存量,既能满足需要,而且总成本最小。由于供应商的库存都已经存到了核心企业的原材料仓库中,所以供应链系统的库存控制问题实际上就转化成了普通企业的库存量控制的问题了。

无库存控制模式,就是要取消原材料库存,让供应商直接向核心企业的生产线上的需求点进行连续小批量多频次的补充货物,实现"在需要的时候、把所需要的品种、所需要的数量、送到所需要的地点"的操作模式。这样保证在生产线开动、需要货物时,保证有适量的货物连续不断地进行供应,生产线一停、不需要货物的时候,现场没有多余的货物,实现零库存。

(六)供应商管理库存

供应商管理库存(VMI),是供应链管理理论出现以后提出来的一种新的库存管理方式。就是供应商管理核心企业库存的一种库存管理模式。其定义很多,一般表述为:"供应商等上游企业基于其下游客户的生产经营和库存信息,对下游客户的库存进行管理与控制"。

传统的库存都是企业自己的库存自己设立、自己掌握。这样做,有以下的问题:(1)自己要花费一笔库存资金,而且在库存没有消耗以前,就一直占用着,不但给企业造成资金紧张,而且要花费一笔资金使用费用(银行利息)。(2)不但占用仓库、增加保管费用,还增加了采购、进货、入库、保管、出库、检验等许多工作环节和工作量,分散了企业的资金和人力、物力,降低了核心竞争能力。(3)存在库存风险:自己设立的库存的数量是靠自己的市场未来需求量的预测而确定的,但是预测难免不准确,再加之市场是随时变化的,因此常常出现库存过量或过时滞销的情况,造成库存积压和死库存,给企业造成经济损失。

由供应商管理库存有很大的好处:

(1)供应商是商品的生产者,它掌握核心企业的库存具有很大的主动性和灵活机动性。它可以根据市场需求量的变化,及时调整生产计划和采购计划,库存消耗速率大,就主动地多生产一些,库存消耗速率小了,就少生产一些,所以既不会造成超量库存积压,又可以灵活响应市场的变化。既不存在占用资金的问题,又不会存在增加费用、造成浪费的问题。

(2)供应商掌握库存,就可以把核心企业从库存陷阱中解放出来。它们不需要占用库存资金,不需要增加采购、进货、检验、入库、出库、保管等一系列的工作,使它们能够集中更多的资金、人力、物力用于提高它们的核心竞争力,更好地搞好它们自身的工作,大大提高效益,扩大市场,从而提高了整个供应链的活力,从而给整个供应链、包括供应商企业创造一个更加有利的局面。

(3)供应商掌握库存,就是掌握市场。核心企业的库存消耗就是市场需求的组成部分,它直接反映了客户的消费水平和消费倾向,这对于供应商改进产品结构和设计、开发销售对路的新产品,对于企业的生产决策和经营决策起着有力的信息支持作用。使它们也能够获得一个更好的发展局面。

实施 VMI 管理,需要有几个前提条件:

(1)供应商要详细掌握核心企业的销售信息和库存消耗信息,也就是核心企业的销售信息和库存消耗信息要对供应商透明。

(2)为了使供应商能够及时详细地掌握核心企业的销售信息和库存消耗信息,就要建立起通畅的信息传输网络、建立供应链系统的管理信息系统,实现信息的及时传输和处理。

(3)建立起供应链系统的协商机制和互惠互利的机制,要加强沟通,及时协商处理出现的各种问题,要本着责任共担、利益共享的精神,建立起企业之间的友好协作关系。可以建立起某种机构或规章制度的保证系统,订立合作框架协议。

第二节　供应链管理优化

一、供应链战略

供应链管理正在成为国际企业界盛行的一种先进的管理模式。在经济发展环境复杂、竞争日趋全球化的情况下,商业竞争不再是公司与公司之间的竞争,而是供应链与供应链之间的竞争。对于中国企业如何提高竞争力与竞争承受力,在国际市场的争夺中获得更大的发展空间,研究和运用这一新的经营战略有着重要意义。

(一)从价值链角度看企业供应链战略

企业是一个综合设计、生产、销售、运送和管理等活动的集合体,其创造价值的过程可分解为一系列互不相同但又相互关联的增值活动,其总和即构成企业的“价值系统”。其中的每一项经营管理活动就是这一“价值系统”中的“价值链”。

依照产品实体在价值链各环节的流转程序,企业的价值活动可分为上游环节和下游环节两大类。企业的基本价值活动中,原材料供应、产品开发、生产运行可被称为“上游环节”;成品储运、市场营销和售后服务可称为“下游环节”。上游环节活动的中心是产品生产,与产品的技术特性密切相关,下游环节的中心是满足顾客,与市场紧密相联。任何企业都只能在“价值链”的某些环节上拥有优势,而不可能拥有全部的优势,在某些价值增值环节上本企业拥有优势,而在其余的环节上其他企业可能拥有优势。为达到“双赢”乃至“多赢”的协同效应,企业之间彼此在各自的关键成功因素——价值链的优势环节上展开合作,可以求得整体收益的最大化,这就是企业建立战略联盟的原动力,而循着价值链上溯、以原材料及产品供应和业务外包为特征的企业间的纵向联盟即可称为“供应链”或“供应链网络”。

作为企业经营战略的一个重要组成部分,企业不仅要通过了解供应商来评估其顾客价值,对众多的供应商做出取舍,而且还必须依据价值链运行的内存需求决定使用多少供应商。然而,新的供应链战略倾向于精干和整合供应商,以价值链的分解和整合为基础建立相对稳定的战略利益同盟，这就需要逐渐减少供应商的数量，集中选择更有优势、更有实力的供应商作为合作伙伴，设计一条更优秀、更有效率的供应链。通过这一系列的战略整合行为，公司在其价值增值活动上已与供应商紧密地结合在一起。所以国际企业界越来越把供应链看作是各种各样能力的有机组合，是强大无比的市场竞争的利器。

(二)企业供应链战略的基本特征

1. 供应链战略是一种互补性企业联盟战略

供应链战略是基于业务外包的一种互补性的、高度紧密的企业联盟.这个联盟以核心产品、核心资产或核心企业(通常是最终产品的生产者和服务的提供者)为龙头组成，它包括原材料、配件供应商、生产商、配送中心、批发商、零售商和顾客等，这个联盟的目标是通过联盟内各个成员统一协调的无缝隙的工作，以价低质优的产品、及时供货和提供优质的售后服务来提高市场供应的有效性和顾客的满意度，以较高的市场占有率取得竞争优势。

2. 供应链战略是一种企业核心能力强化战略

一个企业的供应链战略的核心问题，是设计公司业务的内包、外包，以及与承包合同商之间的关系。具体而言，要考虑哪一个合作伙伴更有竞争优势，哪一个供应链的设计更为优秀，供应链上的哪一个部分更有效率。所有这些成分都要协调起来，才能导致企业竞争力的强化，这就是供应链管理的优势所在。

3. 良好的供应链网络有利于提升企业的竞争承受力

企业实践经验表明：一些创业得以平稳地渡过危机，持续、协调地向前发展，他们的成功并非完全是因为拥有最大的客户，而是他们重视业务发展的规律，重视其商业经营中的客户关系。他们不仅选择了一条重要的供应链而且成为这个网络上的一个重要组成部分，是这个供应链网络的整体竞争优势强化了这个企业的生存和发展能力。

4. 供应链战略是实施关系营销的一个重要方面和关键环节

关系营销是企业与关键性的客户(顾客、供应商、分销商)建立长期满意关系的实践，它是营销者通过不断承诺和给予对方高质量的产品、优良的服务和公平的价格来实现的合作模式，关系营销使有关各方建立起经济、技术和社会方面的纽带关系。关系营销的最终结果是建立起公司的独特资产——营销网络。供应链合作无疑是营销的一个重要方面，是构成企业之间紧密合作的战略联盟和供应链竞争成功的关键。

二、资源整合

资源整合是企业战略调整的手段，也是企业经营管理的日常工作。整合就是要优化资源配置，要有进有退、有取有舍，要获得整体的最优。对那些已经或将要把未来发展战略目标定位于物流解决方案供应商的传统仓储和运输等企业来说，资源整合是非常重要的。

(一)资源整合的基本思想

(1)在战略思维的层面上，资源整合是系统论的思维方式。就是要通过组织和协调，把企业内部彼此相关但却彼此分离的职能，把企业外部既参与共同的使命又拥有独立经济利益的合作伙伴整合成一个为客户服务的系统，取得 1+1 >2 的效果。

(2)在战术选择的层面上，资源整合是优化配置的决策。就是根据企业的发展战略和市场需求对有关的资源进行重新配置，以突显企业的核心竞争力，并寻求资源配置与客户需求的最佳结合点。目的是要通过组织制度安排和管理运作协调来增强企业的竞争优势，提高客户服务水平。

目前在物流服务市场上受到普遍推崇的所谓向客户提供“一站式”服务的经营模式，实际上既是物流企业优化资源配置所追求的目标，也是物流企业优化资源配置的过程。

(二)物流企业的资源整合要点

虽然兼并重组、合资合作、协议联盟、租赁托管、建立信息共享或交易平台等均是物流企业资源整合的手段，但资源整合的目的无外乎增强客户服务能力，提高客户服务水平和获得更好的投资回报。所以，尽管不同的物流企业在实际运作中所采取的资源整合的方式方法不尽相同，但还是有一些共同的范畴需要纳入物流企业的视野。它们是客户资源整合、能力资源整合和信息资源整合。

1. 客户资源整合

(1)服务——物流企业的产品。确切地说，物流企业的产品是管理服务。包括诸如承运人管理、货运组织调度、配送中心管理、物料回运管理、配送中心设计、信息流管理以及物流系统规划设计等。服务产品的生产和消费是在供需双方的互动过程中完成的。一方面，第三方物流企业要与客户一起研究制定物流管理解决方案，并确定相应的绩效考核指标；另一方面，客户在将物流管理外包后保留自己原有的物流管理团队，并在方案实施过程中与第三方物流企业建立互动协调机制。

(2)客户——物流企业的重要资产。客户资源整合主要是指根据客户价值为其提供差别化的产品和服务，并努力与客户建立长期合作的战略伙伴关系。客户作为重要资产，物流企业必须善待客户，必须创建并维护良好的客户关系，延长客户的“使用寿命”，必须通过自己所提供的物流服务增强客户的市场竞争力，提高客户的经营绩效。从长远的观点来看，物流企业的使命就是不仅要使客户的当前价值最大化，而且要使客户的寿命周期价值最大化。所以，物流企业实施客户关系管理，培养客户忠诚度是一个长期的投资行为，必须要有企业长期发展战略的指导。

(3)老客户——物流企业客户资源整合的重点。客户资源整合，最终是为了争取客户，扩大市场份额。由于“客户资产”具有不可积累性，或者说具有不可储存性。一旦物流企业的服务不再满足客户的需求，客户就会“用脚投票”，以往的“客户投资”也就很可能荡然无存。要把流失的客户再找回来，“投资”又必须重新开始。因此，物流企业的客户资源整合在操作层面上就是两件事：一是留住老客户；二是发展新客户。由于开发新客户的成本常常是留住老客户的 5 倍，所以客户资源整合的重点应放在老客户方面。而且老客户的示范效应对新客户的开发具有促进的作用。有专家认为：如果企业的年客户流失率达到20%，就要好好找一找自身的原因了。

(4)全方位的服务——客户资源整合的最佳途径。虽然建立客户资料，分析客户的购买行为，经常走访客户，对客户实施分类管理，实施专家营销，帮助客户重整物流业务流程等都是整合客户资源的有效方法，但全方位的服务将是留住老客户和发展新客户的最佳途径，也是一个拓展空间极大的服务创新的理念。

2. 能力资源整合

(1)能力资源整合存在偏差。所谓物流服务能力资源既包括物流服务所需的有形的实体资源，如必要的仓储设施和运输设备等；又包括物流服务所需的无形的技能资源，如货运组织方式和存货控制能力等；还包括物流服务的知识资源，如拥有丰富的物流管理知识和对具体产品的物流运作具有透彻的了解等，更包括一个有效的物流管理团队等。但目前在物流企业能力资源整合方面所出现的偏差是：过于看重有形的实体能力资源的建设（不是重新配置），却忽视无形的组织管理能力资源的整合。最典型的就是在缺乏充分的经济技术环境依据的情况下，甚至在还没有搞清楚物流管理的科学意义的情况下 大搞所谓“物流园区”或“物流基地”或“物流枢纽”的建设。由于我们的企业不能在物流服务理念、客户需求分析、组织管理模式、横向协作联盟等方面下功夫，所以，很可能在旷日持久的概念争论和盲目的物流基础设施建设中，错过了发展物流服务市场的机遇。

(2)服务创新是能力资源整合的有效途径。目前，就物流市场发展的实际情况看，发达国家物流企业的能力资源整合方式，主要表现在通过推出新的服务产品和建立广泛的战略联盟来建立和完善物流服务网络。

3. 信息资源整合

信息资源整合对物流企业资源整合的重要性无论怎样强调也不过分。主要包括：

(1)建立信息共享机制。信息资源整合的要害就是建立跨企业边界的信息分享机制。说到底，物流企业的信息资源整合不是一个技术问题，而是一个管理问题。

(2)决策机制的变革。以满足客户需求为价值导向的物流管理就要求决策权限的分散和前移，要求物流企业组织结构的扁平化。实际上，所谓企业管理组织结构的扁平化并不是简单的取消中间管理层，而是要让企业的决策层更贴近市场，更贴近客户，要让企业在市场一线的营销人员拥有充分的决策授权。

(3)物流服务知识管理。发达国家的物流企业主所以能够将其基本的物流管理模式在全球复制，就是因为拥有雄厚的物流管理知识。没有知识管理，就不能将企业在物流服务过程中获得的有价值的信息和经验转化为能够支持企业持久发展的资源。

三、流程再造

流程再造（Business Process Reengineering，BPR）是指从根本上考虑和彻底地设计企业的流程，使其在成本、质量、服务和速度等关键指标上取得显著的提高。

流程再造的核心是面向顾客满意度的业务流程，而核心思想是要打破企业按职能设置部门的管理方式，取而代之以业务流程为中心，重新设计企业管理过程，从整体上确认企业的作业流程，追求全局最优，而不是个别最优。

第三节　供应链管理绩效评估

一、供应链管理绩效评价特征

根据供应链管理运行机制的基本特征和目标，供应链企业绩效评价指标应该能够恰当地反映供应链整体运营状况以及上下节点企业之间的运营关系，而不是孤立地评价某一供应商的运营情况，评价供应链运行绩效的指标，不仅要评价该节点企业的运营绩效，而且还要考虑该节点企业的运营绩效对其上层节点企业或整个供应链的影响，如图11-3所示。

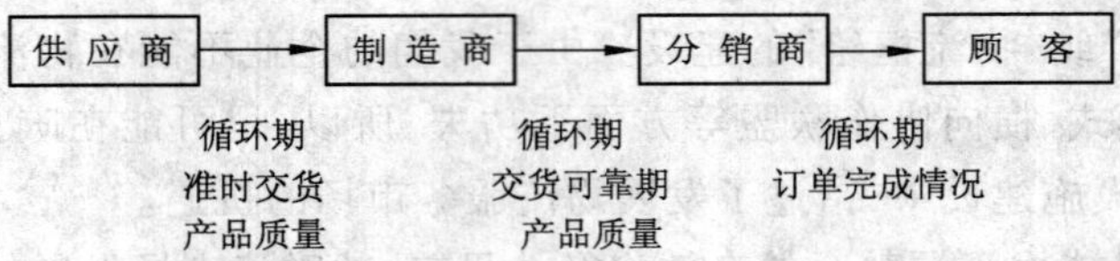

图 11-3　基于供应链业务流程的绩效评价

二、供应链评价的内容

(1)内部绩效的衡量。包括成本、服务、生产率、资产质量等。

(2)外部绩效衡量。包括客户满意度；最佳实施基准等。

(3)供应链综合绩效衡量。包括客户服务、时间、成本、资产等。

供应链绩效评价的一般性统计指标如表 11-1 所示。

表 11-1　供应链绩效评价的一般性统计指标

顾客服务	生产与质量	资产管理	成　本
饱和率	人均发运系统	库存周转	全部成本/单位成本
脱销率	人工费系统	负担成本	销售百分比成本
准时交货率	生产指数	废弃的库存	进出货运输费
补充订货	破损率	库存水平	仓库成本
循环时间	退货率	供应天数	管理成本
发运错误	信用要求数	净资产回报	直接人工费
订单准确率	破损物价值	投资回报	退费成本

三、供应链绩效评价应遵循的原则

(1)应突出重点,要对关键绩效指标进行重点分析;

(2)应采用能反映供应链业务流程的绩效指标体系;

(3)评价指标要能反映整个供应链的运营情况,而不是仅仅反映单个节点企业的运营情况;

(4)应尽可能采用实时分析与评价的方法,要把绩效度量范围扩大到能反映供应链实时运营的信息上去,因为这要比仅做事后分析要有价值得多;

(5)在衡量供应链绩效时,要采用能反映供应商、制造商及用户之间关系的绩效评价指标,把评价的对象扩大到供应链上的相关企业。

四、整个供应链流程的绩效评价指标

(一)产销率指标

产销率是指在一定时间内已销售出去的产品与已生产的产品数量的比值,即

$$\text{产销率}=\frac{\text{一定时间内已销售出去的产品数量}(S)}{\text{一定时间内生产的产品数量}(P)}$$

因为 $S<P$,所以产销率小于或等于1。

产销率指标又可分成如下三个具体的指标:

(1)供应链节点企业的产销率。该指标反映供应链节点企业在一定时间内的经营状况。

$$\text{供应链节点企业的产销率}=\frac{\text{一定时间内节点企业已销售产品数量}}{\text{一定时间内节点企业已生产的产品数量}}$$

(2)供应链核心企业的产销率。该指标反映供应链核心企业在一定时间内的产销经营状况。

$$\text{供应链核心企业的产销率}=\frac{\text{一定时间内核心企业已销售产品数量}}{\text{一定时间内核心企业已生产的产品数量}}$$

(3)供应链产销率。该指标反映供应链在一定时间内的产销经营状况,其时间单位可以是年、月、日。

$$\text{供应链产销率}=\frac{\text{一定时间内供应链节点企业已销售产品数量之和}}{\text{一定时间内供应链各节点企业已生产产品数量之和}}$$

(二)平均产销绝对偏差指标

该指标反映在一定时间内供应链总体库存水平,其值越大,说明供应链成品库存量越大,库存费用越高。反之,说明供应链成品库存量越小,库存费用越低。

$$\text{平均产销绝对偏差}=\frac{\sum|P_i-S_i|}{n}$$

公式中，n 表示供应链节点企业的个数，P 表示第 i 个节点企业在一定时间内生产产品的数量，S 产示第 i 个节点企业在一定时间内已生产的产品中销售出去的数量。

（三）产需率指标

产需率是指在一定时间内，节点企业已生产的产品数量与其上层节点企业（或用户）对该产品的需求量的比值。

1. 供应链节点企业产需率

该指标反映上、下层节点企业之间的供需关系。

$$供应链节点企业产需率=\frac{一定时间内节点企业已生产的产品数量}{一定时间内上层节点企业对该产品的需求量}$$

2. 供应链核心企业产需率

该指标反映供应链整体生产能力和快速响应市场能力。

$$供应链核心企业产需率=\frac{一定时间内核心企业生产产品数}{一定时间内用户对该产品的需求量}$$

（四）供应链产品生产循环指标或节拍指标

当供应链节点企业生产的产品为单一品种时，供应链产品产出循环期是指产品的产出节拍；当供应链节点企业生产的产品品种较多时，供应链产品产出循环期是指混流生产线上同一种产品的产出间隔。

1. 供应链节点企业（或供应商）零部件产出循环期

该循环期指标反映了节点企业库存水平以及对其上层节点企业需求的响应程度。

2. 供应链核心企业产品产出循环期

该循环期指标反映了整个供应链的在制品库存水平和成品库存水平，同时也反映了整个供应链对市场或用户需求的快速响应能力。

（五）供应链总运营成本指标

1. 供应链信息系统成本

供应链通信成本包括各节点企业之间通信费用，如 EDI、因特网的建设和使用费用、供应链信息系统开发和维护费等。

2. 供应链总库存费用

供应链总库存费用包括各节点企业在制品库存和成品库存费用、各节点之间在途库存费用。

3. 各节点企业外部运输总费用

各节点企业外部运输总费用等于供应链所有节点企业之间运输费用总和。

（六）供应链核心企业产品成本指标

供应链核心企业的产品成本是供应链管理水平的综合体现。根据核心企业产品在市场上的价格确定出该产品的目标成本，再向上游追溯到各供应商，确定出相应的原材料、配套件的目标成本。只有当目标成本小于市场价格时，各个企业才能获得利润，供应链才能得到发展。

(七)供应链产品质量指标

供应链产品质量是指供应链各节点企业(包括核心企业)生产的产品或零部件的质量。主要包括合格率、废品率、退货率、破损率、破损物价值等指标。

五、供应链企业之间的绩效评价指标

供应链是由若干个节点企业所组成的一种网络结构，如何选择供应商、如何评价供应商的绩效以及由谁来评价等问题是必须明确的问题。根据供应链层次结构模型，这里提出了相邻层供应商评价法，可以较好地解决这些问题。相邻层供应商评价法的基本原则是通过上层供应商来评价下层供应商。由于上层供应商可以看成是下层供应商的用户，因此通过上层供应商来评价和选择与其业务相关的下层供应商更直接、更客观，如此递推，即可对整个供应链的绩效进行有效的评价。

能综合反映供应链上、下层节点企业之间关系的绩效评价指标是满意度指标。它是反映供应链上、下节点企业之间，即在一定时间内上层供应商 i 对其相邻下层供应商 j 的综合满意程度 C_{ij}。其表达式如下所示：

$$C_{ij}=\alpha_j\times \text{供应商}\,j\,\text{准时交货率}+\beta_j\times\text{供应商}\,j\,\text{成本利润率}$$
$$+\lambda_j\times\text{供应商}\,j\,\text{产品质量合格率}$$

式中，α_j、β_j、λ_j 为权数，$\alpha_j+\beta_j+\lambda_j=1$；

准时交货率是指下层供应商在一定时间内准时交货的次数占其总交货次数的百分比；

成本利润率是指单位产品净利润占单位产品总成本的百分比；

产品质量合格率是指质量合格的产品数量占产品总产量的百分比，它反映了供应商提供货物的质量水平。

供应链最后一层为最终用户层，最终用户对供应链产品的满意度指标是供应链绩效评价的一个最终标准。

最终用户对供应链产品的满意度

$$C=\alpha\times\text{零售商准时交货率}+\beta\times\text{产品质量合格率}+\lambda\times(\text{实际价格}/\text{用户期望价格})$$

六、供应链分销渠道的绩效评价

渠道绩效评价一般有定性和定量两种方法。

(1)定性方法包括：分销渠道成员协作的程度；分销渠道成员矛盾冲突的程度；所需信息的可获得程度。

(2)定量方法包括：每单元的分销成本；履行订单的出错率；商品的破损率。

一般情况下，采用企业目标市场顾客的满意程度来评价分销渠道绩效。包括：评价产品在店铺中的可获得性；评价顾客服务是否充分；评价企业品牌形象的优势等。

评价分销渠道结构的有效性指标包括：评价渠道成员的营业额；渠道中的竞争力量和相关问题等。

可供选择的分销渠道绩效评价标准如表 11-2 所示。

表 11-2　可供选择的分销渠道绩效评价标准

顾　客　服　务	宏观生产率	微观生产率
库存补充速度	物流成本占销售额的百分比	每单位的仓库成本
订单完成百分率	运输成本占销售额的百分比	库存破损
运送提前期	累计库存成本	运输成本/(t·km)
订单运单票据出错率	定期补充的库存量	回程空载率

第四节　供应链管理案例分析

案例分析之一

高露洁公司的供应链管理

高露洁公司(Colgate-Palmolive)作为一家知名的跨国公司，向来以采用正确的发展策略为业内称道。为综合管理其供应链，该公司于 1999 年 11 月建立了高露洁全球供应链管理系统。高露洁希望充分利用对其核心 SAP R/3 解决方案的投资，进一步完善全球供应链管理，改善对零售商和客户的服务，减少库存，增加盈利。其实施步骤包括：

一、供应链管理战略

高露洁从 1995 年开始采用 SAP 提供的企业管理核心解决方案，通过财务管理、后勤规划和其他业务环节等统一并全球支持公司的运营。采用 SAP 的系统也推动了高露洁公司内部所有产品命名、配方、原材料、生产数据及流程、金融信息等方面的标准化。聚焦供应链为解决上述问题，高露洁建立了“高露洁全球供应链系统”。在该系统中，高露洁确定了三个主要的供应链战略。

(1)首先是推出 VMI 项目，大幅削减渠道的库存和循环时间；

(2)其次，高露洁还想实施一个跨边界资源计划，将地域性模式拓展为全球性模式；

(3)最后，高露洁还将实施一个与下游企业的协同计划程序，用来管理供应链中的市场需求和协调各项活动。

二、供应链管理效果

1. 真正实现全球化资源利用

高露洁的跨地域资源利用系统(CBS)将需求和全球资源信息整合在一起,使以前的月度预测发展成为每周的订货补充。

2. 需求规划与绩效确认

高露洁(美国)采用的 mySAP. com 需求规划系统的功能和 mySAP SCM 的协同引擎能够向供应商传达公司的需求信息并在供应链网络中作出协调计划。

3. 可持续性发展

在加速实现各个目标的同时,高露洁已经通过 mySAP 供应链管理系统实现了很多目标,如提高可视供应链、规划循环的速度,通过全球化资源利用、成本降低、改善客户服务等实现更为有效的资本利用。

思考:

请分析供应链管理战略的重要性。

案例分析之二

沃尔玛与宝洁公司(P&G)的纸尿裤

沃尔玛于 1989 年开始对宝洁公司的纸尿裤产品实行供应链管理,即构筑“Just - In - Time”型、追求低库存的自动订发货系统。

双方企业通过 EDI 和卫星通信实现联网,借助于这种信息系统,宝洁公司除了能迅速知晓沃尔玛物流中心内的纸尿裤库存情况外,还能及时了解纸尿裤在沃尔玛店铺的销售量、库存量、价格等数据,这样不仅能使宝洁公司及时制定出符合市场需求的生产和研发计划,同时也能对沃尔玛的库存进行单品管理,做到连续补货,防止出现商品结构性机会成本(即滞销商品库存过多,而同时畅销商品断货)。

沃尔玛则从原来繁重的物流作业中解放出来,专心于经营销售活动,同时在通过 EDI 从宝洁公司获得信息的基础上,及时决策商品的货架和进货数量,并由 MMI(制造商管理库存)系统实行自动进货。沃尔玛将物流中心或者仓库的管理权交给宝洁公司代为实施,所有权仍然属于宝洁公司,这样不仅沃尔玛不用从事具体的物流活动,而且由于企业间不用就每笔交易的条件(如配送、价格问题)进行谈判,大大缩短了商品从定货、进货、保管、分拣到补货销售的整个业务流程的时间。

具体作业流程是:沃尔玛的各个店铺都制定了一个安全库存水平,一旦出现有库存低于这个水平,设在沃尔玛的计算机通过通信卫星自动向宝洁公司的纸尿裤工厂订货。宝洁公司在接到订货后,将订购商品配送到各店铺,并实施在库管理。与整个商品前置时间缩短相适应,两个企业之间的结算系统也采用了 EFT(电子基金转换)系统,通过这种系统企业之间的财务结算就不需要传统的支票等物质形式来进行,而是通过计算机以及终端等电

子设备来完成。其步骤主要包括:

1. 建立协作关系

宝洁公司和沃尔玛之间的产销合作源于20世纪80年代中期宝洁公司的销售副总经理罗·普利切特(Lon Pitchett)所推动的战略转换和调整。

2. 合作形式与绩效

宝洁公司和沃尔玛双方组成由财务、流通、生产和其他各职能部门组成的约70人的专门合作团队,派往沃尔玛实行协作管理。根据专门合作团队的策划,沃尔玛于1989年开始对宝洁公司的纸尿裤产品实行供应链管理,即构筑JIT型的自动订发货系统。具体作业流程是沃尔玛的各店铺都制定了一个安全库存水平;与整个商品前置时间缩短相适应,两个企业之间的决算系统也采用了EFT(Electronic Funds Transfer)系统。

3. 宝洁公司自身的变革

宝洁公司在与沃尔玛开展产销合作的同时,1987年下半年与新型的产销联盟战略相对应,对自身的经营体制也做出了重大改革,这种组织上的改革是以品牌管理为中心展开的。具体讲,主要包括:品牌管理制度的改变;价值定价战略的实施。

4. 合作的新发展

沃尔玛与宝洁公司之间的产销联盟进一步推动了沃尔玛全面建立与供货方合作的进程,为了整合沃尔玛与供货方之间的营销战略,沃尔玛要求所有的供货方制定出整套的业务规划和方案。

宝洁公司也在积极地调整自己的战略,在稳定与沃尔玛产销联盟的基础上,向多样化、多渠道和服务的纵深化方向发展。

显然,EFT系统的导入不仅提高了企业之间结算的效率,而且大大降低了两个企业之间的间接成本,对于宝洁公司来说,EFT系统加速了资金的回笼,提高了资金周转率。对于沃尔玛公司来说,由于实时化的商品管理制度,保证了贷款的支付在商品完成以后进行(此前有先期垫款要求),同时,也加速了他的资金周转、提高了资金效率。宝洁公司和沃尔玛公司之间的产销联盟所产生的另一个重大的积极作用是,以这两个企业为中心,彻底打破了当时在美国流通领域占统治地位的多环节流通体制。

事实证明,自宝洁公司与沃尔玛公司实行产销联盟以后,沃尔玛店铺中宝洁公司的纸尿裤商品周转率提高了70%,与此相对应,宝洁公司的纸尿裤销售额也提高了50%,达到了30亿美元。而且从此以后,沃尔玛一直采用单环节的直接交易形式,为其全面控制流通成本、塑造新的竞争优势奠定了基础。

思考:

从此案例中,你受到何种启发?

本章小结

本章主要学习了供应链管理的概念与基本思想；供应链管理和供应链优化的基本方法；供应链绩效评估的指标和原则等。

自我测试

一、单项选择

1. 快速反应(QR)是零售商及其(　　)密切合作的策略。

A. 分销商　　B. 用户　　C. 供应商　　D. 制造商

2. 实施联合库存管理需要(　　)之间建立相互联系的信息系统。

A. 制造商　　B. 供应商　　C. 分销商　　D. 经销商

3. 可以通过对(　　)的优化和核算来找出最优的合作企业组合，设计低成本的供应链。

A. 供应链总成本　　B. 供应链运输成本

C. 供应链劳动力成本　　D. 供应链物料成本

4. 商场购物的全部活动“进入商场—挑选商品—开票—付款—提货—离开商场”，这些活动存在着一定的先后次序。这就是我们理解的(　　)。

A. 进程　　B. 行程　　C. 冲程　　D. 流程

5. 基于 Internet 的经济平台与供应链集成在一起就形成了我们所说的(　　)。

A. 虚拟供应链　　B. 电子供应链　　C. 绿色供应链　　D. 全球供应链

二、多项选择题

1. 供应链的特征主要有(　　)。

A. 复杂性　　B. 动态性　　C. 交叉性　　D. 增值性　　E. 多变性

2. 供应链管理与物流管理的区别主要有(　　)。

A. 供应链管理是物流运作管理的扩展　　B. 供应链管理是物流一体化管理的延伸

C. 供应链管理是物流管理的新战略　　D. 供应链管理是物流管理的改头换面

E. 供应链管理及时物流管理

3. QR 与 ECR 存在一些联系和区别，他们之间的差异主要体现在(　　)。

A. 侧重点不同　　B. 管理方法上有差异

C. 适用的行业有区别　　D. 改革的重点不同

E. 订购数量的多少对他们的影响不一样

4. 业务流程重组的三个方向分别是(　　)。

A. 基于时间的业务流程重组　　B. 基于成本的业务流程重组

C. 基于绩效的业务流程重组　　　　D. 基于质量的业务流程重组

E. 基于产品设计的业务流程重组

5. 消耗在供应链系统中的成本有(　　)。

A. 物流　　B. 信息流　　C. 商务流　　D. 资金流　　E. 人才流

三、判断题

1. 供应链管理环境下的生产计划是在稳定的运行环境下进行的,因此要求生产计划与控制系统具有更高的柔性和敏捷性。　(　　)

2. 实施供应链合作关系就意味着新产品/技术的共同开发、数据和信息的交换、市场机会共享和风险共担。　(　　)

3. QR 和 ECR 都重视供应链的核心业务,对业务进行重新设计,以消除资源的浪费。　(　　)

4. 从本质上来说,ECR 是 QR 的第二阶段,是 QR 在食品行业中的创新。　(　　)

5. 供应链绩效评价指标主要反映供应链的整体运营状况以及上下节点企业之间的运营关系。　(　　)

6. 客户关系管理是把客户,尤其是在潜在客户和现有客户作为管理的中心,将企业的运营围绕着客户来进行。　(　　)

7. 供应链管理环境下的上下游关系是一种战略性合作关系,提倡一种“双赢”机制。　(　　)

8. 目前对企业绩效评价的研究相对比较完整和系统,因此可以把企业的绩效评价指标体系直接移植到供应链的绩效评价中。　(　　)

复习思考

1. 什么是供应链?特点是什么?
2. 供应链管理的含义及特点是什么?
3. 什么叫 QR?什么叫 ECR?
4. 简述供应链的设计原则。
5. 建立供应链绩效评价体系应遵循的原则是什么?
6. 什么是资源整合?它的基本思想是什么?
7. 供应链绩效评估的管理方法有哪些?
8. 供应链管理的基本方法有哪些?

第十二章 物流信息管理

知识目标

1. 掌握物流信息的概念及特点
2. 掌握信息技术的概念
3. 熟悉常见的物流信息技术
4. 了解物流信息系统的结构

技能目标

1. 能够运用POS系统完成时点的销售工作
2. 能够分析常见物流信息技术的应用范围

引导案例

宝供选择信息化道路而成为知名的第三方物流企业

宝供物流(以下简称宝供)作为我国物流界一家知名的第三方物流企业,其信息化走了一条循序渐进逐年完善的道路。宝供1997年开始建立管理信息系统时,重点是建设互联网,解决了通信问题,可以让客户通过网络查到某一个订单的状态。1998年开始做数据交换,实现与用户的信息共享。1999年在系统中加入财务核算,渗透到所有环节,其结果是降低了成本,提高了效益。从2000年开始,宝供确定的目标要与客户结成供应一体化,使客户可以直接利用网站在网上确定订单,由公司在网上执行订单。另外,为了公司建设苏州新仓库基地的需要,宝供通过招标,选定引进实施IBM公司的仓库管理系统。从2003年起,宝供全面实行以财务为核心的ERP。这样,系统每一年都有一点改进,一年做一件事,奠定了比较坚实的基础。

在中国物流采购与发展联合会进行物流先进案例评比时,宝供的信息化案例被选用为第三方物流企业的代表案例。宝供系统本身的技术并不复杂,甚至也算不上是业界最先进的,但是非常实用,有效率,是最适合宝供自己的信息系统,并向国家科技部推荐参加国家科技进步奖的评选。

思考:

宝供为什么选择走信息化道路而成为一家知名的第三方物流企业?

第一节　物流信息与物流信息系统

一、物流信息

(一)物流信息的定义

物流信息是指与物流活动(如运输、仓储、装卸、搬运、包装、流通加工和配送)有关的信息。物流信息的产生与物流活动密不可分。在物流活动的管理与决策中,运输工具的选择,运输路线的确定,每次运送批量的确定,货物的跟踪,仓库的有效利用,最佳库存数量的确定,订单管理,顾客服务等都需要详细和准确的物流信息。信息对这些活动具有支持保证的功能。

另外,物流信息是一个相当宽泛的概念,它不仅包括与物流活动有关的信息,还包括大量的与其他流通活动有关的信息。例如:商品的交易信息、商品的市场信息等。

商品交易信息指与买卖各交易过程有关的信息,如销售和购买信息、订货和接受订货信息等。市场信息是指与市场活动有关的信息,如消费者的需求信息、竞争性商品信息、促销活动信息、交通通信等基础设施信息等。在现代经济活动中,物流信息与商品交易信息、市场信息相互交叉、融合,并具有密切的联系。

零售商根据对消费者需求的预测以及库存状况制定订货计划,向批发商或直接向生产厂家发出订货信息。批发商在接到零售商的订货信息后,在确认现有库存水平能满足订单要求基础上,向物流部门发出发货配送信息。如果发现现有的库存水平不能满足订单的要求,则马上向生产厂家发出订单。生产厂家在接到订单之后,如果发现现有库存不能满足订单要求,则马上组织生产,再按订单上的数量和时间要求向物流部门发出发货配送信息。

此外,物流信息还应包括政策信息、通信交通等基础设施信息等。总之,在现代物流活动中,物流信息与其他各类相关信息相互交叉、相互融合,共同在物流系统和整个供应链活动中发挥着重要的作用。

(二)物流信息的特点

物流信息通过物流信息技术不仅对物流活动具有支持保障的功能,而且还起到了整合整个供应链的作用,物流信息除具有一般信息的特征外,还表现出以下特点:

1. 信息量大

物流信息随着物流活动以及商品交易活动的展开而大量发生。多品种小批量生产和多频度小数量配送使库存、运输等物流活动的信息大量增加。零售商广泛应用 POS 系统读取销售时点的商品品种、价格、数量等即时销售信息，并对这些销售信息加工整理，通过 EDI(电子数据交换)向相关企业传送。同时为了使库存补充作业合理化，许多企业采用 EOS(电子自动订货)系统。随着企业间合作倾向的增强和信息技术的发展，物流信息的信息量在今后将会越来越大。

2. 更新速度快

由于各种作业活动频繁发生，市场状况及用户需求变化多端，物流信息会在瞬间发生变化，从而使得信息的价值衰减速度很快。多品种少量生产、多频度小数量配送及利用 POS 系统即时销售的各种作业活动频繁发生，从而使得物流信息不断更新，而且更新的速度越来越快。

3. 来源广泛

物流信息不仅包括企业内部的各种管理和作业信息(如生产信息与库存信息等)，而且包括企业间的物流信息及与物流活动有关的现代物流技术、法律规定、条例等多方面的信息。另外，物流活动往往利用道路、港湾、机场等基础设施，因此为了高效率的完成物流活动，必须掌握设施有关的信息。

4. 信息编码趋于标准

企业竞争优势的获得需要供应链各参与企业之间相互协调合作，协调合作的手段之一是信息即时交换和共享。企业为了实现不同系统间信息的高效交换与共享，必须按照国际或国家对信息的标准化要求对信息进行管理，如采用统一的条码标准。把物流信息标准化和格式化，利用 EDI 在相关企业间进行传送，真正实现信息分享。

三、物流信息的分类

物流系统中的信息种类多，跨地域，涉及面广，动态强，尤其是在运作工程中受自然的、社会的影响很大。根据对物流信息研究的需要，可以从以下几个方面对物流信息进行分类。

1. 按信息领域分类

物流信息可以分为物流内部信息和物流外部信息。物流内部信息是在物流内部活动中产生的信息，用于管理和指导当前的和下一个物流循环；物流外部信息是在物流活动以外发生的、但与物流活动有一定相关性的信息，例如基本经济信息、交通通信信息等。

2. 按信息的作用不同分类

(1)计划信息。指的是尚未实现的但已当作目标确认的一类信息，如物流量计划、仓库吞吐量计划、车皮计划等。只要尚未进入具体业务操作的，都可以归入计划信息之中。它的特点是带有相对稳定性。信息更新速度较慢。计划信息对物流活动有非常重要的指导意义。

(2)控制及作业信息。是物流活动过程中发生的信息,带有很强的动态性,是掌握物流现实活动状况不可缺少的信息,如库存种类、库存量、在运量、运输工具状况、物价、运费、收发货等情况。它的特点是动态性非常强,更新速度很快,信息的时效性很强。主要作用是控制和调整正在发生的物流活动和指导即将发生的物流活动,以实现对过程控制和对业务活动的微调。

(3)统计信息。是物流活动结束后,对整个物流活动的一种归纳性信息。这种信息是一种恒定不变的信息,有很强的资料性,如上一年度发生的物流量、物流种类、运输方式、运输工具等。它的特点是信息所反应的物流活动已经发生了,再也不能改变了。主要作用是用于正确掌握过去的物流活动及规律,以指导物流战略计划的制定。

(4)支持信息。是指能对物流计划、业务操作有影响或有关的文化、科技、产品、法律、教育、民俗等方面的信息,如物流技术革新、物流人才需求等。这些信息不仅对物流发展战略有价值,而且也对控制、操作起到指导、启发的作用,是可以从整体上提高物流水平的一类信息。

3. 按信息稳定程度分类

物流信息可以分为:静态信息、动态信息。静态信息通常具备相对稳定的特点,有三种形式。一是物流生产标准信息。这是以指标定额为主体的信息,如各种物流活动的劳动定额、物资消耗定额、固定资产折旧等。二是物流计划信息。物流活动中在计划期内已定任务所反映的各项指标,如物资年计划吞吐量、计划运输量等。三是物流查询信息。它是在一个较长的时期内很少发生变更的信息,如国家和各主要部门颁发的技术标准、物流企业内的人事制度、工资制度、财务制度等。与静态信息相反,动态信息是物流系统中经常发生变动的信息。这种信息以物流各作业统计信息为基础,如某一时刻物流任务的实际进度、计划完成情况、各项指标的对比关系等。

4. 按物流活动领域分类

物流的各个不同应用领域的信息是具体指导物流各个领域活动,使物流管理细化必不可少的信息。物流各个分系统、各个不同功能要素领域,由于物流活动性质不同,信息也有所不同,按这些领域分类,有运输信息、储存信息、配送信息等,甚至更细化分成集装箱信息、托盘交换信息、库存量信息、汽车运输信息等。

二、物流信息系统

(一)物流信息系统的概念

物流信息系统(Logistics Management System ,LMS)是以现代思想和理论为依据,以计算机软硬件、网络通信和其他现代信息技术为技术基础,以降低经营成本、提高企业效率和效益、增强企业核心竞争力为目的,进行物流信息收集、存储、加工、更新维护、输入、输出和传输的集成化人机系统。

从广义上讲，物流信息系统应包括物流过程的各个领域的信息系统，它贯穿于物流其他各子系统的业务活动中，支撑着各项物流业务活动。通过信息传递，把运输、储存、包装、装卸搬运、配送、流通加工等业务活动联系起来，协调一致，以提高物流整体作业效率，取得最佳的经济效益。从狭义上说，物流信息系统只是管理系统在企业涉及物流管理的某一方面的应用，即某一企业（物流企业或非物流企业）用于管理物流的信息系统。

物流信息系统是通过对于物流相关信息的加工处理来达到对物流、资金流的有效控制和管理，并为企业提供信息分析和决策支持的人机系统。这个系统以人为主体，对企业的各种数据和信息进行收集、传递、加工、保存，将有用的信息传递给使用者以辅助企业的全面管理。物流信息系统具有实时化、网络化、系统化、规模化、专业化、集成化、智能化等特点。

（二）物流信息系统的结构

1. 物流信息系统的层次结构

物流信息系统是通过对与物流相关信息的加工处理来达到对物流、资金流的有效管理，并为企业提供信息分析和决策支持。从本质上看，它体现了企业的业务特点、管理思想、管理方法和管理制度。因此，物流信息系统的层次结构是与企业管理层次密不可分的。图 12-1 是按企业管理层次划分的物流信息系统。

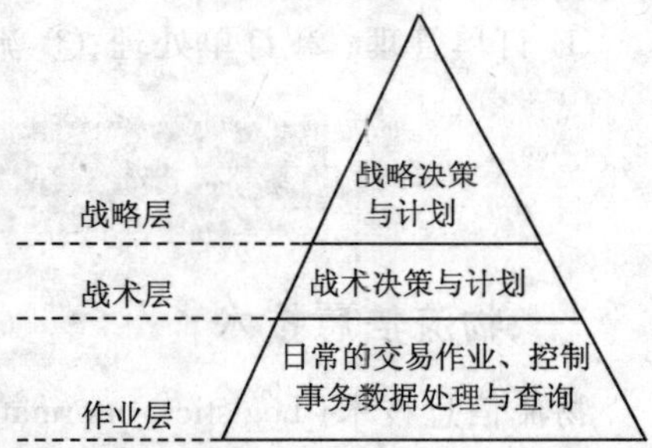

图 12-1　物流信息系统的层次结构图

（1）作业层：作业层直接向日常的事务处理和作业，包括运输作业、仓储作业、采购作业以及财务事务、行政事务、认识事务等。该层是系统的操作层，许多数据都是在这个层次产生的，因此在这个层次会发生大量的数据录入、处理、查询和输出操作。

（2）战术层：战术层的主要使用对象是企业管理部门负责人。该层次物流管理信息系统为企业的部门负责人提供用作关系局部和中期决策所需的战术管理信息，包括客户关系管理、质量管理、计划管理、市场信息管理等。除此之外，战术层还必须制定一些战术决策，如运输线路选择、订货决策、仓储管理决策等。

（3）战略层：战略层为企业高层管理决策者提供综合反映企业运营与管理状态的信息，提供制定企业战略决策、企业长期经营目标所需要的管理信息，提供各种分析、预测功能、辅助高层进行决策。

2. 物流信息系统的功能结构

物流信息系统的功能结构包含两大子系统：计划及协调信息流及作业信息流，如图 12-2所示。

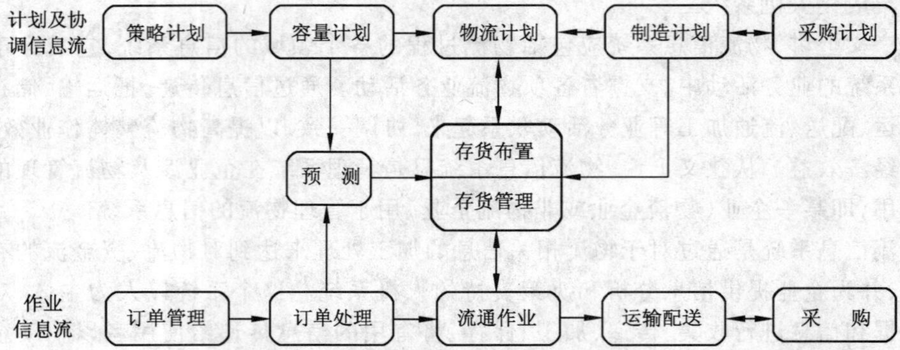

图 12-2 物流信息系统的功能结构

(1)物流信息系统的计划及协调工作包含企业内外的物料及成品计划,其主要组成包含:① 策略目标;② 容量限制;③ 物流需求;④ 制造需要;⑤ 采购计划。

(2)物流信息系统作业的信息活动包含顾客订单的接收、处理、运送,以及采购单的到货接收协调等,其主要组成包括:

① 订单管理;② 订单处理;③ 流通作业;④ 运输与配送安排;⑤ 采购。

第二节 现代物流信息技术及其应用

一、物流信息技术

物流信息技术(Logistics Information Technology ,LIT)是指运用于物流各环节中的信息技术。根据物流的功能以及特点,物流信息技术包括如计算机技术、通信网络技术、信息分类编码技术、条码技术、射频识别技术、电子数据交换(EDI)、全球定位系统(GPS)、地理信息系统(GIS)等。

物流信息技术是物流现代化的重要标志,也是物流技术中发展最快的领域,从数据采集的条形码系统,到办公自动化系统中的微机、互联网,各种终端设备等硬件以及计算机软件都在日新月异地发展。同时,随着物流信息技术的不断发展,产生了一系列新的物流理念和新的物流经营方式,推进了物流的变革。在供应链管理方面,物流信息技术的发展也改变了企业应用供应链管理获得竞争优势的方式,成功的企业通过应用信息技术来支持它的经营战略并选择它的经营业务。通过利用信息技术来提高供应链活动的效率性,增强整个供应链的经营决策能力。

二、物流信息技术的应用

物流信息技术在国外物流活动中已得到广泛应用,在我国大中型物流企业中也有了一定的实际运用。一些专门针对物流活动特点设计的物流配送管理系统综合运用了商业智能、地理信息系统、全球定位系统及配送优化调度技术、动态监控技术、智能交通技术、仓储优化配置技术，实现了对物流配送过程数据全面的管理和分析挖掘，可以优化配送运作流程和配送体系结构，实现了客户资源管理、配送调度优化、配送作业监控、库存及财务管理、企业绩效管理等多项功能。

(一)条形码技术

1. 条形码的概念

条形码亦称条码，是由美国的 NT. Woodland 在 1949 年首先提出的。随着计算机应用的不断普及，条形码的应用得到了很大的发展。条形码可以标出商品的生产国、制造厂家、商品名称、生产日期、图书分类号、邮件起止地点、类别、日期等信息，因而在商品流通、图书管理、邮电管理、银行系统等许多领域都得到了广泛的应用。

条形码是由宽度不同、反射率不同的条和空，按照一定的编码规则(码制)编制成的，用以表达一组数字或字母符号信息的图形标识符。即条形码是一组粗细不同，按照一定的规则安排间距的平行线条图形。常见的条形码是由反射率相差很大的黑条(简称条)和白条(简称空)组成的。

2. 条形码的分类

(1)商品条形码：以直接向消费者销售的商品为对象、以单个商品为单位使用的条形码。它由 13 位数字组成，最前面的两个数字表示国家或地区的代码，中国的代码是 69，接着的五个数字表示生产厂商的代码，其后的 5 个数字表示商品品种的代码，最后 1 个数字用来防机器发生误读错误。例如，商品条形码 6902952880041 中，69 代表中国，02952 代表贵州茅台酒厂，88004 代表 53%(V/V)106PROOF、500 mL 的白酒。

(2)物流条形码：物流过程中的以商品为对象、以包装商品为单位使用的条形码。标准物流条形码由 14 位数字组成，除了第 1 位以外，其他位数字代表的意义与商品条形码的相同。物流条形码第 1 位数表示物流识别代码，在物流识别代码中 1 代表集合包装容器装 6 瓶酒；2 代表装 24 瓶酒。例如，物流条形码 26902952880041 代表该包装容器装有中国贵州茅台酒厂的白酒 24 瓶。商品条形码与物流条形码的比较如表 12-1 所示。

表 12-1 商品条形码和物流条形码的比较

	应用对象	数字构成	包装形状	应 用 领 域
商品条形码	向消费者销售的商品	13 位数字	单个商品包装	POS 系统、补充订货管理
物流条形码	物流过程中的商品	14 位数字	集合包装	出入库管理、运输保管分拣管理

3. 条形码的应用

条形码技术在物流中有较为广泛的应用，主要在以下几个方面：

(1)销售信息系统(POS 系统)。在商品上贴上条形码就能快速、准确地利用计算机进行销售和配送管理。其过程为:对销售商品进行结算时,通过光电扫描读取并将信息输入计算机,然后输进收款机,收款后开出收据,同时,通过计算机处理,掌握进、销、存的数据。

(2)库存系统。在库存物资上应用条形码技术,尤其是规格包装、集装、托盘货物上,入库时自动扫描并输入计算机,由计算机处理后形成库存的信息,并输出入库区位、货架、货位的指令,出库程序则和 POS 系统条形码应用一样。

(3)分货拣选系统。在配送方式和仓库出货时,采用分货、拣选方式,需要快速处理大量的货物,利用条形码技术便可自动进行分货拣选,并实现有关的管理。其过程如下:一个配送中心接到若干个配送订货要求,将若干订货汇总,每一品种汇总成批后,按批发出所在条形码的拣货标签,拣货人员到库中将标签贴于每件商品上并取出用自动分拣机分货,分货机始端的扫描器对分货机上处于运动状态的货物扫描,一方面确认所拣出货物是否正确,另一方面识读货物条形码上的用户标记,指令商品在确定的分支分流,到达各用户的配送货位,完成分货拣选作业。

总之,条形码技术的应用解决了数据录入和数据采集的"瓶颈"问题,为供应链管理提供了有力的技术支持。

(二)射频技术

自 2004 年起,全球范围内掀起了一场无线射频识别技术(RFID)的热潮,包括沃尔玛、宝洁、波音公司在内的商业巨头无不积极推动 RFID 在制造、物流、零售、交通等行业的应用。RFID 技术及其应用正处于迅速上升的时期,被业界公认为是本世纪最具潜力的技术之一,它的发展和应用推广将是自动识别行业的一场技术革命。而 RFID 在交通物流行业的应用更是为通信技术提供了一个崭新的舞台,将成为未来电信业有潜力的利润增长点之一。

RFID 技术无需直接接触、无需光学可视、无需人工干预即可完成信息输入和处理,且操作方便快捷,能够广泛应用于生产、物流、交通、运输、医疗、防伪、跟踪、设备和资产管理等需要收集和处理数据的场合。

1. 射频技术原理

射频技术(Radio Frequency,RF)的基本原理是电磁理论。射频系统的优点是不局限于视线,识别距离比光学系统远,射频识别卡可具有读写能力,可携带大量数据,难以伪造,且有智能。

近年来,便携式数据终端(PDT)的应用多了起来,PDT 可把那些采集到的有用数据存储起来或传送至一个管理信息系统。便携式数据终端一般包括一个扫描器、一个体积小但功能很强并带有存储器的计算机、一个显示器和供人工输入的键盘。在只读存储器中装有常驻内存的操作系统,用于控制数据的采集和传送。

PDT 存储器中的数据可随时通过射频通信技术传送到主计算机。操作时先扫描位置标签,货架号码、产品数量就都输入到PDT,再通过RF技术把这些数据传送到计算机管理系统,可以得到客户产品清单、发票、发运标签、该地所存产品代码和数量等。

2. 射频技术在物流管理中的适用性

RF适用于物料跟踪、运载工具和货架识别等要求非接触数据采集和交换的场合,由于RF标签具有可读写能力,对于需要频繁改变数据内容的场合尤为适用。我国RF的应用也已经开始,一些高速公路的收费站口使用RF可以不停车收费,我国铁路系统使用RF纪录货车车厢编号的试点已运行了一段时间,一些物流公司也正在准备将RF用于物流管理中。

3. 射频技术在军事物流中的应用

美国和北大西洋公约组织(NATO)在波斯尼亚的"联合作战行动中",不但建成了战争史上投入战场最复杂的通信网,还完善了识别跟踪军用物资的的新型后勤系统,这是吸取了"沙漠风暴"军事行动中大量物资无法跟踪造成重复运输的教训,无论物资是在定购之中、运输途中、还是在某个仓库存储着,通过该系统,各级指挥人员都可以实时掌握所有的信息。该系统途中运输部分的功能就是靠贴在集装箱和装备上的射频识别标签实现的。RF接收转发装置通常安装在运输线的一些检查点上(如门柱上、桥墩旁等),以及仓库、车站、码头、机场等关键地点。接收装置收到RF标签信息后,连通接收地的位置信息,上传至通信卫星,再由卫星传送给运输调度中心,送入中心信息数据库中。

(三)电子数据交换(EDI)

1. EDI的概念

EDI(Electronic Data Interchange,电子数据交换)被我国港、澳、台地区及海外华人地区称做"电子资料联通"。它是一种在公司之间传输订单、发票等作业文件的电子化手段。它通过计算机通信网络将贸易、运输、保险、银行和海关等行业信息,用一种国际公认的标准格式,实现各有关部门或公司与企业之间的数据交换与处理,并完成以贸易为中心的全部过程,它是20世纪80年代发展起来的一种新颖的电子化贸易工具,是计算机、通信和现代管理技术相结合的产物。国际标准化组织(ISO)将EDI描述成"将贸易(商业)或行政事务处理按照一个共认的标准变成结构化的事务处理或信息数据格式,从计算机到计算机的电子传输"。又由于使用EDI可以减少甚至消除贸易过程中的纸面文件,因此EDI又被人们通俗地称为"无纸贸易"。

2. EDI系统的构成

EDI技术是指不同的企业之间为了提高经营活动的效率在标准化的基础上通过计算机联网进行数据传输和交换的方法。EDI目的是通过建立企业间的数据交换网来实现票据处理、数据加工等事务作业的自动化、省力化、及时化和正确化,同时通过有关销售信息和库存信息的共享来实现经营活动的效率化。因此,利用EDI的当事者之间必须预先确定EDI系统的结构和标准。

一般来说,EDI 系统由四个方面构成:一是关于信息传输方式的规定;二是关于信息表示方式的确定;三是关于系统运行操作的规定;四是关于交易业务的确定。这些规定或称为议定书,是利用 EDI 系统的各方达成的共识。这些规定实际上是对这个方面涉及的内容进行标准化工作,其中最重要的标准化工作是信息传输方式标准化和信息表示方式的标准化。信息传输方式准化是指为了在不同的计算机之间传输信息对通信线路的类型及传输控制方式等方面进行决策,具体的内容包括通信速度、数据格式、检查方法等方面的标准化,信息传输方式标准化工作还包括应用系统界面与数据格式之间相互转换方式的标准化。信息表示方式的标准化是指对应 EDI 网络传送的业务类型,确定对该业务信息内容的表示方法并使之标准化。具体内容包括数据代码、信息格式等方面的标准化。

3. EDI 的应用

一个传统企业简单的购货贸易过程如图 12-3 所示。

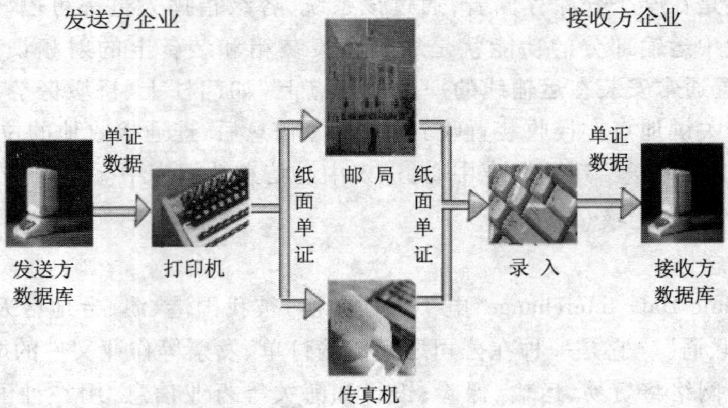

图 12-3 传统企业简单的购货贸易过程

买方向卖方提出订单。卖方得到订单后,就进行它内部的纸张文字票据处理,准备发货。纸张票据中包括发货票等。买方在收到货和发货票之后,开出支票,寄给卖方。卖方持支票至银行兑现。银行再开出一个票据,确认这笔款项的汇兑。

而一个生产企业的 EDI 系统,就是要把上述买卖双方在贸易处理过程中的所有纸面单证由 EDI 通信网来传送,并由计算机自动完成全部(或大部分)处理过程。具体为:企业收到一份 EDI 订单,则系统自动处理该订单,检查订单是否符合要求;然后通知企业内部管理系统安排生产;向零配件供销商订购零配件等;有关部门申请进出口许可证;通知银行并给订货方开出 EDI 发票;向保险公司申请保险单等。从而使整个商贸活动过程在最短时间内准确地完成。图 12-4 表示了国际贸易中的 EDI 系统。从图 12-4 中我们可以很直观地看到一个真正的 EDI 系统是将订单、发货、报关、商检和银行结算合成一体,从而大大加速了贸易的全过程。因此,EDI 对企业文化、业务流程和组织机构的影响是巨大的。

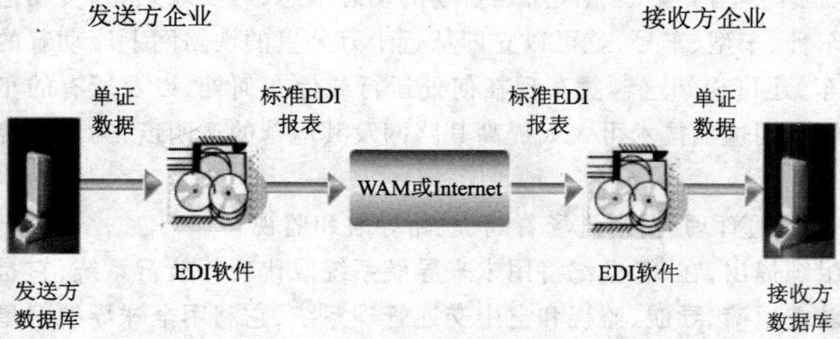

图 12-4　EDI 条件下贸易单证的传递方式

(四)全球定位系统

全球定位系统(Global Positioning System,GPS)。简单地说,这是一个由覆盖全球的 24 颗卫星组成的卫星系统。这个系统可以保证在任意时刻,地球上任意一点都可以同时观测到 4 颗卫星,以保证卫星可以采集到该观测点的经纬度和高度,以便实现导航、定位、授时等功能。这项技术可以用来引导飞机、船舶、车辆以及个人,安全、准确地沿着选定的路线,准时到达目的地。

全球定位系统(GPS)是 20 世纪 70 年代由美国陆海空三军联合研制的新一代空间卫星导航定位系统。其主要目的是为陆、海、空三大领域提供实时、全天候和全球性的导航服务,并用于情报收集、核爆监测和应急通信等一些军事目的,是美国独霸全球战略的重要组成。经过 20 余年的研究实验,耗资 300 亿美元,到 1994 年 3 月,全球覆盖率高达 98% 的 24 颗 GPS 卫星星座已布设完成。

GPS 全球卫星定位系统由三部分组成:空间部分——GPS 星座;地面控制部分——地面监控系统;用户设备部分——GPS 信号接收机。

近年来,GPS 在物流领域的应用越来越多,主要有:

1. 用于汽车自定位、跟踪调度

据丰田汽车公司的统计和预测,日本车载导航系统的市场在 1995 年至 2000 年间将平均每年增长 35% 以上,全世界在车辆导航上的投资将平均每年增长 60.8%。因此,车辆导航将成为未来全球卫星定位系统应用的主要领域之一。我国已有数十家公司在开发和销售车载导航系统。

2. 用于内河及远洋船队最佳航程和安全航线的测定、航向的实时调度、监测及水上救援

在我国,全球卫星定位系统最先使用于远洋运输的船舶导航。我国跨世纪的三峡工程也已规划利用全球卫星定位系统来改善航运条件、提高航运能力。

3. 用于铁路运输管理

我国铁路开发的基于 GPS 的计算机管理信息系统，可以通过 GPS 和计算机网络实时收集全路列车、机车、车辆、集装箱及所运货物的动态信息，可实现列车、货物追踪管理。只要知道货车的车种、车型、车号，就可以立即从近十万公里的铁路网上流动着的几十万辆货车中找到该货车，还可得知这辆货车现在何处运行或停在何处，以及所有的车载货物发货信息。铁路部门运用这项技术可大大提高其路网及其运营的透明度，为货主提供更高质量的服务。

4. 用于空中交通管理、精密进场着陆、航路导航和监视

国际民航组织提出，在 21 世纪将用未来导航系统取代现行航行系统，它是一个以卫星技术为基础的航空通信、导航、监视和空中交通管理系统，它利用全球导航卫星系统实现飞机航路、终端和进场导航。目前 GPS 只能作为民用导航的补充手段，待完好性监控报警问题解决后，将过渡为唯一的导航手段。该系统的使用可降低机场的飞机起降时间间隔。使起降路线灵活多变，使更多的飞机以最佳航线和高度飞行，还可减少飞机误点，增加飞机起降的安全系数。

我国于 1996 年 3 月在西安咸阳国际机场进行了世界首例完整的未来空中管理系统（CNS/ATM）演示，并获成功。全球卫星定位系统的应用将使我国航空管制从国际 20 世纪 40 年代水平一步跨入 21 世纪，从而开创我国空中运输管理的新纪元。

5. 用于军事物流

全球卫星定位系统首先是因为军事目的而建立的，在军事物流中，如后勤装备的保障等方面，应用相当普遍，尤其是在美国。其在世界各地驻扎的大量军队无论是在战时还是在平时都对后勤补给提出很高的要求，在战争中，如果不依赖 GPS，美军的后勤补给就会变得一团糟。美军在 20 世纪末的地区冲突中依靠 GPS 和其他顶尖技术，以强有力的、可见的后勤保障，为“保卫美国的利益”做出了贡献。对此，我国军事部门也在运用 GPS。

（五）地理信息系统（GIS）

地理信息系统（Geographic Information System，GIS）是以地理空间数据为基础，采用地理模型分析方法，适时地提供多种空间的和动态的地理信息，是一种为地理研究和地理决策服务的计算机技术系统。

地理信息系统是一种基于计算机，能把图形管理系统和数据管理系统有机结合起来，对各种空间信息进行收集、存储、分析的工具，是地理学、计算机科学、测绘遥感学、城市科学、环境科学、信息科学、空间科学、管理科学和信息科学等多种学科交叉的产物。地理信息系统可以对在地球上存在的东西和发生的事件进行成图和分析。GIS 技术把地图这种独特的视觉化效果和地理分析功能与一般的数据库操作（如查询、统计分析等）集成在一起。

GIS 的用途十分广泛，可用于交通、能源、农林、水利、测绘、地矿、环境、航空、国土资源综合利用和物流等方面。GIS 技术在物流领域中的应用，有利于合理调配和使用各种资

源，提高经济效益。

1. GIS 技术应用于物流分析

GIS 在物流领域中的应用主要是指利用 GIS 强大的地理数据功能来完善物流分析技术，提高物流业的效率。一个完整地 GIS 物流分析软件集成了车辆路线模型、最短路经模型、网络物流模型、分配集合模型和设施定位模型等。利用 GIS 为物流分析提供专门分析的工具软件，可实现对车辆路线、最短路径、物流网络、设施选址等方面的分析，以便从中找出最优方案。

2. GIS 技术应用于运输工具的定位

通过 GIS 信息系统，在计算机屏幕上可以实时显示车辆或船舶的速度信息、运动方向信息、地理位置信息等，而且显示精度比较高，基本上能准确地对运输工具进行定位。

3. GIS 技术应用于环境分析及动态预测

货物运输是动态的，它们与外界环境密切相关，并随着周围环境的不断变化而变化。在进行货物营运的过程中需要考虑地理因素的影响，地理信息系统可以通过地理编码功能，将相关数据与地图建立联系，用户只要单击地图上的任意对象，就可以同时看到与该对象相关联的所有数据。

4. GIS 技术应用于信息数据的采集

信息数据可分为静态数据和动态数据。静态数据指货场分布、铁路及专用线分布、区域面积等；动态数据则是指货物的流量、流向等不断变化的数据。从地理信息系统的角度来看，信息数据可分为空间属性数据和管理属性数据。销售点的坐标为空间属性数据，销售点的销售额为管理属性数据。使用手持数字化仪进行地图数字化，可以实现空间属性数据录入。

5. GIS 技术应用于仓库规划

GIS 技术是把计算机技术、地理信息和数据库技术紧密相结合起来的新型技术，其特征非常适合仓库建设规划，从而使仓库建设规划走向规范化和科学化，并使仓库建设的经费得到最合理的运用。仓库 GIS 作为仓库管理信息系统中的一个子系统，它用地理坐标、图标的方式更直观地反映仓库的基本情况，如仓库建筑情况、仓库附近公路和铁路情况、仓库物资储备情况等。仓库 GIS 是仓库管理信息系统的一个重要分支和补充。

（六）电子自动订货（EOS）

EOS 是指企业间利用通信网络（VAN 或互联网）和终端设备以在线联结（ON-LINE）方式进行订货作业和订货信息交换的系统。EOS 按应用范围可分为企业内的 EOS 系统，零售商与批发商之间的 EOS 系统以及零售商、批发商和生产之间的 EOS 系统。

1. EOS 系统在企业物流管理中发挥着重要的作用

（1）对于传统的订货方式，如上门订货、邮寄订货电话、传真订货等，EOS 系统可以缩短从接到订单到发出订货的时间，缩短订货商品的交货期，减少商品订单的出错率，节省人工费。

(2)有利于减少企业的库存水平，提高企业的库存管理效率，同时也能防止商品特别是畅销商品缺货现象的出现。

(3)对于生产厂家和批发商来说，通过分析零售商的商品订货信息，能准确判断畅销商品和滞销商品，有利于企业调整商品生产和销售计划。

(4)有利于提高企业物流信息系统的效率，使各个业务信息子系统之间的数据交换更加便利和迅速，丰富企业的经营信息。

2. 企业应用EOS系统的基础条件

(1)订货业务作业的标准化，这是有效利用EOS系统的前提条件。

(2)商品代码的设计。在零售行业的单品管理方式中，每一个商品品种对应一个独立的商品代码，商品代码一般采用国家统一规定的标准。对于统一标准中没有规定的商品则采用本企业自己规定的商品代码。商品代码的设计是应用EOS系统的基础条件。

(3)订货商品目录帐册(Order Book)的做成和更新。订货商品目录帐册的设计和运用是EOS系统成功的重要保证。

(4)计算机以及订货信息输入和输出终端设备的添置和EOS系统设计是应用EOS系统的基础条件。

(七)销售时点信息系统(POS)

销售时点信息系统(Point Of Sale，POS)是指通过自动读取设备(如收银机)在销售商品时直接读取商品销售信息(如商品名、单价、销售数量、销售时间、销售店铺、购买顾客等)，并通过通信网络和计算机系统传送至有关部门进行分析加工以提高经营效率的的系统。POS系统最早应用于零售业，以后逐渐扩展至其他如金融、旅馆等服务行业，利用POS系统的范围也从企业内部扩展到整个供应链。

POS系统分为硬件和软件两部分。

1. 硬件(见图12-5)硬件是一个计算机网络系统，既可以是集中式的大系统，也可以用微型机连成局域网，这要视商场的规模、信息量、处理量和资金投入而定，但大致可分为以下三大组成部分：

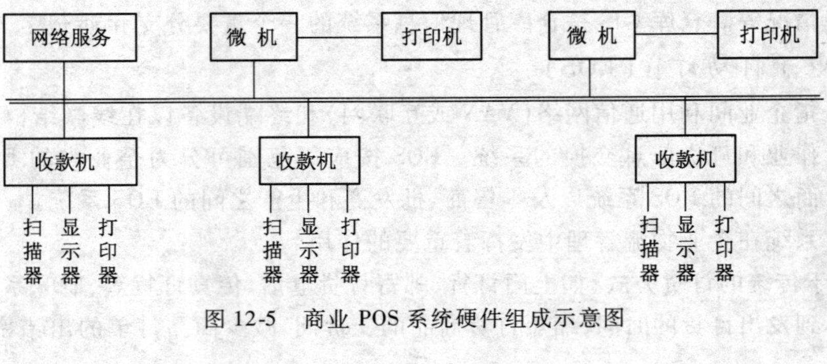

图12-5　商业POS系统硬件组成示意图

(1)前台收款机。可采用具有顾客显示屏和票据打印机、条形码扫描器的 POS 机型。条形码扫描器可根据商品的特点选用手持式或台式,以提高数据录入的速度和可靠性。

(2)网络。目前我国大多数商场一般内部信息的交换量很大,而对外的信息交换量则很小,因此,计算机网络系统应采用以高速局域网为主、电信系统提供的广域网为辅的整体网络系统。

(3)硬件平台。大型商业企业的商品进、存、调、销的管理复杂,账目数据量大,且需频繁地进行管理和检索,选择较先进的客户机/服务器结构,可大大提高工作效率,保证数据的安全性、实时性及准确性。

2. 软件(见图 12-6)软件系统是商业 POS 系统的核心部分,从根本上说,它仍属于管理信息系统(MIS)的范畴,MIS 的三个层次:操作层、管理层、决策层,对于商业 POS 系统同样适用,但人们更习惯把商业 POS 系统的软件分为前台和后台两个部分。

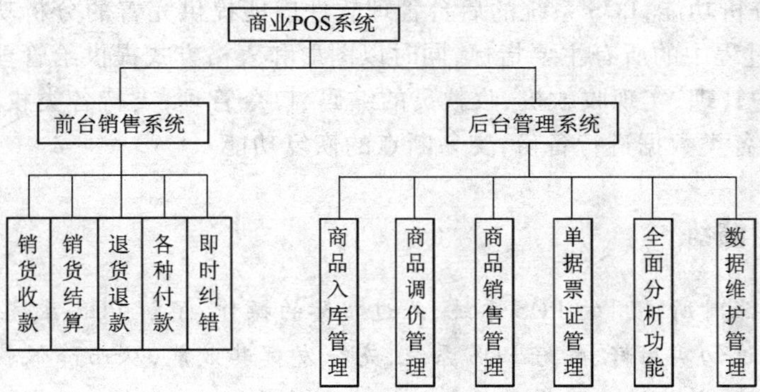

图 12-6 商业 POS 系统软件组成

(1)前台销售系统应具有的功能:

① 日常销售。完成日常的售货收款工作,记录每笔交易的时间、数量、金额,进行销售输入操作。如果遇到条形码不识读等现象,系统应允许采用价格、或手工输入条形码号进行查询。

② 交班结算。进行交班收款员交班的收款小结、大结等管理工作,计算并显示出本班交班时的现金及销售情况,统计并打印收款机全天的销售金额及各售货员的销售额。

③ 退货。退货功能是日常销售的逆操作。为了提高商场的商业信誉,更好地为顾客服务,在顾客发现商品出现问题时,允许顾客退货。此功能记录退货时的商品种类、数量、金额等,以便于结算管理。

④ 各种付款方式可支持现金、支票、赊账等不同的付款方式,以方便各类不同的顾客要求。

⑤ 即时纠错。在销售过程中出现的错误能够立即修改更正,保证销售数据和记录的准确性。

(2)后台管理软件应具有的功能:

① 商品入库管理,对入库的商品进行输入登录,建立商品数据库,以实现对库存的查询、修改、报表及商品入库验收单的打印等功能。

② 商品调价管理,由于有些商品的价格随季节和市场等情况而变动,本系统应能提供对这些商品所进行的调价管理功能。

③ 商品销售管理,根据商品的销售记录,实现商品的销售、查询、统计、报表等管理,并能对各收款机、收款员、售货员等进行分类统计管理。

④ 单据票证管理,实现商品的内部调拨,残损报告,变价调动,仓库验收盘点报表等各类单据票证的管理。

⑤ 报表打印管理,实现商品销售过程中各类报表的打印等管理功能。

⑥ 完善的分析功能,POS 系统的后台管理软件应能提供完善的分析功能,分析内容涵盖进、销、调、存过程中的所有主要指标,同时以图形和表格方式提供给管理者。

⑦ 数据维护管理,实现收款机、收款员的编码、口令管理,支持各类权限控制。具有对本系统所涉及的各类数据进行备份,交易断点的恢复功能。

技能演练

模拟超市结账时所使用的 POS 系统,经过实际的操作,了解 POS 系统装备在现代物流当中的作用。通过切实用好、管好 POS 系统,充分发挥其效能,从而降低物流成本,使物流服务质量得到保证,并能进一步提高物流的能力与效率。

1. 以 POS 机作为前台销售的工具,在提高收款速度、减轻收款员的劳动强度、减少工作差错、方便顾客的同时,作为系统的数据采集设备,为后台管理提供完整的第一手销售数据;

2. 利用条形码技术和商品本身的条形码(ENA13 码),在商品销售、商品流转和商品盘点的各环节中,采取条形码自动扫描设备,迅速、准确地识别商品,以加快商品流转的速度,提高信息处理的准确性;

3. 以计算机作为信息处理与信息存储的工具,实现商品进货、销售、调拨、库存各流通环节的信息处理自动化;

4. 利用计算机通信技术和网络技术实现分店和配送中心之间的数据传送,以便及时掌握各分店的销售及库存,同时可以实现调拨单、订货单等信息的迅速传递。

操作规程:

① 登录系统(使用自己的用户名和密码)。如图 12-7 所示。

图 12-7　POS 系统

② 录入商品的基本信息。基本信息包括商品的名称、规格、编码、内部编码、单价、会员单价等。如图 12-8 所示。

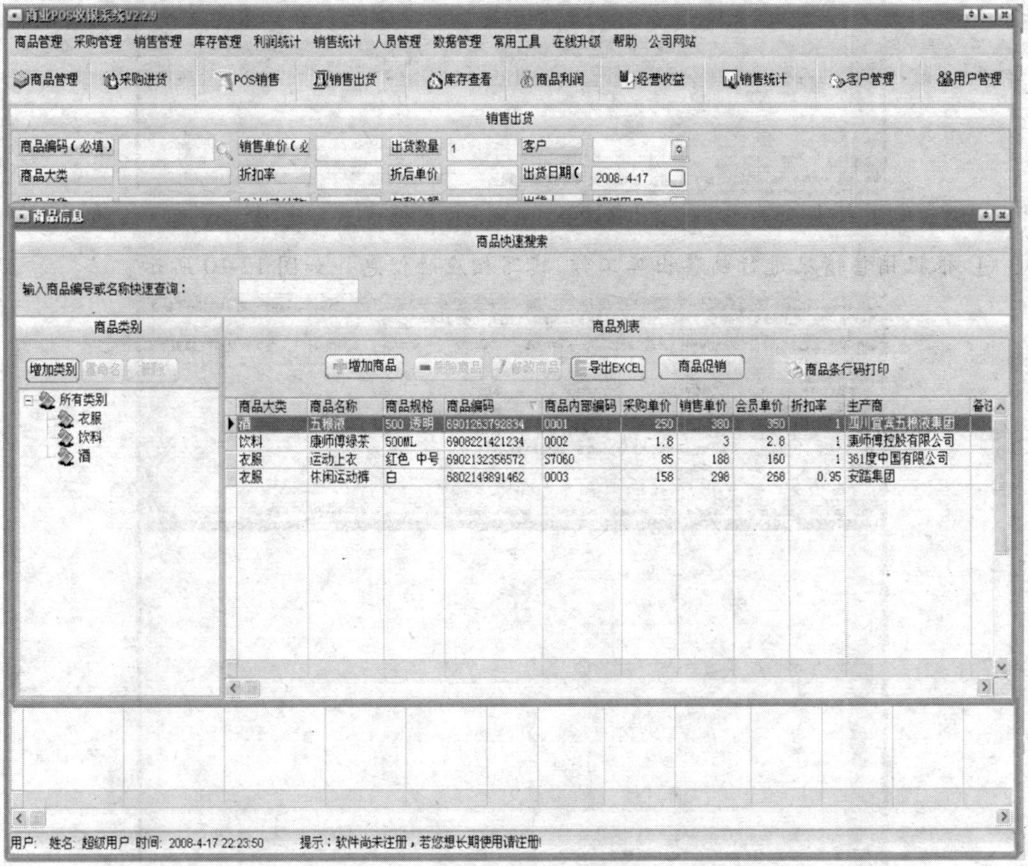

图 12-8　商品管理界面

③ 根据库存情况进行采购，确定采购具体商品，填写相应的信息。如图 12-9 所示。

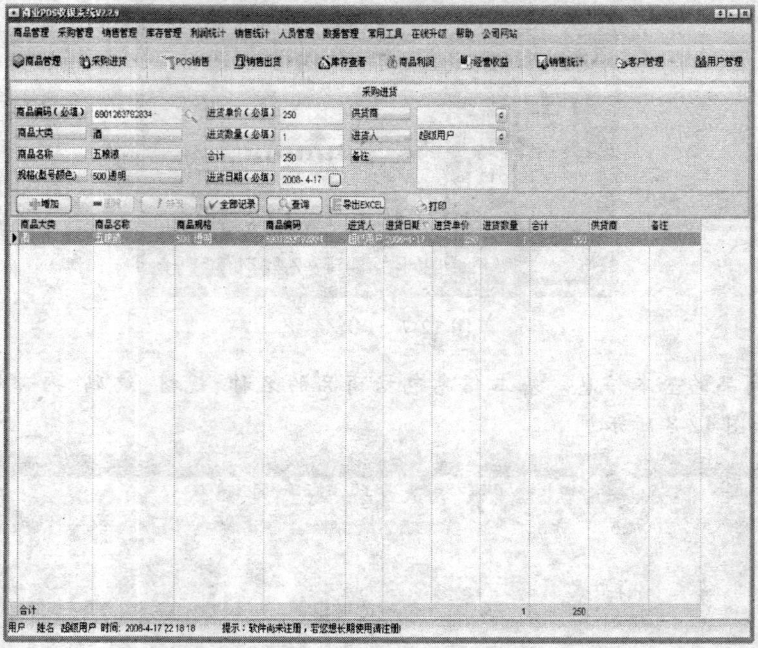

图 12-9　采购出库界面

④ 根据销售情况进行销售出库工作，填写相应的信息。如图 12-10 所示。

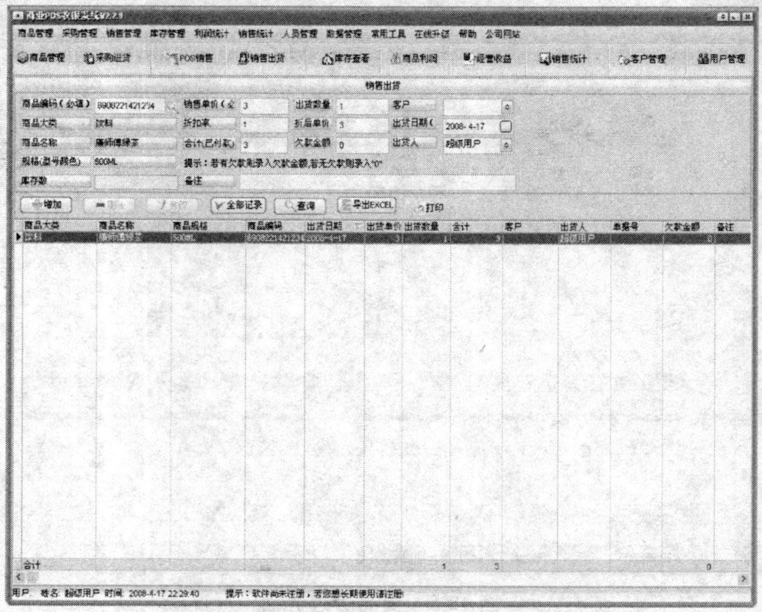

图 12-10　销售出库界面

⑤ 通过条码识别商品，然后进行结账工作。如图 12-11 所示。

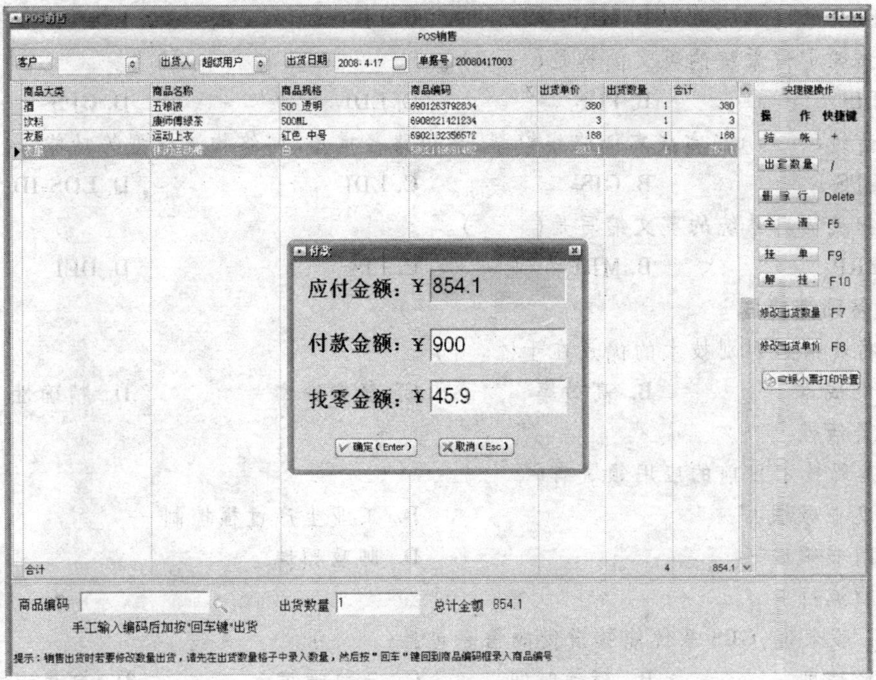

图 12-11　POS 销售界面

本章小结

本章主要介绍了物流信息的概念、分类及作用、物流信息系统的概念及其结构，物流信息技术的概念及其应用，通过学习，让学生掌握现代物流技术的实际应用。

自我测试

一、单项选择题

1. 从广义的范围来看，物流信息不仅指与物流活动有关的信息，而且包括其他与流通活动有关的信息，如（　　）。

A. 供应商信息　　B. 社会信息　　C. 商品交易信息　　D. 政治信息

2. 以下不属于物流信息的特征的是（　　）。

A. 限制物流活动的灵活性　　B. 信息量大

C. 更新快　　D. 来源多样化

3. 与顾客进行电子数据交换的平台是(　　)。

A. ERP　　B. MRP　　C. LIS　　D. DEI

4. 全球定位系统的英文简称是(　　)。

A. GIS　　B. POS　　C. EDI　　D. GPS

5. 通过(　　)能完成车辆路线模型、最短路径模型、网络物流模型等功能。

A. GPS　　B. GIS　　C. EDI　　D. EOS-ID

6. 物流信息系统的英文缩写是(　　)。

A. ERP　　B. MRP　　C. LIS　　D. DEI

二、多项选择题

1. 物流信息识别技术的优点在于(　　)。

A. 低成本　　B. 高效率　　C. 复杂性　　D. 精确性

E. 灵活性

2. 条码技术目前的应用领域有(　　)。

A. 商业领域　　B. 工业生产过程控制

C. 图书领域　　D. 邮政领域

E. 物流行业

3. 一般来说,GPS 系统能够提供的信息包括(　　)。

A. 经纬度　　B. 精确时间　　C. 三维速度　　D. 自我识别信息

E. 海拔高度

4. EDI 与其他电子传输方法的区别在于(　　)。

A. 使用预先规定的标准化格式　　B. 进行计算机到计算机之间的数据交换

C. 对有关报文的内容可以取舍、修改　　D. 非格式化传输

5. 物流信息系统中交易系统层次的特征包括(　　)。

A. 高成本的硬件和软件系统　　B. 对众多使用者进行结构化培训

C. 以提高效率为重点　　D. 功能评估反馈

E. 功能控制系统

6. 物流信息系统中管理控制层次的特征包括(　　)。

A. 能够反映未来发展趋势　　B. 对众多使用者进行结构化培训

C. 以提高效率为重点　　D. 功能评估反馈

E. 功能控制系统

三、判断题

1. 有效的物流信息传递和管理可以降低物流费用,提高物流服务水平。(　　)

2. 物流信息能够有效的减少库存和人力资源的需要。(　　)

3. 物流信息能缩短从接受订货到发货的时间,防止发货与配送出现差错。(　　)

4. 物流信息只能间接的改善物流活动的效率。（　　）

5. 条码与销售时点管理系统（POS）的应用是零售商场库存管理的主要的软件系统。（　　）

6. 条码是利用“条”和“空”构成二进制的“1”和“0”，并以它们的组合来表示。（　　）

复习思考

1. 说明物流信息的特点、作用和分类。
2. 简单说明常用的物流信息技术。
3. 试述 GPS 在物流领域的应用。

第十三章 国际物流管理

知识目标

1. 理解国际物流概念和特征、国际物流与国内物流的区别
2. 掌握国际物流管理的概念、内容和要求
3. 熟悉国际物流业务流程

技能目标

1. 能进行国际物流业务的基本操作
2. 能对国际物流案例进行分析
3. 能与小组成员合作对给出的技能演练题目进行分析、给出解决方案

引导案例

UPS——美国“联合包裹运送服务公司”的物流服务工作

UPS始建于1907年，每天有1 200万件包裹和文件的运送量，它每天还需租用300多架包机。公司在美国国内和世界各地建立了18个空运中转中心，每天开出1 600个航班，使用机场610个。目前UPS的34万名工作人员，分布在全球2 400的多个分送中心，他们每天驾驶着13万辆运送车，昼夜不停地为200多个国家和地区的客户提供门到门的收件、送件服务，UPS每日上门取件的固定客户已逾130万家。

UPS业务量巨大，经济效益也可观。目前UPS的固定资产达126亿美元，在全球快递业中可谓独占鳌头。UPS之所以取得巨大的经营成功，与UPS富有特色的物流服务是密切相关的。它的物流服务特色主要可以概括为以下几个方面：(1)货物传递快捷。UPS规定：国际快件三个工作日内送达目的地；国内快件保证在翌日上午八时半以前送达。为了测试UPS的快递究竟快不快，UPS总裁曾于星期三在北京向美国给自己寄一个包裹，星期五当他回到亚特兰大公司总部上班时，包裹已出现在他的办公桌上。而在美国国内接到客户电

话后，UPS 可在 1 小时内上门取件，并当场用微型电脑办理好托运手续。20 世纪 90 年代，UPS 又在 180 多个国家开设了 24 小时服务的“下一航班送达”业务。UPS 坚持“快递、可靠”的服务准则，获得了“物有所值的最佳服务”的声誉。(2)报关代理和信息服务。UPS 从 20 世纪 80 年代末期起投资数亿美元建立起全球网络和技术基础设施，为客户提供报关代理服务。UPS 建立的“报关代理自动化系统”，使其承运的国际包裹的所有资料都进入这个系统，这样，清关手续在货物到达海关之前即已办完。UPS 的电脑化清关为企业节省了时间，提高了效益。UPS 有 6 个清关代理中心，每天办理 2 万个包裹的清关手续。(3)货物即时追踪服务。UPS 的即时追踪系统是目前世界快递业中最大、最先进的信息追踪系统。所有交付货物都能获得一个追踪条码，货物走到哪里，这个系统就跟到哪里。这个追踪系统已经进入全球互联网络，每天有 1.4 万人次通过网络查寻他们的包裹的行踪。非电脑网络客户可以用电话询问“客户服务中心”，路易斯维尔的服务中心昼夜服务，200 多名职员每天用 11 种语言回答世界各地的客户大约 2 万次电话询问。(4)先进的包裹管理服务。UPS 建立的亚特兰大“信息数据中心”可将 UPS 系统的包裹的档案资料从世界各地汇总到这里。包裹送达时，物流员工借助一个类似笔记本电脑的“传递信息读取装置”，摄取客户的签字，再通过邮车上的转换器，将签名直接输送到“信息数据中心”，投递实现了无纸化操作。送达后，有关资料将在数据中心保存 18 个月。这项工作使包裹的管理工作更加科学化，也提高了 UPS 服务的可靠性。(5)包装检验与设计服务。UPS 设在芝加哥的“服务中心”数据库中，抗震的、抗挤压的、防泄漏的等等各种包装案例应有尽有。服务中心还曾设计水晶隔热层的包装方式，为糖果、巧克力的运输提供恒温保护；用坚韧编织袋包装，为 16 万台转换器提供了经得起双程磨损的材料。这类服务为企业节省了材料费和运输费，被誉为超值服务。

思考：

什么是国际物流管理？与国内物流管理将有哪些区别？

第一节　国际物流与国际物流系统

一、国际物流

（一）国际物流的含义

所谓国际物流，就是组织货物在国际间的合理流动，也就是发生在不同国家之间的物流。国际物流的实质是按国际分工协作的原则，依照国际惯例，利用国际化的物流网络、物流设施和物流技术，实现货物在国际间的流动与交换，以促进区域经济的发展和世界资源优化配置。

国际物流的总目标是为国际贸易和跨国经营服务，即选择最佳的方式与路径，以最低的费用和最小的风险，保质、保量、适时地将货物从某国的供方运到另一国的需方。国际物流是为跨国经营和对外贸易服务，使各国物流系统相互“接轨”，因而与国内物流系统相比，具有国际性、复杂性和风险性等特性。

国际性是指国际物流系统涉及多个国家，系统的地理范围大。这一特点又称为国际物流系统的地理特征。国际物流跨越不同地区和国家，跨越海洋和大陆，运输距离长，运输方式多样，这就需要合理选择运输路线和运约方式，尽量缩短运输距离，缩短货物在途时间，加速货物的周转并降低物流成本。

国际物流的风险性主要包括政治风险、经济风险和自然风险。政治风险主要指由于所经过国家的政局动荡，如罢工、战争等原因造成货物可能受到损害或灭失；经济风险又可分为汇率风险和利率风险，主要指从事国际物流必然要发生的资金流动，因而产生汇率风险和利率风险；自然风险则指物流过程中，可能因自然因素，如海风、暴雨等而引起的风险。

国际物流的基本活动除了包含与国内物流一样的运输、保管、包装、装卸、流通加工和信息等克服时间和空间阻隔的活动之外，还有全球物流特有的报关（包含检验、检疫等活动）和相关文书单证制成等克服国界阻隔的活动。

（二）国际物流的特点

1. 物流环境存在差异

国际物流的一个非常重要的特点是，各国物流环境的差异，尤其是物流软环境的差异。不同国家的不同物流适用法律使国际物流的复杂性远高于一国的国内物流，甚至会阻断国际物流；不同国家不同经济和科技发展水平会造成国际物流处于不同科技条件的支撑下，甚至有些地区根本无法应用某些技术而迫使国际物流全系统水平的下降；不同国家不同标准，也造成国际间“接轨”的困难，因而使国际物流系统难以建立；不同国家的风俗人文也使国际物流受到很大局限。

由于物流环境的差异就迫使一个国际物流系统需要在几个不同法律、人文、习俗、语言、科技、设施的环境下运行，无疑会大大增加物流的难度和系统的复杂性。

2. 物流系统范围广

物流本身的功能要素、系统与外界的沟通就已是很复杂的，国际物流再在这复杂系统上增加不同国家的要素，这不仅是地域的广阔和空间的广阔，而且所涉及的内外因素更多，所需的时间更长，广阔范围带来的直接后果是难度和复杂性增加，风险增大。

当然，也正是因为如此，国际物流一旦溶入现代化系统技术之后，其效果才比以前更显著。例如，开通某个“大陆桥”之后，国际物流速度会成倍提高，效益显著增加，就说明了这一点。

3. 国际物流必须有国际化信息系统的支持

国际化信息系统是国际物流，尤其是国际联运非常重要的支持手段。国际信息系统建立的难度，一是管理困难，二是投资巨大，再由于世界上有些地区物流信息水平较高，有些地区较低，所以会出现信息水平不均衡因而信息系统的建立更为困难。

当前国际物流信息系统一个较好的建立办法是和各国海关的公共信息系统联机，以及时掌握有关各个港口、机场和联运线路、站场的实际状况，为供应或销售物流决策提供支持。国际物流是最早发展"电子数据交换"（EDl）的领域，以 EDI 为基础的国际物流将会对物流的国际化产生重大影响。

4. 国际物流的标准化要求较高

要使国际间物流畅通起来，统一标准是非常重要的，可以说，如果没有统一的标难，国际物流水平是提不高的。目前，美国、欧洲基本实现了物流工具、设施的统一标准，如托盘采用 1 000 mm ×1 200 mm，集装箱的几种统一规格及条码技术等，这样一来，大大降低了物流费用，降低了转运的难度。而不向这一标准靠拢的国家，必然在转运、换车底等许多方面要多耗费时间和费用，从而降低其国际竞争能力。

5. 采用的主要运输方式多样化

国际物流以远洋运输为主，并由多种运输方式组合。国际物流运输方式有海洋运输、铁路运输、航空运输、公路运输以及由这些运输手段组合而成的国际复合运输方式（国际多式联运）等。国际运输方式的选择和组合不仅关系到国际物流交货周期的长短，还关系到国际物流总成本的大小。运输方式选择和组合的多样性是国际物流一个显著的特征。海运是国际物流运输中最常用的方式，特别是远洋运输是国际物流的重要手段。空运是近年来国际物流运输中发展很快的方式。在国际物流活动中，由于门到门的运输方式越来越受到货主的欢迎，使得能满足这种需求的国际多式联运得到了快速发展，逐渐成为国际物流中运输的主流。全球多式联运的目的是追求整个物流系统的效率化和缩短运输时间。

（三）国际物流业务流程

整个国际物流的业务流程如图 13-1 所示。

二、国际物流系统

（一）国际物流系统的组成

1. 国际货物运输子系统

国际货物运输是国际物流系统的核心，运输的作用是将商品使用价值进行空间移动，物流系统依靠运输作业克服商品生产地和需要地之间的空间距离，创造商品的时空效益。有时就用运输代表物流全体。这种国际货物运输具有路线长、环节多、涉及面广、手续繁杂、风险性大、时间性强、内外运两段性（出口货物的国内运输段、国际货物运输段）和联合运输等特点。通过国际货物运输作业实现了商品由发货方到收货方的转移。

2. 仓储子系统

外贸商品流通是一个由分散到集中，再由集中到分散的源源不断的流通过程。国际贸易和跨国经营中的商品从生产厂或供应部门被集中运送到装运港口前，有时需要整理、组

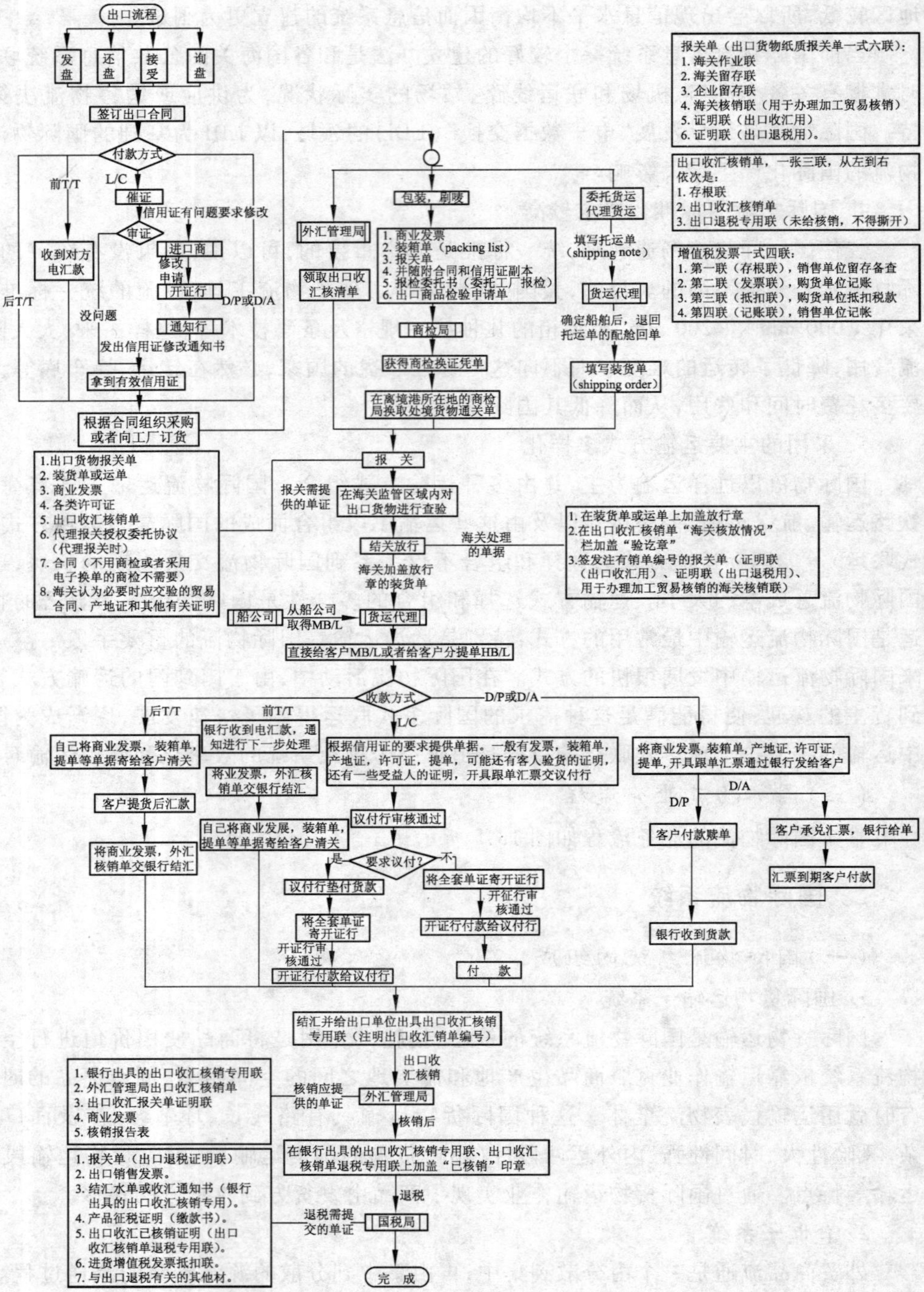

图 13-1 国际物流的业务流程

装、再加工、再包装或换装形成一定的贸易前的准备储存，有时为了解决出口商品在产销时间上的背离的矛盾等，须临时存放一段时间，再装运出口，这是一个集和散的过程。储存保管是克服外贸商品使用价值在时间上的差异，物流部门依靠储存保管创造商品的时间价值。它是港口装运系统和国际运输作业的有机衔接。

从物流角度讲，由于商品在储存过程中有可能减低其使用价值，所以希望外贸商品不要太长时间停留在仓库内，要尽量减少储存时间、储存数量，加速物资和资金周转，实现国际贸易系统的良性循环。

3. 进出口商品包装、装卸与搬运子系统

商品的商标和包装就是企业的面孔，它反映了一个国家的综合科技文化水平。在考虑出口商品包装设计和具体作业过程时，应把包装、储存、装搬和运输有机联系起来统筹考虑，全面规划，实现现代国际物流系统所要求的“包、储、运一体化”。即从商品一开始包装，就要考虑储存的方便、运输的快速，以加速物流，方便储运，减少物流费用等现代物流系统设计的各种要求。

进出口商品的装卸与搬运作业，相对于商品运输来讲，是短距离的商品搬移，是仓库作业和运输作业的纽带和桥梁，它是保证商品运输和保管连续性的一种物流活动。搞好商品的装船、卸船、商品进库、出库以及在库内的搬倒清点、查库、转运转装等，对加速国际物流十分重要，而且节省装搬费用也是物流成本降低的重要环节。有效地搞好装卸搬运作业，可以减少运输和保管之间的摩擦，充分发挥商品的储运效率。

4. 进出口商品的流通加工与检验子系统

流通加工的具体内容包括：袋装、定量小包装（多用于超级市场）、贴标签、配装、挑选、混装、刷标记等出口贸易商品服务；也包括如剪断、平整、套裁、打孔、折弯、拉拔、组装、改装、服装的检验、烫熨等生产性外延加工。这种出口加工或流通加工，不仅能最大限度地满足消费者的需求，同时，由于是比较集中的加工，它还能充分利用本国劳动力和加工能力，赚取更多的外汇。

由于国际贸易和跨国经营具有投资大、风险高、周期长等特点，使得商品检验成为国际物流系统中重要的子系统。通过商品检验，确定交货品质、数量和包装条件是否符合合同规定。如发现问题，可分清责任，向有关方面索赔。在买卖合同中，一般都订有商品检验条款，其主要内容有检验时间与地点、检验机构与检验证明、检验标准与检验方法等。

根据国际贸易惯例，商品检验时间与地点的规定可概括为在出口国检验；在进口国检验；在出口国检验、在进口国复验；出口国验量、进口国验质等方法。

5. 国际物流信息子系统

国际物流信息子系统主要功能是采集、处理和传递国际物流和商流的信息情报。没有功能完善的信息系统，国际贸易和跨国经营将寸步难行。国际物流信息的主要内容包括进出口单证的作业过程、支付方式信息、客户资料信息、市场行情信息和供求信息等。国际物流信息系统的特点是信息量大、交换频繁;传递量大、时间性强;环节多、点多、线长,所以要建立技术先进的国际物流信息系统。国际贸易中 EDI 的发展是一个重要趋势,我国应加强推广 EDI 的应用。

(二)国际物流系统模式

系统的一般模式包括:系统的输入部分、系统的输出部分以及将系统的输入转换成输出的转换部分。在系统运行过程中或一个系统循环周期结束时,有外界信息反馈回来,为原系统的完善提供改进信息,使下一次的系统运行有所改进,如此循环往复,使系统逐渐达到有序的良性循环。国际物流系统,遵循一般系统模式的原理,构成自已独特的物流系统模式。

输入、输出和转换部分分工如图 13-2 所示。

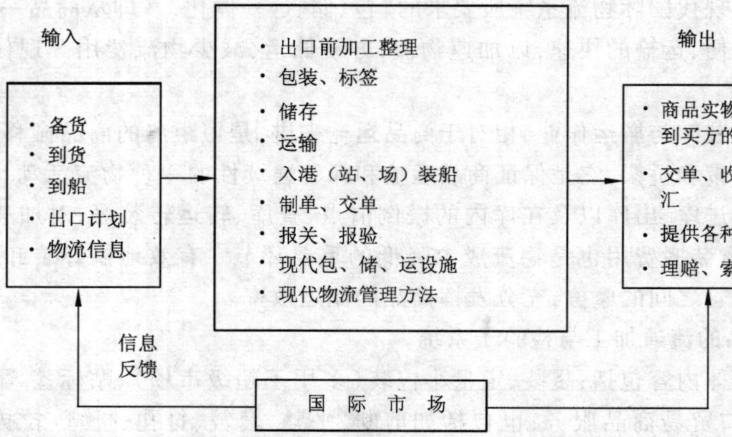

图 13-2　国际物流系统模式

第二节　国际物流业务

一、国际贸易

国际贸易是指世界各国之间的商品以及服务和技术交换活动,包括出口和进口两个方面。国际贸易与国际物流的关系表现为:

(1)物流是国际贸易的必要条件。在国际贸易中,买卖双方一般相距遥远,因而交易的商品往往要经过长时间、长距离的运输才能从一国境内交付到另一国境内,都要涉及商品的分拣、包装、运输、仓储、分拨、配送等部分或全部物流活动。也就是说,没有国际物流的支持,国际贸易就无法顺利实现。

(2)国际贸易促进物流国际化。国际贸易的发展,要求物流服务商跨越国境,提供全过程、全方位的国际物流服务,以加速国际贸易商品的流转,提高国际贸易作业的效率与效益。

(3)现代国际贸易对物流提出新的要求。根据国际贸易发展的战略趋势,对国际物流从软、硬技术上,物流规模上,物流系统化、标准化和现代化等方面提出了崭新的要求。

二、进出口业务

(一)国际贸易术语

在国际货物买卖运输、交接的过程中,需要办理进出口清关手续,安排运输与保险,支付各项税捐和费用。货物在装卸、运输过程中,还可能遭受自然灾害、意外事故和其他各种外来损害。有关上述事项由谁来承办,费用由谁负担,风险如何划分,买卖双方在磋商交易签订合同时,必须予以明确。为了简化手续和交易过程,并便于双方当事人成交,买卖双方便采用某种专门的用语来表明各自的权利与任务。这种用来表示交易双方所承担的责任、费用与风险的专门用语,称为贸易术语。它们来源于国际贸易惯例,是在国际贸易长期实践的基础上产生的。

国际商会《2000 年国际贸易术语解释通则》共解释了 13 种贸易术语,且将这些术语按卖方责任由小到大,交货地点与卖方所在地距离由近到远进行排列,以及按各种术语的共同特点分别归类,分成 E、F、C、D 四组,如表 13-1 所示。

表 13-1　国际贸易术语

组别	术　语	含　义
E 组	EXW(EX Works)	工厂交货
F 组	FCA(Free CArrier)	货交承运人
	FAS(Free Alongside Ship)	船边交货
	FOB(Free On Board)	船上交货
C 组	CFR(Cost and FReight)	成本加运费
	CIF(Cost,Insurance and Freight)	成本加保险费,加运费
	CPT(Carriage Paid To)	运费付至(指定目的地)
	CIP(Carriage and Insurance Paid to)	运费、保险费付至(指定目的地)
D 组	DAF(Delivered At Frontier)	边境交货
	DES(Delivered Ex Ship)	目的港船上交货
	DEQ(Delivered Ex Quay)	目的港码头交货
	DDU(Delivered Duty Unpaid)	未完税交货
	DDP(Delivered Duty Paid)	完税后交货。

E 组为启运(Department)组术语。按这组贸易术语成交,卖方应在自己的处所将货物提供给买方指定的承运人。

F 组为主运费未付(Main Carriage Unpaid)组术语,按这组贸易术语成交,卖方必须将货物交至买方所指定的承运人。

C 组为主运费已付(Main Carriage Paid)组术语。按这组贸易术语成交,卖方必须订立将货物运往指定目的港或目的地的运输契约,并把货物装上运输工具或交给承运人。但货物中途灭失或损坏的风险和发运后产生的额外费用,卖方不承担责任。

D 组为到达组术语,按这组贸易术语成交,卖方必须承担货物交至目的地国家指定地点所需的一切费用和风险。

(二)进出口业务

进出口业务的基本程序为:

1. 交易磋商

买卖双方就国际货物买卖合同的主要交易条件(包括货物品名、品质、数量、包装、装运、价格以及支付等)进行协商,以求达成一致的具体过程。可以采取口头或书面两种形式,以书面磋商为主。

2. 签订合同

交易双方经过磋商,一方发盘,另一方表示接受,合同即告成立。根据国际贸易习惯,买卖双方通常还需要照例签订书面的正式合同或成立确认书。

3. 进出口合同的履行

进出口合同一经有效达成,就成为约束双方权利和义务的依据,有关当事人必须履行合同规定的义务。只有履行了所订立的合同,才能实现合同双方当事人预期的经济利益。

进出口业务的具体流程如图 13-3 所示。

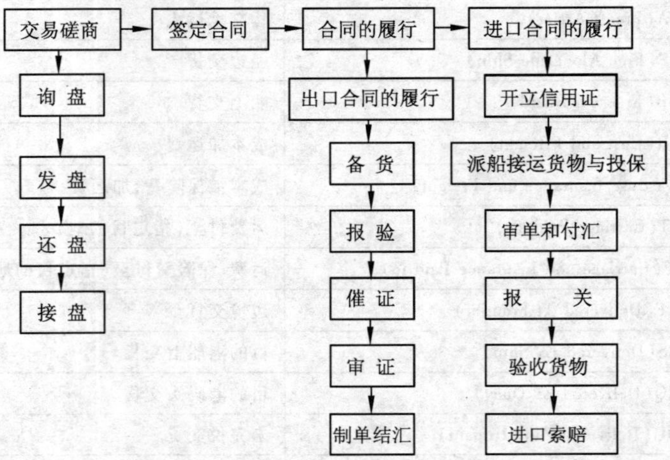

图 13-3 进出口业务的具体流程图

三、商检

(一)商检的含义

商检也称进出口商品检验,就是对进出口商品的品质、规格、重量、数量、包装、安全性能、卫生方面的指标及装运技术和装运条件等项目实施检验和鉴定,以确认其是否与贸易合同、有关标准规定一致,是否符合进出口国有关法律和行政法规的规定。

(二)商检机构的任务

(1)法定检验。对大宗、关系到国计民生、易发生质量问题的商品,涉及安全卫生的商品等,按照国家有关法律法规的规定所实施的强制性检验或检疫,以维护国家的信誉和利益。具体包括被列入《商检机构实施检验的进出口商品种类表》的商品、出口食品、出口动物产品、装运粮油食品、冷冻食品出口的船舶和集装箱、海运出口危险货物的包装容器等。

(2)公证鉴定。凭对外贸易关系人的申请或国外检验机构的委托,办理进出口商品鉴定业务,出具证明,作为外贸关系人办理进出口商品交接、结算、计费、理算、报关、纳税和处理索赔的有效证明。

(3)监督管理。主要是对进出口商品的质量、数量、重量、包装以及安全、卫生等进行监督管理;对生产加工部门、外贸经营部门、收货和用货部门、仓储运输部门以及商检机构认可的检验部门、检验组织、检验人员、检验设备、检验制度、检验标准、检验方法和检验结果等进行监督管理以及其他与进出口商检有关的工作进行检查,督促有关部门做好进出口商品检验工作。

(三)工作流程

进出口商品检验是对外贸易工作的重要环节,其工作流程是:

(1)接受报验。对外贸易关系人向商检机构报请检验的过程,需填写"报验申请书",填明申请检验鉴定工作项目要求,同时提交买卖合同、成交小样及其他必要的资料。

(2)抽样。商检机构接受报验后,及时派人员赴货物堆存地进行现场检验、鉴定。抽样时,需按照规定的方法和一定比例,在货物的不同部位抽取一定数量的、并能代表整批货物质量的样品(又称标本)供检验之用。

(3)检验。商检机构接受报验后,认真研究申请的检验项目,确定检验内容,仔细审核合同(信用证)对品质、规格、包装等的规定,弄清检验的依据,确定检验标准、方法,然后抽样检查,包括化学分析检验、仪器分析检验、物理性检验、感观检验和微生物检验等。

(4)签发证书。凡被列入《商检机构实施检验的进出口商品种类表》中的进出口商品经商检机构检验合格后,签发放行单,方可进出口。凡由收、用货单位自行验收的进口商品,如发现问题,应及时向商检机构申请复验,复验不合格时,签发商检证书,供对外索赔用。

进出口商品经过商检机构检验后,都要由检验机构发给一定的证明书,以证明商品的品质和数量是否符合合同的规定，这种证件称为商检证书。目前在国际贸易中常见的检验证书主要有以下几种：

(1)检验证明书(Ispection Certificate)；

(2)品质证明书(Quality Certificate)；

(3)重量证明书(Weight Certificate)；

(4)卫生证明书(Sanitary Certificate)；

(5)兽医证明书(Veterinary Certificate)；

(6)植物检疫证明书(Plant Quarantine Certificate)；

(7)价值证明书(Value Certificate)；

(8)产地证明书(Origin Certificate)。

除上述各种检验证书之外，还有证明其他检验、鉴定工作的“检验证书”，如验舱证书、货载衡量等证书。

四、报关

(一)报关的含义

报关是货物在进出境时，由进出口货物的收、发货人或其代理人，按照海关规定格式填报“进出口货物报关单”，随附海关规定应交验的单证，请求海关办理货物进出境手续。

(二)海关及主要职责

海关是国家设在进出口口岸的监督机关。在国家对外经济贸易活动和国际交往中，海关代表国家行使监督管理的权利。通过海关的监督管理职能，保证国家进出口政策、法律、法令的有效实施，维护国家的权利。海关的主要职责是：

(1)对进出境的运输工具、货物、行李物品、邮递物品和其他物品进行实际监管；

(2)征收关税和其他税费；

(3)查缉走私；

(4)编制海关统计和办理其他海关业务。

(三)报关工作流程

报关的全过程是：

(1)申报。一切进出境货物、物品和运输工具都必须由收、发货人(或其代理人)在进出境时持海关规定的单证向海关申报。

(2)接受申报。海关接受申报，并审核递交的单证是否齐全、准确、有效、清楚。

(3)查验。进出境货物、物品、运输工具，除经海关总署特准免验的以外，由海关根据情况进行查验确定实际进出口与单证申报的是否相符，检查有无瞒报、伪报和申报不实等走私违规行为。

(4)征税。进出境货物、物品、运输工具经海关查验以后，除海关特准免税的以外，进出口货物、物品必须缴纳税款或提供担保，委托银行代缴。

(5)放行。海关在放行前，要全面审核手续是否办完、办妥。然后，分别情况，作出不同处理。一切手续完备，情况正常，海关即在单证上签印放行。

(6)后续管理。海关对各类货物包括保税货物、特定减免税货物、暂时进出境货物、转关运输货物等自放行之日起3年内进行后续管理，包括查账、稽查、核销、查处补税等。

(7)结关。当进出境运输工具、货物、物品的所有海关手续(包括登记备案、审核报关单证、查验、征税、销案、结案等)全部履行后，方准办理结关手续，解除海关监管。

(四)报关单证和报关期限

经海关审查批准予以注册、可直接或接受委托向海关办理运输工具、货物、物品进出境手续的单位叫"报关单位"。报关单位的报关员需经海关培训和考核认可，发给报关员证件，才能办理报关事宜。报关员需在规定的报关时间内，备有必须的报关单证办理报关手续。

1. 报关单证

海关规定，对一般的进出口货物需交验下列单证：

(1)进出口货物报关单(一式两份)，是海关验货、征税和结关放行的法定单据，也是海关对进出口货物汇总统计的原始资料。为了及时提取货物和加速货物的运送，报关单位应按海关规定的要求准确填写，并需加盖经海关备案的报关单位的"报关专用章"和报关员的印章签字。

(2)进出口货物许可证或国家规定的其他批准文件。凡国家规定应申领进出口许可证的货物，报关时都必须交验外贸管理部门签发的进出口货物许可证。凡根据国家有关规定需要有关主管部门批准文件的还应交验有关的批准文件。

(3)提货单、装货单或运单。这是海关加盖放行章后发还给报关人凭此提取或发运货物的凭证。

(4)发票。它是海关审定完税价格的重要依据，报关时应递交载明货物真实价格、运费、保险费和其他费用的发票。

(5)装箱单。单一品种且包装一致的件装货物和散装货物可以免交。

(6)减免税或免检证明。

(7)商品检验证明。

(8)海关认为必要时应交验的贸易合同及其他有关单证。

2. 报关期限

《海关法》规定，出口货物的发货人或其代理人应当在装货的24小时前向海关申报。进口货物的收货人或其代理人应当自运输工具申报进境之日起14天内向海关申报。逾期罚款，征收滞报金。如自运输工具申报进境之日起超过三个月未向海关申报，其货物可由海关提取变卖。如确因特殊情况未能按期报关，收货人或其代理人应向海关提供有关证明,海关可视情况酌情处理。

五、保险

(一)保险的含义

以国际运输中的货物作为保险标的物的保险,以使因自然灾害和意外事故而造成的财产损失获得补偿。

在国际贸易中,一笔交易的货物,从卖方转移到买方,一般都要经过长途运输,在这一过程中,可能遇到各种风险,从而使货物遭受损失。为了保障货物受损后能获得经济上的补偿,货主一般都要投保货物运输险。

国际货物运输保险的种类,取决于国际贸易货物运输的方式。因此,国际贸易货物的运输保险,相应有海上货物运输保险、陆上货物运输保险、航空货物运输保险和邮包货物运输保险等。其中以海上货物运输保险起源最早,历史最久。

(二)保险的种类

1. 海上货物运输保险

海上货物运输保险承保的范围:

海上货物运输承保范围包括海上风险、海上损失与费用以及海上风险以外的其他外来原因所造成的风险与损失。

(1)海上风险。海上风险是保险业的专门用语,包括海上发生的自然灾害和意外事故,但并不包括海上的一切危险。

自然灾害是指不以人们意志为转移的自然力量所引起的灾害。但在海上保险业务中,它并不是泛指一切由于自然力量所造成的灾害,而是仅指恶劣气候、雷电、海啸、地震或火山爆发等人力不可抗拒的灾害。

意外事故一般是指由于偶然的非意料中的原因所造成的事故。但在海上保险业务中所谓意外事故并不是泛指海上意外事故,而是仅指运输工具遭受搁浅、触礁、沉没、船舶与流冰或其他物体碰撞以及失踪、失火、爆炸等。

(2)海上损失与费用。海上损失和费用是指被保险货物在海洋运输中,因遭受海上风险而引起的损失与费用。按照海运保险业务的一般习惯,海上损失还包括与海运相连接的陆上或内河运输中所发生的损失与费用。

① 海上损失。按照海上损失的程度不同,可分为全部损失和部分损失。

② 海上费用。海上费用是指保险人即保险公司承保的费用。保险货物遭遇保险责任范围内的事故,除了能使货物本身受到损毁导致经济损失外,还会产生费用方面的损失。这种费用,保险人也给予赔偿,主要有施救费用和救助费用。

(3)外来风险。外来风险一般是指海上风险以外的其他外来原因所造成的风险。可分为一般外来风险和特殊外来风险。一般外来风险是指被保险货物在运输途中由于偷窃、短量、雨淋、玷污、渗漏、破碎、受热、受潮、串味等外来原因所造成的风险。特殊外来风险是指由于军事、政治、国家政策法令以及行政措施等特殊外来原因造成的风险与损失。例如战争、罢工等。

海上货物运输保险险别：

保险险别是保险人对风险损失的承保范围，它是保险人与被保险人履行权利与义务的基础，也是保险人承保责任大小和被保险人缴付保险费多少的依据。海洋货物运输保险的险别很多，概括起来分为基本险别和附加险别两大类。

(1)基本险别。根据我国现行的《海洋货物运输保险条款》的规定，在基本险别中包括平安险、水渍险和一切险三种。

(2)附加险别。海洋运输货物保险的附加险种类繁多，归纳起来可分为一般附加险和特别附加险。

一般附加险包括偷窃提货不着险，淡水雨淋险，短量险，混杂、玷污险、渗漏险，碰撞、破碎险，串味险，受热、受潮险，钩损险，包装破裂险，锈损险。

上述11种附加险，不能独立投保，只能在投平安险，或水渍险的基础上加保。特别附加险包括战争险、战争险的附加费用和罢工险等。

2. 陆上运输货物保险

陆上运输货物保险的险别分为陆运险和陆运一切险两种，其承保的责任范围如下：

(1)陆运险的责任范围。被保险货物在运输途中遭受暴风、雷电、地震、洪水等自然灾害，或由于陆上运输工具(主要是指火车、汽车)遭受碰撞、倾覆或出轨，如在驳运过程中驳运工具搁浅、触礁、沉没或由于遭受隧道坍塌、压歪或火灾、爆炸等意外事故所造成的全部损失或部分损失。

(2)陆运一切险的责任范围。除包括上述陆运险的责任外，保险公司对被保险或在运输途中由于一般外来原因造成的短少、偷窃、渗透、碰损、破碎、钩损、雨淋、生锈、受潮、受热、发霉、串味、玷污等全部或部分损失，也负赔偿责任。

3. 航空运输货物保险

航空运输货物保险分为航空运输险和航空运输一切险两种。

航空运输险的承保责任范围与海运水渍险大体相同。

航空运输一切险除包括上述航空运输险的责任外，对被保险货物在云输途中由于一般外来原因所造成的，包括被偷窃、短少等全部或部分损失也负赔偿责任。

4. 邮政包裹保险

邮政包裹保险是承保邮包在运输途中因自然灾害、意外事故和外来原因所造成的损失。邮政保险包括邮包险和邮包一切险两种基本险别。

(三)保险的做法

1. 出口货物保险的做法

凡按 CIF 和 CIP 条件成交的出口货物，由出口企业向当地保险公司办理投保手续。在办理时应根据出口合同或信用证规定，在备妥货物，并确定装运日期和运输工具后，按规定格式逐笔填写保险单，具体列明被保险人名称、保险货物项目、数量、包装及标志、保险金额、起止地点、运输工具名称、起止日期和投保险别，送保险公司投保，缴纳保险费，并向保险公司领取保险单证。

2. 进口货物保险的做法

按 FOB、CFR 和 CPT 条件成交的进口货物，均由买方办理保险。为了简化保险手续和防止出现漏保或来不及办理保险等情况，我国进口货物一般采取预约保险的做法。各外贸公司同中国人民保险公司签订有海运、空运、邮运、陆运等不同运输方式的进口预约保险合同。按照预约保险合同的规定，各外贸公司对每批进口货物，无需填制投保单，而仅以国外的装运通知代替投保单，当作办理了投保手续，保险公司则对该批货物负自动承保责任。

(四)保险单证

保险单证是保险公司和投保人之间订立的保险合同，也是保险公司出据的承保证明，是被保险人凭此向保险公司索赔和保险公司进行理赔的依据。在国际贸易中，保险单证是可以转让的。常用保险单证有：

(1)保险单，又称大保单。是一种正规的保险合同，除载明上述投保单上所属各项内容外，还列有保险公司的责任范围以及保险公司和被保险人双方各自的权利、义务等方面的详细条款。

(2)保险凭证，又称小保单。是一种简化的保险合同，除其背面没有列入详细保险条款外，其余内容与保险单相同，保险凭证也具有同保险单一样的法律效力。

六、国际货运代理

(一)国际货运代理的含义及其性质

1990 年 7 月 13 日对外贸易经济部颁布的《关于国际货物运输代理行业管理的若干规定》中规定“国际货物运输代理是介于货主与承运人之间的中间人，是接受货主或承运人委托，在授权范围内办理国际货物运输业务的企业”。

“货运代理”一词具有两种含义：其一是指货运代理人；其二是指货运代理行业。国际货运代理协会联合会的有关文件将货运代理人定义为“根据客户的指示，并为客户的利益而揽取货物运输的人，其本身不是承运人”；《中华人民共和国国际货物运输代理业管理规定》第 2 条规定“国际货物运输代理业，是指接受进出口货物收货人、发货人的委托，以委托人的名义或者以自己的名义，为委托人办理国际货物运输及相关业务并收取服务报酬的行业”。与此相应，对于国际货运代理的性质，也可以从国际货物运输代理人和国际货物运输代理行业两个角度来理解。

国际货物运输代理人本质上属于货物运输关系的代理人，是联系发货人、收货人和承运人的货物运输中介人。有时代表发货人选择运输路线、运输方式、承运人，向承运人订舱，缮制贸易、运输单据，安排货物的短途运输、仓储、称重、检尺，办理货物的保险、报检、报验和通关手续，向承运人、仓储保管人及有关当局支付有关费用。有时代表收货人接收、检查运输单据，办理货物的报检、报验和通关手续，提取货物，安排仓储和短途运输，支付运费及其他相关费用，协助收货人向责任方索赔。还有时代表承运人揽货、配载、装箱、拼箱、拆箱，签发运输单据。虽然国际货物运输代理人有时也以独立经营人身份从事货物的仓储、短途运输，甚至以缔约承运人身份出具运单、提单，但这只不过是为了适应市场竞争需要，满足某些客户的特殊需求而拓展了服务范围的结果，并不影响其作为运输代理人的本质特征。

国际货物运输代理行业是随着国际经济贸易的发展，国际运输方式的变革，信息科学技术的进步发展起来的一个相对年轻的行业，在社会产业结构中属于第三产业，性质上属于服务行业。

(二)国际货运代理的作用

国际货运代理企业通晓国际贸易环节，精通各种运输业务，熟悉有关法律、法规，业务关系广泛，信息来源准确、及时，与各种承运人、仓储经营人、保险人、港口、机场、车站、堆场、银行等相关企业，海关、商检、卫检、动植检、进出口管制等有关政府部门存在着密切的业务关系，不论对于进出口货物的收、发货人，还是对于承运人和港口、机场、车站、仓库经营人都有重要的桥梁和纽带作用。不仅可以促进国际贸易和国际运输事业发展，而且可以为国家创造外汇来源，对于本国国民经济发展和世界经济的全球化都有重要的推动作用。仅对委托人而言，至少可以发挥以下作用：

1. 组织协调作用

国际货运代理人历来被称为“运输的设计师”，“门到门”运输的组织者和协调者。凭借其拥有的运输知识及其他相关知识，组织运输活动，设计运输路线，选择运输方式和承运人，协调货主、承运人及其与仓储保管人、保险人、银行、港口、机场、车站、堆场经营人和海关、商检、卫检、动植检、进出口管制等有关当局的关系，可以省却委托人时间，减少许多不必要的麻烦，专心致力于主营业务。

2. 专业服务作用

国际货运代理人的本职工作是利用自身专业知识和经验，为委托人提供货物的承揽、交运、拼装、集运、接卸、交付服务，接受委托人的委托，办理货物的保险、海关、商检、卫检、动植检、进出口管制等手续，甚至有时要代理委托人支付、收取运费，垫付税金和政府规费。国际货运代理人通过向委托人提供各种专业服务，可以使委托人不必在自己不够熟悉的业务领域花费更多的心思和精力，使不便或难以依靠自己力量办理的事宜得到恰当、有效的处理，有助于提高委托人的工作效率。

3. 沟通控制作用

国际货运代理人拥有广泛的业务关系，发达的服务网络，先进的信息技术手段，可以随时保持货物运输关系人之间、货物运输关系人与其他有关企业、部门的有效沟通，对货物进行运输的全过程进行准确跟踪和控制，保证货物安全、及时运抵目的地，顺利办理相关手续，准确送达收货人，并应委托人的要求提供全过程的信息服务及其他相关服务。

4. 咨询顾问作用

国际货运代理人通晓国际贸易环节，精通各种运输业务，熟悉有关法律、法规，了解世界各地有关情况，信息来源准确、及时，可以就货物的包装、储存、装卸和照管，货物的运输方式、运输路线和运输费用，货物的保险、进出口单证和价款的结算，领事、海关、商检、卫检、动植检、进出口管制等有关当局的要求等向委托人提出明确、具体的咨询意见，协助委托人设计、选择适当处理方案，避免、减少不必要风险、周折和浪费。

5. 降低成本作用

国际货运代理人掌握货物的运输、仓储、装卸、保险市场行情，与货物的运输关系人、仓储保管人、港口、机场、车站、堆场经营人和保险人有着长期、密切的友好合作关系，拥有丰富的专业知识和业务经验，有利的谈判地位，娴熟的谈判技巧，通过国际货运代理人的努力，可以选择货物的最佳运输路线、运输方式，最佳仓储保管人、装卸作业人和保险人，争取公平、合理的费率，甚至可以通过集运效应使所有相关各方受益，从而降低货物运输关系人的业务成本，提高其主营业务效益。

6. 资金融通作用

国际货运代理人与货物的运输关系人、仓储保管人、装卸作业人及银行、海关当局等相互了解，关系密切，长期合作，彼此信任，国际货运代理人可以代替收、发货人支付有关费用、税金，提前与承运人、仓储保管人、装卸作业人结算有关费用，凭借自己的实力和信誉向承运人、仓储保管人、装卸作业人及银行、海关当局提供费用、税金担保或风险担保，可以帮助委托人融通资金，减少资金占压，提高资金利用效率。

(三)国际货运代理具备的条件

《中华人民共和国国际货物运输代理业管理规定》明确规定：国务院对外贸易经济合作主管部门负责对全国的国际货运代理业实施监督管理。在我国从事国际货物运输代理的企业必须具备以下条件：

(1)必须依法取得中华人民共和国企业法人资格；

(2)有与其从事的国际货物运输代理业务相适应的专业人员；

(3)有固定的营业场所和必要的营业设施；

(4)有稳定的进出口货源市场；

(5)注册资本最低限额应符合下列要求。经营海上国际货物运输代理业务的，注册资本最低限额为500 万元人民币；经营航空国际货物运输代理业务的，注册资本最低限额为300 万元人民币;经营陆路国际货物运输代理业务或国际快递业务的,注册资本最低限额为200万元人民币;经营前述两项以上业务的,注册资本最高限额为其中最高一项的限额;国际货物运输代理企业每设立一个从事国际货物运输代理业务的分支机构,应当增加注册资本50万元。

七、理货

(一)理货的概念和意义

理货是随着水上贸易运输的出现而产生的,其含义为计数用的筹码。最早的理货工作就是计数。现在,理货的工作范围已经发生变化。理货是指船方或货主根据运输合同在装运港和卸货港收受和交付货物时,委托港口的理货机构代理完成的在港口对货物进行计数、检查货物残损、指导装舱积载、制作有关单证等工作。

理货工作的意义表现为:外轮理货是对外贸易和国际海上货物运输中不可缺少的一项工作;外轮理货在一定程度上能够影响到船舶和货物的安全;外轮理货是国家对外的一个窗口;外轮理货在一定程度上能够影响到国家对外贸易的顺利进行和发展。

(二)理货工作的内容

1. 理货单证

理货单证是指理货机构在理货业务中使用和出具的单证。

理货单证是反映船舶载运货物在港口交接当时的数量和状态的实际情况的原始记录,因此它具有凭证和证据的性质。理货机构一般是公正性或证明型的机构,理货人员编制的理货单证,其凭据或证据就具有法律效力。

理货单证的作用:

(1)承运人与托运人或提单持有人之间办理货物数字和外表状态交接的证明;

(2)承运人、托运人、提单持有人以及港方、保险人之间处理货物索赔案件的凭证;

(3)船舶发生海事时,处理海事案件的主要资料,这里主要是指货物积载图的作用;

(4)港口安排作业,收货人安排提货的主要依据。这里主要是指货物实际积载图和分舱单的作用;

(5)船舶在航行途中,保管照料货物的主要依据;

(6)买卖双方履行合同情况的主要凭证;

(7)理货机构处理日常业务往来的主要依据。

理货单证的种类有:

理货委托书、计数单、现场记录、日报单、待时记录、货物溢短单、货物残损单、货物积载图(是出口货物实际装舱部位的示意图);还有分港卸货单、货物分舱单、复查单、更正单、分标志单、查询单、货物丈量单合理或证明书等单证。

2. 分票和理数

(1)分票。分票是理货员的一项基本工作。分票就是依据出口装货单或进口舱单分清货物的主标志或归属,分清混票和隔票不清货物的归属。分票是理货工作的起点,理货员在理数之前,首先要按出口装货单或进口舱单分清货物的主标志,以明确货物的归属,然后才能根据理货数字,确定货物是否有溢短、残损,进行处理。分票也是提高货物运输质量的重要保障。

卸船时,如理货人员发现舱内货物混票或隔票不清应及时通知船方人员验看,并编制现场记录取得船方签认,然后指导装卸工组按票分批装卸。

(2)理数。理数是理货员的一项最基本的工作,是理货工作的核心内容,也是鉴定理货质量的主要尺度。理数就是在船舶装卸货物过程中,记录起吊货物的钩数,点清钩内货物细数,计算装卸货物的数字,称为理数(Count),亦称计数。

(3)溢短货物。溢短货物是指船舶承运的货物,在装运港以装货单数字为准,在卸货港以进口舱单数字为准,当理货数字比装货单或进口舱单数字溢出时,称为溢货(Over),短少时,称为短货(Short)。在船舶装卸货物时,装货单和进口舱单是理货的唯一凭证和依据,也是船舶承运货物的凭证和依据。理货结果就是通过和装货单和进口舱单进行对照,来确定货物是否溢出或短少。货物装卸船后,由理货长根据计数单核对装货单或进口舱单,确定实际装卸货物是否有溢短。

3. 理残

凡货物包装或外表出现破损、污损、水湿、锈蚀、异常变化等现象,可能危及货物的质量或数量,称为残损。理残是理货人员的一项主要工作。其工作内容主要是对船舶承运货物在装卸时,检查货物包装或外表是否有异常状况。理货人员为了确保出口货物完整无损,进口货物分清原残和工残,在船舶装卸过程中,剔除残损货物,记载原残货物的积载部位,残损情况和数字的工作叫理残,亦称分残。

意外事故残损指在装卸船过程中,因各种潜在因素造成意外事故导致货物残损。这类残损责任比较难以判断,容易发生争执,对此理货人员就不要轻易判断责任方。

自然灾害事故残损指在装卸船过程中,由于不可抗拒因素造成自然灾害给货物带来的残损。如突降暴雨,水湿货物,对此理货人员要慎重判断责任方。

4. 绘制实际货物积载图

装船前,理货机构从船方或其代理人取得配载图,理货人员根据配载图来指导和监督工人装舱积载。但是由于各种原因,在装船过程中经常会发生调整和变更配载。理货长必须参与配载图的调整和变更事宜,在装船结束时,理货长还要绘制实际装船位置的示意图,即实际货物积载图。

5. 签证和批注

理货机构为船方办理货物交接手续,一般是要取得船方签证的,同时,承运人也有义务对托运人和收货人履行货物收受和交付的签证责任。

在理货或货运单证上书写对货物数字或状态的意见,称为批注。批注的目的和作用,一是为了说明货物的数字和状态情况，二是为了说明货物的责任关系。

6. 复查和查询

(1)复查。处理卸港理货数字与舱单记载的货物数字不一致，国际航运习惯做法是船方在理货单上批注“复查”方面的内容，即要求理货机构对理货数字进行重新核查。所以，理货机构采取各种方式对所理货物数字进行核查，以证实其准确性，称为复查。复查的另一个含义，还包括理货机构主动进行的复查，即当理货数字与舱单记载的货物数字差异比较大时，为确保理货数字的准确性，在提请船方签证之前，往往要对所理货物进行复核。复查的方式有重理、复查、查单、查账、调查、询问。

(2)查询。船舶卸货发生溢出或短少，理货机构为查清货物溢短情况，向装港理货机构发出查询文件或电报，请求进行调查，且予以答复；或在船舶装货后，发现理货、装舱、制单有误，或有疑问，理货机构向卸港理货机构发出查询文件或电报，请求卸货时予以注意、澄清，且予以答复；或船公司向理货机构发出查询文件或电报，请求予以澄清货物有关情况，且予以答复。以上统称为查询。

第三节 国际物流中心

一、国际物流中心的含义

国际物流中心是指国际物流活动中商品、物资等集散的场所，就大范围国际物流而言，某些小国家或地区可能成为物流中心，如香港、新加坡等就具有国际物流中心的地位。其次，自由贸易区、保税区等具有一般意义上的物流中心的功能。就小范围而言，港口码头、保税库、外贸仓库或者超级市场等都可以成为物流中心。当前人们所说的国际物流中心多指由政府部门和物流服务企业共同筹建的具有现代化仓库、先进的分拨管理系统和计算机机信息处理系统的外向型物流集散地。

二、保税仓库

(一)保税制度及其主要类型

1. 保税制度的含义

保税制度是指经海关批准的境内企业所进口的货物，在海关监督下在境内指定的场所储存、加工、装配，并暂缓缴纳各种进口税费的一种海关监管业务制度。

保税制度是基于国际经济贸易发展的需要而产生的，随着各国之间经济贸易的增长，从事国际间商品转口的贸易商，在进口某些货物时，往往在短时间内难以确定其销售的最终流向，若销往其他国家而复运出口，为降低成本，商家希望能允许将货物置于免缴进口关税的状态下储存；若准备进入国内市场，也希望能将纳税时间推迟到货物实际进入本国市场销售时，为了适应国际贸易的需要，照顾贸易商的利益，产生了“保税”这样一种不同于一般贸易的海关监管制度。

2. 保税制度的主要类型

(1)自由港和自由贸易区：自由港是指一国划定的置于关境以外的特别区域，外国商船可以自由进出全部或绝大多数外国商品可以豁免关税的港口。援引世界银行运输部港口航运顾问富兰科尔先生的表述：自由港通常是指在没有海关征税的条件下，货物可以进行储存、处理和加工的那一类地区，不受海关监控。通常指不缴纳地方税和非交易费用的地区。

在非港口性质的内地也有类似于自由港的地区，被称之为自由贸易区。该类地区的贸易不受关税和进出口的限制，在许多情况下也同样予以全部或部分免除进口税、财产税，以及产品增值税和其他各类税收。因此，自由贸易区是一块以贸易为主，兼有工商的多功能区域。

(2)保税工厂：保税工厂是指经海关批准，用保税进口的原材料、辅料、零部件、元器件等加工制造出口产品的工厂。保税工厂以出口为目的的进口料件，海关予以全部保税，待加工制造成品出口后，按实际耗用的进口料件免征进口关税和进口环节的增殖税。

(3)保税集团：保税集团的全称是“进料加工保税集团”，它是指经海关批准，由一个具有进出口经营权的企业牵头，组织关区内同行业若干个加工企业，联合对进口料件进行多层次、多工序连续加工，直至最终产品出口并享受全额保税的企业联合体。

(4)出口加工区：出口加工区是设在一国划有一定范围的、交通便利的并提供相应设施的区域。在区域内，提供免征关税等一系列优惠政策，以良好的投资环境吸引外商投资。主要发展面向国际市场的外贸出口加工业。

(5)保税区：保税区是指国家为鼓励出口，而实行特殊关税政策和管理手段，在一国境内设置的、封闭及综合性的由海关监管的特定区域。保税区的特点是关税豁免、自由进出，属于海关监管区，而在区内实行保税制度。

(二)保税货物

1. 保税货物的定义

我国《海关法》定义：“保税货物，是指经海关批准未办理纳税手续进境，在境内储存、加工、装配后复运出境的货物。”

根据此定义，具体包括来料加工进口的料件和设备；进料加工进口的料件；补偿贸易进口的设备；寄售维修零配件；供应国际航行船舶的燃料、零配件；外商寄存、暂存的货物；我国贸易商的转口贸易货物；免税品商店进口的商品；保税区内进口的货物，以及其他一些经海关批准进口时暂未办理纳税手续的货物。

2. 保税货物的特征

(1)特定目的货物：我国《海关法》将保税货物限定于为两种特定目的而进口的货物，

一是为进行贸易活动而储存货物；二是为加工制造活动或加工贸易的货物。这样将保税货物与为其他目的进口的货物区别开来。

(2)暂时免纳关税：保税货物未办理纳税手续进境，属于暂时免纳，而不是免税，待货物最终流向确定后，视货物的出口情况，海关再决定征税或免税。

(3)复运出境货物：保税货物没有办理进口纳税手续，必须以原状或加工成成品复运出境，这是构成保税货物的重要前提，否则，将按一般货物征收关税。

(三)保税仓库

1. 保税仓库的含义

经海关批准，在海关监管下，专供存放为办理保税手续而入境或过境货物的场所。

保税仓库的设立需要专门批准，外国货物的保税期一般最长为两年。在这个时期内，经营者可以找到最适当的销售时机，待销售实现，再办理缴纳关税等通关手续。如果两年之内未能销售完毕，则可运往其他国家或地区，保税仓库所在国不收取关税。

2. 保税仓库允许存放的货物范围

(1)缓办纳税手续的进口货物；

(2)需做进口技术处置的货物；

(3)来料加工后复出的货物；

(4)不内销而过境转口的货物。

3. 保税仓库的类型

(1)公共保税仓库：公共保税仓库是具有法人资格的经济实体，一般是由该仓库的经营人按规定程序申请，经海关批准建立的综合性保税仓库。这类保税仓库的经营人一般不经营进出口商品，但仓库可供各类进口商共同存放保税货物，是为国内外保税货物持有者服务的，不论谁的货物，只要符合海关的法令规定，而仓库又有条件储存的，都可以接受储存。

(2)专用保税仓库：专用保税仓库是由有外经贸经营权的国际贸易商，经海关批准后建立的自管自用性质的保税仓库，仓库内只储存本企业经营的保税货物，并多设在其所属的区域内，除海关有监管权外，该类保税仓库是根据生产和贸易的需要而设立的，它又受地点限制。这种类型的保税仓库可分为两大类：第一类是加工贸易备料保税仓库，是专为来料加工、进料加工等加工贸易储备进口原材料的保税仓库。第二类是寄售、维修、免税商品保税仓库，是为外国产品在我国国内寄售及维修进口机器设备所需零部件和进口外汇免税商品服务的，外国商品进境时存入保税仓库，待销售、维修或供应时，海关按规定予以征税或免税。

(3)海关监管仓库：海关监管仓库也是保税储存的一种类型，主要存放已进境而无人提取的货物，或者无证到货、单证不齐、手续不全以及违反海关规定等而海关不予放行，需要暂存海关监管仓库等候海关处理的货物。这种仓库有的由海关自行管理，有的则因进出口业务的增多,海关自行管理不便,交由专营仓储企业经营管理,而海关仅行使行政监管职能。

4. 设立保税仓库必须具备的条件

(1)有专门储存对方进出口货物的安全措施;

(2)建立健全仓库管理制度和详细的仓库账册;

(3)配备经海关培训认可的专职管理人员;

(4)保税仓库的经理人须具有法人资格,向海关缴纳税款。

具备条件的经营单位向主管海关申请设立保税仓库,对符合条件的,予以批准设立保税仓库,并颁发"保税仓库等级证书"。

5. 保税仓库进出货物办理程序

(1)保税仓库货物进口;

(2)保税仓库货物出库;

(3)保税仓库货物核销。

6. 保税仓库进出口货物的通关手续

(1)保税货物在保税仓库所在地海关入境时货主或其代理人应填制进口货物报关单(一式三份),加盖"保税仓库货物"印章并注明此货物系存入某保税仓库,向海关申报;

(2)保税货物复运出口时,货主或其代理人应填制出口货物报关单(一式三份),并交验进口地海关签印的报关单,向当地海关办理复运出口手续;

(3)保税货物经海关核准转为进入国内市场销售时,由货主或其代理人向海关递交进口货物许可证件,进口货物报关单和海关需要的其他单证,在缴纳关税和进口环节税后,由海关签印发行,将原进口货物报关单注销。

三、保税区

(一)保税区的含义

保税区是指一国海关所设置的或经海关注册的特定地区。外国商品在海关监管下,可暂时不缴纳进口关税存入保税区的保税仓库内。如再出口不需缴纳出口税,但如输入国内市场则必须缴纳进口税。

中国保税区从其性质、功能以及运作方式来看,基本上类同于国外的自由贸易区。中国现有若干保税区,英文名字译为"Free Trade Zone"。这表明,中国保税区与国际上通行的促进对外贸易发展的自由贸易区具有本质上的共同性,是借鉴国际通行惯例,利用特殊关税政策促进外贸发展的自由经济区形式之一。

(二)保税区与境外之间货物的进出口

在保税区内,对与境外之间的进出口货物,海关实施简便、有效的监管;进出口的货物由其发货人或代理人向海关备注。

保税区和境外之间进出口的货物，除实行出口自动配额管理的外，不实行进出口配额、许可证管理。

从境外进入保税区的货物，其进出口关税和进口环节税，除法律法规有关规定外，按照下列规定办理：

① 区内生产性的基础设施建设项目所需的机器、设备和其他基建物资，予以免税；

② 区内企业自用的生产、管理设备和自用合理数量的办公用品以及所需的维修零配件，生产用燃料，建设生产厂房、仓储设施所需的物资、设备，予以免税；

③ 保税区行政管理机构自用合理数量的管理设备和办公用品及其所需的维修零配件，予以免税；

④ 区内企业为加工出口产品所需的原材料、零部件、元器件、包装物件，予以免税。

除上述以外的货物、物品从境外进入保税区，应当依法纳税。转口货物和在保税区内储存的货物按照保税货物管理。

(三)保税区与非保税区之间货物的进出口

① 货物从保税区进入非保税区，按照进口货物办理；非保税区进入保税区的货物，按照出口货物办理手续。海关对保税区与非保税区之间进出的货物，按照国家有关进出口管理的规定实施监督。

② 从非保税区进入保税区供区内使用的机器、设备、基建物资和物品，使用单位应当向海关提供上述货物、物品的清单，经海关查验后放行。

③ 保税区的货物需从非保税区口岸进出口或者保税区内的货物运往另一保税区的，应当事先向海关提出书面申请，经海关批准后，按照海关转关运输及有关规定办理。

(四)进出保税区运输工具和个人物品

运输工具和人员进出保税区，应当经由海关制定的专用通道，并接受海关检查。

退出保税区的运输工具的负责人，应当持保税区主管机关批准的证件连同运输工具的名称、数量、牌照号码及驾驶员姓名等清单，向海关办理登记备案手续。未经海关批准，从保税区到非保税区的运输工具和人员不得运输、携带保税区内的免税货物、物品、保税货物，以及用保税料件生产的产品。

(五)保税区货物通关

(1)保税区货物进口：区内单位从境外进口机器设备等享受保税区税收优惠的物资，应由区内单位事先向保税区海关办理免税手续，海关对符合优惠政策范围的予以签发免税证明。

区内外贸企业开展转口贸易进口的转口货物，在抵达进口口岸之后，外贸企业或其代理人应向进境地海关申请办理进口货物转关手续，将货物监管运至保税区。外贸企业或其代理人持合同及有关单证向保税区海关机构申报进口，并按规定缴纳监管手续费。海关审核验证后，应将转口货物存入保税区内海关制定的保税仓库、场所。转口货物入库时，保税仓库经理人应在进口报关单上签章验收。

(2)保税区货物出口:区内生产企业加工生产的产品出口时,应由企业或其代理人向保税区海关申报,填写出口货物报关单,并提供《登记手册》、出口合同等有关单证。保税区海关审核无误后,对有关出口货物按转关运输管理办法监督运至出境地,由出境地海关核放出境。

区内生产企业以进口料件加工产品,并在海关办理合同登记备案手续的,应在加工产品出口后海关规定期限内持《登记手册》、海关单等有关单证向保税区海关办理合同核销手续。

区内生产企业以进口料件加工半成品后,转让给区内其他承接加工复出口的生产企业进行再加工的,双方企业应到海关办理备案、结转手续。

区内的转口货物复运出口时,外贸企业或其代理人应向保税区海关申报,填写出口货物报关单,并提供有关合同及单证,保税区海关审核无误后,在出口报关单上签印,外贸企业凭此从存放货物的保税仓库提取货物,海关按转关运输管理办法将有关货物监管运至出境地,由出境地海关核放出境。

四、自由经济区

(一)自由经济区的含义

自由经济区是一国设置在口岸或国际机场附近的特定区域,进入该区域的外国商品可以不办理任何海关手续。

1972 年 5 月 18 日,海关合作理事会在日本京都通过了《关于简化和协调海关业务制度》的国际公约,其中关于自由经济区的定义是:"一国的部分领土,在这部分领土内运入的任何货物,就进口税及其他各种税而言,被认为在关境之外,并且可以免于实施惯常的海关监管制度。"

1975 年,联合国贸易和展发大会将自由经济区定义为:"本国海关关境中,一般设在口岸或国际机场附近的一片地域,进入该地域的外国生产资料、原材料可以不办理任何海关手续,进口产品可以在该地区内进行加工后复出口,海关对此不加以任何干预。"

(二)自由经济区的分类

1. 按地理位置分

(1)港口型自由贸易区。在港口内划出一个封闭式的隔离区辟为自由经济区。它或直接与专用码头联为一体,或通过专用通道与码头相连。这种类型的自由经济区数量最多,国际上许多成功的自由经济区都紧靠国际运输港。

(2)机场型自由经济区。国际上有一些自由经济区是以邻近的国际机场为依托的,属于达种类型较著名的有爱尔兰香农自由贸易区、美国肯尼迪国际机场对外贸易区等。

(3)内陆边缘口岸型自由贸易区。这类自由经济区利用其地处两国(或多国)边境的特殊地理位置发展边境贸易、转口贸易和出口加工。

2. 按功能分类

(1)自由港。自由港是指划在本国边境以外的,不属于任何一国海关管辖的港口或海港地区。在这里外国商品可以免税进口,可以在此装卸、储存、加工、包装、再出口,也能供自由港内的居民消费。这种自由港凭借自身所具有的良好的码头港口条件,有利的地理位置,先进的运输装卸设施,以及豁免进出口货物关税,免受海关监督等优惠条件,发挥国际商品集散地和转运中心的作用,达到促进本国和本地区经济发展的目的。

(2)自由贸易区。又称为免税贸易区、自由关税区、保税区。以国际贸易为主要职能。外国商品可以免税进入,在该区内自由储存、分类、包装和简单再加工,然后免税出口。目前,自由贸易区也准许经营出口加工,开设工厂企业,乃至经营房地产、金融、商务、信息咨询等各项业务。

(3)出口加工区。又称为工业型自由贸易区。是指一个国家或地区划出某一区域,准许外国厂商在区内办企业,享受关税优惠待遇,外资企业可以免税进口原材料、机械设备及其他零部件,制成品出口也享受免税待遇。以开拓远洋市场为目标,利用外资和外国技术进行产品加工出口,以促进本国(或地区)工业和经济的发展。

(4)科技工业园区。科学工业园区是指在科研机构和名牌科技大学比较集中、居住环境和教育环境比较优越的大城市或城市近郊辟出一块地方,提供比出口加工区更大的租税优惠,吸引外国资金和高技术人才,研究和开发尖端技术产品,促进科技和经济发展,将智力、资金高度积聚的特定区域,是从事高科技研究,并对其成果进行测试、生产的新型开发区。世界上较著名的科学工业园区有美国的“硅谷”、日本的“筑波科学城”等。

随着垄断资本的发展和经济危机的加剧,国际经济贸易日益显出侵略性质,贸易保护主义也开始猖獗起来。国际贸易日益受到关税和国界等诸多限制。而世界各地的自由经济区却能作为世界经济的据点,绕过关税壁垒,使货畅其流,直接或间接的推动国际贸易向前发展。

第四节 国际物流实训

一、国际物流业务调研实训及其要求

分组到由国际物流业务的企业进行调研,并就以下问题写出调查报告,由各组代表运用幻灯片的形式进行交流。

(1)企业的基本情况。

(2)一项典型的国际物流业务需要有哪些环节,和哪些部门打交道?

(3)开展国际物流业务的人员须具备哪些知识、技能和素质?

二、报关业务实训

1. 实训目的

通过对国际物流典型业务(报关)的项目操作,进一步加深对该领域物流管理内容的认识,并且得到实际工作能力的锻炼。

2. 实训内容

(1)天津××有限公司计划向法国出口啤酒一批,共计4029.38kg,中远船舶运输,公司编码1234567890,需要委托某报关企业代为办理出口报关手续,试核对下列报关委托书可有不妥之处,并在查询海关相关信息后补充空白内容。

进出口货物代理报关委托书

编号:

<table>
<tr><td>委托单位</td><td colspan="2">××有限公司</td><td colspan="2">十位编码</td><td></td></tr>
<tr><td>地　址</td><td colspan="2"></td><td colspan="2">联系电话</td><td></td></tr>
<tr><td>经 办 人</td><td colspan="2"></td><td colspan="2">身份证号</td><td></td></tr>
<tr><td colspan="6">我单位委托天津xx报关行代理以下进出口货物的报关手续,保证提供的报关资料真实、合法、与实际货物相符,并愿意承担由此产生的法律责任。</td></tr>
<tr><td>货物名称</td><td></td><td>商品编号</td><td>22030000</td><td>件　数</td><td>18托盘</td></tr>
<tr><td>重　量</td><td></td><td>价　值</td><td>8</td><td>币　制</td><td>USD</td></tr>
<tr><td>贸易性质</td><td>一般贸易</td><td>货物产地</td><td colspan="3">天津经济技术开发区</td></tr>
<tr><td>是否退税</td><td>否</td><td>船名/航次</td><td colspan="3">cosco v. 127</td></tr>
<tr><td>委托单位开户银行</td><td>招商银行</td><td>账　号</td><td colspan="3">25676</td></tr>
<tr><td colspan="6">随附单证名称、份数及编号:
1. 合同1份;
2. 发票3份;
3. 装箱单3份;
4. 登记手册</td></tr>
<tr><td colspan="6">(以上内容由委托单位填写)</td></tr>
<tr><td colspan="3">被委托单位
地　址
经 办 人</td><td colspan="3">十位编码
联系电话　022-25232160
身份证号</td></tr>
<tr><td colspan="6">(以上内容由被委托单位填写)</td></tr>
<tr><td colspan="3">代理(专业)
报关企业章及
法人代表章:</td><td colspan="3">委托单位章及
法人代表章:</td></tr>
</table>

(2)模拟报关行工作人员,指出下面报关单的不足之处。

中华人民共和国海关出口货物报关单

预录入编号:024542019-1　　　　海关编号:0202200070024542019

<table>
<tr><td>出口口岸
天津新港海关 0202</td><td>备案号</td><td colspan="2">出口日期</td><td>申报日期
2007. 12. 03</td></tr>
<tr><td>经营单位
××啤酒有限
公司 1201224708</td><td>运输方式
江海运输</td><td colspan="2">运输工具名称
cosco/127</td><td>提运单号
MISC66600701</td></tr>
<tr><td>发货单位
1201224708</td><td>贸易方式
一般运输</td><td colspan="2">征免性质
一般征免</td><td>结汇方式
T/T</td></tr>
<tr><td>许可证号</td><td>运抵国(地区)
法国</td><td colspan="2">指运港
马赛</td><td>境内货源地
天津经济技术开发区</td></tr>
<tr><td>批准文号
013777754</td><td>成交方式
FOB</td><td>运费</td><td>保费</td><td>杂费</td></tr>
<tr><td>合同协议号
DPS0708JP</td><td>件数
18</td><td>包装种类
托盘</td><td>毛重(公斤)
4029. 28</td><td>净重(公斤)
3706. 56</td></tr>
<tr><td>集装箱号
cosu3621232/20/2000</td><td colspan="3">随附单据
B:310050204415308000</td><td>生产厂家</td></tr>
<tr><td colspan="5">标记唛码及备注 N/M</td></tr>
<tr><td colspan="5">项号　商品编号　商品名称、规格型号　数量及单位　最终目的国　单价　总价　币制　征免</td></tr>
<tr><td colspan="5">01　22030000　××啤酒(9度)　3706. 56 千克　法国　1. 5 5222. 88 美元　照章征免　620 毫升　3481. 92 升</td></tr>
<tr><td colspan="5"></td></tr>
<tr><td colspan="5"></td></tr>
<tr><td colspan="5"></td></tr>
<tr><td colspan="5"></td></tr>
<tr><td colspan="5">税费征收情况</td></tr>
<tr><td>录入员
录入单位</td><td colspan="2"></td><td colspan="2">海关单批注栏及放行日期(签章)
审单　　审价</td></tr>
<tr><td rowspan="2">报关员
单位地址
邮编
电话</td><td colspan="2" rowspan="2">申报单位(签章)

填制日期</td><td colspan="2">征税　　统计</td></tr>
<tr><td colspan="2">查验　　放行</td></tr>
</table>

本章小结

本章主要介绍了国际物流的概念、国际物流系统的组成、国际物流系统模式，介绍了国际物流活动所涉及的主要业务内容，并对国际物流中心的主要类型、特点等进行了分析，要求学生以典型的国际物流业务为主线，熟悉国际物流业务的流程及其各相关部门的工作关系。

自我测试

一、单项选择题

1. 由有外经贸经营权的国际贸易商，经海关批准建立的自管自用性质的保税仓库属于(　　)。

A. 公共保税仓库　B. 专用保税仓库　C. 海关监管仓库　D. 以上都可以

2. 经海关批准，在海关监管下，专供存放为办理关税手续而入境或过境货物的场所为(　　)。

A. 保税区　B. 保税仓库　C. 保税工厂　D. 保税货物

3. 国家为鼓励出口，而实行特殊关税政策和管理手段，在一国境内设置的、封闭及综合性的由海关监管的特定区域，称为(　　)。

A. 保税工厂　B. 保税集团　C. 保税区　D. 保税仓库

4. 理货机构在理货业务中使用和出具的单证称为(　　)。

A. 分票　B. 理货单证　C. 理数　D. 理残

5. 经海关审查批准予以注册、可直接接受委托向海关办理运输工具、货物、物品进出境手续的单位叫做(　　)。

A. 报关单位　B. 报关期限　C. 报关单证　D. 保险

6. 经海关批准，用保税进口的原材料、辅料等加工制造出口产品的工厂，称为(　　)。

A. 保税集团　B. 保税工厂　C. 连锁企业　D. 保税区

7. 以下不属于商检机构任务的是(　　)。

A. 法定商检　B. 公正鉴定　C. 监督管理　D. 流程再造

8. 进境而无人提取的货物应存入(　　)。

A. 海关监管仓库　B. 专用保税仓库　C. 公共保税仓库　D. 以上都可以

二、多项选择题

1. 国际物流的特点(　　)。

A. 物流环境存在差异　B. 运输方式多样化

C. 信息沟通方式现代化　D. 风险加大

2. 属于国际物流业务的有(　　)。

A. 进出口业务　　B. 商检　　C. 产品生产　　D. 报关

3. 属于国际物流系统的有(　　)。

A. 国际货物运输子系统　　B. 外贸商品储存子系统

C. 外贸商品包装子系统　　D. 国际物流信息子系统

4. 国际物流系统模式包括(　　)。

A. 输入　　B. 输出　　C. 转换　　D. 生产

5. 保税制度的主要类型有(　　)。

A. 保税工厂　　B. 保税区　　C. 自由港　　D. 保税集团

6. 保税仓库的类型有(　　)。

A. 公共保税仓库　　B. 专用保税仓库　　C. 海关监管仓库　　D. 储备仓库

7. 保税货物的特征有(　　)。

A. 特定目的货物　　B. 暂时免纳关税　　C. 复运出境货物　　D. 进出口的货物

8. 自由经济区按功能分类可以分为(　　)。

A. 自由港　　B. 自由贸易区　　C. 出口加工区　　D. 科技工业园区

三、判断题

1. 国际物流是不同国家之间的物流。(　　)
2. 20 世纪 70 年代国际物流着力解决“小批量、高频度、多品种”的物流。(　　)
3. 国内物流的管理方式同样适用于国际物流。(　　)
4. 进出口业务的首要程序是签订合同。(　　)
5. 保税制度是保证进口商品免交关税的制度。(　　)
6. 已进境而无人提取的货物,放入海关监管仓库。(　　)

复习思考

1. 什么是国际物流?
2. 国际物流业务有哪些?
3. 国际物流系统包括哪些内容?
4. 什么是国际物流系统模式?
5. 什么是国际物流中心?
6. 保税制度的含义及类型?
7. 保税货物及主要特征是什么?
8. 保税仓库的含义是什么?说明保税仓库的类型及主要特点。
9. 保税区的含义是什么?
10. 什么是自由经济区?

第十四章 物流设施与技术装备管理

知识目标

1. 掌握各种物流设施设备的类型
2. 掌握各种物流设施设备功能及应用
3. 了解各种物流设备的选型与优化配置
4. 了解各种设备的合理使用和更新改造

技能目标

1. 能开展物流企业设施设备调研,写出调研报告
2. 能说出各种物流设施设备的功能
3. 能与小组成员合作操作相应的物流设备,并能提出管理方案

引导案例

A 公司是滨海新区的民营物流企业,具有一套规范的管理程序和完善的操作流程,并已经过国际质量体系认证,集团拥有强大的科技优势、良好的硬件水平。

A 公司在不断的发展中,始终走有特色的经营道路,许多资质在天津口岸具有唯一性和特殊性,为提升经营效益起到了不可或缺的作用,包括:海关进出口监管仓库、海关出口装箱仓库、进境动物产品查验场地、进境植物产品查验场地、进境木制包装查验场地、进境废旧货物查验场地、进境水产品查验场地、进境不合格食品(化妆品)监管仓库、进出口食品监管库等,2006 年实现集装箱吞吐量 12 万标准箱。其物流设施设备包括:两座集装箱堆场,面积 10 万 m^2;数座海关监管仓库、检验检疫局指定熏蒸站;一座海关监管智能检验平台;近 40 辆海关监管集装箱拖车;多台瑞典卡尔玛正面吊和堆高机;数十台大型叉车;150T

电子衡;全智能检查桥,实现集装箱车辆电子管理。

思考:

请说出 A 公司物流设施设备有哪些类型? 这些设施设备发挥了什么作用?

第一节　物流设施与技术装备概述

物流设施与技术装备贯穿于物流系统全过程、深入到每个作业环节。现代化的物流管理人员不一定要懂得如何设计制造物流设施与设备,但必须了解物流设施与设备的基本构成与特点,以及如何应用物流设施与设备。物流设施与技术装备的地位及作用表现为:提高物流系统效率的主要手段;反映物流水平的主要标志;构筑物流系统的主要成本的因素。

一、物流设施

1. 物流基础性设施

(1)物流网络结构中的枢纽点:全国或区域铁路枢纽、公路枢纽、航空枢纽港、水路枢纽港、国家战略物流储备基地、辐射全国经济区域的物流基地等。

(2)物流网络结构中的线:铁路、公路、航道、输送管道等。

(3)物流基础信息平台:其任务是为企业的物流信息系统提供基础信息服务(交通状况信息、交通组织与管理信息、城市商务及经济地理信息等),承担不同企业间的信息交换支持等。

这类设施一般具有公共设施性质,是宏观物流的基础,它的主要特点是由政府投资建设,战略地位高,辐射范围大。

2. 物流功能性设施

(1)以存放货物为主要职能的节点:如储备仓库、货场等,货物在这和节点上停滞时间较长。

(2)以配送货物为主要职能的节点:如流通仓库、流通中心、配送中心等。

(3)物流系统中的载体:包括货运车辆、货运列车、货机、货运船舶等。

这类设施往往被第三方物流企业所拥有,是提供物流功能性服务的基本手段。

二、物流技术装备

物流技术装备是指进行各项物流活动所需要的机械设备、器具等可供长期使用,并在使用过程中基本保持原来实物形态的生产资料,不包括建筑物、场站等物流基础设施和运输工具。

(一)仓储技术与装备

仓储技术与装备是指仓库进行生产和辅助生产作业以及保证仓库及作业安全所必须

的各种机械设备的总称,包括货架、堆垛机、室内搬运车、出入库输送设备、分拣设备、提升机、AGV(Automatic Guided Vehicle)、搬运机器人及计算机管理和监控系统。

1. 仓储技术与装备的分类

(1)按照功能分:储存设备、物料搬运技术装备设备、分拣设备、计量设备、商品保养设备、检验设备、维修设备、安全设备等。

(2)按作业方式分:搬运机械设备、起重吊装机械、存取设备;

(3)按照使用范围分:专用机械设备、通用机械设备;

(4)按作业形式分:固定式机械设备、流动式机械设备。

仓储机械技术装备一般在物流据点内工作,其作业场所较固定,工作范围相对较小,运行线路较固定;安全性、节能性、环保性和经济性要求高;机械化、自动化程度高;专业化和标准化程度高。

2. 货架技术装备

货架泛指存放货物的架子。仓库中的货架是指专门用于存放单元化物品或成件物品的保管设备。

(1)货架的作用及功能。货架是一种架式结构物,可充分利用仓库空间,提高库容利用率,扩大仓库储存能力;存入货架中的货物,互不挤压,物资损耗小;货架中的货物,存取方便,便于清点及计量,可做到先进先出;可以采取防潮、防尘、防盗、防破坏等措施,以提高物资存储质量。

高层货架有利于实现仓库的机械化及自动化管理。

(2)货架的种类。

① 通道式货架:分成货柜式货架、托盘货架、悬臂式货架;

② 移动式货架;

③ 重力式货架;

④ 旋转式货架。

3. 堆垛起重机的类型与应用特点

堆垛起重机是立体仓库中最重要的起重运输设备,是代表立体仓库特征的标志。

(1)堆垛起重机的类型。立体仓库中运用的主要作业设备包括有轨巷道堆垛起重机、无轨巷道堆垛起重机和普通叉车。其作业设备的性能比较如表14-1所示。

表14-1　主要作业设备的性能比较

设备名称	作业高度	巷道宽度	作业灵活性	自动化程度
普通叉车	<5m	最大	任意移动,非常灵活	一般为手动。自动化程度底
无轨巷道堆垛起重机	5~12m	中	可服务于两个以上的巷道,并完成高架区外的作业	可以手动、半自动、自动及远距离集中控制
有轨巷道堆垛起重机	>12m	最小	只能在高层货架巷道内作业,必须配备出入库设备	可以手动、半自动、自动及远距离集中控制

(2)堆垛起重机的工作特点。堆垛起重机按照结构不同可分为桥式堆垛起重机和巷道堆垛起重机,这两种类型有各自的特点。

① 桥式堆垛起重机。桥式堆垛起重机具有起重机和叉车的双重结构特点,具有桥架和回转小车。桥式堆垛起重机主要适用于12 m以下中等跨度的仓库中,巷道的宽度较大。适于笨重和长大件物料的搬运和堆垛。

② 巷道堆垛起重机。巷道堆垛起重机沿货架仓库巷道内的轨道运行,使得作业高度提高;采用货叉伸缩机构,使货叉可以伸缩,这样就可以使巷道宽度变窄,提高仓库的利用率;巷道堆垛起重机一般采用半自动和自动控制装置,运行速度和生产效率都较高;因其只能在货架巷道内作业,因此要配备出入库装置;巷道堆垛起重机适用于各种高度的高层货架仓库。可以实现半自动、自动和远距离集中控制。

(3)巷道堆垛起重机的技术参数:

① 速度参数;② 尺寸参数;③ 货叉下挠度。

4. 自动分拣技术装备

(1)分拣方式:人工分拣、机械分拣和自动分拣三大类。

(2)自动分拣系统的基本构成和技术要求:

① 前处理设备;② 分拣机;③ 后处理设备;④ 控制装置及计算机管理。

5. 自动仓储系统

(1)自动仓储系统的分类:

① 按高层货架仓库的建筑形式分类,分为整体式自动仓库和分离式自动仓库。

② 按库房高度分类:一般5 m以下为低层,5～12 m为中层,12以上为高层,一般以为10～20 m较佳,最高可达40～45 m。

③ 按库房容量(能储存货物的单元托盘数)分类,可分为大型库、中型库和小型库。

(2)自动仓储系统的功能

① 能大幅度地减少占地面积和提高库存;

② 提高仓库出入库频率;

③ 提高仓库管理水平;

④ 减少库存商品的损失;

⑤ 容易适应库存环境。

(二)装卸搬运技术装备

1. 装卸搬运技术装备类型

(1)起重机械:通用起重机、专用起重机;

(2)运输机械:连续运输机械、非连续运输机械;

(3)装卸机械;

(4)工业车辆;

(5)管道气力输送装备:液体、气体管道气力输送,散料管道气力输送;

(6)附属装置。

2. 起重机械

(1)起重机械工作原理。起重机械是一种循环、间隙运动的机械,用来垂直升降货物或兼作货物的水平移动,以满足货物的装卸、搬运和转载等作业要求。

起重机械是一般具有一个起升运动和一个或几个水平运动的机械。它的工作程序是:吊挂或抓取货物,提升后进行一个或数个动作的移运,将货物放到卸货地点,然后返程做下一次的工作循环。

(2)起重机械的技术性能参数。起重机械的技术性能参数是表示起重机械主要性能特征的技术经济指标,是起重机械正确设计选用的技术依据。起重机的幅度或跨度已制定了国标标准。主要参数如下:

① 额定起重量 Q;② 起重高度 H;③ 幅度 R 和跨度 L;④ 起重力矩 M;⑥ 生产率 Q;⑦ 轮压;⑧ 工作级别。

3. 运输机械

运输机械是按照规定路线连续或间歇地运送、装卸散状物料和成件物品的搬运机械。

(1)运输机械的类型。运输机械可按照用途、结构形式、工作原理等分成输送机械、装卸机械和给料机械三大类。与运输机械配套的辅助装置主要有称量装置、料仓、破拱装置、除铁装置和除尘装置等。

(2)输送物品的特性。运输机械搬运的货物可分为散状物料(简称散料)和成件物品两大类。

(3)设计输送成件物品的运输机械时,需考虑的因素:

① 几何形状,外型尺寸长、宽、高;

② 质量,相对于成件物品底面的重心高度,倾角,重心变动范围;

③ 与运输机械相接触的材料性质;

④ 底面形状;

⑤ 底面的物理性质,如光滑或粗糙、软或硬等。

在设计和选用运输机械时还要考虑成件物品的物理特性、化学特性和对外界影响的敏感性,如腐蚀性、易破碎性、锋利性、易燃易爆性、放射性、需防倾翻、防挤压、防水、防震等因素。

4. 工业搬运车辆

(1)工业搬运车辆的类型。工业搬运车辆是指用于企业内部对成件货物进行堆码、牵引或推拉,以及短距离运输作业的各种车辆,其中还包括非铁路干线使用的各种轨道车辆和汽车等。

(2)搬运车辆的主要性能参数:

① 额定载重量:额定载重量是指在规定条件下、正常使用时,可起升和搬运物料的最大重量。

② 水平行驶速度:车辆在平直的路面上行驶时,所能达到的最大速度。

③ 起升速度和下降速度:在一定载荷条件下,所能上升和下降的最大速度。

④ 最小转弯半径:搬运车辆在空载低速行驶、打满方向盘即转向轮处于最大偏转角时,瞬时转向中心距搬运车辆纵向中心线的距离。搬运车辆转弯半径的大小影响搬运车辆的作业灵活性。搬运车辆的转弯半径越小,对作业空间的要求就越小。

⑤ 自重:搬运车辆在空载时的总重量。也称为搬运车辆的轮压。

⑥ 搬运车辆的尺寸:搬运车辆的尺寸即搬运车辆的总长、总宽和总高。

5. 叉车

叉车是物流领域最常用的具有装卸、搬运双重功能的机械。它以货叉作为主要的取货装置,依靠液压起升机构升降货物,由轮胎式行驶系统实现货物的水平搬运。叉车除了使用货叉以外,还可以更换各类的取物装置以适应多种货物的装卸、搬运和堆垛作业。

(1)叉车的类型:

① 按动力方式分:内燃式叉车、电动式叉车;

② 按性能和功能分:平衡重式叉车、前移式叉车、侧面式叉车、插腿式叉车;

③ 按用途分:通用叉车、专用叉车。

(2)叉车的技术参数:

叉车的技术参数是指反映叉车技术性能的基本参数,是选择叉车的主要依据。主要的参数如下:

① 载荷中心距:叉车设计规定的标准载荷中心到货叉垂直段前臂之间的距离;

② 额定起重量:货物的重心处于载荷中心距以内时,允许叉车举起的最大重量;

③ 最大起升高度:在额定起重量、门架垂直、货物起升到最高位置时,货叉水平段的上表面距地面的垂直距离;

④ 最大起升速度:额定起重量和门架垂直时,货物起升的最大速度;

⑤ 门架倾角:叉车在平坦、坚实的路面上,门架相对垂直位置的最大倾角;

⑥ 满载最高行驶速度:叉车在平直干硬的路面上满载行驶时所能达到的最高车速;

⑦ 满载最大爬坡度:在良好的干硬路面上,满载行驶时能够爬上的最大坡度;

⑧ 叉车的制动性能:反映叉车的工作安全性;

⑨ 最小转弯半径:在空载低速行驶、打满方向盘即转向轮处于最大偏转角时,瞬时转向中心距叉车中心线的距离;

⑩ 直角通道最小宽度:可供叉车往返行驶的、成直角相交的通道的最小宽度。

除以上 10 个参数外,往往还需考虑以下几个参数:

① 堆垛通道最小宽度:叉车在正常作业时,通道的最小理论宽度;

② 回转通道最小宽度：可供叉车调头行驶的直线通道的最小理论宽度；

③ 叉车最大高度和宽度：决定叉车能否进入仓库、集装箱、船车内进行作业参数；

④ 最小离地间隙：叉车轮压正常时，叉车最低点距地面的距离；

⑤ 叉车的稳定性：作业过程中抵抗倾翻的能力，是保证叉车工作安全的重要指标。

(三) 包装技术及其装备

1. 包装技术装备的作用

(1) 大幅度的提高生产效率；

(2) 改善劳动条件，降低劳动强度；

(3) 节约原材料，降低产品成本；

(4) 保证产品卫生，提高包装质量；

(5) 降低包装成本、节约储运费用；

(6) 延长保质期，方便产品流通；

(7) 减少包装场地面积，节约基建投资。

2. 常用包装技术装备的类型

(1) 固体充填技术装备；

(2) 液体灌装技术设备；

(3) 裹包技术装备；

(4) 封口技术装备；

(5) 贴标技术设备；

(6) 清洗与干燥技术设备；

(7) 杀菌技术装备；

(8) 捆扎技术装备。

3. 特定功能性包装技术

(1) 防震包装技术装备；

(2) 防潮、防湿、防水包装技术装备；

(3) 防锈包装技术装备；

(4) 茧式包装；

(5) 防霉包装技术装备；

(6) 防虫包装技术设备；

(7) 其他包装技术装备。

(四) 集装单元化技术及其装备

1. 集装箱

集装箱是为便于物品运送而专门设计的，在一种或多种运输方式中无需中途换装，集装箱具有耐久性而能反复使用，设有便于搬运和装卸的装置，很容易从一种运输方式转换为另一种运输方式，其结构设计便于货物装满或卸空，集装箱的容积一般大于 1 m^3 以上。

2. 托盘

托盘是指为了使物品能有效的装卸、运输保管，将其按一定数量组合放置于一定形状的台面上，这种台面有供叉车从下部叉入并将台板托起的叉入口，以这种结构为基本结构的平板台板和在这种基本结构基础上所形成的，各种形式的集装器具都可统称为托盘。

托盘是一种重要的集装器具，叉车与托盘的共同使用，形成的有效装卸系统大大的促进了装卸活动的发展，托盘已成为和集装箱一样重要的集装方式，两者形成了集装系统的两大支柱。

第二节　物流设备管理理论与方法

一、物流技术装备应用配置的基本原则

物流技术装备配置的基本原则必须根据物流系统的成本目标、服务水平和质量进行综合考虑。

(一)物流技术装备配置的合理性原则

(1)机械化系统可以大大地改善劳动条件，减轻劳动强度，增强安全作业，提高作业效益和效率。但是在机械化的过程中要考虑系统目标和实际情况。一般情况下，对于作业量很大，特别是重、大货物，启动频繁、重复、节拍短促而有规律的作业，适宜采用机械化系统。对于要求作业效率高、精度高，或影响工人的健康、有危险的作业场合，适宜采用自动化系统。

(2)合理选用物流技术及其装备。设备先进程度、数量多少要以适用为主，使设备性能满足系统要求，以保证设备充分利用，防止设备闲置浪费。为此要求物流技术及其装备进行科学规划，要认真研究分析设备需求种类、配置状况、技术状态，做出切实可行的配置方案，并进行科学合理地选用，充分发挥物流设备的效能。

(3)集成化与配套使用。在物流系统中，不仅要注意物流技术及其装备单机的选择，更重要的是整个系统各环节的衔接和物流技术及其装备合理匹配。如果设备之间不配套，不仅不能充分发挥设备的效能，而且经济上可能造成很大的浪费。

(二)物流系统运作的快速性、及时性、准确性和经济性原则

合理利用物流技术及其装备，以最低的物流成本，提供高效、优质的服务，是赢得持久竞争优势的关键。顾客对不同产品的购买在时间要求上也有所不同。而生产系统为保证生产需要，有时需要快速地供应生产所用的材料产品。这对物流技术及其装备提出了更高的要求，要求其快速、及时、准确、经济地把物料或货物运送到指定场所。快速性是为了满足生产和用户需要，以最快时间运送。为了保证物流速度，就需要合理配置物流设备，广泛应用现代化物流设备。

按照生产进度,合理运用物流设备,把物料及时地送到指定场所。无论是生产企业各车间工序间物的流动,还是企业外各种物的流动,都要根据生产的需要及时地进行,否则,生产就会受到影响。这就要求物流设备随时处于良好状态,能随时进行工作。准确性要求在仓储、运输、搬运过程中确保物流技术及其装备可靠、安全,防止由于物流设备的故障造成货物损坏、丢失。对物流技术及其装备进行科学管理,是保证设备货物安全的前提。经济性是在完成一定的物流任务的条件下,投入的物流技术及其装备最佳,即最能发挥设备的功能,消耗费用最低。

(三)选用物流器具和设备的标准化原则

在物流系统中,采用标准化物流技术及其装备、器具,可以降低设备和器具的购置和管理费用,提高物流作业的机械化水平,提高物流系统效率和经济效益。特别是选用标准化集装单元器具,有利于搬运、装卸、储存作业的统一化和设施设备的充分利用。

(四)具有较强的灵活性、适应性原则

在物流系统中,所采用的物流技术及其装备应能适应各种不同物流环境、物流任务和实际应用的需求,应满足使用方便、符合人体工程学原理等要求。例如,物流技术及其装备的使用操作要符合简单、易掌握、不易出错等要求。

(五)充分利用空间

利用有效的空间,进行物流作业。如架空布置的悬挂输送机、立体库、梁式起重机、高层货架等;使用托盘和集装箱进行堆垛,向空中发展,这样可减少占地面积,提高土地利用率,充分利用空间。

(六)减少人力搬运

从人机工作特点来看,有些地方还需要人搬运,但要尽量减少体力搬运,减少人员步行距离,减少弯腰的搬运作业。例如,最简单的可用手推车减少体力搬运,可用升降台减少或不用弯腰进行搬运作业。应尽量减少搬运、装卸的距离和次数,减少作业人员上下作业、弯腰的次数和人力码垛的范围和数量。

二、各种设备的合理使用和更新改造

(一)设备磨损

设备在寿命期内,无论在使用还是闲置,在其形态上都会产生变化而逐渐损坏,设备物质形态的这种逐渐变化造成的损耗,称为有形磨损。有形磨损产生的原因可分为使用磨损和自然磨损两种。

设备在使用中,产生摩擦、振动、疲劳致使相对运动的零部件实体产生磨损,这种有形磨损即称为使用磨损。使用磨损结果的一般表现为:设备零部件尺寸、几何形状改变,设备零部件之间公差配合性质改变,导致工作精度和性能下降,甚至零部件损坏,引起相关其他零部件损坏而导致事故。影响使用磨损程度的主要因素有:设备的质量、负荷程度、操作工人的技术水平、工作环境、维护修理质量与周期等。

设备寿命期内，由于自然力量的作用或因保管不善而造成的锈蚀、老化、腐朽，称为自然磨损。这种磨损无论在设备使用还是闲置中容易失去正常的维护，因此设备闲置中的自然磨损比使用中更明显。

设备有形磨损可分为三个阶段：第一阶段是初期磨损阶段（也称磨合磨损阶段），是新设备或大修理后设备在早期故障期的磨损状态，磨损速度快，主要原因是零件加工粗糙，表面在负载运转中的快速磨损，低可靠度零件在负载下的迅速失效。随着粗糙，表面被磨平，失效零件被更换，安装经过磨合调整，操作者逐渐熟悉设备，设备磨损速度逐渐减小。第二阶段是正常磨损阶段，磨损速度缓慢，设备处于最佳技术状态。应采用正确的操作技术和使用规程，注意维护保养，预防偶发故障恶化，尽量延长该阶段的使用时间。第三阶段是剧烈磨损阶段，当主要零部件的磨损程度已经达到正常使用极限时，继续使用，磨损就会急剧上升，造成设备精度、技术性能、生产效率明显下降，故障率急剧上升。设备使用中应及时发现正常使用极限，进行预防修理，更换磨损零件，防止故障发生。

设备的故障变化规律与设备磨损规律相对应，设备从投产起一直到严重磨损的全过程，其故障变化分为初期故障期、偶发故障期和磨损故障期。初期故障期对应初期磨损阶段，指新设备运转初期或大修后投入使用初期，故障率较高，并随时间的推移而减少。偶发故障是设备正常运转期，设备已进入正常工作，故障率较低。磨损故障期指设备长时间运转后，由于过度磨损、疲劳而日益老化，使故障率上升。

（二）设备的合理使用

合理安排物流任务，提高设备利用率。提高设备利用率的办法一般是：搞好经营，使企业有连续的，均衡的物流任务；合理组织安排物流活动，避免设备忙闲不均；加强设备的维修保养，提高设备的完好率。合理安排班次，增加设备实际工作时间，实行专业化协作等等。

要配备各种设备的操作人员。操作人员必须掌握上级部门颁发的《操作规程》，了解设备的构造、性能，掌握操作、保养、安全等基本知识。操作人员必须经过技术培训，经考试合格，核发操作证后，方能上岗。操作证每年审验一次，审验不合格者不得上岗。

为设备创造良好的环境。创造良好的工作环境，一方面要求工厂厂房要通风、采光、调温、防潮、防震以及消防和安全等；另一方面，设备操作人员要作好环境的保持和维护工作，比如消除“跑、冒、滴、漏”，搞好设备润滑和环境卫生等，同时要求机修人员人离要清场，为设备创造良好的环境。

建立健全合理使用设备的规章制度。操作人员必须掌握所操作设备的性能构造、操作方法、保养知识，严格遵守各种设备的操作规程，在工作中不准擅离工作岗位，不准将设备交给无操作证的人员操作。严格遵守“三检”制度（工作前、运行中、停机后），保养好设备，做到机容整洁，技术状况良好。认真准确的填写设备运行记录，交接班记录或工作日记。严格遵守各种设备的安全操作规程，预防事故发生。

(三)设备维修

设备维修可分为计划性维修和预防性维修,从保证设备安全运行角度来说,更应强调预防性维修。计划性维修是根据设备磨损规律和设备故障规律,制定设备的维修保养和维修方式。根据维修的作用不同,维修方式可分为保养、针对性修理、计划修理、项目修理、改造维修等,选择确定维修方式的依据主要是设备及其零部件的磨损程度、性能、以及故障发生的可能性。

1. 三级保养制

设备维护保养工作,依据工作量大小和难易程度,分为日常保养、一级保养和二级保养,所形成的维护保养制度称为“三级保养制”。

(1)日常保养是操作工人每班必须进行的设备保养工作,其内容包括:清扫、加油、调整、更换个别零件、检查润滑、异音、漏油、安全以及损伤等情况。日常保养配合日常点检进行,是一种不单独占据工时的设备保养方式。

(2)一级保养是以定期检查为主,辅以维护性检修的一种间接预防性维修形式。其主要工作内容是:检查、清扫、调整各操作,传动机构的零部件;检查油泵、疏通油路,检查油箱油质、油量;清洗或更换渍毡、油线,清除各活动面毛刺;检查、调节各指示仪表与安全防护装置;发现故障隐患和异常,要予以排除,并排除泄漏现象等。设备经一级保养后要求达到:外观清洁、明亮;油路畅通、油窗明净亮;操作灵活,运转正常;安全防护、指示仪表齐全、可靠。保养人员应将保养的主要内容、保养过程中发现和排除的隐患、异常、试运转结果、试生产件精度、运行性能等,以及存在的问题做好记录。一级保养以操作工为主,专业维修人员配合并指导。

(3)二级保养是以维持设备的技术状况为主的检修形式、二级保养的工作量介于中修理和小修理之间,即要完成小修理的部分工作,又要完成中修理的一部分,主要针对设备易损零部件的磨损与损坏进行修复或更换。二级保养要完成一级保养的全部工作,还要求润滑部位全部清洗,结合换油周期检查润滑油质,进行清洗换油。检查设备的动态技术状况与主要精度(噪音、震动、温升、油压、波纹、表面粗糙度等),调整安装水平,更换或修复零部件,刮研磨损的活动导轨面,修复调整精度已劣化部位,校验机装仪表,修复安全装置,清洗或更换电机轴承,测量绝缘电阻等。经二级保养后要求精度和性能达到工艺要求,无漏油、漏气、漏电现象,声响、震动、压力、温升等符合标准。二级保养前后应对设备进行动、静技术状况测定,并认真做好保养记录。二级保养以专业维修人员(钳工、电工、润滑工)为主,操作工参加。

(四)设备寿命

广义的设备寿命,又称设备全寿命或设备寿命周期,是指设备发生费用的整个时期,从规划设备阶段、使用阶段至报废为止。狭义的设备寿命又称自然寿命、物质寿命或物理寿命,即设备实体存在的期间,指设备制造完成,经使用维修直至报废为止的期间。设备的寿命在不同需要情况下有不同的内涵和意义。现代设备的寿命不仅要考虑自然寿命,而且还要考虑设备的技术寿命和经济寿命。

(1)设备的自然寿命。设备的自然寿命,又称物质寿命。它是指设备从投入使用开始,直到因物质磨损而不能继续使用、报废为止所经历的全部时间。它主要是由设备的有形磨损所决定的。搞好设备维修和保养可延长设备的物质寿命,但不能从根本上避免设备的磨损。设备的自然寿命不能成为设备更新的估算依据。

(2)设备的技术寿命。设备的技术寿命(又称有效寿命)就是指设备从投入使用到因技术落后而被淘汰所延续的时间。由此可见,技术寿命主要是由设备的无形磨损所决定的,它一般比自然寿命要短,而且科学技术进步越快,技术寿命越短。所以,在估算设备寿命时,必须考虑设备技术寿命期限的变化特点。

(3)设备的经济寿命。经济寿命是指设备从投入使用开始,到因继续使用在经济上不合理而被更新所经历的时间。它是由维护费用的提高和使用价值的降低决定的。设备的经济寿命就是从经济角度确定的设备更新的最佳时刻。

(五)设备更新

设备更新是指对在技术上或经济上不宜继续使用的设备,用新的设备更换或用先进的技术对原有设备进行局部改造。其内容包括:

1. 设备的现代化改装(即设备改造)

它是对由于新技术出现,在经济上不宜继续使用的设备进行局部的更新,即对设备的第二种无形磨损的局部补偿。

2. 设备更换

它是设备更新的重要形式,分为原型更新和技术更新。原型更新即简单更新,用结构相同的新设备更换因严重有形磨损而在技术上不宜继续使用的旧设备。这种更换主要解决设备的损坏问题,不具有技术进步的性质。

3. 技术更新

用技术上更先进的设备去更换技术陈旧的设备。它不仅能恢复原有设备的性能,而且使设备具有更先进的技术水平,具有技术进步的性质。

上述设备更新的三种形式,都有它存在的一定客观必要和约束条件,因此,它们之间是互相补充的关系。但是,其中以技术改造与技术更新为主要形式。在设备更新过程中,要把设备的更新改造同加强对原有设备的维护修理结合起来。在一般情况下,现有设备是完成物流任务的主力,因此,要加强对现有设备的管理,做好维护修理工作。国家有关技术改造的文件中规定,凡属下列情况之一者可以更新:

(1)设备磨损严重,大修后精度性能仍不能满足规定工艺要求和产品质量的;

(2)设备损耗虽在允许范围之内,但技术已经陈旧落后,技术经济效果很不好的;

(3)备役龄长,大修和技术改造虽然能够恢复精度及性能,但经济效果上不如更新的;

(4)耗能大或严重污染环境,危害人身安全与健康,进行改造又不经济的;

(5)国家有关部门规定淘汰的设备。

设备更新重点应考虑的是经济效益,不能简单地按役龄来划线。设备更新要合理地把握设备的大修理、技术改造和更新的界限,做到三者之间的有机结合。

第三节　物流设施实训

一、物流设施设备见习实训

1. 实训目的

通过观看物流设施设备,认识物流设施设备的分类与功能,并能够根据所学知识把物流设施和设备进行分类,能对物流设施设备的功能进行分析。

2. 实训步骤

(1)复习学习过的物流设施设备的理论知识;

(2)观看视频资料或参观物流实训基地,按照物流作业的流程顺序展开认识,进行各个项目的实际操作;

(3)同学们自己对观看的物流设施设备总结、讨论,分类汇总。

3. 实训要求

要求认真观看,及时记录和标识;服从安排,同时运用5S方法,即整理(Seiri)、整顿(Seiton)、清扫(Seiso)、清洁(Setketsu)、素养(Shitsuke)五个项目,通过规范现场,营造一目了然的工作环境,培养良好的工作习惯,最终提升人的工作素养。

4. 书写实训报告,如表14-2所示。

表14-2　实训报告格式

XX学院200 __—200 __学年第学期物流设施设备见习实训报告					
时间		班级		指导教师	
学生姓名		地点		课时	
课程名称					
实验实训项目					
实验实训过程					
实验实训总结					
结果鉴定					

案例分析

烟草物流配送中心分拣设备选型

目前,全国各地市烟草公司都在积极引进现代物流模式。在这种背景下,低效易错的人工分拣以及电子标签辅助拣选已经不能满足市场需要,物流中心的设备选型与系统集成就成为了各地烟草物流中心建设工程项目的首要任务。

一、立式条烟自动化分拣系统

目前,北京市区、山西晋中市烟草物流中心采用的是立式条烟自动化分拣系统。一条立式自动化分拣系统占地面积约126 m^2(长21 m,宽6 m),在计算机系统的控制下,自动实现条烟批量、多订单、多品种连续可靠地自动分拣。根据配烟信息按路向及顺序,自动将相应的烟条输出至配烟输送线上,配烟输送线按段输送某一用户的卷烟。通过自动喷码后,配好的卷烟经输送线送至装箱段进行自动装箱。空容器码放在装箱机储存段,经扫描识读后进入自动装箱位置。装箱后的容器传送至复核工位进行复核,再由人工按信息提示进行码盘。这套系统简单实用,分拣效率可达8 000条/小时,无论是分拣还是装箱,都是自动化完成,无需人工操作。但件烟的供烟、烟箱开拆、填补烟仓等操作则需要全部由人工完成。立式条烟自动分拣系统如图14-1所示:

图14-1　立式条烟自动分拣系统

二、复合式条烟自动化分拣系统

复合式条烟自动化分拣系统,是立式分拣系统的升级产品。除了原有的自动分拣、自动装箱功能外,还能够进行件烟自动供烟、大品种自动补烟等作业。系统的自动化能力更高,分拣效率达16 000条/小时。一条复合式自动化分拣系统占地面积约455 m^2。烟草物流配送中心一般由以下系统设备组成。

(1)储存设备系统:自动存取码放件烟的托盘,如堆垛机、立体货架;

(2)拣选系统:条烟自动分拣机;

(3)补货系统:件烟的自动补货装置;

(4)包装系统:自动化装箱技术;

(5)物料搬运设备:叉车等;

(6)物流容器:如塑料箱、周转箱,既节约又环保;

(7)装卸车设备:伸缩胶带机,可加装扫描装置,实施"一号工程"件烟条码扫描。

依据这些系统设备的不同的规格、参数,企业一般可以提出多个可行方案,同时还要综合考虑与土建、消防、采暖空调、摄像监控等多方面的配合,通过综合比较、系统仿真,分析评价,最终确定一个性价比最优的方案。

思考:

为该企业设计多个物流设施设备的可行方案,并确定一个性价比最优的方案。

本章小结

本章主要介绍了各种物流设施设备类型、功能及应用,各种物流设备的选型与优化配置,各种设备的合理使用和更新改造,并理论联系实际进行相应的物流设施设备调研实训,写出调研实训报告,提出加强管理的意见或建议。

自我测试

一、单项选择题

1. 下列哪种情形中不体现物流技术装备配置的合理性完成原则(　　)。

A. 在机械化的过程中考虑目标和实际情况

B. 选用物流技术及其装备以适用为主,使设备性能满足系统要求,以保证设备充分利用,防止设备闲置浪费

C. 在物流系统中注意整个系统各环节的衔接,集成化与配套化使用

D. 在物流系统中,采用标准化物流技术及其装备、器具,可以降低设备和器具的购置和管理费用,提高物流作业的机械化水平,提高物流系统效率和经济效益

2. 下列不属于装卸搬运技术装备应用特点的是(　　)。

A. 适应性强　　B. 单位成本高　　C. 设备能力强　　D. 机动性较差

3. 门式起重机属于(　　)。

A. 轻小型起重机械　　B. 桥式类起重机械

C. 臂架类起重机械　　D. 堆垛类起重机械

4. 反映起重机械工作繁忙程度和载荷轻重程度的参数是(　　)。

A. 工作级别　B. 轮压　C. 起重力矩　D. 起升高度

5. 下列属于输送机械的是(　　)。

A. 堆料机　B. 斗式提升机　C. 机船　D. 翻车机

6. 下列不属于堆垛用起升车辆的是(　　)。

A. 平衡重式叉车　B. 插腿式叉车　C. 托盘搬运车　D. 托盘堆垛车

7. 应用最广泛的叉车是(　　)。

A. 平衡重式叉车　B. 插腿式叉车　C. 内然式叉车　D. 前移式叉车

二、多项选择题

1. 起重机的工作速度有(　　)。

A. 带式输送机　B. 变幅速度　C. 旋转速度　D. 变频速度

E. 下落速度

2. 下列运输机械中能用于中短距离需倾斜给料的机械有(　　)。

A. 带式输送机　B. 刮板式输送机　C. 埋刮板式输送机　D. 斗式提升机

E. 辊子输送机

3. 下列关于货架说法正确的是(　　)。

A. 货柜式货架一般用于储存小件、零件货物

B. 托盘式货架用来存放装有货物托盘的货架,可实现机械化装卸作业,便于单元化存取

C. 悬臂式货架用于长条形材料存放

D. 贯通式货架属于通道式货架的一种

E. 所有的通道式货架均根据所使用不同的机械类型预留一定宽度的通道,便于机械化操作

4. 下列属于立体仓库中运用的主要作业设备的有(　　)。

A. 有轨巷道堆垛起重机　B. 无轨巷道堆垛起重机

C. 普通叉车　D. 牵引车　E. 控制装置及计算机管理

5. 下列属于特种专用托盘的有(　　)。

A. 航空托盘　B. 油桶专用托盘　C. 长尺寸物托盘

D. 高密度合成板托盘　E. 托盘货架式托盘

三、判断题

1. 汽车起重机属于一种专用起重机。(　　)

2. 运输机械可按照用途结构型式,工作原则,等分为输送机械、装卸机械和给料机械。(　　)

3. 应用最广的运输机械是带式运输机,对各种离角度的输送都能适应。(　　)

4. 连续输送机有固定式和移动式两类,适用于运输重量很大的单件物品,可以自行

取货。 (　　)

5. 对于高层货架仓库用高货位拣选式叉车比较适合，其起升高度一般可达 13 m。 (　　)

6. 仓储技术装备按照作业方式分为搬运机械设备、起重吊装机械和存取设备。 (　　)

复习思考

1. 物流设施、设备物流企业的有何作用？
2. 简述物流设施设备的分类及功能。
3. 谈谈当前我国物流设施设备的发展情况。

第十五章 物流质量与成本管理

知识目标

1. 掌握物流质量内涵、物流质量管理及其理念
2. 掌握物流质量管理方法及其应用
3. 了解物流成本管理内容、方法

技能目标

1. 能开展物流企业物流质量方面的调研,写出并交流调研报告
2. 能对物流质量管理方法进行分析

引导案例

物流配送已日渐成为餐饮连锁业发展的一大难题。重庆一家火锅连锁企业负责人感慨颇多。“毛肚一运到外地就坏,用飞机运输成本很高,一份毛肚在重庆10元,在乌鲁木齐20元,成本增加很多,物流造成很大问题。如果物流不跟上,就不能保证食品的原汁原味,这对保持餐饮特色非常不利。”外包物流虽然有这么多问题,但是自己搞运输同样面临偷盗、丢失、航班取消等很多问题,物品变质现象屡见不鲜。物流质量问题还体现在,餐饮类的品种多,量很小而且很分散,运输企业的利润很低,收费混乱,严重影响了餐饮连锁业的发展。

思考:

物流质量管理包括哪些方面?它有什么作用?

第一节 物流质量管理概述

一、物流质量的内涵

物流质量是供应链上的一个满足顾客要求的环节，是物流服务满足顾客需求的程度。物流质量既包括物流对象、物流服务的质量，也包括物流工作、工程质量。

（一）商品的质量保证以及改善

商品在进入流通领域前就已经具有一定的质量。物流过程主要在于转移和保护这些质量，保证把商品完好地交给用户。同时，现代物流生产已不仅仅是转移物品和保护其质量，为了满足需求多样化和方便流通与消费，往往采用较深层次的流通加工手段，进一步提高物品质量，甚至改变商品的形状和某些性质。从这一意义上讲，物流的过程也是商品质量的"改善"过程。

（二）物流服务质量

物流服务质量指物流企业对客户提供服务，客户满意的程度。由于信息和物流设施设备的不断改善，企业对客户的服务质量必然不断地提高。物流服务质量具体体现为：商品质量的完好程度；流通加工对商品质量的改善程度；商品规格、品种、数量的保证程度，配送交货期的满足程度；成本及物流费用的水平等。

物流服务质量是物流质量管理的一项重要内容，因为物流业属于第三产业，其性质主要在于服务。所以，整个物流的质量目标，就是其服务质量。服务质量因客户不同而要求各异。

（三）物流工作质量

物流工作质量是指物流服务各环节、各工种、各岗位具体的工作质量。这是相对于企业内部而言的，是在一定的标准下的物流质量的内部控制。物流工作质量和物流服务质量是两个有关联但又不大相同的概念，物流服务质量水平取决于各个工作质量的总和，所以，工作质量是物流服务质量的某种保证和基础。通过强化物流管理，建立科学合理的管理制度，充分调动员工积极性，不断提高物流工作质量，物流服务质量也就有了一定程度的保证。

（四）物流工程质量

物流工程质量是指把物流质量体系作为一个系统来考察，用系统论的观点和方法，对影响物流质量的诸要素进行分析、计划，并进行有效地控制。这些因素主要有：人的因素、体制因素、设备因素、流程因素、环境因素等。很明显，提高工程质量是进行物流质量管理的基础工作，提高工程质量，就能做到"预防为主"的质量管理。物流工程是支撑物流活动的总体的工程系统，任何物流企业的物流运作，包括第三方物流企业接受外包的物流运作，不可能是空手运作，必须依靠有效的工程系统来实现这种运作，其中，工程系统有自建的，世界上很多大型物流公司都有自己的仓库、配送中心、机场、货机等等工程设施，有些则利用别人提供的工程设施，国家建设的物流设施作为基础平台。

因此，进行物流质量管理，就是要在具备管理职责、人员与物质资源、质量体系结构等要素之外，通过物流需求的调研与评定，物流服务设计，物流服务过程和物流管理业绩的分析与改进等工作，形成一套科学、实用、有效的物流质量管理方法与评估系统。

物流质量管理最直观最关键的，就是对物流运作系统的考核。物流质量管理的不同环节，有不同的标准与考核指标。如对于运输环节，可以从运输效率、运输网络合理配置等指标来考核；在仓储环节，可以从库存管理水平、理货时间、准确率等方面来考核；在包装环节，可以从包装的轻薄化、集装化和标准化等方面来考核；在配送环节，可以从配送及时性等方面来考核；在供应链方面可以从成本等方面来考核。以制造企业的销售物流为例，应采取以下四方面的指标，可以全面监控反馈物流管理的质量。

1. 运作指标

运作指标是衡量物流配送实物操作水平的指标。具体包括：配送准时率、错误投递率、破损率、特殊情况服务水平、代收货款准时率、录单准确率。

2. 仓储服务指标

仓储服务指标是在仓储管理中对库存管理、理货操作等方面的监控指标。具体包括：订单处理时间、库存准确率、装卸效率、安全指标、作业正确率、库存量。

3. 信息指标

信息指标是对物流服务中客户预约、信息跟踪反馈、签收单反馈等信息服务的监控。具体包括：电话预约指标、信息反馈率、签收单反馈率、意外情况反馈及时率。

4. 客户满意度监控指标

客户满意度监控指标关系到客户直观感受，由客户反馈的指标。具体包括：客户满意率、客户投诉率，即客户投诉订单数占全部订单数的比例。

在指标设计过程中，还可以根据需要对每个指标按照物流运作每项工作的具体环节进行细分。在具体考核过程中，应根据物流运作侧重点、对客户承诺水平的不同制订每个考核指标的标准，并选取相应的指标，通过对每项指标分配不同的权重形成指标组合体系，作为考核的依据。

二、物流质量管理的概念及其理念

物流质量管理就是依据物流系统运行的客观规律，为了满足物流客户的服务需求，通过制定科学合理的基本标准，实行计划、组织、协调、控制的活动过程，主要包括质量保证和质量控制。物流质量管理要树立以客户为中心的服务理念。

在物流质量管理中，客户服务满意率占有极其重要的地位。物流企业想要和竞争对手拉开距离，吸引客户，就只有牢固树立客户服务理念，制定有效的客户服务制度，提供真正的优质服务，使客户对物流服务满意。

树立以客户为中心的理念是决定一个物流企业生存发展的重要因素。做到以客户为中心，就必须真正按客户的要求服务，而不只是从企业自身的利益出发，仅仅在口头上讨论如何改进物流质量的方式，必须制定企业的宗旨和可行的计划，这些计划应该从最高层管理者开始实行，最终渗透到物流企业的各个部门，各个员工。

同时，树立以客户为中心的服务理念，必须建立在客户的认知上。因为物流服务的对象是客户，客户的感受才是最直接、最重要的。许多企业进行物流质量管理的时候，很少从客户的角度考虑，最终也会影响企业的利益。

第二节　物流质量管理方法

一、企业物流质量管理的基本途径

（一）树立物流整体质量管理思想

1. 真正形成物流整体质量管理的认识

一般来说，企业物流活动就是为生产经营服务的服务性活动，主要包含：由核心服务、辅助服务构成的基本服务组合；服务过程；企业物流服务的形象。不同的企业物流服务，由于功能的构成和重要性不同，其质量也会影响顾客感觉中的整体服务质量和顾客的满意程度。强化企业物流质量管理，就必须从企业物流发展战略高度出发，真正树立整体质量管理思想。

2. 认真做好物流服务过程的整体质量管理

从整体质量管理出发，强调物流管理人员必须深入了解物流服务全过程，并根据顾客需求，认真做好物流服务网络体系设计工作和服务质量管理工作，不断创造物流价值，提高顾客的满意程度。企业在物流服务过程的各个环节、各个阶段，都必须以优质服务组成的整体为顾客创造更大的物流价值，增强顾客的信任感和忠诚感。

3. 整体考核企业物流服务质量管理水平

企业要在激烈的市场竞争中取得长期优势，必须不断提高企业物流服务质量和生产效率。企业应确定物流服务质量标准，做好每一个关键环节的质量管理工作，促使服务绩效符合或超过顾客的期望。要从整体角度客观地衡量物流质量管理水平，积极采用高新技术加强质量管理，提升企业物流服务的整体质量水平。在物流服务绩效考核中，既应考核服务效率，更要考核服务质量和顾客满意程度。

（二）建立有效的物流质量管理信息系统

企业建立有效的服务质量管理信息系统，能为企业提供物流服务质量改进决策必需的

各种信息,激励企业内部员工改进物流服务工作。要建立有效的物流质量管理信息系统,企业应遵循的原则是:

1. 计量顾客对物流质量的期望

企业既应计量顾客对物流服务质量的评估,也应计量顾客对物流服务的期望。顾客对服务质量的期望是顾客评估物流服务的依据。不计量顾客的期望,企业就很难正确理解顾客对物流服务质量的评价。

2. 强调信息质量

企业物流质量管理信息系统强调信息质量,是根据信息的相关性、精确性、实用性、连续性、可信性来衡量的。企业为顾客提供优质服务,可增强顾客忠诚感,扩大市场份额,提高经济收益。物流质量管理信息系统先是让管理者了解物流质量对企业的影响,做好有关管理工作。

3. 实时监控物流质量状况

在为顾客提供物流服务的过程中,由于多种因素的共同影响,将导致企业物流质量发生变化。加强物流质量管理需要随时了解和掌握物流质量的现状、运行过程和发展趋势,及时发现问题、改进管理。提高物流企业物流服务与管理质量,一般需要对物流服务质量进行广泛深入的调查研究,建立一定的评价指标体系,实现企业物流质量管理信息的实时采集、整理、传递、有效实行监督和控制,不断提高服务与管理水平。

(三)加强企业物流质量管理的主要措施

要有效地提高质量管理工作效果,企业必须根据质量管理环境,采取适当的管理措施。主要包括:

(1)根据全面质量管理理论,建立和完善企业物流质量管理的计量、评估体系,切实消除企业物流过程中的差错。

(2)积极引进现代质量管理理论和技术,提高质量管理水平。科学技术就是生产力,企业必须借助现代高新技术强化物流质量管理,要求企业真正认识技术推动的意义,大力开展技术创新活动。

(3)运用有效的激励措施,实行全员质量管理。企业应根据顾客需求环境的相对不确定性,运用有效的奖励和激励措施,激励员工提高学习能力和创新能力,鼓励员工承担风险,通过精心设计、认真实施的试验,探索减少差错的新方法。

(4)改善与提高物流服务质量。物流服务质量管理的一项重要内容就是对服务质量进行持续的改进,不断追求更高品质的服务,以提高客户的满意度,增加企业的市场竞争力。持续地进行物流服务质量的,改进应当改善服务流程,改进服务方法,开展个性化服务,提供增值服务。

1. 改善服务流程

服务流程是物流服务提供过程中各环节的顺序和相互关系,它包含了影响服务质量的绝大部分因素。改进服务质量应当实施有效的流程管理,不断对业务流程进行审查,对其进行反复的、系统的改善。

(1)售前服务改造。包括:设计用于设置设备的特殊设施的建筑服务;安装设备的安装服务;训练操作设备人员的培训服务;设备保养与修理服务;融通资金服务等。

(2)售后服务改造。设备生产商必须决定如何向客户提供他们可提供的售后服务,如维修服务、培训服务等。物流企业可以跟踪设备的使用情况,并了解设备存在的问题。了解客户的需求并提供免费或收费较低的培训。

2. 改进服务方法

要实现让客户满意的目标,不但要对物流服务的开发、设计、作业等全过程进行质量控制和改进,还应当寻找好的服务方法。要听取客户、员工甚至是竞争对手的意见,不断提高本企业的竞争实力。

3. 开展个性化服务

个性化服务可以增加革新特色以使其供应有别于他人。企业可以在保持一定规模经营的同时,为客户提供满足其不同需求的个性化服务,使客户能获得满意的服务。

二、ISO 质量管理体系

国际标准化组织(International Organization for Standardization, ISO)是一个全球性的非政府组织。ISO9000 是一族标准的统称,从满足需求方对产品和服务的质量要求和对供应方稳定保证质量的能力、信誉的需求出发,从供应方建立严密的全过程质量控制、管理及持续改进质量管理,提高产品和服务质量水平的必要性出发,提出了建立质量管理体系的要求和质量体系第三方认证的规则。其基本思想最主要的有两条:

(一)控制的思想

即对产品形成的全过程——从采购原材料、加工制造到最终销售、售后服务进行控制。任何一件事物都是由过程组成的,只要对产品(服务)形成的全过程进行控制并达到过程质量要求,最终产品的质量就有了保证。

(二)预防的思想

即通过对产品(服务)形成的全过程进行控制,以及建立并运行自我完善机制达到预防不合格,从根本上减少或消除不合格产品。

ISO9000 族标准是凝聚世界各国传统管理精华,融入现代质量管理原则的科学管理模式,是企业加强质量管理,建立质量管理体系,为企业内部和外部提供质量保证能力的一套管理性标准化文件。质量体系认证则是通过第三方机构,依照规定程序对提供产品,服务单位的质量管理出具书面保证(ISO 质量管理体系认证合格证书),证明其符合 ISO9000 族标准规定要求所做出的评价,它为供应方树立信誉、为顾客提供需要,是实施企业外部质量保证的一种国际认可的手段。

第三节　物流质量管理案例分析

案例分析之一

龙星物流提升服务质量有妙法

宁波龙星物流有限公司(简称龙星物流)由宁波迅洲投资有限公司与马士基物流中国有限公司合作,于2005年4月注册成立。公司投资总额1 140万美元,主要从事货物仓储;集装箱堆存;集装箱运输及报关;出口拼箱及整箱;进出口报税、储存及分拨;冷冻集装箱维护和修理等业务。

龙星物流是宁波第一家采用立体式货架的进出口物流企业。采用这种立体式货架不仅可以增加仓库的储货量,而且使货物摆放更加准确,降低发货出错率。这些立体货架公司投入了300多万元,还投入300万元添置了无线扫描系统。在现场,工作人员只要拿着一个类似手机的扫描枪,扫描货物的条形码,就可以完成输入货物信息进入数据库、清点货物两个工序。新系统不仅大幅度降低了发货出错率,更让公司整个业务部的工作效率大大提高。

龙星物流请美国著名设计企业对公司的仓储、堆场管理进行了前瞻性并具有国际水准的设计;在仓储管理系统方面,结合现代化的条形码扫描技术,对货物进行编码,建立货物信息数据库,大幅度提高了仓库的管理水平和效率。公司还将引进一系列一体化的先进物流设施,聘请专业的培训机构。同时龙星物流的服务质量更侧重细节,照顾到客户每一个细微的需求。

思考:

龙星物流提升服务质量体现在哪几个方面?

案例分析之二

海尔的市场链与准时制管理

一、海尔集团物流模式简介

海尔创新了一套有特色的海尔现代物流管理模式,不但增强了海尔在国内外市场的竞争能力,也推动了我国物流事业的大发展,其经验和做法值得全面推广。

“好的公司满足需求,伟大的公司创造需求”。海尔集团在首席执行官张瑞敏提出的创海尔世界名牌的思想,在此思想指导下不断创新,使企业从一个1984年还亏损147

万元的小厂迅速成长为拥有白色家电、黑色家电、米色家电的中国家电第一品牌的大型企业。

物流是企业第三利润源泉，但长期以来我国的物流没有得到社会各界的充分重视，物流的总体水平与发达国家相比有较大的差距。没有迅速、安全的物流体系，就不能给用户提供满意的服务，没有物流的支持，企业无法将获取的订单及时转变成产品，并及时配送给用户。海尔集团为适应新经济时代的需要，自1999年开始进行以“市场链”为纽带的业务流程再造，在以订单信息为中心，带动实物流、商流、资金流的运动中，海尔通过对观念的创新与机制的再造，构筑起海尔的核心竞争能力。

其中在物流领域，海尔创新了一套富有特色的现代物流管理模式—“一流三网”的同步流程。海尔“一流三网”体现了现代物流的特征：“一流”是以订单信息流为中心；“三网”分别是全球供应链资源网络、全球配送资源网络和计算机信息网络。“三网”同步流动，为订单信息流的增值提供支持。整个物流同步工程采用了以顾客为中心，面向过程的管理方法，提高了顾客和市场的响应程度，消除了企业内部与外部环节的重复、无效的劳动，让资源在每一个过程中流动时都实现了增值，以达到成本最低、快速响应的目标，快速获取订单与满足订单是海尔在新经济时代的核心竞争力。海尔物流以订单信息流为中心，实施同步管理模式，使其零距离、零缺陷、零资金占用目标的实现，成为海尔核心竞争力的有利支撑。

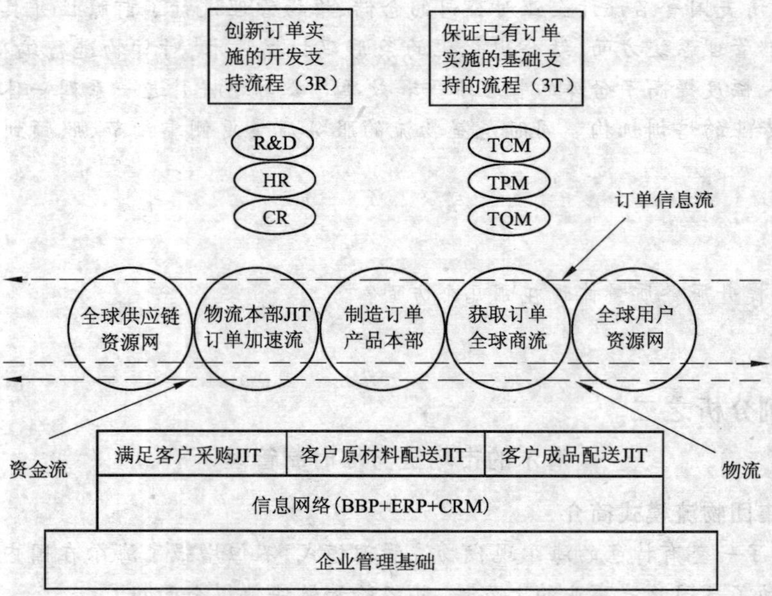

图 15-1 海尔市场链同步流程模型

海尔市场链同步流程模型说明：① 流程再造是海尔现代物流的基础；② 从原来职能式管理到面向订单的流程管理，物流的职责是加速订单信息流的速度。

二、海尔集团物流管理的基础——同步的供应链管理

海尔认为，21世纪的竞争将不是单个企业之间的竞争，而是供应链与供应链之间的竞争。谁所在的供应链总成本低、对市场的响应速度快，谁就能赢得市场。一只手抓住用户的需求，一只手抓住可以满足用户需求的全球供应链，这就是海尔创造的核心竞争力。

（一）通过内部资源整合，优化全球供应链资源网络

海尔物流发展的三个阶段：

第一阶段：物流重组：建立组织机构，整合集团内部物流资源，降低物流成本。

第二阶段：供应链管理：实施供应链一体化管理，提高核心竞争力。

第三阶段：物流产业化：成为海尔在新经济时代的增长点。

在海尔国际化战略指引下，实施物流重组，进行供应链整合建设，使物流能力成为海尔的核心竞争能力，从而获得基于时间的竞争优势，达到以最低的物流总成本向客户提供最大附加价值服务的战略目标。

海尔集团通过内部资源的整合，获取更优的外部资源。流程再造前，海尔集团实施产业事业部制，采购与配送职能分散在事业部，这样就无法利用集团整体规模的优势。物流部成立后，首先整合内部的资源，成立了采购事业部、配送事业部与储运事业部。整合后，集团对所有的物资实施统一采购，利用集团整合的资源优势获得了巨大的经济效益，每年节约资金上亿元。同时，通过整合内部资源也优化了外部资源，建立了强大的全球供应链网络，GE、爱默生、巴斯夫等世界500强企业都已成为海尔的供应商，有利保障了海尔产品的质量和交货期。不仅如此，更有一批国际化大公司已经以其高科技和新技术参与到海尔产品的前期设计中。

（二）ERP信息系统与BtoB电子商务平台的建设

海尔集团在内部实施了ERP信息系统与BtoB电子商务平台的建设，使信息流快速带动实物流的流动。经销商、顾客通过访问海尔网站，根据模块化的设计，下达BtoB订单，订单数据直接进入后台的ERP系统，并通过BBP的采购平台，将采购订单下达给供应商，这使原来需要半个月才能处理完毕的工作几个小时内就可以完成，加快了订单响应速度。通过海尔的BBP采购平台，所有的供应商均在网上接收订单，并通过网络查询计划与库存，及时补货，实现了及时供货；供应商在网上还可接收图纸与技术资料，使技术资料的传递时间大大缩短；通过网上进行招标竞价，使招标更加公平、公正；海尔与招商银行联合，与供应商实现网上货款的支付，一方面付款及时率与准确率均达到100%，另一方面每年可节约供应商千万元费用。海尔通过BBP采购平台加快了整个供应链的反应速度，获取了基于时间的竞争优势。

（三）三个 JIT——JIT 采购、JIT 材料配送和 JIT 分拨物流

海尔集团实施为订单而采购，消灭库存，以三个 JIT 的速度实现同步流程。它采用过站式物流管理模式，仓库不再是储存物资的水库，而是一条流动的河，在河流中流动的是满足需求的“活水”——按单采购的物资，这样，从根本上消除了呆滞物资、消灭了库存。

传统的采购是为库存而采购，造成的结果是：高库存、高资金占用，用户想要的产品没有，而呆滞物资积压严重。

海尔实行流程再造后，海尔每天的销售定单达到 2 000 余个，产品 7 000 种，需采购的物料达 26 万种以上，而所有的采购基于定单，仓库成为中转库，采购周期为 3 天。

在这种复杂的情况下，海尔物流整合以来，呆滞物资降低 73.8%，仓库面积减少 50%，库存资金减少 67%。海尔国际物流中心货区面积 7 200 m^2，但它的吞吐量却相当于普通平面仓库的 30 万 m^2，同样的工作，海尔物流中心只有 10 个叉车司机，而一般仓库完成这样的工作里至少需要上百人。海尔通过 3 个 JIT，即 JIT 采购、JIT 材料配送和 JIT 分拨物流来实现同步流程。通过海尔的 BBP 采购平台，所有的供货商均在网上接受订单，并通过网上查询计划与库存，及时补货，实现 JIT 采购；货物入库后，物流部门可根据次日的生产计划利用 ERP 信息系统进行配料，同时根据看板管理 2 小时送料到工位，实现 JIT 配送；生产部门按照 BtoB、BtoC 订单的需求完成订单以后，满足用户个性化需求的定制产品通过海尔全球配送网络送到用户手中。

（四）与供应商建立战略合作关系

海尔变传统的买卖关系为战略合作伙伴关系，从采购管理向资源管理转变，与供应商实现公平、互动、双赢的战略合作伙伴关系。对外实施日付款制度，保证对供应商付款及时率 100%，加快了整条供应链的实物流与资金流的速度。

实施并行工程由国际化供应商参与设计与开发，不但保证了海尔产品技术的领先性、增加了产品的技术含量，同时开发的速度也大大加快。如海尔集团美高美彩电，从设计到批量销售仅用了两个半月的时间，而原有的周期至少要用 4～6 个月，美高美彩电一上市，销量持续上升，成为 2000 年彩电低迷市场上一道亮丽的风景线。

建成了国际工业园与胶州工业园开发区，这两个工业园中的企业均是海尔形成战略合作伙伴关系的供应商在中国所建的工厂，这些企业在海尔周边建厂，不但实现了零部件与原材料 JIT 采购与配送，又将最先进的技术带给了海尔，提升了海尔的竞争力。

此外，海尔因与供应商建立了双赢的战略合作伙伴关系，很快地推动了寄售模式的广泛应用。寄售模式一方面减少了供应商租赁、装卸与运输的费用，降低了自身的物流成本，另一方面避免了海尔由于原材料的供应不足而导致的停产，从而节约了库存管理的人力、物力和时间。

三、海尔集团同步柔性制造系统的保证——物流技术的创新与广泛的应用

物流技术—标准容器、标准包装、条形码与无线扫描技术实现了单元化、标准化储存和机械化高速搬运，改变了原来收货、搬运、分拣、发货人工操作的状况。一方面，保障了零部件与产品的质量、提高了劳动效率；另一方面，在短暂的时间内保持了快速响应的能力，保证了4小时及时配送上工位，极大地提高了作业效率，降低库存水平。另外，条形码技术和GPS技术的广泛应用，使集团可随时监控车辆的状况和产品质量，对零部件与产品的质量全过程实施监控，实现了质量零缺陷的目标。运输效率大大提高，原来配送到全国各地的货物平均需要7天的时间，现在中心城市可实现8小时配送到位，区域内24小时配送到位，全国各地4天内到位。

（一）先进的物流技术在海尔自动化立体仓库中的应用

建立现代物流系统之前，海尔的仓库占用50多万m^2，费用开支很大。从1998年开始，海尔建成了两个我国规模最大、自动化水平最高的现代化、智能化立体仓库，仓库使用面积仅有2.54万m^2。其中一座坐落在海尔开发区工业园中的仓库，面积1.92万m^2，设置了1.8万个货位，满足了企业全部原材料和制成品配送的需求，其仓储功能相当于一个30万m^2的仓库。这个立体化仓库与海尔的商流、信息流、资金流、工作流联网，进行数据同步传输，采用世界上最先进的激光导引无人运输车系统、机器人技术、巷道堆垛机、通信传感技术等，整个仓库空无一人。自动堆垛机把原材料和制成品举上7层楼高的货位，自动穿梭车则把货位上的货物搬下来，一一放在激光导引无人运输车上，运输车井然有序地按照指令再把货物送到机器人面前，机器人叉起托盘，把货物装上外运的载重运输车上，运输车开向出库大门，仓库中的立体仓库是为柔性生产而配置的中转库，采用高层货架配以货箱或托盘储存货物，用巷道堆垛起重机及其他机械进行作业。整个仓库实现了对物料的统一编码，使用了条形码技术、自动扫描技术和标准化的包装，没有一道环节会使流动的过程梗塞。立体仓库的建成，改变了企业原有的仓储观念，增加了生产的柔性化，从根本上减少了呆滞物资的出现，同时提前的分装与拣选保证了大规模定制生产的需要。并且，实现了库存的智能化管理——以信息代替库存。货物入库后，物流部门可根据次日的生产计划利用ERP信息系统进行配料，同时根据看板管理4小时配送至工位。由于信息的准确和及时，库存量大大减少，原有的材料库存资金周转天数从30天降到10～12天。

（二）充分应用计算机网络，构筑电子商务体系

海尔集团充分运用计算机网络，建立了一整套对市场快速响应的系统。

（1）建立网上订单管理平台。海尔100%的采购订单由网上下达，使采购周期由原来的平均10天降低到3天。供应商可以在网上查询库存，根据订单和库存情况及时补货。

（2）建立网上支付系统。

（3）建立网上招标竞价平台。供应商与海尔共同面对终端消费者，以最快的速度、最好的质量、最低的价格供应原材料，提高了产品的竞争力。

(4)建立信息交流平台。供应商、销售商共享网上信息,保证了商流、实物流、资金流的顺畅。集成化的信息平台,形成了企业内部的信息"高速公路",架起了海尔与全球用户资源网、全球供应链资源网和计算机网络的桥梁,将用户信息同步转化为企业内部信息,以信息替代库存,强化了整个系统执行订单的能力。

海尔物流成功地运用电子商务体系,大大缩短了海尔与终端消费者的距离,为海尔赢得了响应市场的速度,扩大了海尔产品的市场份额。

思考:

1. 海尔集团是怎样把供应链管理下的准时制方式,与企业流程再造等结合起来的?
2. 海尔提出的市场链理论的要点是什么?
3. 海尔提高物流质量的战略和策略是什么?

第四节 物流成本管理

一、物流成本内涵

物流成本指物流活动中所消耗的物化劳动和活劳动的货币表现,即物品在包装、运输、储存、装卸搬运、流通加工、物流信息、物流管理等过程中所耗费的人力、物力和财力的总和以及与存货有关的资金占用成本、物品损耗成本、保险和税收成本,其中与存货有关的的资金占用成本包括负债融资所发生的利息支出即显性成本,以及占用自有资金所产生的机会成本即隐性成本两部分内容。

二、物流成本构成

(一)物流成本项目

按成本项目划分,物流成本由物流功能成本和存货相关成本构成。其中物流功能成本包括物流活动过程中所发生的包装成本、运输成本、仓储成本、装卸搬运成本、流通加工成本、物流信息成本和物流管理成本,存货相关成本包括企业在物流活动过程中所发生的与存货有关的资金占用成本、物品损耗成本、保险和税收成本。具体内容如企业物流成本项目构成如表15-1所示。

表15-1 企业物流成本项目构成表

成本项目			内容说明
物流功能成本	物流运作成本	运输成本	一定时期内,企业为完成货物运输业务而发生的全部费用,包括从事货物运输业务的人员费用、车辆(包括其他运输工具)的燃料费、折旧费、维修保养费、租赁费、养路费、过路费、年检费、事故损失费、相关税金等

续表

		成本项目	内容说明
物流功能成本	物流运作成本	仓储成本	一定时期内，企业为完成货物储存业务而发生的全部费用，包括仓储业务人员费用，仓储设施的折旧费、维修保养费、水电费、燃料与动力消耗等
		包装成本	一定时期内，企业为完成货物包装业务而发生的全部费用，包括包装业务人员费用，包装材料消耗，包装设施折旧费、维修保养费，包装技术设计、实施费用以及包装标记的设计、印刷等辅助费用
		装卸搬运成本	一定时期内，企业为完成装卸搬运业务而发生的全部费用，包括装卸搬运业务人员费用，装卸搬运设施折旧费、维修保养费、燃料与动力消耗等
		流通加工成本	一定时期内，企业为完成货物流通加工业务而发生的全部费用，包括流通加工业务人员费用，流通加工材料消耗，加工设施折旧费、维修保养费，燃料与动力消耗费等
	物流信息成本		一定时期内，企业为采集、传输、处理物流信息而发生的全部费用，指与订货处理、储存管理、客户服务有关的费用，具体包括物流信息人员费用，软硬件折旧费、维护保养费、通信费等
	物流管理成本		一定时期内，企业物流管理部门及物流作业现场所发生的管理费用，具体包括管理人员费用，差旅费、办公费、会议费等
存货相关成本	资金占用成本		一定时期内，企业在物流活动过程中负债融资所发生的利息支出（显性成本）和占用内部资金所发生的机会成本（隐性成本）
	物品损耗成本		一定时期内，企业在物流活动过程中所发生的物品跌价、损耗、毁损、盘亏等损失
	保险和税收成本		一定时期内，企业支付的与存货相关的财产保险费以及因购进和销售物品应交纳的税金支出

（二）物流成本范围

按物流成本产生的范围划分，物流成本由供应物流成本、企业内物流成本、销售物流成本、回收物流成本以及废弃物流成本构成。具体内容如企业物流成本范围构成如表 15-2 所示。

表 15-2　企业物流成本范围构成表

成本范围	内容说明
供应物流成本	指经过采购活动，将企业所需原材料（生产资料）从供给者的仓库运回企业仓库为止的物流过程中所发生的物流费用
企业内物流成本	指从原材料进入企业仓库开始，经过出库、制造形成产品以及产品进入成品库，直到产品从成品库出库为止的物流过程中所发生的物流费用
销售物流成本	指为了进行销售，产品从成品仓库运动开始，经过流通环节的加工制造，直到运输至中间商的仓库或消费者手中的物流活动过程中所发生的物流费用
回收物流成本	指退货、返修物品和周转使用的包装容器等从需方返回供方的物流活动过程中所发生的物流费用
废弃物流成本	指将经济活动中失去原有使用价值的物品，根据实际需要进行收集、分类、加工、包装、搬运、储存等，并分送到专门处理场所的物流活动过程中所发生的物流费用

(三)物流成本支付形态

按物流成本支付形态划分,企业物流总成本由委托物流成本和内部物流成本构成。其中内部物流成本按支付形态分为材料费、人工费、维护费、一般经费和特别经费。具体内容如企业物流成本支付形态构成如表15-3所示。

表15-3 企业物流成本支付形态构成表

成本支付形态		内容说明
企业内部物流成本	材料费	资材费、工具费、器具费等
	人工费	工资、福利、奖金、津贴、补贴、住房公积金等
	维护费	土地、建筑物及各类物流设施设备的折旧费、维护维修费、租赁费、保险费、税金、燃料与动力消耗费等
	一般经费	办公费、差旅费、会议费、通信费、水电费、煤气费等
	特别经费	存货资金占用费、物品损耗费、存货保险费和税费
委托物流成本		企业向外部物流机构所支付的各项费用

三、物流成本管理

(一)物流成本管理的含义

物流成本管理就是对物流成本进行计划、分析、核算、控制与优化,已达到降低物流成本的目的。

物流成本管理是通过成本去管理物流,即管理的对象是物流而不是成本,物流成本管理可以说是以成本为手段的物流管理方法。这是因为:一是成本能真实地反映物流活动的实态;二是成本可以成为评价所有活动的共同尺度。就第一点而言,一旦用成本去掌握物流活动,物流活动方法上的差别就会以成本差别而明显地表现出来。就第二点而言,用成本这个统一的尺度来评价各种活动,可以把性质不同的活动放到同一场合进行比较、分析,评价优劣。因此,把物流活动换成物流成本来管理,是有效管理物流的一种新思路。

(二)物流成本管理的内容

物流成本管理的内容包括物流成本预测、物流成本决策、物流成本计划、物流成本控制、物流成本核算、物流成本分析等。

(1)物流成本预测。

所谓预测是指采用科学的方法预计推测客观事物未来发展必然性或可能性的行为。物流成本预测是运用一定的技术方法,对未来的成本水平及其变动趋势作出科学的估计。如运输成本预测、库存成本预测等。

(2)物流成本决策。

决策是在充分考虑各种可能的前提下，按照客观规律的要求，通过一定程序对未来实践的方向、目标、原则和方法做出决定的过程。物流成本决策主要体现在根据企业决策目标搜集、整理有关信息资料，选择科学的方法计算有关物流成本决策方案的评价指标，并做出正确的财务评价，最终筛选出最优的行动方案。

(3)物流成本计划。

物流成本计划是指通过一定的程序、运用一定的方法，以货币形式规定计划期物流各环节耗费水平和成本水平，并提出保证成本计划顺利实现所采取的措施。

(4)物流成本控制。

物流成本控制就是将对物流成本的事前控制同事中控制有机地结合起来，通过事前确定成本标准，根据执行过程中的实际与计划发生的偏差进行原因分析，并及时采取措施进行调整，改进工作，确保成本目标的实现。

(5)物流成本核算。

就是采用相应的成本计算方法，按照规定的物流成本项目，通过一系列的物流费用归集与分配，计算各物流活动的实际总成本和单位成本。

(6)物流成本分析。

就是运用一定的方法，揭示物流成本水平的变动及其影响因素，进而采取有效措施，合理地控制物流成本。

(三)物流成本管理的要点

1. 确定成本管理对象

物流成本管理的前提是确定成本管理对象，每一企业可以根据本企业的性质和管理的需要来确定物流成本管理对象。具体对象如下：

(1)以物流过程作为对象。可以计算供应物流成本、生产物流成本、回收物流成本及废品物流成本。

(2)以物品实体作为对象。可以计算每一种物品在流通过程中(包括运输、验收、保管、维护、修理等)所发生的成本。

(3)以物流功能作为对象。计算运输、保管、包装、流通加工等诸种物流功能所发生的成本。

(4)以物流成本项目作为对象。计算各物流项目的成本如运输费、保管费、折旧费、修理费、材料费及管理费。

(5)以某一物流部门为对象。如仓库、运输队、装配车间等部门为对象进行计算。这种核算对加强责任中心管理，开展责任成本管理方法以及对于部门的绩效考核是十分有利的。

(6)以某一服务客户作为核算对象。这种核算方式对于加强客户服务管理、制定有竞争力且有盈利性的收费价格是很有必要的。特别是对于物流服务企业来说，在为大客户提供物流服务时,应认真分别核算对各个大客户提供服务时所发生的实际成本。

(7)以某一地区为对象。计算在该地区组织供应和销售所花费的物流成本,据此可进一步了解各地区的物流费用开支情况,以便进行重点管理。

(8)以某一物流设备和工具为对象。如以某一运输车辆为对象进行计算。

(9)以企业全部物流活动为对象。进行计算,确定企业为组织物流活动所花费的全部物流成本支出。

2. 制定成本标准

标准的制定有以下几种:

(1)按成本项目制定成本标准。企业内部每一物流成本项目,按其与物品流转额的关系,可以分为相对固定成本和变动成本。对于固定成本项目(如折旧费、办公费等),可以以本企业历年来成本水平或其他企业(能力及规模与本企业相当)的成本水平为依据,再结合本企业现在的状况和条件,确定合理的成本标准。而对于可变项目,则着重于考虑近期及长远条件和环境的变化(如运输能力、仓储能力、运输条件及国家的政策法令等),制定出成本标准。

(2)按物流功能制定成本标准。不论是运输、保管还是包装、装卸成本,其水平的高低均取决于物流技术条件、基础设施水平。因此,在制定物流成本标准时应结合企业的生产任务、流转流通数量及其他相关因素进行考虑。

(3)按物流过程制定成本标准。按物流过程制定成本标准,是一种综合性的技术要求全面考虑物流的每个过程。既要以历史成本水平为依据,同时又要充分考虑企业内外部因素的变化。制定这种成本标准需要多种技能相结合。

3. 实行预算管理

成本标准确定后,企业应充分考虑其财力状况,制定出每一种成本的资金预算,以确保物流活动的正常进行。同时,按照成本标准,进行定期与不定期检查、评价与对比,以求控制物流活动和成本水平。

4. 实行责任成本管理制度

物流成本遍布社会再生产的每一环节和过程,同样,企业的每一环节和过程也都要发生物流成本。要想管好物流成本,除了制定成本标准外,还需在物流部门、生产部门和销售、管理部门实行责任制,实行全过程、全人员成本管理,明确各自的权力和责任。具体方法及步骤如下:

(1)分解落实物流成本指标。不同的物流部门负担着不同的物流成本。按成本发生的地点将成本分解到一定部门,落实并降低物流成本的责任,并按成本的可控性检查该部门物流成本降低情况,以作为其评价成绩的依据。

(2)编制记录、计算和积累有关成本执行情况的报告。每一物流部门都应将其负担的物流成本进行记录、计算和积累,并定期编制出业绩报告,以形成企业内部完整的物流成本系统。

(3)建立成本反馈与评价系统。一定期间结束后,将每一部门发生的物流成本实际支付结果与预算(标准)进行对比,评价该部门在成本控制方面的成绩与不足,以确定奖励还是惩罚。

5. 合理进行技术改造

合理进行技术改造是指在进行技术及设备引进时要考虑其经济性,尽管先进的运输、包装、装卸技术必然能降低物流成本,但先进技术方法的运用也必然具有较高的成本。因此,以经济技术相结合来选择运输工具、包装材料及装卸工具,也是降低物流成本总水平的一个重要方面。

6. 推进物流管理的现代化

推行物流管理的现代化包括系统化、机械化、合理化物流所要解决的主要问题是物资实体的位移及着眼于成本的降低。建立物流活动的系统化、机械化,从而使其流向合理化,包装运输科学化也能大大降低物流成本是不言而喻的。

知识拓展

作业成本法

作业成本法被认为是确定和控制物流成本最有前途的方法。作业成本法应用于物流成本核算的理论基础是:产品消耗作业,作业消耗资源并导致成本发生。作业成本法把成本核算深入到作业层次,它以作业为单位收集成本,并把“作业”或“作业成本池”的成本按作业变动原因分配到产品。因此,应用作业成本法核算企业物流成本并进而进行管理的基本思路为:界定企业物流系统中涉及的各个作业;确认企业物流系统中涉及的资源;确认资源变动原因,将资源分配到作业;确认成本变动原因,将作业成本分配到产品或服务中。

案例分析

神龙公司大力提升整车物流质量

神龙公司整车物流质量得到大幅提升,整车网点交付的质损率控制在较低水平。

按物流流程,整车下线后,从入库、储存、出库,再到运输(包括在分库进行的二次运输),最后交付网点,其中仅整车运输就涉及运输商、商务部、生产部分库、营销网点等部门,这势必给整车的质量带来较多的不稳定因素。这也就必然要求整车的物流质量的控制必须贯穿于整个物流的全过程。

整车入库是生产环节和整车商品化环节的接口,因此,首先要严把入库关。生产部整车储运分部对入库车实行100%外观和缺件检查,拒绝有A类外观质损和缺件的新车入库。

另外，每周一公司都要组织质量部等相关部门在质量厂房召开质量分析会，对质量问题进行集中展示和分析。

在制度上，为规范商品车入库、出库、网点接收的行为，统一质量标准，使各方以相同的手段和方法来评价、记录商品车质损，公司制定并生效了《整车物流中商品车交接检验程序》和《整车物流中商品车交接检验标准》，对商品车质量验收、车辆维修及维修费用索赔进行了文件化规定。

生产部还配合组织信息部正在开发全新的整车储运管理系统，通过该系统，可以实现全国商品车资源、运输资源、质量维修的统一管理，使公司的整车物流管理水平达到新的高度。

另外，为提高运输商的运输质量和管理水平，公司生产部每年年初都对运输商的车辆进行集中审核和确认，淘汰老、旧车，发放准运证，减少了由于运输造成的质量事故；公司生产部和质量部还组织了运输商、商务部、分库、营销网点的培训和运行检查，加大对运输商和分库的监督和考核，有力控制住了商品车在途运输质量，控制了质损率。

对过程的大力控制和对行为的有力规范，使公司商品车在储运的全过程都得到了精心呵护，确保了整车物流质量得到稳步提升。生产部和质量部相关负责人均表示，将利用“质量月”的东风进一步加强改进，为市场服务，对用户负责。

思考：

神龙公司整车物流质量提高表现在哪几个方面？还有哪些方面需要加强？

本章小结

本章主要介绍了物流质量内涵、物流质量管理及其理念，物流质量管理方法，物流成本、物流成本的构成、物流成本管理的内容等。要求学生探讨现代物流条件下，物流质量管理以及物流成本管理的新理念和新方法。

自我测试

一、单项选择题

1. 物流质量管理是企业全面质量管理的重要一环，其核心是(　　)。

A. 物流效率管理　　B. 物流服务质量管理

C. 物流工作质量管理　　D. 产品质量管理

2. 要提高物流服务水平，首先必须提高物流系统中(　　)。

A. 每一项工作的质量　　B. 员工的素质

C. 各项活动的协调性　　　　D. 各项活动的运作效率

3. 保险费属于企业物流成本中的(　　)。

A. 人工费用　　B. 运营费用　　C. 财务费用　　D. 维护费用

二、多项选择题

1. (　　)是物流质量的具体体现。

A. 物流工作质量　B. 物流工程质量　C. 物流服务质量　D. 商品质量的保证及改善

E. 物流质量管理信息

2. (　　)构成了顾客直接感受到的服务质量。

A. 物流工作质量　B. 物流工程质量　C. 物流服务质量　D. 商品质量的保证及改善

E. 物流质量管理信息

3. 物流质量取决于(　　)。

A. 物流工作质量　B. 物流工程质量　C. 物流服务质量　D. 商品质量的保证及改善

E. 物流质量管理信息

4. 按成本项目划分,物流成本由(　　)构成。

A. 物流功能成本　B. 存货相关成本　C. 供应物流成本　D. 企业内物流成本

E. 销售物流成本

5. 按物流成本支付形态划分,企业物流总成本由(　　)构成。

A. 委托物流成本　B. 内部物流成本　C. 供应物流成本　D. 企业内物流成本

E. 销售物流成本

三、判断题

1. 商品质量的保证及改善和物流服务质量是物流质量的具体体现。(　　)

2. 物流质量改进是通过改进服务水平来实现的。(　　)

3. ISO9000 指的是一个标准。(　　)

4. ISO9000 提供了一个“以企业为中心”的经营理念,使企业更加贴近市场。(　　)

5. 物流功能成本包括物流活动过程中所发生的包装成本、运输成本、仓储成本、装卸搬运成本、流通加工成本、物流信息成本和物流管理成本。(　　)

6. 内部物流成本按支付形态分为材料费、人工费、维护费、一般经费和特别经费。(　　)

复习思考

1. 物流质量涵盖了哪些内容?

2. 如何加强企业物流质量管理?

3. 物流成本有哪些分类?

4. 物流管理的要点是什么?

第十六章 物流服务管理

知识目标

1. 了解物流服务管理的含义与分类、物流客户服务的理念、物流客户关系管理的定义、物流服务绩效评价的内容、物流营销的含义与特点等
2. 掌握物流客户服务的基本能力、物流客户关系管理的环节和方式、物流企业营销管理过程、物流市场的调研与计划等

技能目标

1. 能够识别、分析、选择和发掘物流市场营销机会
2. 能够开展物流市场调研,并写出调研分析报告
3. 能够制定物流营销策划方案

引导案例

中远物流公司凭借国际化的网络优势和实力,通过对市场进行细分,近几年来选定了汽车物流、家电物流、展运物流、石化物流、项目物流作为目标市场,为客户提供高附加值服务。

在汽车物流方面:中远物流公司为上海通用、安徽江淮汽车等厂家提供汽车零配件配送服务,并与众多有实力的汽车生产厂商建立了良好的合作关系。从 1998 年 7 月开始,中远物流公司承担着上海通用公司汽车零配件从上海港至浦东金桥通用 RDC 仓库的一关三检、仓储和内陆配送运输任务,不断为其提供个性化的服务。

在家电物流方面:中远物流公司参与了无锡小天鹅公司的物流方案设计和实施,通过对客户整个物流供应链的管理,为客户缩短了物流时间,节省了物流成本,并提高了对最终用户的服务水平。中远物流公司还参与了南京熊猫集团进出口公司自 2001 年 6 月至 2003 年 5 月向古巴出口 100 万台 21 英寸熊猫彩电的物流项目,取得了该项目 70% 的货运量。

整个项目包括货物的提货、仓储、装箱、检验、检疫、通关、海运、信息跟踪、目的港配套服务等物流服务内容。

在展运物流方面:2001年9月,中远物流公司承接了上海市政府新闻办主办的“米兰上海文化周”业务,取得了市府新闻办的信任,获得长期合作的机会。2001年11月中远物流公司流承接了在上海举办的“中国香料香精化妆品暨设备包装展”。2002年4月28日至2003年5月,“狂想的艺术——大师达利互动展”在广州、北京、上海和香港巡回举办,中远物流公司作为此次活动的物流服务商,负责全部展品从丹麦、瑞士至展览地的全程运输,并提供展品装箱、陆运、海运、拆箱的全过程服务。

在石化物流方面:2002年7月22日,中远物流公司在马来西亚中标南海壳牌石化项目,引起了国内外物流商的广泛关注。石化物流已成为该公司主攻的目标市场。

在项目物流方面:1998年6月,中远物流公司成为秦山三期设备内陆运输总承包商,负责承运秦山三期核电工程的所有设备的内陆运输和大部分设备的海外段运输。

思考:

中远物流是如何服务其目标市场的?给我们带来了什么启示?

第一节　物流服务管理概述

一、物流服务管理的含义与分类

(一)物流服务管理的含义

物流服务管理不是单指物流活动中某个具体的服务结构和服务内容,而是各种具体服务的综合。任何企业都需要客户,任何客户都需要服务,这种不分产品、不分行业的客户服务经营理念就是物流服务管理。

企业物流服务管理是一种了解和创造客户需求,以实现客户满意为目的,企业全员、全过程参与的一种经营行为和管理方式。它包括营销服务、部门服务和产品服务等几乎所有的服务内容。物流服务管理的核心理念是:企业(包括服务行业)全部的经营活动都要从满足客户的需要出发,以提供满足客户需要的产品或服务作为企业的责任和义务,以客户满意作为企业经营的目的。

企业物流服务质量取决于企业创造客户价值的能力,即认识市场的能力,了解客户现有和潜在需求的能力,并将此导入企业的经营理念和经营过程中。优良的企业物流服务管理能最大限度地使客户满意,使企业在市场竞争中赢得优势,获得利益。

(二)物流服务管理的分类

物流服务管理必须对服务的全过程进行管理,这种全过程服务管理在实际运用中可分成售前服务管理、售中服务管理和售后服务管理。

1. 售前服务管理

售前服务管理是指在客户购买商品之前,企业向潜在客户提供的服务管理。售前服务管理是一种超前的、积极的客户服务活动,它的关键是树立良好的第一印象,目的是尽可能地将商品信息迅速、准确、有效地传递给顾客,沟通双方感情,同时也要了解客户潜在的、尚未满足的需求,并在企业能力范围内尽量通过改变产品特色满足这种需求。售前服务管理的主要方式有:免费培训班,产品特色设计,请客户参加设计,导购咨询,免费试用,参观商品生产过程和使用实态,赠送宣传资料,商品展示,上门介绍,商品质量鉴定展示,调查客户需要情况和使用条件等。

2. 售中服务管理

售中服务管理是指企业向进入销售现场或已经进入选购过程的客户提供的服务管理。这类服务管理主要是为了进一步使客户了解商品特点及使用方法,目的是通过服务,展示对客户的热情、尊重、关心、帮助、情感和向客户提供额外利益,帮助客户作出购买决策。售中服务管理的主要形式有:提供舒适的购物现场、现场导购、现场宣传、现场演示、现场试用、照看婴儿、现场培训、礼貌待客、热情回答、协助选择、帮助调试和包装等。

3. 售后服务管理

售后服务管理是指企业向已购买商品的顾客所提供的服务,它是商品质量的延伸,也是对顾客感情的延伸。这种服务管理是为了增加产品实体的附加价值,解决客户由于使用本企业产品而带来的一切问题和麻烦,使其放心使用,降低使用成本和风险,从而增加客户购买后的满足感或减少客户购买后的不满情绪,以维系和发展品牌的目标市场,使新客户成为"回头客",或者乐意向他人介绍推荐企业产品。售后服务管理的关键是坚持、守信、实在,主要方式有:免费送货、安装和调试,包退包换,以旧换新,安装用户免费热线电话,技术培训,产品保证,备品和配件的供应,维修服务网点,巡回检修,综合性联合服务,特种服务,组织用户现场交流,客户投诉处理,客户联谊活动,向用户赠送自办刊物和小礼品等。

二、物流客户服务的基本能力

客户服务是衡量物流系统为某种商品或服务创造时间和空间效果的好坏尺度,这包括从接受客户订单开始到商品送到客户手中为止而发生的所有服务活动。要理解物流客户服务的基本服务能力,可以从以下三个方面着手:

1. 可得性

可得性是指物流企业拥有的满足客户需求的库存能力。可得性可以通过各种方式实现,最普通的做法就是按预期的客户订货进行存货储备,于是,仓库的数目、地点和储存政策等便成了物流系统设计的基本问题之一。

对特定产品的储备计划要结合其是否畅销,对整个物流运作的重要性、收益率和商品本身的价值因素,而不是仅仅关心其可得性的大小。存货一般分为两类:一类是取决于需求预测用于支持基本可得性的基本储备;第二类是满足超过预测数需求量应用于作业变化的安全储备。

反映一个厂商满足特定客户对存货需求的能力,可以通过缺货频率,供应比率和订货完成率三个指标进行衡量。

(1)缺货频率。缺货频率(Stock Out Frequency)是指企业发生缺货的频率。换句话说,该衡量方法用于表示一种产品可否按需要装运交付给客户。当需求超过产品可得性时就会发生缺货。

缺货频率可用于衡量一种特定的产品需求超过其可得性的次数。将全部商品发生的缺货次数汇总,就能得到一个物流企业实现其基本服务承诺的状况。

物流企业应尽力维持低的缺货频率,一旦发生缺货,要为客户提供合适的替代产品,或从其他地方调运,或向客户承诺一旦有货立即安排运送,目的在于保证企业形象、留住企业客户。

(2)供应比率。指衡量缺货的程度或影响大小。其计算方法如下:

$$供应比率=\frac{某产品可得数量}{客户订货数量}\times 100\%$$

要判断缺货是否影响到物流客户服务绩效,首先要弄清楚客户的真实需求,对于物流企业而言,确认该商品是否缺货及缺货的数量。衡量缺货程度可以表现在企业对物流客户需求跟踪记录上。供应比率是按不同商品的重要程度不同而有所区别的。对于移动速度快的商品,1%的缺货都会使客户产生严重的不满。然而相对于移动速度相对较慢的货物,5%的缺货客户也能够接受,客户也许会同意延期交货,甚至愿意对短缺的产品重新订货。因此,物流企业应该对重要产品加以识别,并在客户需求的基础上,提高供应比率。

物流企业可以利用供应比率战略来提升本企业的竞争力水平,缺货频率和供应比率都取决于客户的订货时间。如果企业为小批量存货频繁安排补充订货,缺货频率可能会提高,因为每一次补充订货都有相等的递送延迟机会。缺货频率和供应比率,与订货数量之间呈负相关性。

(3)订货完成率。衡量厂商完成一个客户所预订的全部存货时间的指标。订货完成率把存货的充分可得性看做是一种可接受的完成标准,假如其他各方面的完成为零缺陷,则订货完成率就为客户享受完善订货的服务提供了潜在的指标。

2. 作业完成

作业衡量可以通过速度、一致性、灵活性、故障与恢复等方面来具体说明所期望的完成周期。分析综合物流的最基本单位是完成周期,物流企业应该把完成周期看做是完成一种作业的使命,以及所提供服务的客户类型与随时间所经历的作业变化程度等。

(1)速度。完成周期的速度是指从一开始订货起至货物装运实际抵达时止的这段时间。

根据物流系统设计完成周期所需时间的不同,即使在今天高水平的通信技术和运输技术条件下,订货周期也会有很大的不同,订货周期可以是几个小时,也可以长达几个星期。如何确定完成周期的时间往往与存货需求有着直接关系。通常的规律是计划完成速度和客户所需存货投资水平成反向变化。

对供应商的递送委托更具代表性的业务安排,是建立在客户各种期望基础上的完成周期的速度。在某些紧急情况下,供应商会通过当地仓库进行特别递送。这种业务关系通常是按照客户的具体要求,围绕着能促进物流作业效率所期望的完成周期形成的,换句话说,并不是所有的客户都需要或希望最大限度地加速,因为这种超速的物流服务一般情况下提高物流服务的价格。完成周期时间与客户存货投资之间的这种关系居于以时间为基础的物流之首。

(2)一致性。虽然服务速度至关重要,但大多数物流企业更强调一致性。一致性是指厂商在众多的完成周期中按时递送的能力。一致性问题是物流服务的最基本问题。不能把一致性直接解释为客户额外需要的完全储备,以防有可能发生的递送延迟。可得性与一旦需要就可以进行产品装运的存货有关,完成周期的速度则与持续地按时递送特定订货所必须的作业能力有关。所谓的一致性,是指必须随时按照递送承诺加以履行处理的能力。

(3)灵活性。作业的灵活性是指处理异常的客户服务需求的能力,厂商的物流服务能力包括在突发的情况下,如何妥善处理问题。需要厂商灵活作业的典型事件有:① 修改基本服务安排;② 支持独特的营销方案;③ 新产品引入;④ 产品逐步停产;⑤ 供给中断;⑥ 产品回收;⑦ 特殊市场的定制或客户的服务层次;⑧ 在物流系统中履行产品的修订或定制,诸如定价、组合和包装。

在众多情况下物流服务的优势在于灵活的能力之中。一般说来厂商的整体物流服务能力取决于在适当满足关键客户的需求时所拥有的弹性能力。

(4)故障与恢复。不管厂商的物流作业多完善,故障总是会发生的。在发生故障的作业条件下继续实现业务需求是十分困难的。故障是指可能发生的物流表现的失败,如产品损坏、分类不正确、货单不精确等。当这类故障发生时,企业的表现可以从需要多少时间恢复来考察。企业要有能力预测服务过程中可能发生的故障或服务中断,并有适当的应急计划来完成和恢复任务。通过这些预防或调整特殊情况的方案,以防止故障发生。当实际的服务故障发生时,客户服务方案中的应急计划还应包括对客户期望恢复的确认以及衡量服务一致性的方法。

3. 可靠性

物流服务的可靠性对物流服务质量而言十分重要。物流活动中最基本的问题就是如何实现已计划的存货可得性及作业完成的能力。

除了服务标准外,质量上的一致性涉及能否并乐意迅速提供有关物流作业和客户订货状况的精确信息。事实证明,有关订货内容和时间的事前信息与完美订货的履行相比更加重要。厂商有无提供精确信息能力是衡量其客户服务能力最重要的一个方面。

除了服务可靠性,服务质量的一个重要组成部分是持续改善。类似于厂商内部的其他经理人员一样,物流经理关心如何尽可能少地发生故障的完成作业目标,而完成作业目标的一个重要方法就是从故障中吸取教训,改善作业系统,以防再发生故障。

三、物流客户服务的理念

在物流客户服务理念中,客户服务满意占有极其重要的地位。现代物流企业要想和竞争对手拉开距离,吸引客户,就只有牢固树立为客户服务理念,制定有效的客户服务制度,提供真正的优质服务,使客户感到服务满意。

1. 树立以客户为中心的服务理念

树立以客户为中心的服务理念是决定一个物流企业生存发展的重要因素,但是,要真正做到以客户为中心,就必须真正按照客户的要求提供服务,而不只是从企业自身的利益出发。

树立以客户为中心的服务理念,仅仅在口头上讨论如何改进对待客户的方式是远远不够的,必须制定企业的宗旨和可行的计划,这些计划应从最高层管理者开始实行,最终渗透到物流企业的各个部门,各位员工。要为客户清除物流服务中的一切障碍,只有尽力为客户解决问题。当企业真正做到关心每一位客户时,就一定能够扫除任何客户服务障碍。

树立以客户为中心的服务理念,必须建立在客户的认知上。因为服务的对象是客户,客户的感受才是最直接、最重要的。要重视客户的感受,企业的服务必须要求最高水平。许多物流企业规划客户服务系统的时候,很少从客户的角度去想客户之想,最终也会影响企业的利益。

2. 建立有效的物流客户服务管理制度

(1)退货制度。企业是否有退货制度,退货制度是否过于漫长和费力,这些将会影响到一个物流企业未来的潜在客户。一个好的客户服务制度应该能够即时办理退货、安排专门退货员到仓库替换商品。

(2)返款制度。如果客户想要退款,物流企业应该有相应的返款制度。通过就近的业务主管批准客户的返款,尽快用现金或信用卡为客户返款。

(3)及时答复客户的投诉信。在物流客户服务中,征集客户的反面意见、批评和投诉有利于物流企业不断完善物流服务的过程,提高物流服务的水平。投诉(与解答)过程是服务修整概念中的重要组成部分,也是重要的服务制度。物流企业要随时愿意接受客户的投诉和不满,并且能及时做出答复。只有这样才能达到改进为客户服务的效果。

假如物流企业确定的制度是帮助员工去更好地为客户服务,则物流企业就会真正有善待客户和善待员工的制度。这是与竞争对手较量时的一种优势。

第二节 物流客户关系管理

一、物流客户关系管理的含义

(一)客户关系管理的概念

客户关系管理(Customer Relationship Management,CRM)是指企业为提高核心竞争力,达到竞争致胜、快速成长的目的,树立以客户为中心的发展战略,并在此基础上开展的包括判断、选择、争取、发展和保持客户所需实施的全部商业过程;是企业以客户关系为重点,通过开展系统化的客户研究,通过优化企业组织体系和业务流程,提高客户满意度和忠诚度,提高企业效率和利润水平的工作实践;也是企业不断改进与客户关系相关的全部业务流程,在最终实现电子化、自动化运营目标的过程中,所创造并使用的先进的信息技术、软硬件和优化的管理方法、解决方案的总和。

(二)物流客户关系管理的概念

所谓物流客户关系管理,就是把物流的各个环节作为一个整体,从整体的角度进行系统化的客户关系梳理,在物流企业的层面选择企业的客户、不断优化客户群,并为之提供精细服务的管理过程。

物流客户关系管理是在客户需求的拉动下,为了使物流竞争力增强而借助信息技术和管理技术,将物流的业务伙伴的业务流程相互集成,实现产品设计、原料采购、产品制造、仓储配送、分销与零售集成化,并进行优化管理,进而实现客户价值最大化的管理模式。这种管理模式实际上是一种“客户拉动”的管理模式,也就是以客户服务、客户满意为价值取向的模式。客户需求是现代物流的起点和动力,客户需求的满足也是一个过程的终点和企业目标的实现,其重要性在于客户价值超过了产品价值本身。所以,物流客户服务管理协调物流企业通过积极合作经营而赢得利润。由于搞好物流客户关系管理首先就要了解客户的需求,实现快速反应,提供个性化需求的满足,在此基础上通过规模的扩大来提高利润,而不仅仅是通过压缩成本开支来机械地增加利润。因此,这也是“有效客户”需求反应管理模式在物流领域的实际载体。

物流客户关系管理是从“以产品为中心”向“以客户为中心”转变过程中的必然产物。它使企业的关注焦点从企业内部运作扩展到与客户的关系上来。

二、物流客户关系管理的重要性

物流客户关系管理对于企业的市场营销活动是至关重要的,它可以大规模、全方位收集、分析客户信息,能够为市场营销提供越来越丰富的数据资源,通过客户调查、测试结果,能够使企业对新商品、新广告策略、新兴市场等有准确的定位,从而在正确的时间,以正确的价格，向正确的客户销售正确的商品；辅助物流企业提高服务水平，提供主动、完善的服务。

1. 物流客户关系管理重要性的体现

(1)有效整合客户的关键信息。记录客户的详细信息及以往与客户的联络情况，包括客户档案管理、联络记录管理等。其中客户档案除包括客户名称、所属行业、地址等基本信息，还将客户按不同标准分类，以便于对客户信息的准确把握和物流需求预测；联络记录详细记载了每次与客户联系的时间、方式、情况、结果等，这些信息的记录都是为了在对客户进行进一步联络时更加具有针对性，使专门与客户打交道的部门能够随时得到与客户相关的资料，真实和全方位地了解客户。同时对客户资料进行分析、处理和归档，在信息技术的支撑下，使企业既能根据客户的特点提供服务，又能对客户的盈利性进行评估。

(2)为客户提供个性化产品/服务，增加客户对企业的忠诚度。物流企业能够将其服务业务扩展到互联网上，使客户能够通过 Internet 选择并购买具有个性化配置的产品或服务，真正实现定制的个性化服务。客户通过浏览网页了解感兴趣的产品，提出服务请求、查阅产品常见问题的答案、在线订购所需服务并检查服务状况、查看和支付账单等。物流企业通过客户的购买服务的数据，能够针对不同客户创建个性化的促销和服务建议，并通过 Internet 向客户发出这些建议。例如，当一位客户通过企业的网页购买了物流服务方案后，销售系统会记录下客户购买和浏览过的服务内容，当他再次进入企业的网页时，系统识别出他的身份后就会根据其喜好推荐有关物流方案。客户浏览的次数越多，系统对他了解就越多，也就能更好地为他服务。显然，这种有针对性的服务对维持客户的忠诚度有极大帮助。

(3)提高售前工作的效率和质量。对有关物流基础方案的信息及销售、库存等情况的查询、分析，可以使营销人员能够对市场营销活动有效地加以计划、执行、监视和分析。根据客户需求设计和分发宣传品，对有购买意向的客户进行跟踪、分配和管理等。这些功能可帮助企业实施针对性强、效率高的市场营销活动，从而争取和保留更多的目标客户。

(4)企业对市场条件的变化作出及时反应。物流客户关系管理搜集、积累了大量与客户服务及产品销售有关的数据，在此基础上能够提供完善的数据挖掘、分析能力，根据历史记录预测未来他们的购买意向及市场销售的趋势。包括竞争对手档案管理等信息，详细记录竞争对手的优势与不足，用来帮助营销人员在制定营销战略时扬长避短，从而最终在竞争中获胜。这为企业在改进客户满意度和企业自身盈利、扩展新的市场和商业渠道、缩减销售周期和销售成本方面均提供了全方位和强有力的支持。

2. 客户服务的目标体现

客户服务反映了一种新型的营销观念，也是物流客户关系管理的主要载体，旨在改善与优化企业与客户之间的地位。主要实施于企业的营销、服务与技术支持等与客户有关的领域。其目标一方面是通过提供更快速周到的优质服务吸引和保持更多的客户；另一方面是通过对企业业务流程的全部重组和管理，降低企业成本。其实施目标体现在以下几个方面：

(1)通过提供更快速和周到的服务吸引和保持更多的客户。利用客户服务系统，企业能够从与客户的接触中了解他们的名称、企业年限、经营状况、企业性质、财务水平、购买频率、通信地址、主管个人喜好及购买习惯等信息，并在此基础上进行"一对一"的个性化服务。通过搜集、追踪和分析每一个客户的信息，知道他们需要什么，为他们量身定做产品，并把客户想要的产品和服务送到他们手中。这就是随着市场不断细分而最终出现的大规模定制的市场营销原则的精髓，即根据不同的客户建立不同的联系，并根据其特点和需求提供不同的服务，从而真正赢得客户的"忠诚"。

(2)通过对业务流程的全面管理降低企业的成本。通过对客户信息的管理和挖掘，不仅有助于现有产品的销售，而且提供了对历史信息的回溯及对未来趋势的预测，能够很好地实现企业与客户之间的互动。举例来说，企业能够依据不同客户过去的购买行为，分析他们的不同喜好，预测他们未来的购买意向，据此分别对他们实施不同的营销活动，避免大规模广告的高额投入，从而使物流企业的营销成本降到最低，而营销的成功率较高。

(3)客户服务的自动化。客户服务的实现，是由于现代通信技术的完善。通过电话呼叫中心能够提供及时服务，包括业务受理、客户投诉等服务的完全自动化。客户只需拨打一个统一的电话号码即能得到"直通车"式的服务。电话呼叫中心将每一事件从申报、受理、调度、处理的每一个环节完全控制在事先编排好的计算机逻辑中，并通过计算机进行跟踪、控制。一方面避免了人为因素，提高了服务质量；另一方面明确了每个相关部门、每个员工的职责，将复杂的物流业务纳入了统一的管理轨道。

三、物流客户关系管理的环节和方式

(一)物流客户关系管理的环节

1. 客户关系管理目标

CRM 是以客户为中心的包括销售、市场营销和客户服务的企业业务流程自动化系统，通过改进和提高客户满意度来提高企业的经营效率和盈利能力。它不仅是一种技术，更是一种管理理念。客户关系管理的目标归纳起来主要有以下三个方面：

(1)提高效率。通过采用信息技术，可以提高业务处理流程的自动化程度，实现企业范围内的信息共享，提高企业员工的工作能力，并有效地减少培训需求，使企业内部的管理更高效。

(2)拓展市场。通过新的业务模式(电话、网络等)扩大企业经营活动范围，及时把握新的市场机会，以便占领更多的市场份额。

(3)维系顾客。客户可以选择自己喜欢的方式和企业进行交流，在方便地获取信息的同时,得到更好的服务。客户的满意度提高了,就可以帮助企业维系客户关系,留住更多的老顾客,并更好地吸引新客户。

客户关系管理系统不仅是一个管理理念,更是一套人机交互系统和一种解决方案,其中贯穿着系统管理、企业战略、人际关系资源的合理利用等内容,它能帮助企业更好地吸引潜在的客户和留住最有价值的客户。通过 CRM 企业可以迅速发现潜在的客户,对客户进行全面地观察和管理,更好地了解客户的需求,对客户及其发展前景进行有效地预测,对其当前和潜在的利益进行科学地分析,进而维系二者之间的关系,并使从客户身上的盈利实现最大化。因此,企业必须对不同的客户采取不同的策略,CRM 正是达到这一目的的最好工具和帮手。

2. CRM 系统的组成部分

一般来说,一个企业的 CRM 系统通常包括销售管理、市场管理、客户服务与支持三个部分。

(1)销售管理。CRM 能帮助销售部门有效地跟踪众多复杂的销售路径,用自动化的处理过程代替原有的手工操作过程,这样既缩短了销售周期,又减少了许多错误和重复性的工作。利用这一工具,销售人员可将客户信息装入一个"配置引擎"及一个可共享的"市场推销百科全书"中,为每一个销售人员提供获取产品和市场竞争的信息,以便及时掌握市场动态,获取最大的销售利润。同时企业也不会由于某位销售人员的离去而丢失重要的销售信息。销售管理还为使用者提供各种销售途径和工具,如电话销售、移动销售、远程销售、电子商务等。通过它们,销售人员无论何时何地都可及日寸地获得有关产品、定价、配置和交货的信息。

(2)市场管理。CRM 具有市场分析、市场预测和市场活动管理功能。市场分析能帮助市场人员识别和确定潜在的客户和市场群落。例如,通过人口统计、地理区域、收入水平、以往的购买行为等信息,更科学、更有效、更正确地制定出产品和市场策略,同时还可以提供企业业务为何出现盈亏的信息,使管理者更好地监视和管理企业当前的运营;预测能力既可以为新产品的研制、投放市场、开拓市场等决策提供有力依据,又可为制定销售目标和定额提供参考,还可进行基本市场及市场群落分析、客户分析、产品分析等,并能把相关的信息自动传递到各有关部门,加强监控,实现协调运转。市场活动管理则能为市场主管人员提供制定预算、计划、执行步骤和人员分派的工具,并在执行过程中实行监控、快速反馈及响应,以不断完善其市场计划;同时,还可以对企业投放的广告,举行的会议、展览、促销等活动进行事后跟踪、分析和总结。

CRM 所提供的营销自动化模块,作为对销售自动化的补充,为营销提供了独特的能力,如营销活动(包括以网络为基础的营销活动或传统的营销活动)计划的编制和执行、计划结果的分析、清单的产生和管理、预算和预测、营销资料管理(关于产品、定价、竞争信息等的知识库)、对有需求客户的跟踪和管理。营销自动化模块和销售自动化模块的不同在于，它们提供的功能不同，而且功能的目标也不同。营销自动化模块不局限于提高销售人员活动的自动化程度，其目标是为营销及其相关活动的设计、执行和评估提供详细的框架。在很多情况下，营销自动化和销售自动化的模块是互相补充的。

(3)客户服务与支持。在很多情况下，客户的保持及客户利润贡献度的提高依赖于优质的服务。客户只需轻点鼠标或打一个电话就可以转向物流企业的竞争者。因此，客户服务和支持对很多公司是极为重要的。在 CRM 中，客户服务与支持主要是通过呼叫中心和互联网实现的。CRM 系统中强有力的客户数据使得通过多种渠道(如互联网、呼叫中心)的纵横向销售成为可能，当把客户服务与支持功能同销售、营销功能比较好地结合起来时，就能为企业提供更多的机会，向企业的客户销售更多的产品。客户服务与支持的典型应用包括：客户关怀、纠纷、订单跟踪、现场服务、问题及其解决方法的数据库、维修行为安排和调度、服务协议和合同、服务请求管理等。

(二)物流客户关系管理方式

一个典型的物流企业 CRM 管理流程，通常包括以下四个阶段，如图 16-1 所示。

1. 信息管理阶段

CRM 系统需要从企业的业务系统、EPR 系统、MIS 系统、OA 系统抽取有关客户的数据，然后进行进一步转换、清理、加工。

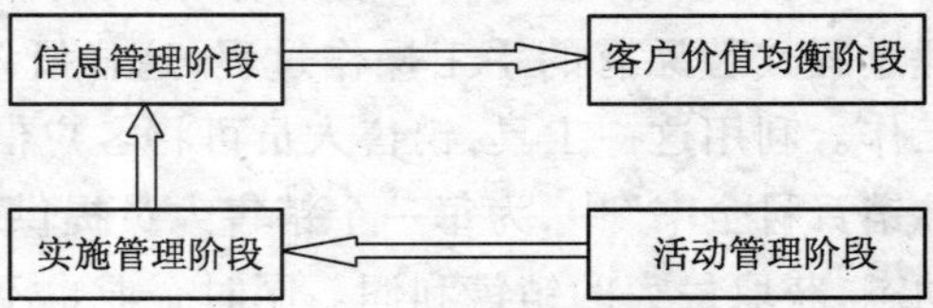

图 16-1 CRM 流程循环

2. 客户价值衡量阶段

在数据加工的基础上，利用数据仓库、数据挖掘工具对数据进行整理，生成有用的客户信息。

3. 活动管理阶段

根据取得的这些客户信息来设定一些企业的市场推广活动，比如要促销企业的新产品时，就要进行客户细分，分析哪些客户最有可能成为企业的促销对象，做到有的放矢。

4. 实施管理阶段

它是上一个阶段活动的具体化，设计完促销活动以后需要通过各种渠道，如呼叫中心、网站发布、发送 E-mail 等方式进行具体的实施。

这四个阶段构成了企业 CRM 闭环流程，使其紧密衔接、环环相扣。

四、物流客户服务绩效评价

定期对物流客户服务系统进行绩效评价，有利于企业发现问题改进业务，在竞争中占据优势。对物流客户服务的绩效水平进行评价，可以运用下面几方面的指标：客户满意度、交易前评价指标、交易中评价指标、交易后评价指标。

1. 客户满意度

客户满意度是经常被提及的一项评价指标，反映了企业对客户满意程度的重视。客户满意度采用问卷调查、回访、座谈等方法来获得客户满意与否的相关信息。但由于操作性较差的缘故，在物流客户服务绩效评价的过程中，应当尽量将这一指标分解为众多的分指标，同时结合企业的市场份额、企业的形象、声誉、客户忠诚度等指标，力争能够从不同侧面全面、真实地反映客户的满意程度。

2. 交易前指标评价

交易前要素评价指标包括：库存可得率、目标交付时间、信息能力等。

3. 交易中指标评价

交易中要素评价指标是对物流服务提供过程中可能影响客户服务质量的关键环节的反映。具体包括：下订单的方便性、订单满足率、订货周期的一致性、订货周期时间等。订单处理正确率、订单跟踪、灵活性、货损率等。

4. 交易后指标评价

交易后要素评价指标是对物流服务作业活动结束后，一些可能影响客户服务质量的关键因素的反映。具体包括：票据的及时性、退货或调换率、客户投诉率、客户投诉处理时间等。

企业在进行物流客户服务的绩效评价时应结合自身的特点，对上述四个指标进行修改完善，并根据评价的结果找出与企业目标的差距，进行必要的纠正和改进，不断提高物流企业的服务质量。

第三节　物流营销管理

一、物流营销的含义与特点

（一）物流营销的含义

物流营销是指在物流活动过程中，经过将客户需求和相关产品信息的调查、细分、计划等营销服务活动后，将产品送达客户手中，同时将产品在物流中的储存、订购、运输和签收等信息反向传递给企业的循环过程。这一定义包括如下含义：

（1）物流营销活动主体包括两个：需要物流服务的需求方，提供物流服务的供给方。

（2）物流营销的目标是为了增强市场供给和需求的有效性。物流需求方的有效性是指能够及时、方便和低成本的得到物流服务，物流供给方的有效性是指能够准确寻求到物流的需求者。物流营销的有效性将带来社会物流体系的高效率，最终降低社会的市场交易成本。

（3）物流营销在形式上是物流市场内部某类企业市场行为的组合。

（二）物流营销的特点

根据物流企业所提供的物流服务的特点，可以归纳出物流市场营销一般具有以下几个特点：

(1)物流市场营销提供的是服务产品，物流服务的质量水平并不完全由物流企业所决定，而同顾客的感受有很大的关系。

(2)物流市场营销的群体差异程度比较大。由于供应链全球化的趋势加强，物流活动变得更加复杂。许多企业为了提升自己的核心竞争力，出现了将非核心业务外包的趋势，急剧增加的物流外包需求为物流企业带来广阔的发展前景和巨大的市场；物流顾客对象遍布各行各业，导致了物流市场的差异性。因此，物流企业在进行营销工作时，必须根据目标客户的特点为其量身定做，建立一套高效合理的物流解决方案。

(3)物流市场营销的服务能力强。随着物流市场需求的演变，顾客的个性化需求越来越突出，客观上要求物流企业具有强大的营销服务能力。一个成功的物流企业，必须具备较大的运营规模，能有效覆盖一定的地区范围，同时还要有先进的指挥和控制中心，兼备高水准的综合技术、财务资源和经营策略。

二、物流营销管理的意义

物流营销作为物流管理的一项重要职能，涉及企业经营活动的全过程以及企业内外部的各个方面，其主要意义在于以下几点：

1. 提高营销能力

客户需求是推动物流市场发展的根本动力，因此物流企业应以市场为导向，重视客户的市场需求。物流营销可以有效地为物流企业收集客户需求、市场开发、产品状况等方面的信息，使物流企业迅速进行市场定位，提高物流资源配置的能力，提供灵活多样的客户服务，最大限度地满足客户的需要。

2. 减少投资风险

物流技术平台、运输设备、仓库、配送中心、信息系统等设施设备投入较大，加上物流需求的不确定性和复杂性，投资风险巨大。通过物流营销进行的市场调研、细分，可以大大减少盲目投资的风险，从而使企业将有限的人力财力集中于核心业务。

3. 降低运行成本

通过物流营销，可以将诸多结点和线路组成结构稳定、高效运作的物流网络，从而减少结点和线路间的交易成本，减少用户使用网络资源和要素的成本，同时放大各要素的功能，提高要素和整个网络的收益。此外，物流企业借助精心策划的物流计划，可以最大限度减少库存，改善企业的现金流量，实现成本优势。

4. 提高物流能力

物流营销可以更好地处理信息，分析所获得的市场信息和客户信息。用营销理论和工具分析物流市场情况，可以使信息资源最大范围的共享、提供更优质的客户服务，从而提高企业的物流能力。

三、物流企业营销管理过程

物流企业营销管理过程，就是指物流企业识别、分析、选择和发掘市场营销机会，以实现企业的任务和目标的管理过程。企业的营销管理过程主要包括分析市场机会、选择目标市场、确定营销组合和管理营销活动。

（一）分析市场机会

企业处在动态变化的市场中，适应这种动态变化的唯一途径是迅速了解、判断市场的变化，发现、评价各种营销机会，及时捕捉有利于企业发展的机会。发现和评价营销机会是营销管理人员的主要任务，也是营销过程的第一步。那么，营销管理人员该怎样发现和评价营销机会呢？

1. 建立营销信息系统，收集、研究营销信息

信息已成为物流企业管理中一项重要资源，越来越多的管理人员已认识到信息的重要性。但是在现实中，该如何收集信息以保证不错过重要的信息？在大量的信息中，又该如何鉴别哪些信息对我们有用，哪些没用？又该怎样保证信息及时、准确地到达有关人员的手中呢？在营销管理中，最根本的方法是建立营销信息系统。

营销信息系统通过制度化、日常化、程序化的信息工作，可避免信息工作的临时性和随意性，它通过对信息需求的评估，对营销情报、营销研究、营销分析、内部报告等系统和信息的分送工作，保证信息的全面、准确和及时。

2. 发现和识别营销机会

在任何市场环境中，都经常存在一些“未满足的需要”。这些“未满足的需要”，可能是长期以来就存在的，如人们对治疗某些疾病的药物的渴求，也可能是由于市场的变化而产生的。在通过营销信息系统掌握信息的基础上，营销管理人员要善于发现和识别“未满足的需要”和各种营销机会。

3. 评价营销机会

市场上出现的机会，未必就是企业的机会，即未必适合于企业。营销管理人员要对发现的营销机会进行评价，从物流成本与顾客能接受的价格、从企业的任务和目标与要求的一致性、从企业利用此机会与竞争者利用此机会的优劣势对比等方面进行综合评价。

（二）选择目标市场

发现营销机会后，营销管理人员就要对企业面对的市场进行研究和分析，营销管理人员要了解不同类型顾客的特点，并对市场中顾客的行为、心理、决策过程等加以研究。只有这样，才能保证对市场有真实、客观、准确的认识。

物流企业的目标市场选择，包括对物流市场的需求预测、物流市场细分化、目标化及定位等步骤。

1. 物流市场的需求预测

物流市场的需求预测主要着眼于预测特定市场的规模和发展前景，以及测定特定市场中需求种类及客户的不同喜好。

2. 物流市场的细分化、目标化和定位

物流市场的细分化是指按不同的需求特征把顾客分成若干部分，也就是把物流市场分成若干部分。而那些被物流企业选中的细分市场称为该物流企业的目标市场。物流企业对选择的目标市场进行经营，叫做市场目标化。物流企业的市场定位就是确定自己提供的物流产品（服务）在目标市场上的竞争地位。定位表明物流企业要在目标市场上为自己的产品或服务树立一个明确的、与众不同的和有吸引力的形象，向特定的顾客群传达服务的信息。

例如，一个具体的物流企业可以将市场分为家电类、食品医药类、纺织服装类、日用化妆品类等，选取家电类作为目标市场。像 TCL 集团投巨资成立的 TCL 物流公司，就是致力于将其覆盖全国的家电销售网络改造成专业物流配送系统，提供物流服务。

（三）确定营销组合

市场营销是一种整体营销活动，物流企业需要根据市场变化，运用营销组合，为顾客提供满意的服务。物流企业的营销组合就是将产品、价格、分销和促销策略加以最佳组合和应用，以满足目标市场的需要，实现企业的任务和目标。产品策略要求物流企业制定营销战略时，首先要明确企业能提供什么样的产品和服务去满足顾客的要求。价格策略是指物流企业通过对顾客的估量和成本分析，选择一种能吸引顾客、实现市场营销组合的价格策略。物流企业的成本比较复杂，包括运输、包装、仓储等方面。分销渠道策略是指物流企业运用一定的市场分销渠道，将产品在适当的时间、地点以一定的价格转移到目标顾客手中。促销是指物流企业为了激发顾客的购买欲望、影响他们的购买行为、扩大市场而进行的一系列联系、报道、说服、公关等促进工作。

市场营销组合也是与时俱进，先有美国麦卡锡教授提出的基于产品、价格、销售渠道、促销的“4Ps”理论，后有科特勒在此基础上结合政治力量和公共关系两方面策略提出的“6Ps”理论，随后有劳特朋提出的“4Cs”理论。应该说“4Cs”营销理论更适合于物流企业设计营销组合策略。

（四）管理营销活动

营销管理活动是营销过程中关键的、极其重要的一步。在营销中，是否按计划要求进行，时间、费用如何，环境是否发生变化，应该怎样应对，这些问题要通过组织控制来解决。营销管理活动主要包括：做好思想舆论宣传，组织调整工作；按照计划，把决策方案具体化；推行目标管理，按各职能部门的工作要求，将总目标层层分解，协调上下关系，创造条件，制定实施的具体措施和细则；建立健全的反馈系统，进行控制和协调，保证决策的全面实施。

第四节　物流服务实训

一、物流服务实训要求

(一)实训目的

设计合理、运作顺畅的客户物流运作方案是策划物流服务系统的首要任务,本节要求学生能够了解并掌握如何设计和完善客户物流运作方案。

(二)实训内容

一个运转顺畅、效率高的客户物流运作方案设计包括以下几个方面内容与程序:

(1)收集客户信息;

(2)分析客户物流需求;

(3)进行方案设计;

(4)方案的执行。

通过本次实训,要求学生通过实地调查或二手资料收集的方式,结合所了解的市场信息,设计一个客户物流运作方案。

二、客户物流运作方案设计基本程序指引

程序一　收集客户物流信息

取得准确的物流客户信息,是物流客户运作方案设计的关键,它们不仅能够改善物流运作,设计出新鲜的和独特的物流解决方案,而且还能拓展物流企业的赢利能力。下文着重介绍物流客户信息的内涵、收集要领、收集方法以及收集方法的改进。

物流客户信息的功能是为了使运输、保管、装卸、配送圆满化所必不可缺的条件。在物流活动中,按照所起的作用不同,可将物流信息分为:订货信息、库存信息、采购指标信息、发货信息、物流和信息流。

在物流运作中及时运输、库存水平、订货状态、运输跟踪、订货方便性、激发客户需求、推迟客户需求等事项必须优先考虑。要及时处理这些事情,企业的客户信息收集就必须及时、准确,并且建立良好的反馈机制。一流的物流客户信息系统有助于实现物流的功能,提高企业的客户服务水平。

信息的收集是客户物流运行的起点,也是重要的第一步。收集信息的质量(即真实性、可靠性、准确性、及时性)决定着信息时效价值的大小,是物流信息系统运行的基础。在信息收集过程中要求遵守如下一些原则:

(1)要有针对性。重点围绕物流活动进行,针对不同信息需求以及不同经营管理层次、不同目的和要求进行收集。

(2)要有系统性和连续性。系统性和连续性是指对一定时期经济活动变化概况的客观描述,它对预测未来的经济发展具有很高的使用和研究价值。

(3)信息收集过程的管理工作必须有计划地进行,使信息收集过程成为有组织、有目的的活动。

物流客户信息收集的内容主要有企业对内部上流程与下流程、内部客户与外部客户在企业现实环境下的合作程度、服务质量、适用客户层面、响应时间、场合、价格、方式、预计需求满足程度,内部职能协调等。

具体说来,物流客户信息的内容指标有如下内容:

市场占有率、市场覆盖率、内部职能协调与响应流程及时间、投诉抱怨率、投诉抱怨问题的细分与概率、企业对客户响应时间(最低值与最高值)的统计、妥善处理各项问题所需时间、环境与产品、服务的协调性、价格适度性、员工服务态度和技能水平、客户关系管理系统运行性能和状况。

收集物流客户信息是物流客户管理的基础,而收集到的信息大都是零散的,对于这些不规范的信息,必须经过一定的整理加工程序,采用科学方法对收集的信息进行筛选、分类,方便客户管理,从而更好地为客户服务。

程序二　分析客户物流需求

物流客户信息分析主要是整理相关资料,分析谁是企业的客户,分辨谁是一般客户、合适客户和关键客户,它是客户管理的基础;分析客户的需求特征和购买愿望,并在此基础上分析客户差异对企业利润的影响。客户信息分析不能仅仅停留在对客户信息的数据分析上,更重要的是对客户的态度、能力、信用、社会关系的评价,并且能够根据客户信息制定客户服务方案,来满足个性化需求,提高客户价值。

市场经济体制下,供大于求的买方市场使客户有了更大的挑选余地,企业要想增强自身竞争能力就必须了解哪种产品或服务是顾客所需要的;如何定出适宜的价格;怎样合理地选择分销渠道;怎样选择适当的销售促进方式及怎样发现潜在市场和顾客,如何提升客户的需求,充分了解竞争对手的情况来改进本企业的现况,等等。需要从多方面获取,分析客户物流需求,用以开发设计出新的服务内容和方式。

了解市场客户需求是一项非常困难和细致的工作,需要有市场营销学、组织行为学、统计学和产品生产技术方面的专业知识,需要有信息分析处理的技术。分析客户物流需求主要有以下几个步骤:

步骤一:划分客户群

由于客户需求受到客户思维方式、行动模式以及地区差异等多种因素的影响,区分不同的客户群成为制定物流服务战略的重要问题。在划分客户群的过程中,应充分考虑不同客户对企业的贡献度以及客户的潜在能力。

步骤二:了解客户需求的多样性

不同的客户其需求是不一样的,物流企业需要根据自己有限的资源,调查确定自己的目标市场,再调查目标市场中客户的各种不同需求,开发研制出不同档次、规格的产品或服务,以满足客户多样化、个性化的需求。

步骤三:提升客户需求

(1)实行差异化服务。企业不能把精力和成本均摊到每个客户身上,因为每类客户价值的大小是不一样的。物流企业有必要通过个性化和增值服务手段来增大忠实客户群和有潜力客户的客户价值,对于普通的客户只需符合标准化的服务。

(2)协助客户需求成功。企业应当站在客户需求的角度,为客户着想,在能使客户需求获取成功的基础上,提升客户价值,这样才能使企业获得更大收益。

步骤四:了解竞争对手的水平

每个组织都必须参与市场竞争,因此在进行顾客需求调查时,不得不考虑到竞争对手的水平对自己顾客的影响。很可能顾客对你的产品或服务原来是满意的,但当竞争对手水平超过你时,顾客会对你的产品或服务感到不满意,而追求更高的需求水平。因此,物流企业需要:

(1)重视客户抱怨。事实上,抱怨是一种反馈信息的方式。正是因为信任,客户才会对企业服务水平不如竞争对手的方面产生抱怨,处理好客户抱怨让客户更满意的过程,也正是企业的客户价值提高的过程。

(2)增强客户体验。使物流企业提供的服务满足客户需求、服务的价格让客户认为合理、给客户留下企业不断追求完美和值得信赖的印象,都是增强客户体验的关键的有形依据。

不断适应顾客需求的变化,通过合资或技术合作,引进国内外先进技术和管理,在较短时间里能很快提高现有服务水平和服务质量。因此,组织在调查客户需求时,应该掌握竞争对手的水平。

步骤五:调查客户的潜在需求

客户的一些需求是可以用语言表示出来的,我们称之为"显在需求"。另一些需求是难于用语言表示出来的,称之为"潜在需求"。对于顾客这些不能表述出来的需求,企业掌握的新技术和对顾客负责的态度分析、开发,引导顾客消费,以"顾客的难题就是我们研究的课题"这种精神分析、挖掘顾客的许多潜在需求。提供培训服务,开发新的服务项目,增加服务宣传信息,才能让客户满意、放心。

程序三 进行方案设计

现代物流管理的实质就是以顾客满意为基础,向物流需求方有效地、迅速地提供产品。由此在企业经营战略中首先确立顾客服务的目标,然后其服务实现差别化的战略。

物流服务一般可以划分为交易前、交易中和交易后三个阶段,此外,顾客服务也可以划分为① 订单处理；② 采购；③ 进货入库；④ 库存管理；⑤ 补货及拣货；⑥ 流通加工；⑦ 出货；⑧ 配送；⑨ 会计等几个环节。因此，对客户运作方案的设计可以从以下几个方面进行。具体如图 16-2 所示。

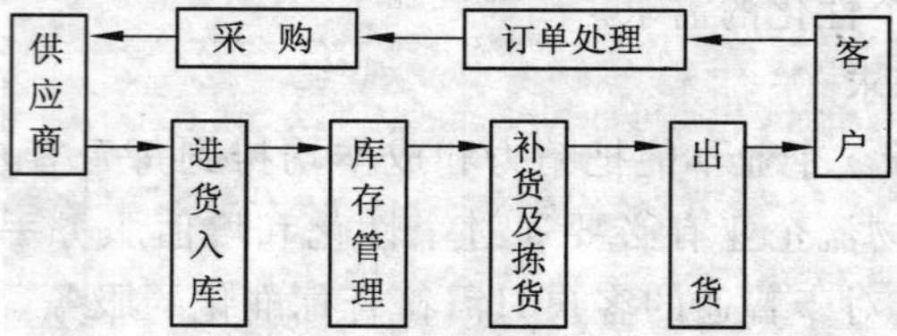

图 16-2　客户服务业务运作过程图

1. 订单处理

物流中心的交易起始于客户的订单，而后由订单的接收，业务部门查询出货日的存货状况、装卸货能力、流通加工负荷、包装能、配送负荷等来答复客户。而当订单无法依客户之要求交货时，业务部加以协调。此外在特定时段，业务人员统计该时段的订货数量，并予以调货、分配出货程序及数量。退货资料的处理亦该在此阶段予以处理。另外业务部门应制定报表计算方式，做报表历史资料管理，确定客户订购最小批量、订货方式或订购结账截止日期。

2. 采购

采购作业功能一是将物流中心的存货控制在一个可接受水平，二是寻求订货批量、时间与价格的处理办法。自交易订单接受之后由于供应货品的要求，物流企业要从供货厂商或制造厂商处订购商品，采购作业的内容包含由商品数量求统计、对供货厂商查询交易条件，而后依据所制订的数量及供货厂商所提供较经济的订购批量，提出采购单。而于采购单发出之后则进行入库进货的跟踪运作。

3. 进货入库

发出采购订单或订货单后，采购人员进货入库跟踪催促的同时，入库进货管理员即可依据采购单上预定入库日期，做入库作业排程、入库站台排程，而后在商品入库当日，当货品进入时做入库资料查核、入库品检，查核入库货品是否与采购单内容一致，当品项或数量不符时应进行准确的记录，并将入库资料登录建档。入库管理员可依一定方式指定卸货及栈板堆叠。对于由客户处退回的商品，退货品的入库亦经过退货品检、分类处理而后登录入库。

到货商品入库后有两种作业方式，一为商品入库上架，储放于储架上，用于拣货区货品不足时的补充，需求时再予出货。商品入库上架，由计算机或管理人员依照仓库区域规划管理原则或商品生命周期等因素来指定储放位置，或于商品入库之后登录其储放位置，以便于日后的存货管理或出货查询。另一种方式即为直接出库，管理人员要为直接转运的商品安排临时存放空间，或合理安排到货及出货车辆的对接时间，以避免商品在周转区的混乱和车辆资源的浪费。

4. 库存管理

库存管理作业包含仓库区的管理及库存数控制。仓库区的管理包括货品于仓库区域内摆放方式、区域大小、区域的分布等规划;货品进出仓库的控制——先进先出或后进先出;进出货方式的制定——货品所用的搬运工具、搬运方式;仓储区储位的调整及变动;商品储存期的卫生及安全。库存数量的控制则依照一般货品出库数量、入库所存时间等来制定采购数量及采购时点,并做采购时点预警系统。制定库存盘点方法,于一定期间印制盘点清册,并依据盘点清册内容清查库存数、修正库存账册并作盘亏报表。仓库区的管理包含容器的使用与容器的保管维修。

5. 补货及拣货

根据客户订单资料的统计,按照送货规范要求进行按路线或按订单进行拣选,以及拣货区域的规划布置、工具选用和人员调派。出货拣取不只包含拣取作业,更应注意拣货架上商品的补充,使拣货作业得以流畅而不至于缺货,这中间包含了补货水准及补货时间的订定、补货作业流程、补货作业人员调派。

6. 流通加工

商品由物流中心送出之前可在物流中心做流通加工处理,在物流中心的各项作业中以流通加工最易提高货品的附加值。流通加工作业包含商品的分类、称重、拆箱重包装、贴标签及商品的组合包装。完善的流通加工,必须执行包装材料及容器的管理、组合包装规则的订定、流通加工包装工具的选用、流通加工作业的排程、作业人员的调派。

7. 出货

出货是完成商品拣货及流通加工作业后,送货之前的准备工作。出货作业主要内容包含依据客户订单资料印制出货单据,订定出货排程,印制出货批次报表、出货商品上所需要的地址标签、出货检核表。由排程人员决定出货方式、选用集货工具、调派集货作业人员,并决定所需运送车辆的大小与数量。由仓库管理人员或出货管理人员决定出货区域的规划布置及出货商品的摆放方式。

8. 配送

送货作业包括送货路线的规划及与客户的即时联系即将货品装车并实时配送,而达成这些作业则须事先规划配送区域的划分或配送路线的安排,由配送路径选用的先后次序来决定商品装车的顺序,并在商品的配送途中做商品的追踪及控制、配送途中意外状况的处理、送货后文件的处理。

9. 会计

会计作业是物流活动最终得以实现的重要保证。商品出库后销售部门可依据出货资料制作应收账单,并将账单转入会计部门作为收款凭据。而于商品购入入库后,则由收货部门制作入库商品统计表以作为供货厂商请款稽核之用。并由会计部门制作各项财务报表以供营运政策制定及营运管理之参考。

10. 营运管理及绩效管理

除了上述实体作业之外，良好的物流业务运作更要基于较上层的管理者透过各种考核评估来达成物流业务的效率管理，并制订良好的营运决策及方针。通过各个工作人员或中级管理阶层提供各种资讯与报表，包含出货销售的统计资料、客户对配送服务的反应报告、配送商品次数及所用时间的报告、配送商品的失误率、仓库缺货率分析、库存损失率报告、机具设备损坏及维修报告、燃料耗材等使用量分析、外雇人员、机具、设备成本分析、退货商品统计报表、作业人力的使用率分析等来进行营运管理和绩效管理。

物流运作方案的设计关键是要充分突出客户服务在整个流程中的核心地位，并以客户服务、满足客户的运作需求、提升客户服务水平为最终目标。各个物流运作环节和运作人员均应以此为中心开展操作业务。其次，运作流程的设计应尽可能以减少作业环节次数和消除作业间的相互制约为主要出发点，以提高物流作业的效力为实施重点，追求物流作业的外在表现能力和运作效益，使流程的运行更加顺畅和有效。

程序四　方案的执行

通过具体方案的设计，与物流实际环境相结合，实施以物流企业内部为主的单向运作，可以达到以局部观全局的效果。如图 16-3 所示是物流方案具体的执行流程：

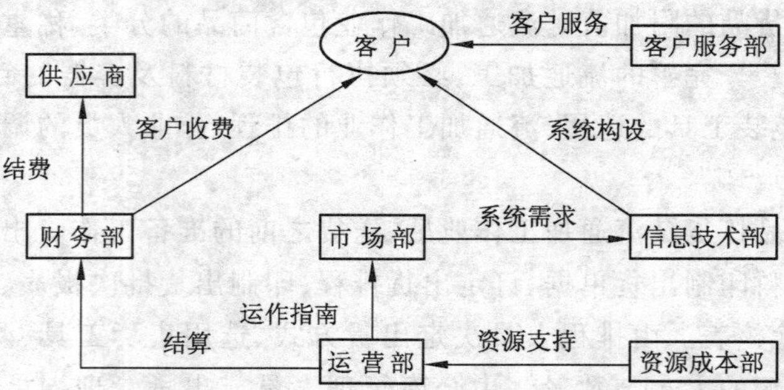

图 16-3　物流方案运作流程图

物流方案运作流程的步骤具体如下：

步骤一：签署物流服务合同

物流公司市场部与客户谈判成功后签署物流服务合同。谈判过程需要有运营部、财务部、信息技术部和客户服务部等部门共同参与相关物流方案及服务承诺和规范的制定工作。

步骤二：下达客户需求报告

签署完物流服务合同后，市场部根据谈判过程中客户的需求和物流公司的承诺，分别向运营部下达该客户的运作指南、向财务部下达收费指南，向信息技术部下达客户系统需求报告。

步骤三:提供系统账户与说明书

信息技术部根据市场部下达的客户系统报告,向客户提供的专门网络系统账户,并提供系统使用说明书。

步骤四:收取物流运作服务费

财务部根据市场部的收费指南,制定与客户的收费目录、收费时间和收费标准计算方法,并按照物流服务合同的相应规定向客户收取物流运作服务费。同时财务部有责任在市场部收费方式建议下提高和改进向客户进行收费时的收费技巧。

同时,财务部还将根据公司的运作结果,在运营部呈报的结算清单的基础上,向提供运作资源支持的各个供应商支付资源使用费。

步骤五:提供运作资源,进行成本控制

资源成本部根据市场部所提供客户情况和运营部的运作需要,向运营部提供后备运作资源(如承运商、仓储业主、包装商等)的支持。资源成本部同时向运营部下达分项运作各环节的成本控制指标。成本控制指标将根据地域、时间的不同而由资源成本部适时调整。

步骤六:物流运作方案的具体执行

运营部根据市场部下达的运作指南,根据合同规定的物流服务范围和服务方式,将各具体执行操作分布骤实施,使物流运作具体实现。

步骤七:收集并审查运作结果的原始单据

运营部在规定时间内,应将运作结果的原始单据交回财务部。财务部根据资源成本部的成本控制指标和运作原始单据,经过审查后向各供应商支付设备使用费或其他物流服务费用。

另外,在物流方案运作过程中,物流公司其他各相关职能部门围绕业务工作需要,分别提供运作所需的后勤支持,人力资源部提供和充实管理人员和现场操作人员,行政部提供办公设施和后勤辅助服务等。

知识拓展

物流服务新理念——实时物流

实时物流(Real Time Logistics, RTL)是顺应新经济变革的当代物流理念,与现代物流理念区别在于,实时物流不仅关注物流系统成本,更关注整体商务系统的反应速度与价值;不仅是简单地追求生产、采购、营销系统中的物流管理与执行的协同与一体化运作,更强调的是与企业商务系统的融合,形成以供应链为核心的商务大系统中的物流反应与执行速度,使商流、信息流、物流、资金流四流合一,真正实现企业追求“实时”的理想目标。

本章小结

本章主要介绍了物流服务的内涵与理念;物流客户关系管理的定义、目标、方式以及服务绩效评价的指标和方法;物流营销管理的含义、模式与策略,以及营销方案制定的过程与内容;物流营销服务调研的步骤、内容与方案策划等。

自我测试

一、单项选择题

1. 从物流的角度看,顾客服务可以理解为(　　)。

A. 顾客满意

B. 衡量物流系统为某种商品或服务创选时间和空间效用好坏的尺度

C. 顾客对企业提供的产品或服务是否满意

D. 顾客忠诚

2. 通常顾客不满意的主要原因是(　　)。

A. 送货延迟　　B. 产品破损　　C. 产品质量或品种问题　　D. 数量短缺

3. 企业的顾客服务标准和绩效在很大程度上受到(　　)的影响。

A. 少数顾客的特殊要求　　B. 竞争环境及行业传统

C. 销售人员　　D. 企业的技术特征

4. 有效的顾客服务战略立足于(　　)。

A. 深刻理解顾客对于服务的需求　　B. 产品的研究与开发

C. 调查研究　　D. 行业传统

二、判断题

1. 顾客服务是比顾客满意更广泛的概念。(　　)

2. 把顾客服务上升到哲学层次,即把它看成是包括全公司的事和包括所有的活动。(　　)

3. 顾客服务易被竞争对手模仿。(　　)

复习思考

1. 试简述物流客户服务的基本内容及其作用。

2. 试简述营销方案制定的过程与内容。

3. 试简述物流营销管理的含义、模式与策略。

第十七章 物流综合实训

知识目标

1. 掌握盛鸿物流管理系统的基本结构
2. 掌握盛鸿系统的功能类别
3. 了解盛鸿物流系统的基本操作原理

技能目标

1. 能够熟练操作盛鸿物流完成相应的海运操作、空运操作等
2. 能够熟练操作盛鸿物流完成相应的库存及客户管理工作等

第一节 系统介绍

一、盛鸿物流管理系统基本介绍

"盛鸿物流管理系统"是在将物流各领域的需求分析、提炼,并结合以往的开发经验、总结用户反馈信息的基础上,整合了海运货代、空运货代、集装箱场地、仓储、运输、快递等功能模块,搭建的一个先进的物流管理平台,实现按照业务模式定义业务流程,根据业务流程进行业务跟踪,提醒处理,使业务操作顺畅进行。

该套软件满足了现代物流企业业务模式发展迅速的需求,可以单独使用其中一个业务功能模块,也可以同时选用几个业务模块,相互之间完全做到数据共享,业务流按需设定,使得整个管理流程顺畅执行。

在业务方面:(1)先进的工作流思想:在输入业务信息之后,可以定义该票业务的工作流程,如海运业务信息录入之后,操作人员可定义是否订舱、场地装箱、商检、报关等,系统隔一定的时间按顺序自动提示每一步骤的负责人,在操作人员将自己负责的操作完成以后,系统自动提示下一步骤的负责人。通过使用该功能,管理人员可以随时查看每笔业务

的当前进行状态以及各环节的办事效率,完成情况等。(2)“盛鸿单证平台”:可对单证的格式和内容进行可视化编辑,支持单证格式的自制作。单证的多种输出方式,包括打印、网络传真、电子邮件或输出到文件等。(3)“自定义统计”:让用户轻松查询统计,统计的方法、报表名称和输出格式可一并保存在数据库中,供下次使用,免去了软件二次开发所耗费的人力、物力和财力,极大地方便了客户。(4)软件内含实时通信功能,同时使本系统的用户之间可以互相发送消息、传递文件等。

在财务方面:(1)根据不同的业务模式调用不同的账单格式,发票格式。(2)各个业务环节所需的统计类报表种类齐全,客户可以按照需求自行定制,满足了业务模式、管理方式变化发展的需要。(3) 统计分析模块通过提供各类统计数据,协助企业管理者做出重要的经营决策。

二、通用约定

(一)系统登录

打开盛鸿物流管理系统,即可进入用户登录界面,如图 17-1 所示。在登录界面中,输入正确的用户名和密码,单击“确定”按钮,进入盛鸿物流管理系统主界面,如图 17-2 所示。在主界面中,可以根据从事的工作,选择相应的功能,进入不同的模块。

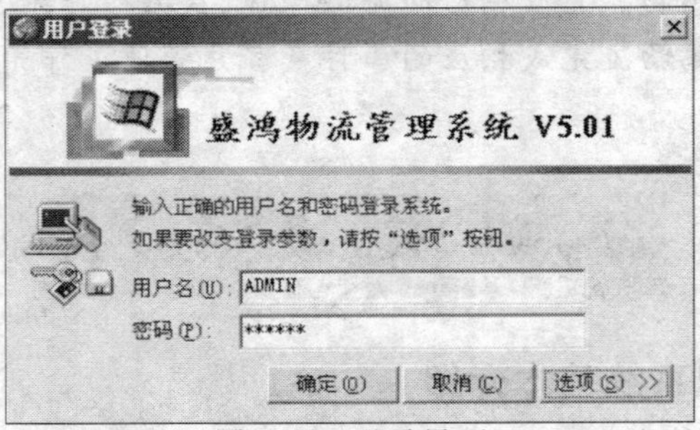

图 17-1　登录界面

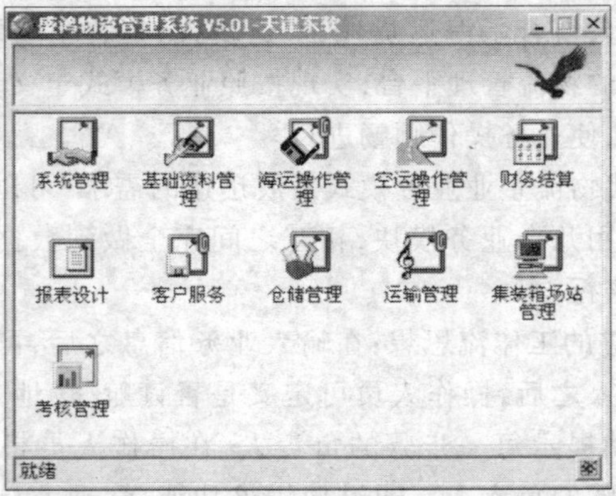

图 17-2　主界面

（二）系统管理

在一个企业中，由于人们所从事的工作不同，如从事国际贸易、从事海运操作、从事空运操作、从事客户服务、从事仓储管理、从事运输管理等，因此系统管理功能主要是对于不同的人员、不同的工作设置不同权限的登录用户名和密码，这样可以方便操作者在很好地完成自己工作的同时，不会影响到其他人员的工作，如图 17-3 所示。

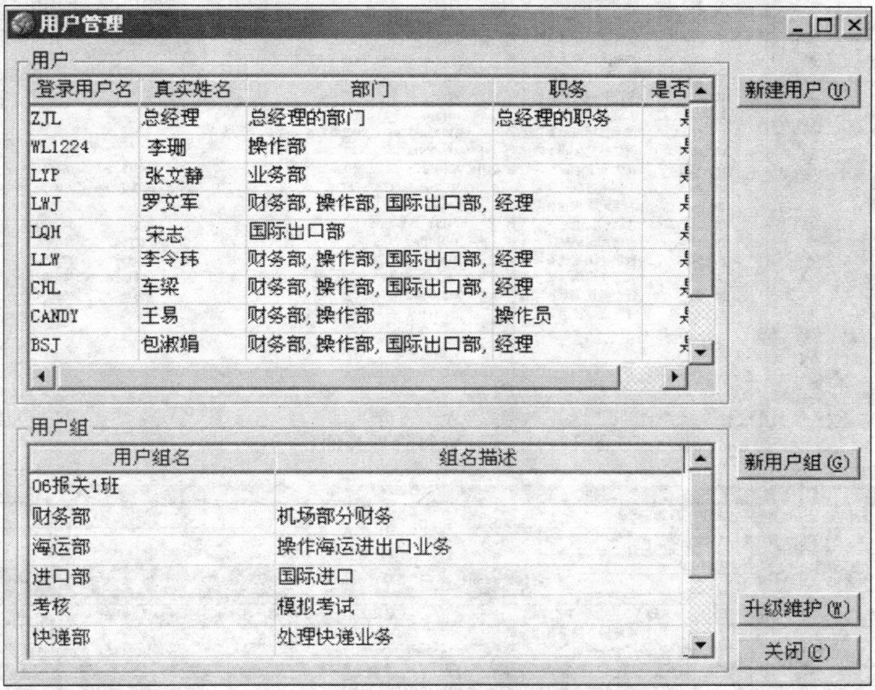

图 17-3　用户管理界面

（三）基础资料管理

基础资料指的是与企业相关的所有用户的基本信息。在物流企业中，通常会接触到很多客户，客户信息的掌握情况以及是否能根据不同的客户信息为客户提供更好的服务，对企业来讲是非常重要的，如何很好的管理这些客户信息，就成为了企业的一大问题。在盛鸿物流系统中，基础资料的管理即是对所有客户的管理。

该系统将客户从两方面进行了分类，按照客户的类型可以分为车队、场站、仓库、委托人、船公司、报关行等，如图 17-4 所示；按照客户的状态可以分为新客户、老客户、正在发展客户、待发展客户、已失去客户和需加强联系的客户几部分，如图 17-5 所示。

在基础资料管理中，我们可以完成对客户信息进行添加、删除和更改等操作。

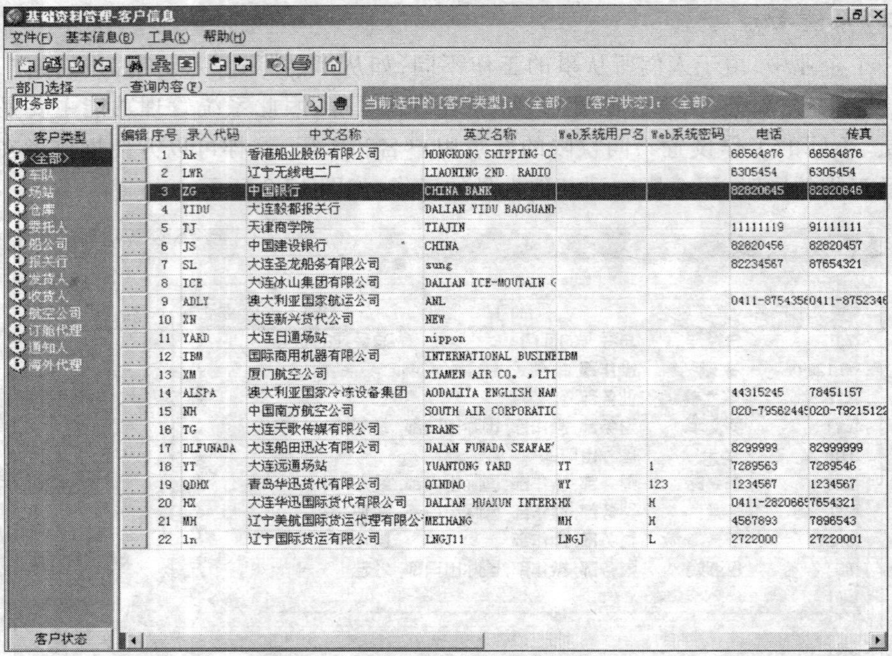

图 17-4 基础资料管理界面(一)

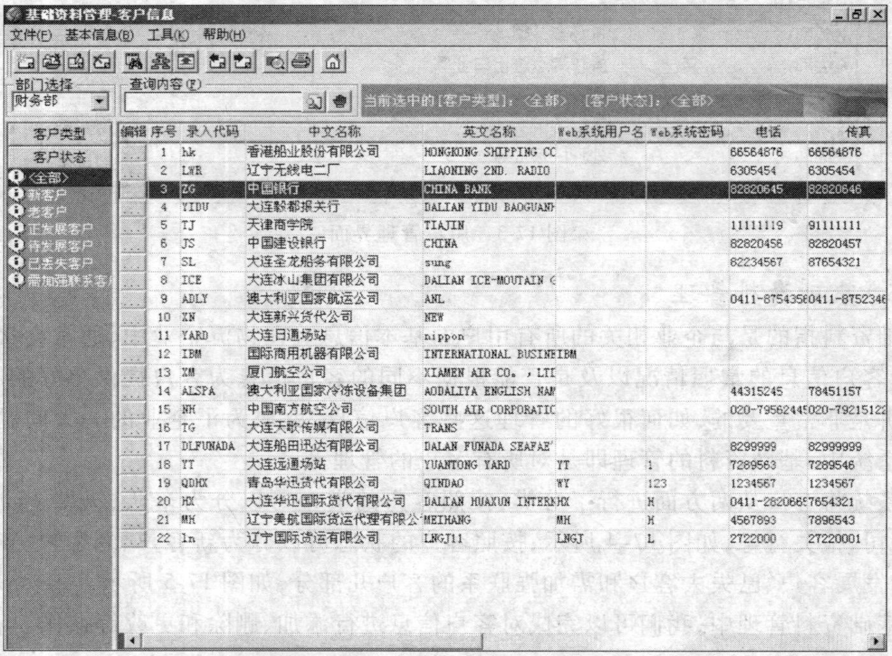

图 17-5 基础资料管理界面(二)

第二节　海运操作管理

一、业务流程

海运操作主要处理海运的整、拼箱进、出口业务的操作，基本业务流程如图 17-6 所示。

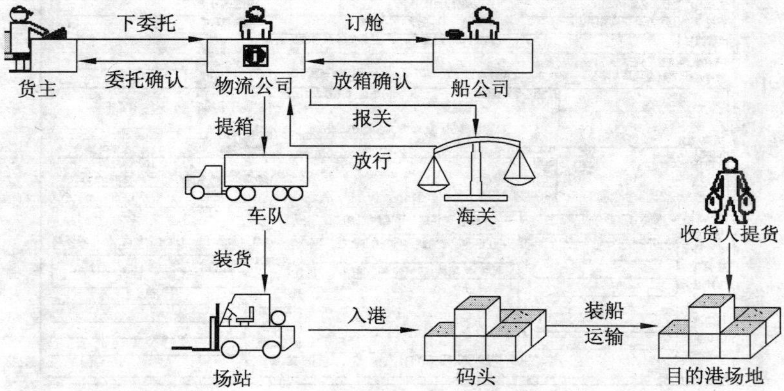

图 17-6　出口业务流程

二、操作流程

1. 新建工作号

每一项海运出口工作都有唯一的工作号，因此，应先为出口业务新建一个工作号，如图 17-7 所示。

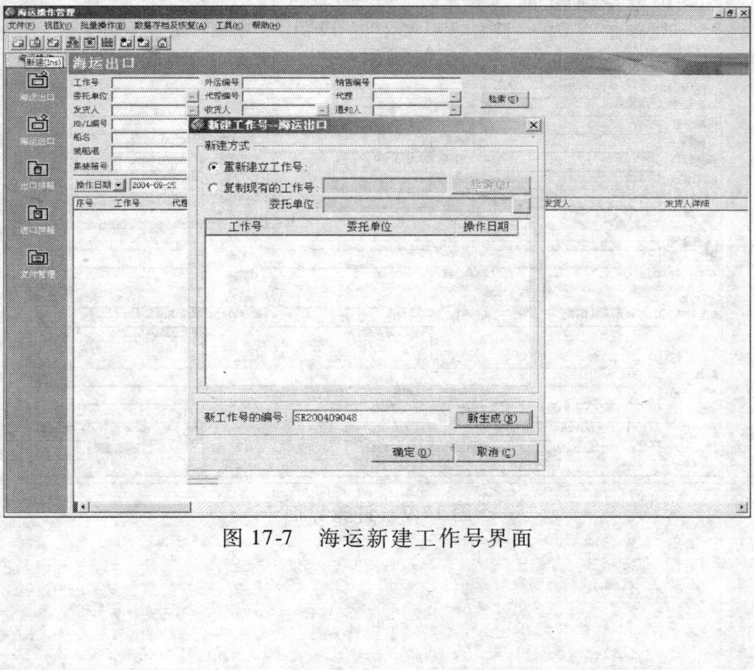

图 17-7　海运新建工作号界面

2. 基本信息录入

完成诸如委托信息、货代发运信息、货物明细、服务要求等基本信息的填写，如图 17-8 所示。

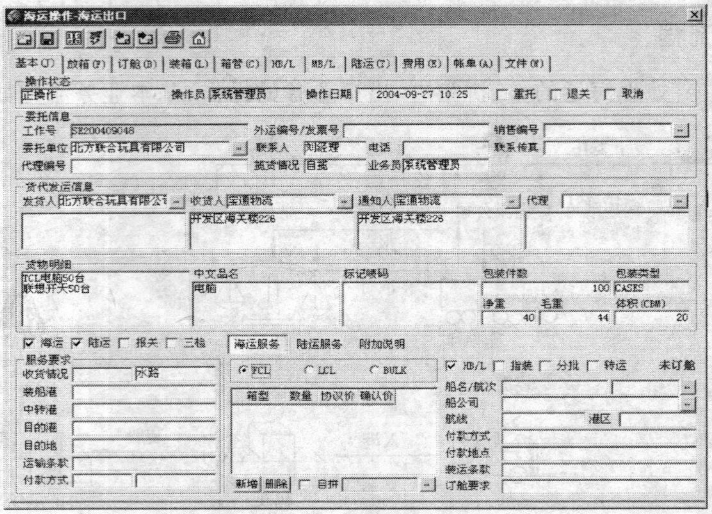

图 17-8　海运基本信息录入界面

3. 订舱

填写相关的信息，如订舱情况、订舱单内容、驳船配舱、订舱单等相关信息，完成向船公司订舱的工作，如图 17-9 所示。

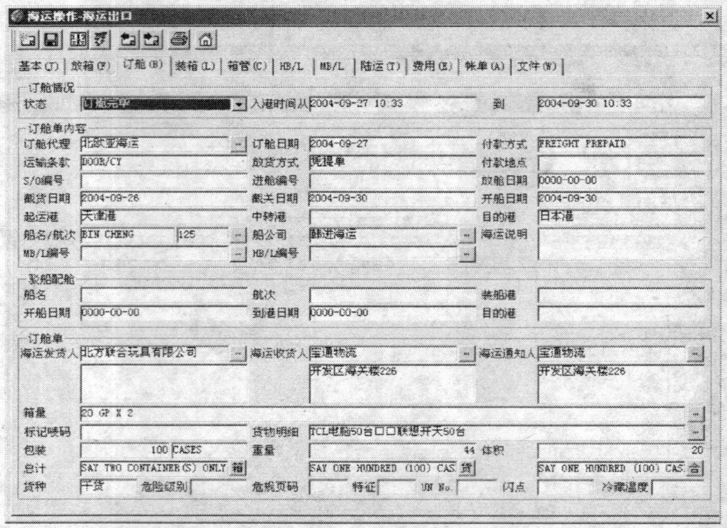

图 17-9　订舱界面

4. 放箱

根据上面所填写的信息,我们可以确认放箱,在放箱界面中,只需核对相关信息准确无误,选择“确认放箱”复选框,系统就会自动处理,如图 17-10 所示。

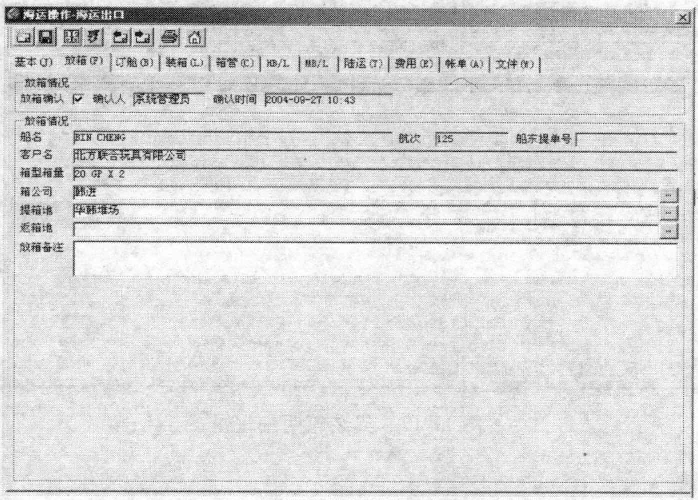

图 17-10　放箱界面

5. 装箱

系统可以按照放箱情况,并根据工作号,提示用户是否自动生成集装箱明细记录,如图 17-11 所示。明细记录如图 17-12 所示。

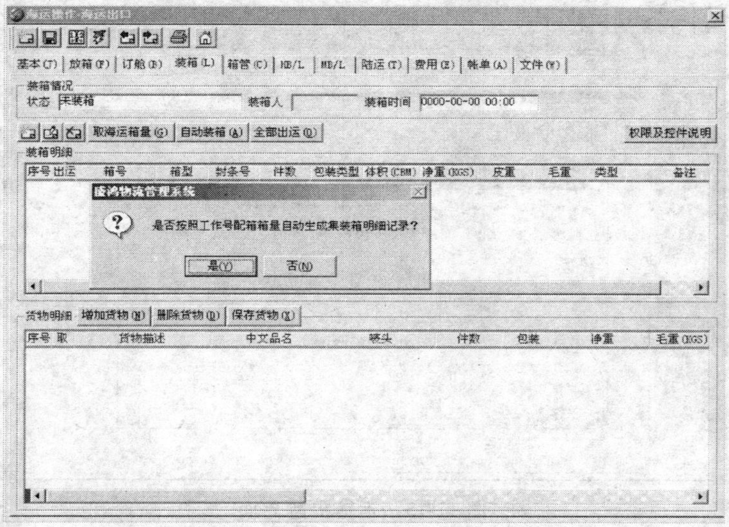

图 17-11　装箱界面

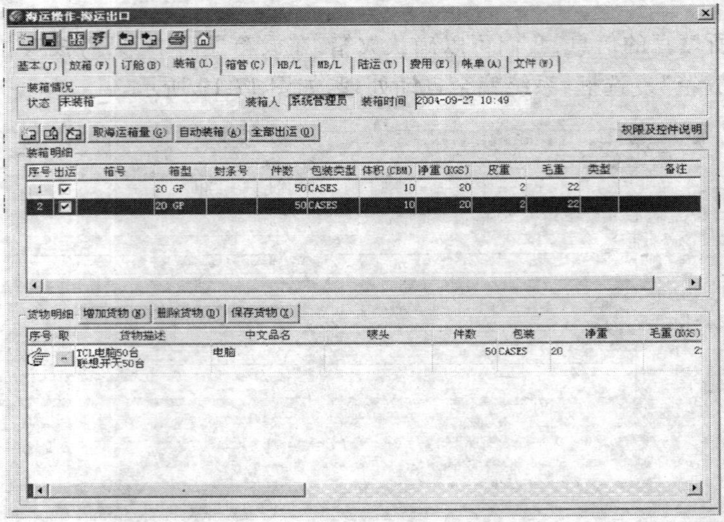

图 17-12　集装箱明细记录

6. 运输

(1)提醒功能。运输离不开车辆,车辆在长期运输中,为了保证正常的运输活动,需要定期对车辆进行保养工作。而在实际工作中,人们又经常会忘记车辆定期保养的时间,因此提醒功能主要是对于运输车辆保养信息的提醒,它会根据系统的信息自动提醒当天需要保养的车辆信息,如图 17-13 所示。

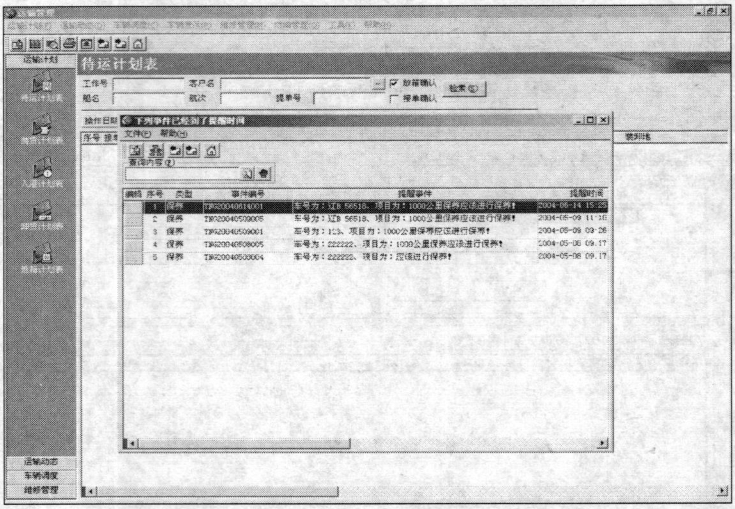

图 17-13　运输提醒界面

(2)制定待运计划。根据货物以及集装箱情况,填写待运计划表,如图 17-14 所示。

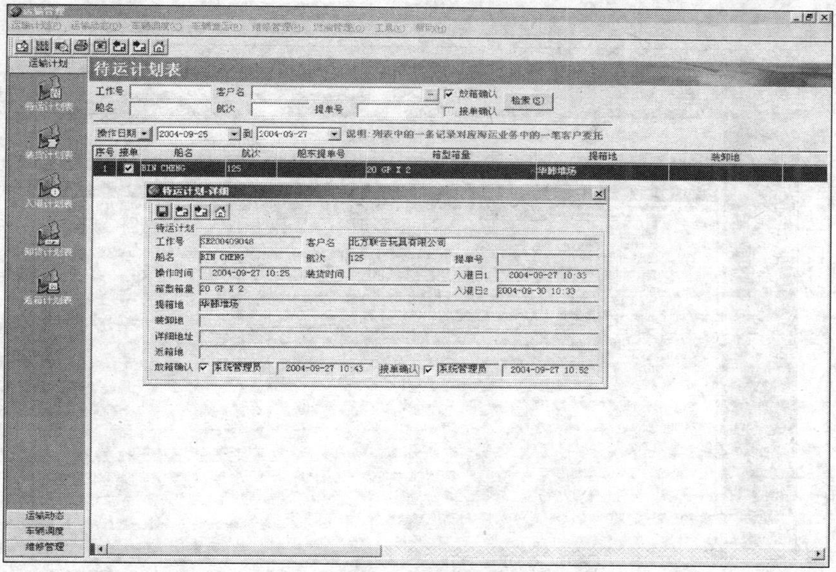

图 17-14　待运计划表

(3)装货计划表。根据待运计划表,制定装货计划,填写装货计划表,如图 17-15 所示。

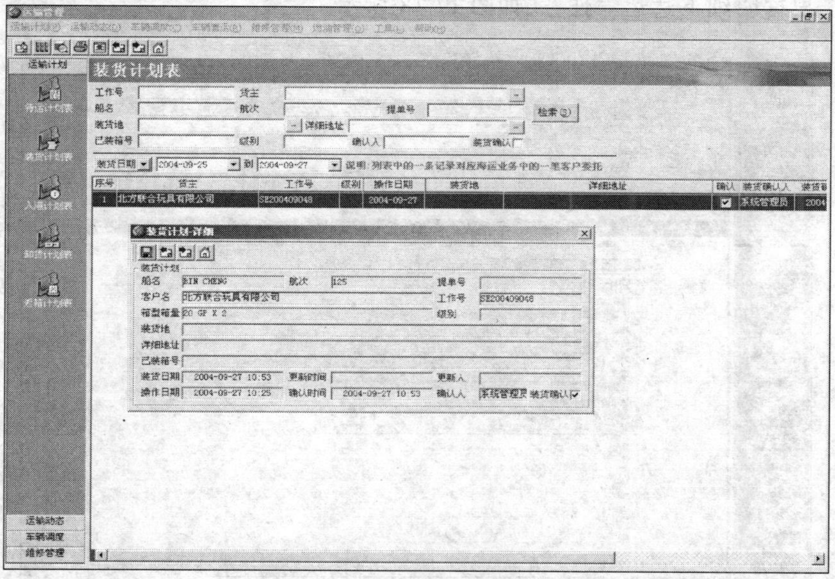

图 17-15　装货计划表

(4)入港计划表。根据待运计划和装货计划,编制入港计划表,确定入港时间,如图17-16所示。

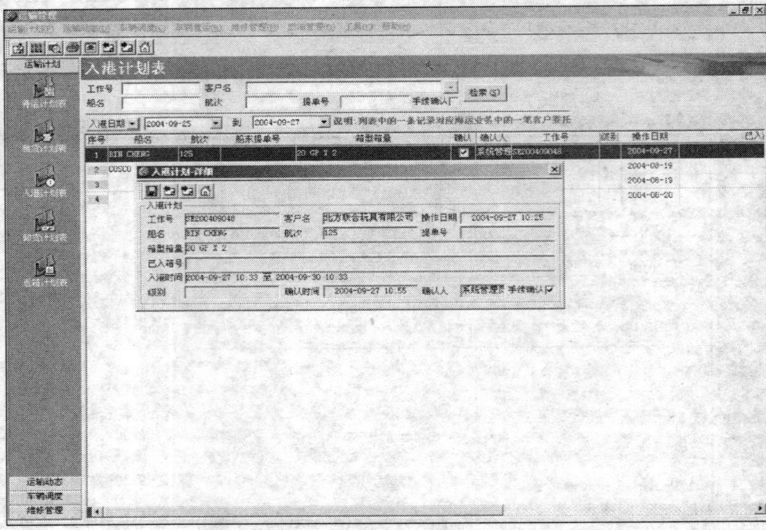

图 17-16　入港计划表

(5)提箱。根据制定的运输计划,查询提箱的相关明细,生成提箱动态表,如图17-17所示;然后,根据明细下达运输任务,如图17-18所示。

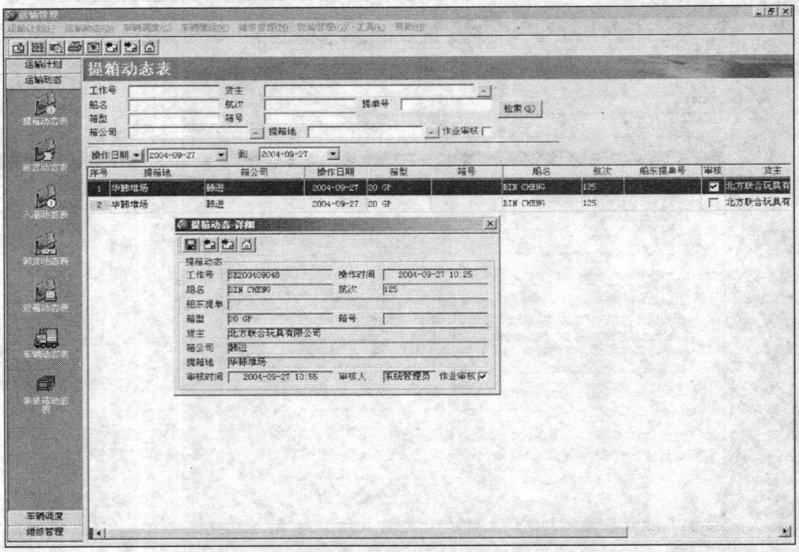

图 17-17　提箱动态表

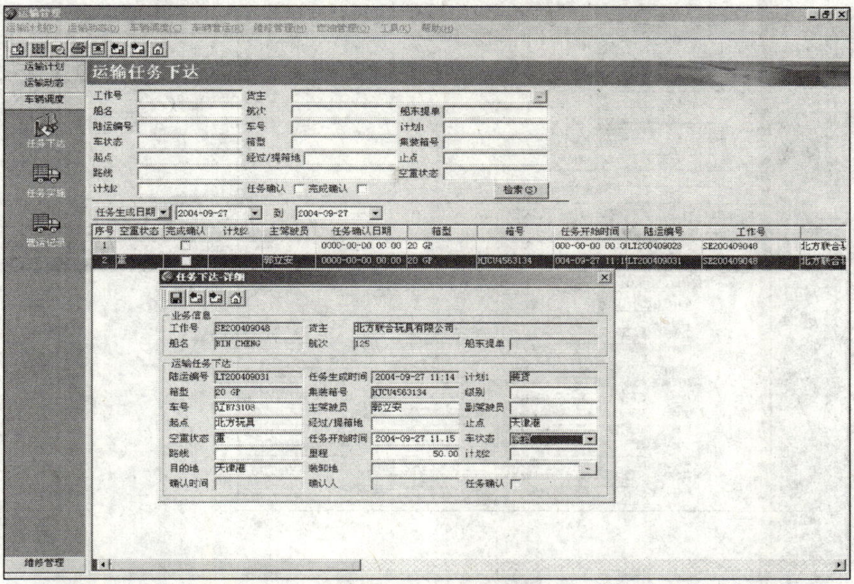

图 17-18 运输任务下达

(6)装货。根据制定的运输计划及提箱的相关数据,查询装箱的相关明细,生成装货动态表,如图 17-19 所示;然后,根据明细下达运输任务,如图 17-20 所示。

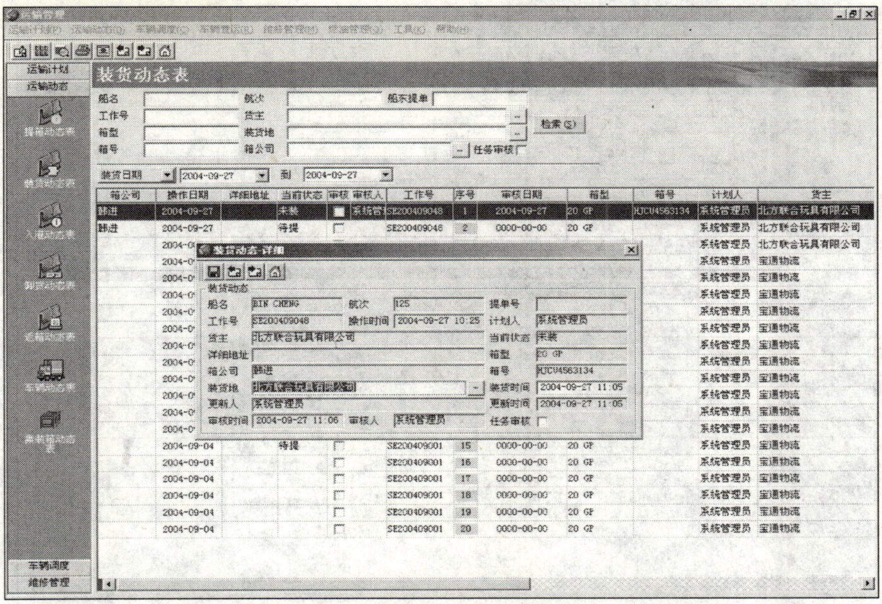

图 17-19 装箱动态表

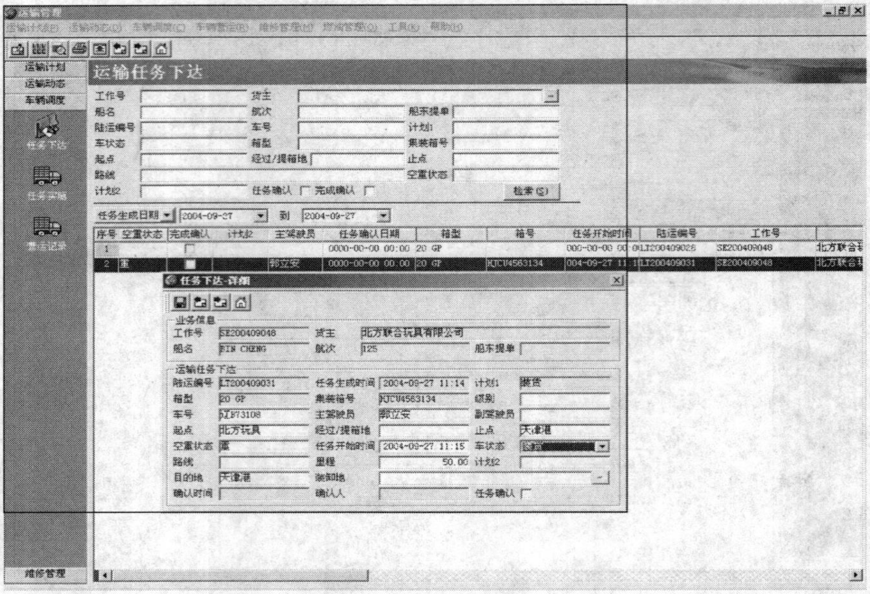

图 17-20　运输任务下达(一)

(7)入港。通过制定入港计划,下达运输计划,如图 17-21 所示;然后,进行运输计划的实施,如图 17-22 所示。

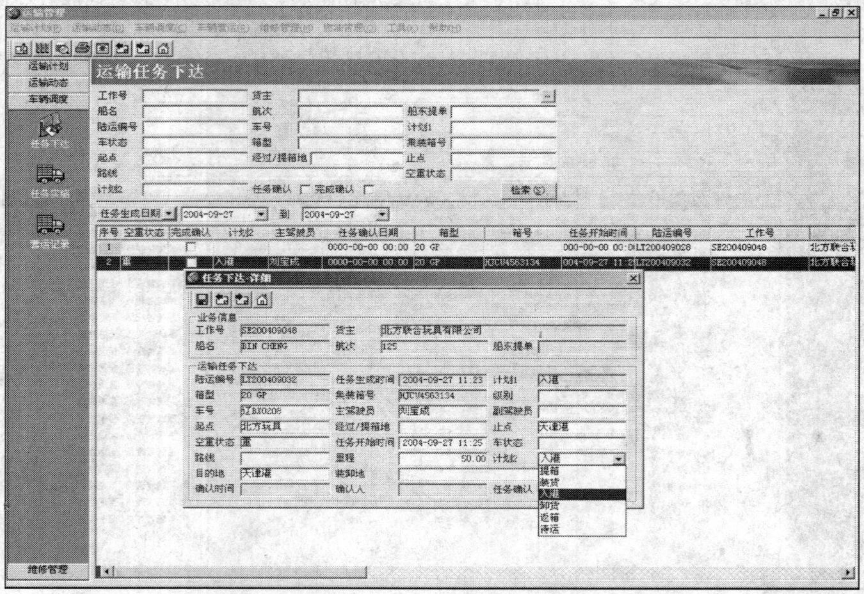

图 17-21　运输任务下达(二)

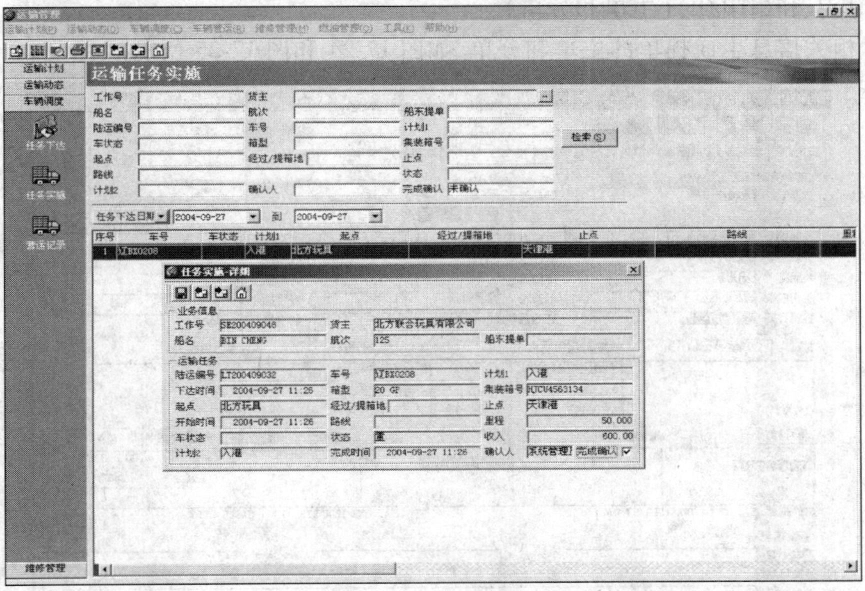

图 17-22 运输任务实施

7. 箱管

系统自动生成集装箱的明细信息，便于相关人员的查询，如图 17-23 所示。

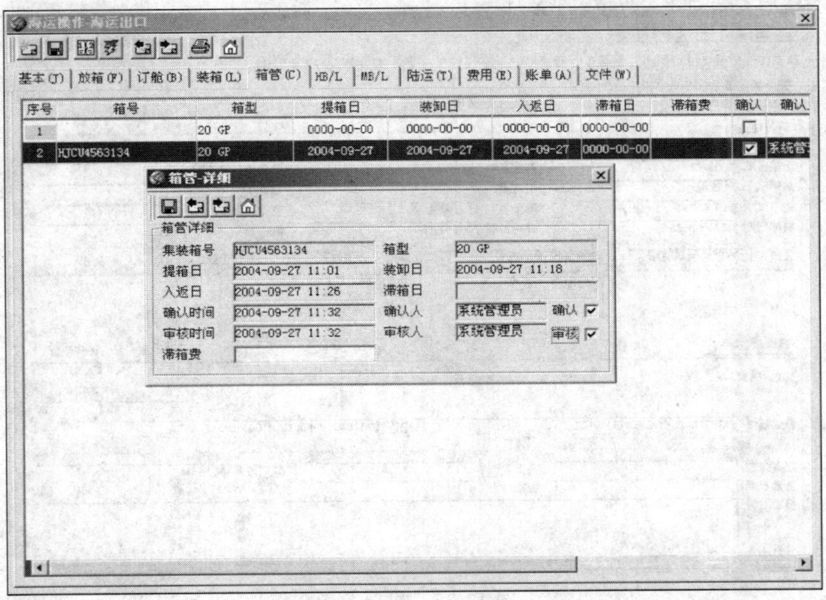

图 17-23 箱管界面

8. MB/L 和(HB/L)(主单和分单)

填写相关信息生成提单的主单和分单,如图 17-24 和图 17-25 所示。

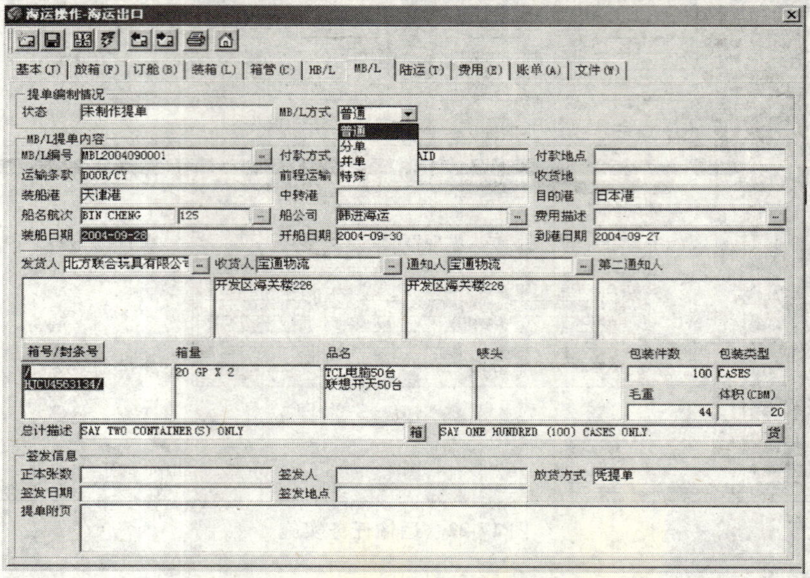

图 17-24 提单主单

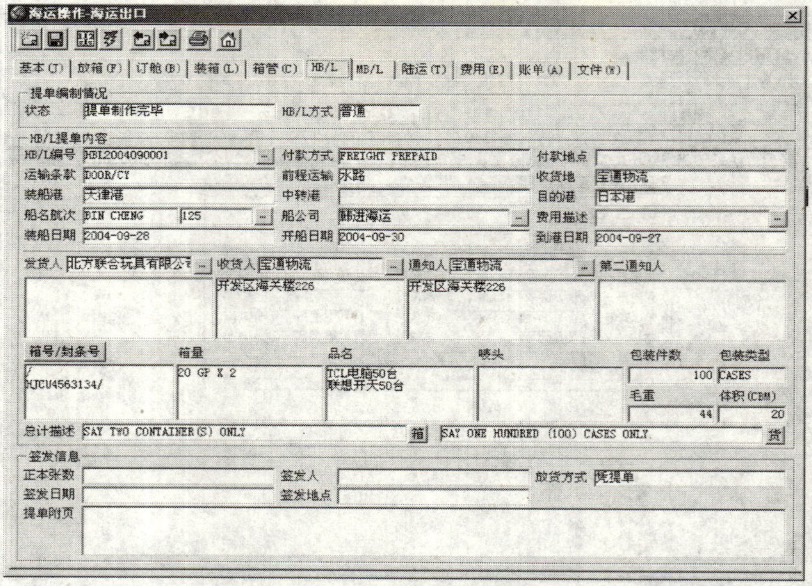

图 17-25 提单分单

9. 陆运(信息自动生成)

系统根据计划的实施情况,自动生成陆运信息,如图 17-26 所示。

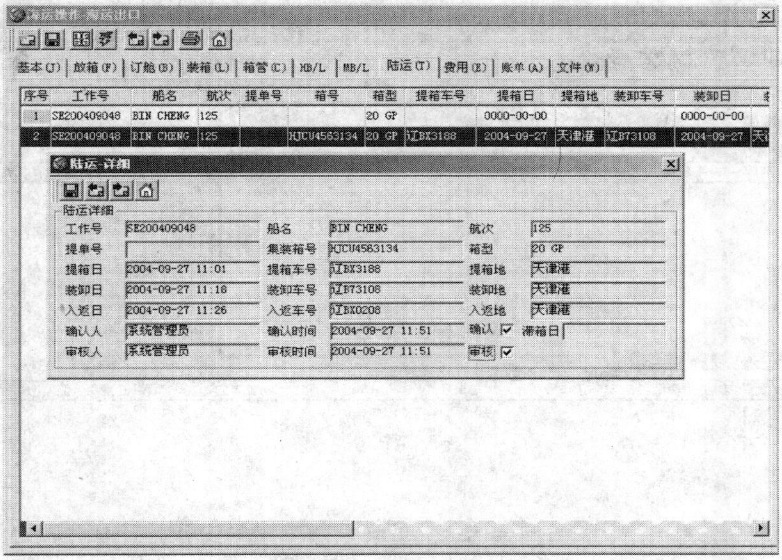

图 17-26　陆运信息

10. 费用

完成填写应收的费用单,选择结算单位,填写费用明细,如图 17-27 所示。

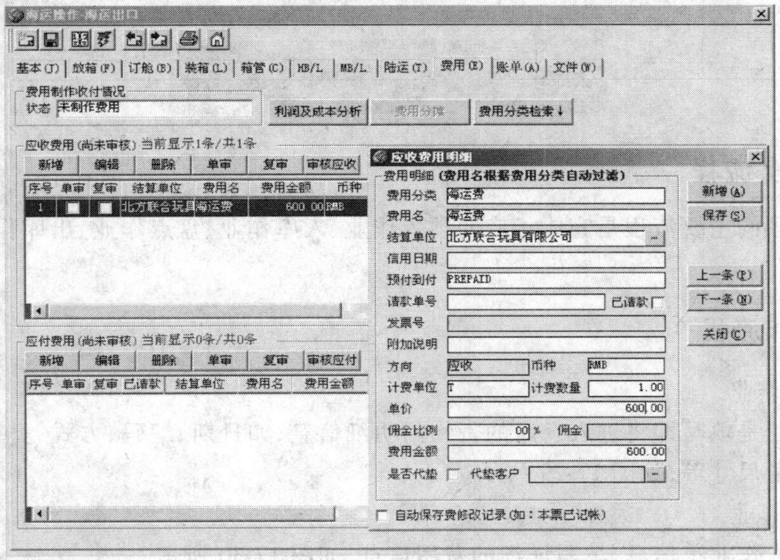

图 17-27　费用单

11. 账单

选择相应的结算单位,进行结算工作,如图 17-28 所示。

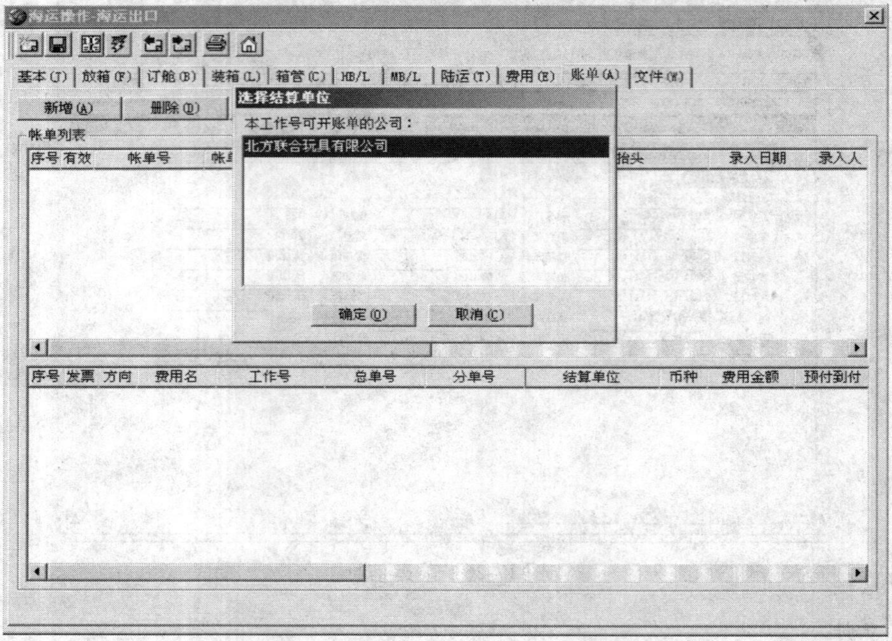

图 17-28　结算界面

第三节　仓　储　管　理

一、业务流程

仓储管理的主要流程是完成相应的预入作业、入库作业、盘点作业、出库作业和盘点结算的工作。

二、操作流程

1. 预入作业

预入作业是填写即将进入仓库的货物的明细信息,如日期、编码、方式、类别、单位以及集装箱的数量尺寸等,如图 17-29 所示。

2. 入库作业

根据预入作业单信息,填写详细的费用信息,如图 17-30 所示。

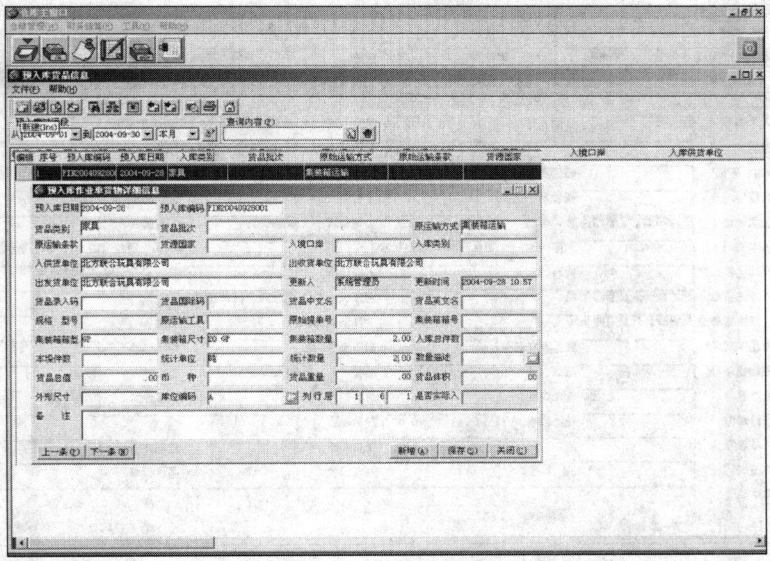

图 17-29　预入作业

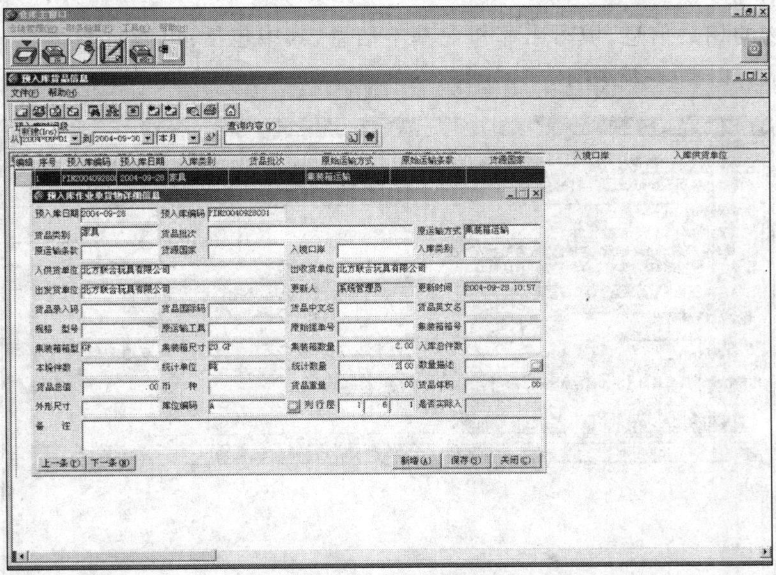

图 17-30　入库作业

3. 标签打印

根据入库的时间、编号以及货物的详细信息，打印出标签，贴在货物上，便于数据的采集，如图 17-31 所示。

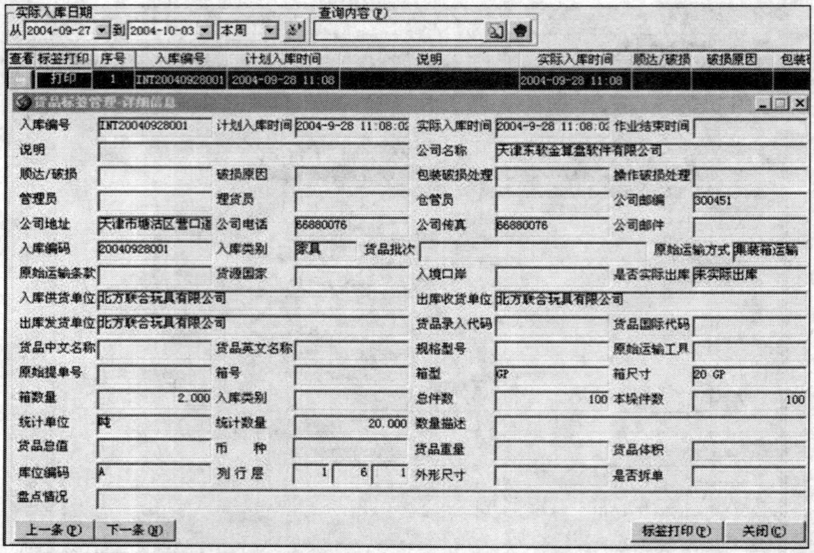

图 17-31　标签打印

4. 出库作业

根据货物的相关信息，填写出库作业基本信息，其中包括：出库货物编号、出库时间、公司名称及地址，如图 17-32 所示。

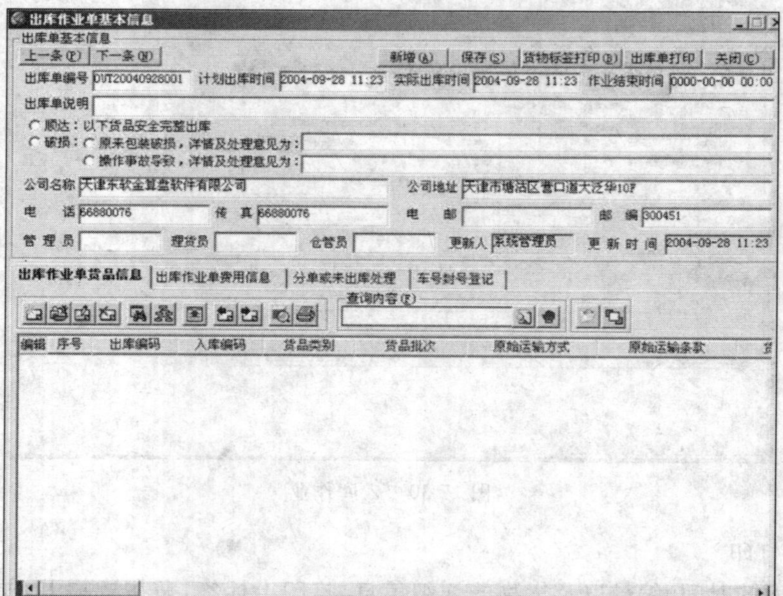

图 17-32　出库作业

第四节　集装箱场站管理

一、业务内容

集装箱场站管理主要是对于存放于场站中的集装箱，或者对在场站中进行装拆箱的集装箱进行管理。它包括在场管理、进场管理、装箱管理、拆箱管理和出场管理。

二、操作流程

1. 在场管理

在场管理主要是记录存放于场站中的集装箱的具体信息，如尺寸、箱型、箱公司、当前状态、进场时间等，如图 17-33 所示。

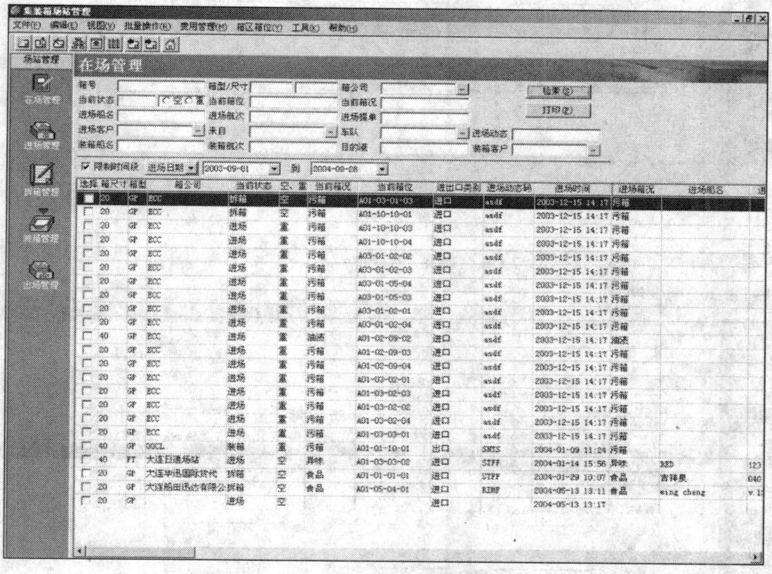

图 17-33　在场管理

2. 进场管理

进场管理主要针对已经进场以及将要进场的集装箱信息进行管理，如图 17-34 所示。

3. 拆箱管理

拆箱管理主要完成对于在场站中进行拆箱工作的集装箱信息进行统一管理，如图17-35所示。

4. 装箱管理

装箱管理主要完成对于在场站中进行装箱工作的集装箱信息进行统一管理，如图17-36所示。

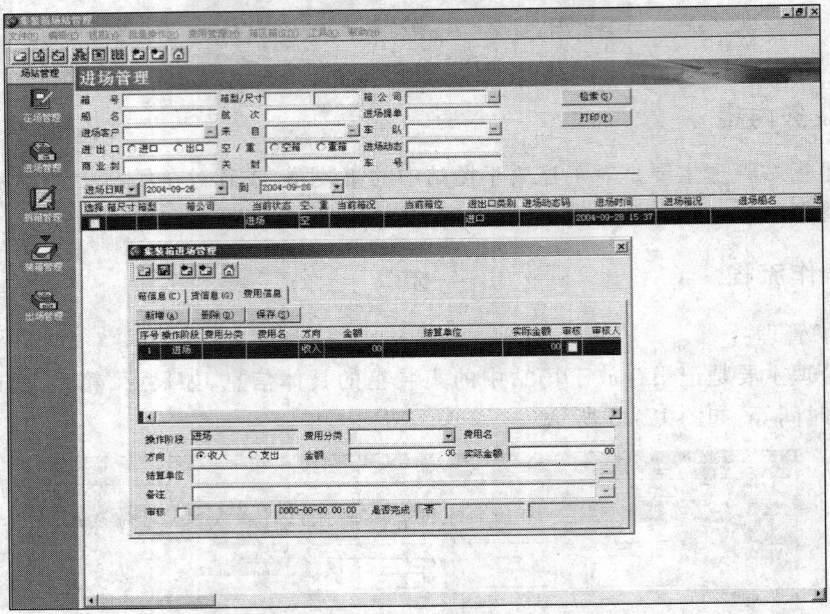

图 17-34　进场管理

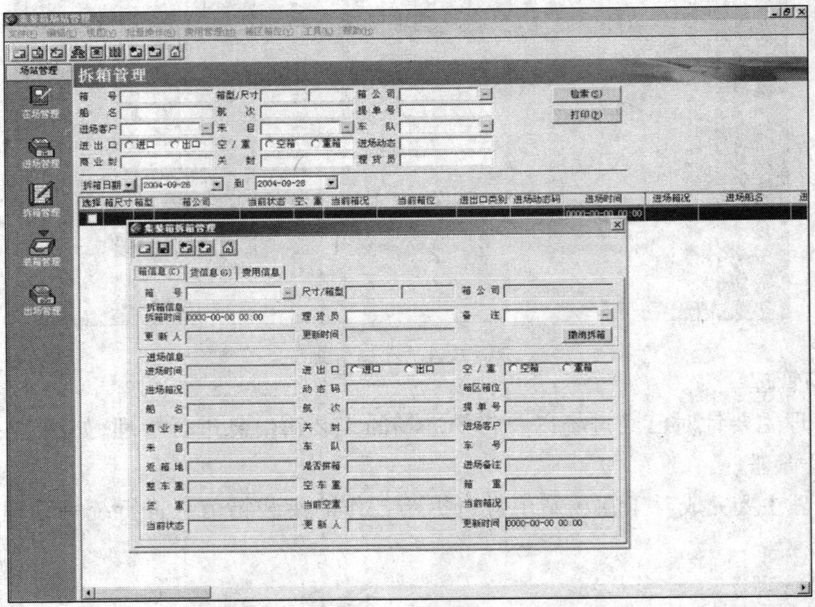

图 17-35　拆箱管理

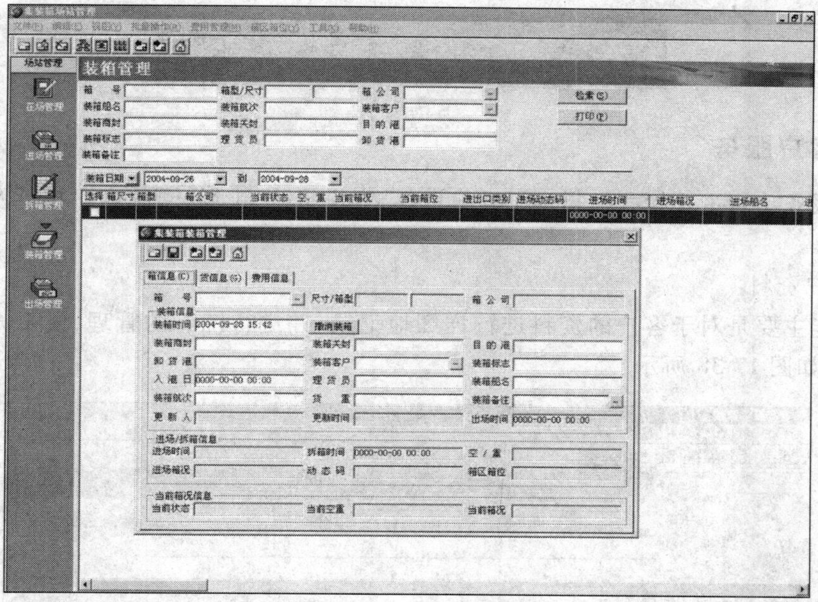

图 17-36　装箱管理

5. 出场管理

出场管理主要针对已经出场以及将要出场的集装箱信息进行管理，如图 17-37 所示。

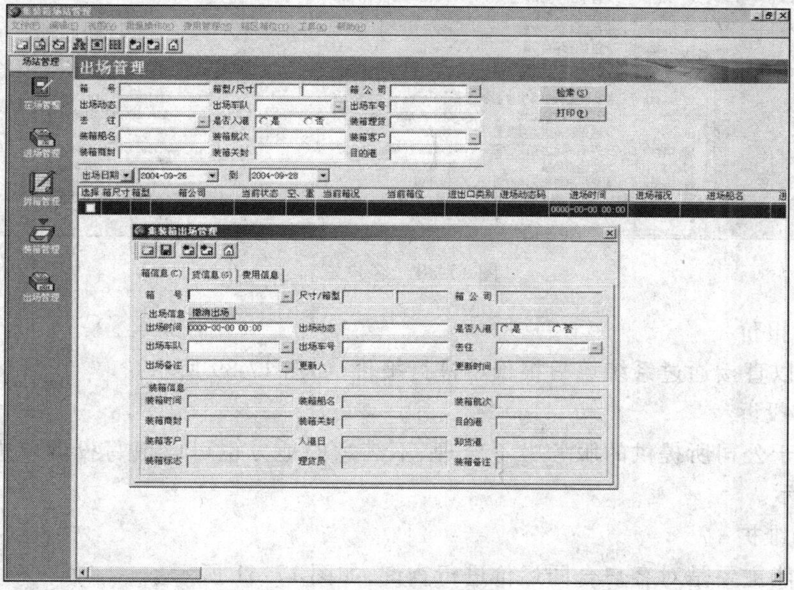

图 17-37　出场管理

第五节　客户服务与报表设计

一、客户服务

客户服务功能主要给我们提供了客户资料、客户报价、市场计划、客户投诉及运价维护等功能。

1. 客户资料

该功能主要是对于客户的资料进行详细地记录,并进行统一的管理,便于人们进行查询和查找,如图 17-38 所示。

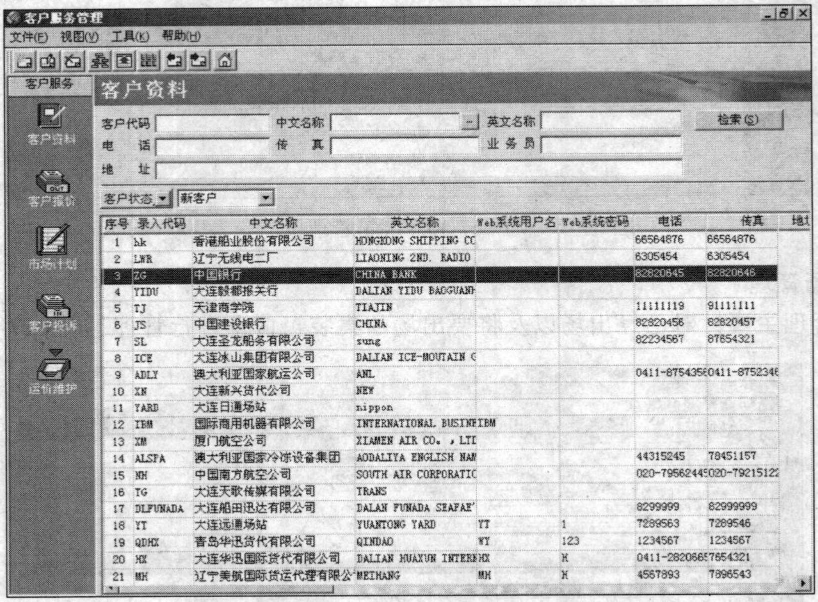

图 17-38　客户资料

2. 客户报价

客户可以直接通过系统填写报价单进行报价,如图 17-39 所示。

3. 客户投诉

客户对于公司所提供的服务中不合理、不满意的地方也可以填写投诉单进行投诉,如图 17-40 所示。

4. 运价维护

此项功能主要是对客户合同运价进行查询,如图 17-41 所示。

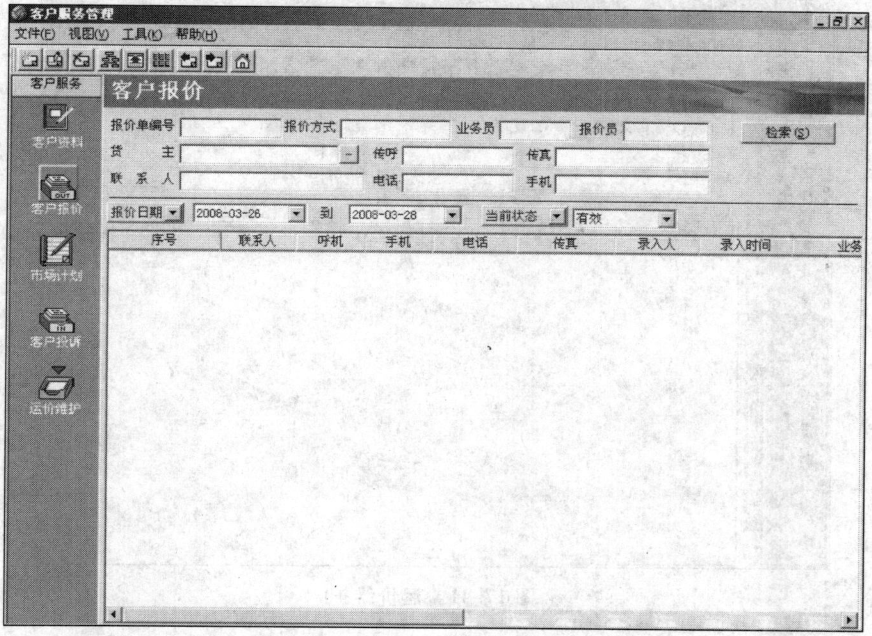

图 17-39　客户报价

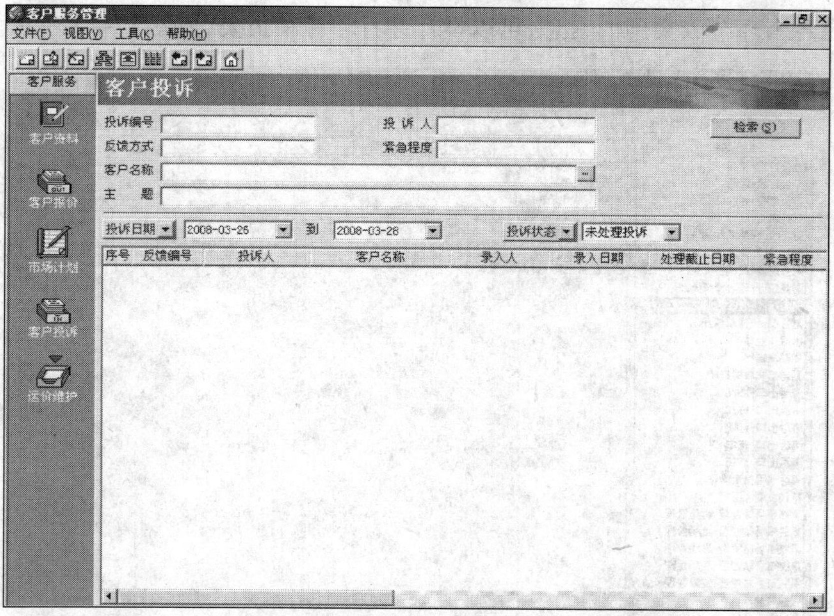

图 17-40　客户投诉

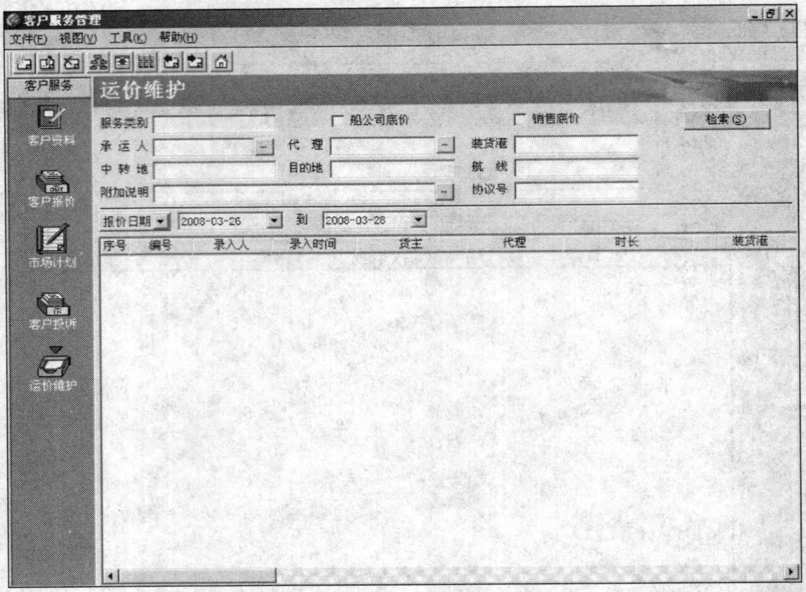

图 17-41　运价维护

二、报表设计

根据在各个环节收集到的信息，可以设计并打印各种报表，如图 17-42 所示。

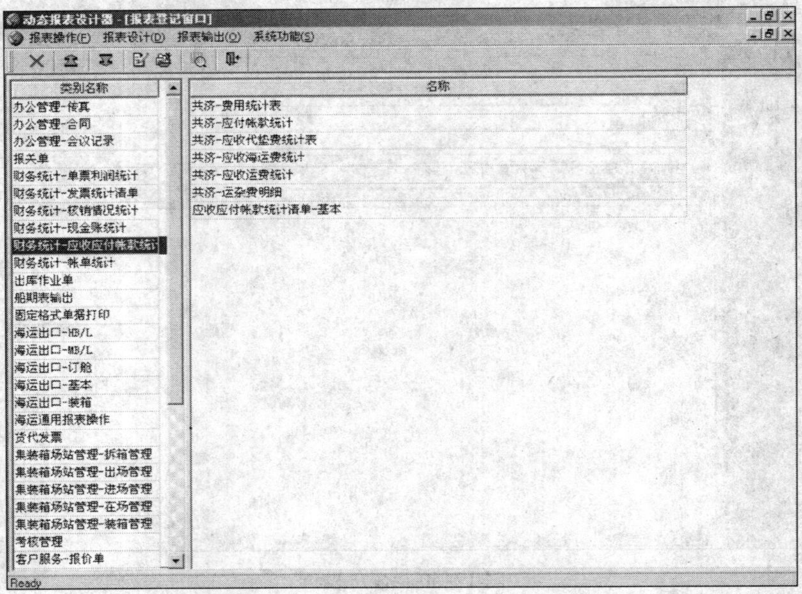

图 17-42　报表设计

本章小结

本章以盛鸿物流管理系统 V5.01 为典型系统，在教师的指导下，通过对该系统各功能模块的应用，达到利用物流管理系统软件进行物流流程管理的目的。

复习思考

1. 盛鸿物流系统包括哪些功能？
2. 基础资料管理包括哪几部分？
3. 海运进出口的基本操作步骤都有哪些？
4. 以你身边的物流企业为对象，对其管理理念、运作方式与管理方式进行系统的调研，写出一篇调研报告。

参考文献

[1]杜学森.物流管理学[M].天津:南开大学出版社,2005.

[2]杜学森.企业物流管理[M].上海:上海交通大学出版社,2005.

[3]吴清一.物流管理[M].2版.北京:中国物资出版社,2006.

[4]王明智.物流管理案例与实训[M].北京:机械工业出版社,2003.

[5]国际物流师培训教程编委会.国际物流师培训教程[M].北京:中国经济出版社,2006.

[6]江少文.配送中心运营管理[M].北京:高等教育出版社,2006.

[7]张清,杜杨.国际物流与货运代理[M].北京:机械工业出版社,2006.

[8]蒋祖星,孟初阳.物流设施与设备[M].北京:机械工业出版社,2006.

[9]吕军伟.物流配送业务管理模版与岗位操作流程[M].北京:中国经济出版社,2005.

[10]郭伟业,庞英智.物流服务营销[M].北京:高等教育出版社.

[11]钱延山.现代物流管理[M].南京:东南大学出版社,2003.

[12]中国国际货运代理协会.国际多式联运与现代物流理论与实务.北京:中国对外经济贸易出版社,2003.

[13]崔介何.企业物流[M].北京:中国物资出版社,2002.

[14]孙健.海尔物流[M].广州:广东经济出版社,2003.

[15]姚城.物流配送中心规划与运作管理[M].广州:广东经济出版社,2004.

[16]王槐林,刘明菲.物流管理学[M].武汉:武汉大学出版社,2001.

[17]金戈.运输管理[M].南京:东南大学出版社,2006.

[18]吴登丰.供应链管理[M].北京:电子工业出版社,2007.